新 / 经 / 济 / 史 / 丛 / 书

"十四五"国家重点出版物出版规划项目

重构制度

明清珠江口盐场的
灶课、市场与秩序

李晓龙　著

社会科学文献出版社
SOCIAL SCIENCES ACADEMIC PRESS (CHINA)

"新经济史"丛书序言

黄国信　温春来

呈现在大家面前的这套丛书，最终以"新经济史"命名，是一个无奈的选择，也是一个有意识的选择。以"新"来命名历史学或者历史学相关学科，实在缺乏表现力；更糟糕的是，"新经济史"本是20世纪西方经济学中以数量分析而著名的经济史流派。这两个因素，足见以"新经济史"来命名一套丛书，绝非明智之举。但我们最终仍然行此下策，是希望能赋予这一概念某种新义。我们所谓的"新经济史"，是结合经济史中的历史学派与计量学派的学术理路，以中国社会经济史传统为学术传承，以历史上经济、政治、社会、文化等密切联系的各要素的整体组合为思考依据，从历史过程的内在逻辑出发，以阐释学术意义上的中国传统经济体系为旨归，力图据此与相关社会科学展开对话，推动基于中国历史经验的经济史解释模式学术理路的形成与发展。

　　学界通常所说的"新经济史",兴起于1950年代的美国,是计量方法与历史主义方法竞争的结果。受德国经济学历史学派的影响,1880年代以后,历史主义一直是美国经济史研究的主流方法,研究者并不以新古典经济理论为指导,而是强调历史文献和历史数据统计,意图从描述史料和统计数据中形成理论。然而,1950年代开始,经济学在美国全面数学化。在一般均衡原理得到数学的严格证明后,1957年在美国经济史协会的专题学术会议上,有学者正式提出,同样可以用新古典经济学理论解释历史上的因果关系,这成为美国新经济史的宣言,计量方法开始挑战历史主义方法,并逐步成为美国经济史研究的主流。

　　在此背景下,1964年,罗伯特·福格尔(Robert W. Fogel)出版了《铁路与美国经济增长:计量经济史论文集》一书,成为美国新经济史的代表作品。该书以新古典理论为指导,意在基于计量,精确地对铁路与美国经济增长的关系予以新解。此前,著名发展经济学家沃尔特·罗斯托(Walt W. Rostow)认为,铁路是美国经济起飞的重要动力,铁路降低了运输成本,扩大了国内市场,并且带动了煤、铁和现代工业的成长。这一观点得到经济史学界的广泛认可,成为经典论述。不过,福格尔认为,这一论述缺少足够的数理支持,只能视为一种假说。因此,在缺乏直接数据的情况下,福格尔极有创意地采用了反事实推定法,他推算如果没有铁路,美国的经济增长会受到多大影响。为此,他设定了一系列指标,并用线性规划模型,据已有数据创造数据,计算出1890年铁路带来的货物运输的社会节约是5.6亿美元,仅为当年GDP的4.7%,铁路建设对钢铁、机械、木材等产品的购买量为3211万美元,仅占制造业总额的3.94%。综合两个数据后,他觉得罗斯托关于铁路是美国经济起

"新经济史"丛书序言

飞重要动力的结论,是有问题的。

福格尔新论一出,引起了美国经济史学界的强烈关注,支持者众,批评者亦不少。但他把由直觉推论得到的结论,置于科学主义的计量分析之下,具有极大魅力。由此开始,以计量为主要方法、以新古典经济学为理论指导的"新经济史"在美国蓬勃兴起。1968年,道格拉斯·诺斯(Douglass C. North)的《1600~1850年海洋运输生产率变化的原因》发表。该文用每吨货物的平均海洋运输成本来衡量海洋运输生产率,认为1600年至1850年轮船代替帆船之前,货物的平均运输成本下降,海洋运输生产率提高。而造成这一变化的原因,不在众口一词的海洋运输技术进步,而在海洋运输的安全性加强和市场经济规模扩大。而后者的动力,来自制度的变革。诺斯的研究,把新经济史的计量分析演化成经济学史上的新制度学派,制度从经济分析中的常量,一跃成为内生变量,"新经济史"由此进入一个新阶段。

实际上,比"新经济史"在美国的兴起稍早,在法国,计量方法也在历史研究中产生了重大影响。法国年鉴学派大约从1930年代起,逐步将计量方法引入历史研究。他们首先利用计量开展价格史研究,并逐步将其发展为"系列史"。所谓系列史,就是将一组同质的事实材料,尤其是数字材料,排成一个序列,以分析其在特定时间范围内的变化,既包括价格、税收等经济史数据,也包括宗教文书、建筑等同质数据。在系列史中,过程成为研究对象,时间的同质性被消解。由此,最终发展出米歇尔·福柯(Michel Foucault)的历史非连续性论断。此后,年鉴学派又将计量方法引入心态史研究,推动历史学的计量化,比美国"新经济史"走得更远。

凭借计量的科学感、制度分析的魅力,法国年鉴学派和美国新经济史学派引领了大批学者进入历史计量分析行列。虽然由于历史上的统计数据常常残缺，难以直接计量，但具备良好数理逻辑思维的研究者，总可以将许多并非数据的史料，通过赋值转化成数据史料来利用。比如，可以将黄河决堤理解为水量增加，把沿海动乱看成海盗活动，并将其赋值，进而进行计量分析。经过赋值，历史计量可能性变大，研究领域大幅扩展。由此，计量方法不仅在经济史研究中广泛运用，而且被推广到历史学其他领域，形成了全球性的"计量历史学"热潮，以《计量历史学》为名的教科书应广泛的市场需求而产生。与此同时，经济学家也从史料中寻找数据源，努力创新经济理论，诺斯还因此获得诺贝尔经济学奖。

"新经济史"和计量历史学以其模型化和计量化，把不可计量的内容变成可计量，反对"从直感得到推论和综合"的历史学，得到了作为社会科学家的经济学家们的认可，他们甚至期待这一方法可以将历史学彻底"科学化"。不过，这也激起了一批经济史家、经济学家和历史学家的广泛批评，其要点可以概括为以下几个方面。第一，计量数据与历史语境的抵牾性。以"新经济史"为代表的计量历史学以统计分析为基本手段，数据是其根本基础。然而，不少计量历史学研究者利用数据时，缺乏良好的历史学素养，不了解既有数据的语境，将其视为当然，直接使用，难免差之毫厘，失之千里。须知历史数据与其他史料一样，必须置于其语境中去考察，否则就可以根据清前期田赋额较低，而推断当时国家能力孱弱了。既有数据之外，对非数据史料赋值，更需要良好的历史感，符合历史学的基本原则，不然就可以根据史料中盗贼出现的次数，来推断农民起义爆发的次数了。计量经济史家认为，推动经济学学理意义上的学术进步，才是计量经济史学的重点，在这一目标之下，某些数据错误并不影响计量结论。诚然，如果经济数据的性质早已得到广泛认可，数据的大小有偏差，并不影响逻辑结论，比如清嘉庆年间，中国的 GDP 占全球 30% 还是 35%，的确不影响宏观结论，但如果得出宏观结论本身所依据的数据有错误，则跟物理实验材料用错性质相同了。所以，英国著名历史学家埃里克·霍布斯鲍姆（Eric Hobsbawm）早就指出过，"新经济史"虽然可促进历史学者清晰思考，但它把终结历史神话的历史学家变成算术工具，失去对史料的掌控和驾驭，严重伤害了历史学。第二，人文学科与社会科学的方法论差异。历史学是典范的人文学科，关注行动者的主体性和能动性，重视具体场合所发生事情的多样性与丰富性。人们做出决策的机制非常复杂，在人的复杂决策机制中选择一两项作为变量而将其他视为常量或者外生变量，显然会背离事实。进而言之，历史是在无数人的合力推动下演变的，较之于个体，变量尤其复杂多歧，虽然康德、黑格尔、恩格斯等先哲早就表述过，无数个体的激情与意图所造成的偶然性，无损于历史总体内在的合规律进程，但如果研究者不是从这种历史哲学出发去阐明整个人类历史演变的宏观模式，而是致力于实证性的经验研究，就不得不面对人心易变且变量变化可能杂乱无序的状况。这就需要以整体史观作为研究的理论指导，以人为思考的中心，尽量关注到各种变量，并且要注意变量的突变，即同一个或一群人决策时，变量从 A 突然跳跃到 B 的情况（诸如有人开始以经济理性做决策，突然又转变到为宗教理性所左右）。此外，相当多的历史学者，和不少经济史家一样，明确表示无法接受历史研究的反事实推定，他们认为假定即虚构，由此构建的数据与事实无关。而一批有良好历史感的经济史家，则几乎众口一词地认为"新经济史"构建的历史模型，控制变量太多，自变量太少，结论可信度大有问题。第三，经济理论不像自然科学公式那么有效，只能是经济和经济史分析的工具，不能直接套用。它不是经济史的源头，反而经济史才是经济理论的来源之一。凯恩斯（John M.Keynes）指出，经济理论只是人们思考和理解经济问题的工具，并不具有普适性，不能与自然科学的公式相提并论。韦斯利·C.米切尔（Wesley C. Mitchell）同样认为，如果将理论当作公式分析历史数据，则不仅可能违背历史逻辑，更会遗漏发明经济理论的可能机会。第四，某些计量经济史研究不过是用一些漂亮的模型来表达一些历史学习以为常的结论。虽然经济学家可能认为这是将历史学结论从假定变成了科学验证的结论，但是，批评者仍然认为，这种研究没有提供任何新的知识，是无意义的重复劳动，对历史研究并无帮助。

　　计量历史学的种种缺陷，使当初曾雄心勃勃想以之改造历史学的学者们的意图彻底落空，甚至有的主要倡导者也很快改弦易辙。1967年，著名历史学家、年鉴学派第三代学者的代表之一埃马纽埃尔·勒华拉杜里（Emmanuel Le Roy Ladurie）放言："未来的历史学家要么就是一个程序员，要么就不是历史学家。"然而，仅仅8年后，他的代表作《蒙塔尤》出版，这部享誉世界的史学经典，回归到传统史学的叙事，与计量毫无关系。1970年代后，计量历史学逐渐衰落。近年来，计量历史学在一些国家和地区有复兴趋势，这有着计算机算法进步、云计算与大数据时代来临的背景。一些计量历史研究和"新经济史"也号称大数据，但事实上，许多计量历史研究，无论是在基本理念、数学模型还是数据规模上，都与六七十年前的第一代计量历史学没有多大区别，体现不出多少新意，失误的类型也如出一辙，唯一的区别可能只是史料获取更为方便了。

　　"新经济史"和计量历史学受到的批评，除了数据的语境之外，主要是经济学与历史学之间的学科差异造成的，双方都有自己的学理依据，都觉得有必要去改造对方。但是，对双方来说，这都是不可能完成的事情，毕竟双方学科的基本逻辑不一样。因此，提

"新经济史"丛书序言

出"看得见的手"的著名企业史家艾尔弗雷德·D.钱德勒（Alfred D. Chandler）认为，与其让双方不停相互指责，不如让双方各守本业。

我们认为，固然双方都有自己的学科本位，但中间亦存在着沟通的可能性与必要性。基于此，本丛书希望在传承中国社会经济史学术传统的基础上，就此开展一些探索。中国社会经济史研究有着近百年的时间纵深，自诞生起，它就坚持历史学的严谨考证方法，注重史料语境，强调史料利用的可靠性，并在此基础上，引入经济学、社会学等学科的分析方法，揭示纷繁复杂的历史现象所蕴含的意义。梁方仲的明代中国商业经济"一马当先"论、傅衣凌的资本主义萌芽于山区论、吴承明的二元经济论和广义经济学，均是此类研究的经典和代表。在他们开创的学术道路上，近年来刘志伟提出贡赋经济体系，系统解释了传统中国商业的高度活跃与高度集权的政治经济体系之间的关系，构建了经济史研究的"中国模型"。

本丛书倡导的"新经济史"，希望循着既有的研究路径，坚持历史学本位，以社会科学视野为观照，探析传统中国经济史的可能路径，既注重史料的语境及其可靠性，讲求历史过程的内在逻辑，也注重经济学等社会科学的分析方法和模型化的思维方式，进一步推进历史学与社会科学的融合。中国经济史文献中，叙述性史料浩如烟海，占据着主导地位，它们难以被数量化，但又是我们理解传统经济运行机制的凭借，也为相关数据性史料提供了语境。基于此，必须高度重视叙述性史料，但除了利用考据、编年等传统史学方法对之进行解读外，还必须以建构模型的视野来分析之，并且要考虑更多变量。我们也高度重视数据史料，既重视数据本身，也重视其生产过程与文本意义，回归历史场景和历史内在逻辑来建构数量关系模型。此外，我们对通过赋值来产生数据的方法持谨慎态度，不会轻易将复杂的历史现象归结于一两个简单的指标以创造数据。作为历史学者，我们深知，稍有不慎，看似科学、客观的赋值数据就会变成研究者的主观臆断，千疮百孔，破绽百出。总之，我们希望可以建构一套宏观理解传统中国经济体系的模型，以此为指导，结合扎实的描述史料和数量分析，具体展现财政、盐政、矿政、马政、市场以及其他领域的经济运行机制。我们希望本丛书倡导的新经济史在方法论上有下述特点。

第一，坚持历史学的基本原则，但对经济学和其他社会科学保持开放性。研究对象本身并不意味着学科属性，研究取向才真正决定学科性质。对过去的人与社会的研究，可以是历史学，可以是人类学，也可以是经济学，或者其他学科，但如果不遵守历史学的史料处理原则，不遵从历史过程的内在逻辑，就意味着无论研究的时期为何，都不能被视为史学研究，而只能是其他学科的研究。从历史学的立场出发，无论是文字史料、数字史料还是非文字史料，都应该当作文本看待，史料是生产于具体语境之中的，脱离语境，必将误读史料。建立在误读史料基础上的研究，无论描述如何精彩，统计如何"精确"，模型如何优美，都只是一种背离史实的智力游戏，很容易就被大量的史料与史实所证伪，不可能令历史学者满意，更不要说试图以此来改造历史学了。

但是，经济史研究也应超越美国历史主义经济史传统，不要认为只能从历史中产生理论，而不能用经济理论和其他社会科学理论来分析历史现象、历史数据和历史材料。我们认为，经济学以及其他社会科学的理论、概念和方法，有助于理解、分析和把握历史时期的经济现象与其他社会现象。很多时候，凭借这些理论、概念和方法，研究者往往能够事半功倍地穿透纷繁复杂的历史文献资料，看到意义，抓住要害，发现历史的内在逻辑，并使分析明晰化。

"新经济史"丛书序言

社会科学是在近代西方发展起来的，中国史研究对其保持着开放性，必然会涉及本土经验与西方理论的调适问题。我国史学界存有一种观念，认为西方理论产生于西方土壤，应用于中国历史，难免水土不服。然而，理论本就是对经验现象的简化与抽象，因此一定是与现实不完全吻合的，古今中外的任何理论莫不如此。简化与抽象的角度不同，针对同一现象的理论之间甚至可能势若冰炭。若说西方理论符合西方经验，那就不至于基于同一西方经验现象，却产生出层出不穷的西方理论了。理论的意义不在于完全符合现实，而在于提供一种观察视角与分析工具，而不同的人类社会虽然存在着差异，但或多或少有相通、相似之处，因此来自异域的分析工具，往往有可利用之处。只是任何理论，不管是来自本土还是异域，都不能简单套用，否则就是将工具等同于现实了。

本丛书倡导的"新经济史"，希望立足于本土经验，并认为传统中国的经济史有自身的历史逻辑，并非可以由现有的任何理论模式轻易阐释。近年来贡赋经济、帝制农商社会等理论，虽然在逻辑的自洽性以及与西方理论对话的能力上，并非完全等同，但都是立足本土经验并积极放眼国际学术所发展出来的经济史理论，值得我们重视和借鉴。

我们相信，异域经验不仅可以作为研究中国经济史演进的对照与参考，而且从异域经验出发产生的经济学理论等社会科学的理论，很多也能作为中国经济史分析的工具。众多西方的大师级学者中，有的甚至关注过中国，他们高屋建瓴的理论建构以及对中国本土经验的抽象概括，令人叹服，已经成为中国研究的宝贵学术积累。因此，无论是他们理论模型中的中国经验，还是他们产生于中国经验之外的理论架构与概念方法，均可以在切实弄清其语境和中国的历史情境之后，判断是否可加以利用。例如，近年来明清社会经济史学界日益认识到，传统中国赋役、财政与市场之间紧密结合的情形，与习俗经济、命令经济、再分配经济等来自异域的、与市场相关的西方理论之间，存在着很大的利用与对话的可能，从这里出发，我们有可能更深入地认识传统中国独树一帜的经济体系与别具一格的国家治理模式，并进而提出相应的概念范畴与理论体系。

第二，坚持整体思维的基本原则，但不避讳模型思维。鉴于计量经济史研究数理模型存在设定的常量和外生变量多而内生变量少，并且无法处理变量的突变等缺陷，我们希望坚持整体思维，从一堆复杂的历史现象里，尽可能地观察到更多的变量，进而从历史的内在逻辑出发，分析它们之间的关系，确定哪些是变量而哪些是常量，哪些应该深入展开，以及变量会不会突然跳转、常量与变量会不会转换等要素，然后再以此指导复杂的史料分析。

在这样的分析中，我们并不忌讳模型思维，而是在整体思维的基础上利用模型。我们将历史视为有机联系的整体，借用模型来洞察复杂的历史关系，并在模型中融入历史维度，以期将历史展现得更为清晰，更富有逻辑，更具备与社会科学对话的可能与潜力。当然，我们强调的模型思维，必须建立在扎实的史料基础上。否则，模型会变成脱离实际的空中楼阁，非但价值不大，甚至会造成某种误导。此外，由于整体思维的引入，并且要观照变量之间的突变以及常量和变量之间的转换，我们并不一定要追求模型的函数化及其可计算性，模型可以用文字表述，也可以用图形表达，当然也可以是公式化的。

第三，在追求历史的丰富性与多样性的同时，力求从总体上给出一种明晰的解释。经济学家所写的经济史，通常围绕一两个基本假设展开，抛去那些烦琐的细节，剔除与主旨疏离的事实，显得明晰、简洁而优美。从历史学出发的经济史，则往往缺乏一以贯之的概念与主线，但却有着复杂的枝蔓与丰富的史实。本丛书基于历史学的定位，力图不厌其烦地从史料中发掘经济现象的细枝末节，呈现不同行动者的矛盾与博弈，考察经济决策的来龙去脉及其落地的具体情景，探讨管理制度的区域与人群差异。不过，我们也深知这样的研究取向庞杂而缺乏解释力，所以，我们也要在丰富性与多样性呈现的基础上，给出提纲挈领、简明扼要的总括说明，并进而提出一些概念范畴，以期更为深刻、明晰地解释复杂的历史现象。为此，历史学者应积极借鉴社会科学家那种概念清晰、逻辑自洽的表述方式。

目前，各种社会科学的分析概念与理论模式，均无法完全有效解释传统中国的经济模式与运行机制，我们希望从史料及其语境出发，以人为思考的中心，借鉴经济学等社会科学的概念方法，结合整体史观与模型思维，注重描述研究与计量分析，基于历史过程的内在逻辑，提出一些关于中国传统经济体系的理论解释，并探索与社会科学理论对话的可能。这样一种"新经济史观"，并不敢企望真正融合钱德勒所说的经济史研究中的双方，而是希望凝聚一批志同道合者，表达一种努力的方向。

2022 年 4 月 28 日

于中山大学马岗顶历史人类学研究中心

目 录

导 论 / 1
 一 从无序到有序：传统中国的制度运行与制度史研究路径 / 2
 二 盐史研究的学术演进与区域经济研究 / 12
 三 全书框架与文献说明 / 24

第一章 12~14世纪的滨海地方经营与盐场制度的确立 / 31
 第一节 宋元东莞的地方乡豪与盐场盐业经营 / 32
 第二节 明初"以籍定役"与地方盐场的实际运行 / 46
 小 结 / 67

第二章 "盐听灶户自卖"：15世纪盐场的余盐问题
   与灶户做生意 / 70
 第一节 从开中法到余盐抽银 / 71
 第二节 栅甲制：天顺年间的盐场制度改革 / 86
 第三节 灶课折银与盐场灶户卖盐的合法化 / 110
 第四节 栅甲役与灶户宗族建设 / 126
 小 结 / 151

第三章 "以民田承灶户"：16世纪的无征灶课治理
   与盐场生计变迁 / 156
 第一节 环境变迁与市场流动：珠江口盐场衰落之滥觞 / 157

　　　　第二节　灶课追征与灶户宗族应对 / 177
　　　　第三节　"以民田承灶户"与盐场生计 / 199
　　　　小　结 / 225

第四章　"灶户"脱离盐场：17世纪的盐场赋役加增
　　　　与地方策略 / 228
　　　　第一节　晚明的灶户赋役负担与地方经济形态 / 229
　　　　第二节　地方宗族对清初迁海破坏盐场的故事建构 / 239
　　　　第三节　"盐田加增"的立与废：地方宗族与清初盐场的
　　　　　　　　赋役制度重建 / 258
　　　　第四节　"盐入粮丁"与东莞县的场盐流通 / 271
　　　　小　结 / 286

第五章　"场商养灶"及其变体：18世纪的发帑收盐
　　　　与盐场秩序 / 288
　　　　第一节　生产场所成为盐场基层管理单位 / 290
　　　　第二节　发帑收盐的地方运作与灶户宗族 / 315
　　　　第三节　裁撤盐场：制度运作中的地方政治博弈
　　　　　　　　与地缘经济 / 348
　　　　第四节　裁场后的盐场生计与聚落变迁 / 378
　　　　小　结 / 396

结　语　制生事内：作为制度过程的社会变迁 / 399
　　　　一　财政中的盐场：开中到纲法下的盐务运行演变 / 401
　　　　二　赋役中的盐场：从"盐场"到"州县"的完课责任主体变迁 / 405
　　　　三　社会中的盐场：市场导向型生计与滨海社会的秩序再造 / 409

参考书目 / 416
后　记 / 441

图表目录

图0-1　清代珠江口主要盐场分布示意　/　26
图2-1　明代靖康盐场六栅分布（自绘）　/　105
图2-2　香山场北岭徐氏义彰公支世系　/　119
图2-3　靖康场凤冈陈氏世系　/　135
图2-4　归德场邓家萌潘氏世系　/　145
图4-1　康熙《东莞县志》缺口司（靖康场）　/　265
图5-1　乾隆《两广盐法志》载归靖盐场　/　332
图5-2　《凤冈陈氏族谱》载靖康场北栅村落　/　338

表1-1　嘉靖《广东通志初稿》载各场灶课额估算　/　61
表2-1　元至明广东、海北二提举司灶课额　/　73
表2-2　广东、海北二提举司开中盐额情况　/　78
表2-3　广东、海北二提举司开中盐每引纳粮数　/　79
表2-4　明初与天顺年间靖康等场灶课额对照　/　90
表3-1　清中期广东生盐、熟盐产地分布　/　164
表3-2　明代四朝广东盐斤产量　/　173
表3-3　明初原额、天顺年间、嘉靖二十一年归德场户丁与盐引额　/　186

表4-1　迁海前后归德场灶丁、灶田数　/　249
表5-1　清代盐场基层组织名称统计　/　307
表5-2　凤冈陈氏的县、场户籍登记对照情况　/　320
表5-3　1702~1819年粤盐行盐区欠课情况统计　/　351

导　论

　　通过本书，笔者想要展现的是，过去的人们如何看待、应用乃至最终重构他们时代的制度，由此形成他们的生活世界。

　　我们的生活处处离不开制度，就像我们离不开盐一样。盐是维持人类生命的必需品，但受产地所限，却非人人皆能获取。这使得对食盐的生产和流通的控制并征收赋税，能够为国家提供大量而稳定的财政收入。中国历朝历代无不将盐视为国家经济命脉，实行专卖制度，对食盐的生产、贩运、销售加以严格控制。

　　盐场就是历史上生产和提供盐的地方，它不是从来就有的，而是国家建立盐专卖、自上而下推行的产物。盐场不同于现代的工厂，它是一群原本并不相关的人，在江海之滨，因一个外在的国家制度而聚在一起，为生计而生存的一个"区域"。在盐场，制度也就不只是制定—落实的过程，同时也是人们在因制度而产生各种无法预料的结果之中如何生活的过程。在这个过程中，盐业制度更多的是表现为一场持续的社会经济活动的制度序列化过程。各色各样的人及其活动，将看似无序的状态，最终以有序的过程进入历史。

一　从无序到有序：传统中国的制度运行与制度史研究路径

中国历史的研究从来离不开对"制度"的关注。关于历史上赋税、财政、金融等经济制度沿革的研究和对历代典章制度的社会经济内涵的阐释，被学者誉为具有现代学术意义的中国经济史研究的起点之一。[1] 我们最早常常是借助留传下来的文字去了解制度，但作为历史书写结果的制度和作为规范的制度之间存在认识上的差异。侯旭东在《"制度"如何成为了"制度史"》中阐述了古人对"制度"的理解，他们是将"事"和"人"放在一起思考，目的多是"将施有政"，而今天我们普遍认为制度是具有规范意义的。[2]

从制度的规范意义出发，变动不居的制度被区分成了正式制度和非正式制度，或是将非正式制度视为正式制度的非正式运作方式。学者认为作为规范的正式制度是由国家制定的，非正式制度则是在社会中生成的。如马奇和奥尔森在《重新发现制度：政治的组织基础》中指出政治的参与者不仅要受到法律法规等国家制定的正式制度的约束，也会受到从家庭、学校、社会中习得的行为规范、惯例等非正式制度的影响。非正式制度往往是在社会中生成的，有

---

[1] 陈春声、刘志伟：《理解传统中国"经济"应重视典章制度研究》，《中国经济史研究》1996年第2期。

[2] 侯旭东：《"制度"如何成为了"制度史"》，《中国社会科学评价》2019年第1期。

社会组织、社会精英参与。[1]王业键在《清代田赋刍论（1750~1911）》中也认为，19世纪末20世纪初，中国的财政管理，特别是地方上的田赋管理，具有独特的二重性，即在国家经济管理中同时存在两种制度、两套规则或做法：一是正式的或法定的，符合国家法令、法规的；二是非正式的或非法的。非法定制度的存在具有必然性，因为刻板的法律规定不能适应不断变化的社会中行政管理的需要，所以便由许多传统惯例和习惯做法累积而成非法定制度，以适应财政与管理的需要。[2]

正式／非正式制度的二分法存在将正式制度固定化的趋势，非正式制度被视为制度的另一种表现形态，二者是共生或者补充的关系。诺斯在阐述经济制度的基本来源时，也提到它包括三个方面：正式的规定，如宪法、法律和法规；非正式的行为准则和规范；正式规定与非正式准则的执行情况和特点。[3]针对社会中的非正式制度，费孝通提出乡土中国是"无法的社会"，用"礼治秩序"来解释传统中国社会的运作秩序。[4]邢义田则从另外的角度指出了制度具有两种不同类型：一种是经历长久，约定俗成，无意中逐步形成的家族、伦理、信仰、仪式、节庆等；另一种是为特定需要、目的，依特定权力分配关系、标准和程序而有意建构出来的多重秩序网络。[5]

1　詹姆斯·G.马奇、约翰·奥尔森：《重新发现制度：政治的组织基础》，张伟译，生活·读书·新知三联书店，2011。
2　王业键：《清代田赋刍论（1750~1911）》，高风等译，人民出版社，2008。
3　《改变中的经济和经济学：诺斯在北大中国经济研究中心的讲演和讨论录》，《北京大学国家发展研究院简报》2002年第13期。
4　费孝通：《乡土中国　生育制度　乡土重建》，商务印书馆，2011，第51~56页。
5　邢义田：《从制度的"可视性"谈汉代的印绶与鞶囊》，阎步克等：《多面的制度：跨学科视野下的制度研究》，生活·读书·新知三联书店，2021，第43~106页。

在中国历史的本土话语中,似乎常常是将"制度"看作已经完成或者正在完成的状态,因此"制度"是通过书写的方式来呈现,文字是其重要的载体。但历史哲学家也告诉我们,文字书写往往只能呈现历史的某一面。呈现制度或解释制度往往是通过记录下一个确定了演进序列的历史,这个制度提供的可能也就只是某一种基本原则。正史、方志等所呈现的制度正是朝廷和官府按照对其有意义的序列而书写的结果。

邓小南提出"活"的制度史的研究视角,呼吁跳出以往强调宏观、静态、脱离历史实际的文本主义制度史,而重视制度的动态发展与运作过程,尝试把握制度变迁与背后复杂的人事权力关系。[1]"过程"和"关系"逐渐成为制度史研究不可或缺的两个研究范畴。这样的视野下,"制度"就更接近于英文单词 institution,它除了包含通常所说的典章条文之外,还有一层更重要的含义,即人们做事的行为规范和习惯。制度也就只有活在日常生活中才有意义。当然也不是说写成典章条文的制度没有意义,而是要说明它在被写进典章条文之前应该经历了人们社会生活策略选择的过程。这个过程是理解制度的关键。刘志伟指出,制度是"在实践中由法律条文和应付这些规定的对策实践之间的互动形成的结构"。[2]

完全地呈现过程和关系的"活的制度"应该是一系列无序的事物的结合体,但我们看到的又似乎不是这种状态。"无序"和"有序"的鸿沟到底是如何跨越的?无法预料的各种制度实践的结

---

[1] 邓小南:《走向"活"的制度史——以宋代官僚政治制度史研究为例的点滴思考》,《浙江学刊》2003 年第 3 期;包伟民:《走向自觉:关于深入拓展中国古代制度史研究的几个问题》,包伟民主编《宋代制度史研究百年(1900~2000)》,商务印书馆,2004,第 7 页。

[2] 刘志伟:《在历史中寻找中国——关于区域史研究认识论的对话》,大家良友书局有限公司,2014,第 46~47 页。

果，又是如何在制度演变中紧密联系在一起的？刘志伟的研究更深层地洞察了这种变化，提出了"自下而上"的制度史研究路径。他指出要讨论一个渐进的改革过程，而不只是指最后定型的制度。这种讨论要从制度下人们的生活经验、从他们留下来的实际运作的文书出发。[1]

刘志伟指出，"历史研究不仅要阐述人们在地域社会建构过程的能动性，也需要反省历史叙述本身如何在地域社会建构过程被结构化，而这种结构又如何推动和规限人们的行动"。[2]对此，至少有两种理解：第一，只有回到区域社会中才能了解制度如何存在多种序列并在具体生活中选择某一种序列而留存下来，也只有了解这一过程我们才能对制度有更充分的理解；第二，这也说明存在另一种情况，即处于不同阶层的人会排出不同的制度序列，制度序列不同，对制度的解释最终也就不同。"非正式制度"也就可视作与"官方"排出的制度序列不同的另一种制度。梁方仲的一条鞭法研究就是很好的说明。在梁方仲的研究发表以前，《明史·食货志》的相关记载可能是学者理解一条鞭法制度的逻辑基础，但梁方仲通过从不同的角度对在不同时空中发生的不同事实进行分析性研究，重新找出一条制度变化的内在脉络。[3]

制度是"一种关于人的社会秩序"的论断已经越来越被研究者所认可。基于"人"的行为出发，那么不同的"人"的行为所导致的制度结果是否会存在巨大的不同？利奇的研究给出了一种答案，

---

[1] 刘志伟：《自下而上的制度史研究——以"一条鞭法"和"图甲制"为例》，阎步克等：《多面的制度：跨学科视野下的制度研究》，第137~174页。

[2] 刘志伟：《地域社会与文化的结构过程——珠江三角洲研究的历史学与人类学对话》，《历史研究》2003年第1期。

[3] 刘志伟编《梁方仲文集》，中山大学出版社，2004，导言，第6~7页；梁方仲：《一条鞭法》，刘志伟编《梁方仲文集》，第1~49页。

他提出了"钟摆式"的解释模型,用"动态平衡"来解释制度的多元性。[1]弗里德曼在解释华南宗族模式时提出的A—Z模式也是一种类似钟摆式的模型。[2]科大卫从文化机制角度去解释历史上制度内在连续性的根源,指出宗教和法律的结合往往通过礼仪表达。[3]

到这里基本可以确定,真正的"制度"应当是永远处在变动中的,但是从利奇的研究中还可以得出一些启发,即从文字书写状态下认知到的"制度",其实可能也只是当时占据主流话语的一种实践制度的两端——新制度的萌芽或是制度的完成状态。我们对其所经历的过程常常是难以把握的,对当时主流制度话语以外但并非全无影响的其他实践制度更是所知寥寥。

以本书讨论的主体为例,在明清的盐场制度变革中,我们能抓住的显著制度变化是灶户制度,但常常忽视了其他可能的实践制度形态。就盐场而言,它应该存在一种层叠式的制度过程,其中的某一种制度或在某一个时期突然冒头成为主流,在另一个时期又突然失去优势而沉寂或消失。这种此起彼伏的制度构建才是制度原本应有的形态。文本书写的"制度",常常只是恰巧记录了其中某一次制度变迁的结果,而研究者常常把这一次的显著性特征当成全部制度的内容,再通过历史学家的技艺,前推后延地构建出一个历史过程来。如果不了解制度的特性和历史书写的局限,就容易夸大制度过程的一致性。只有将制度视为处在不断变迁中,是可以"朝令夕改"、文本与实际可以存在巨大差异的产物,才能理解制度的真正

---

1 埃德蒙·R.利奇:《缅甸高地诸政治体系——对克钦社会结构的一项研究》,杨春宇、周歆红译,商务印书馆,2010。
2 莫里斯·弗里德曼:《中国东南的宗族组织》,刘晓春译,王铭铭校,上海人民出版社,2000。
3 科大卫:《皇帝和祖宗——华南的国家与宗族》,卜永坚译,江苏人民出版社,2009;科大卫:《明清社会和礼仪》,曾宪冠译,北京师范大学出版社,2016。

意义和作用。

近些年的研究特别强调从人的行为活动出发并在社会运作中去考察制度的视角，可以说这是研究变动不居的制度的重要研究范式。以人的行为作为分析的出发点，从人的行为层面上解释制度怎么运作，以及它如何去形塑一个社会的结构，进而理解社会的运作逻辑。真正贴近实际社会生活的制度史研究，所要关注的多元社会面向远远超过了制度条文本身。制度在运作过程中，要受到当时当地的社会环境、社会关系的制约。从社会的具体运作中去审视原有的研究对象，往往会得到一种更复杂与更辩证的理解。

但从人的行为出发的制度史研究往往是最难把握的，我们常常会受到历史学科文献本位的限制。从历史文献出发的研究，往往只能发现制度的两端——制度的提出、制度的终止或另一个新制度的提出，而对中间过程往往是模糊且难以获知的。制度不是一个平面，而更像是一个三维乃至四维的空间系。除了制度的内容，制度实践的时间、空间，以及人的主观能动构建的历史社会情境，会让制度在多维空间里显示成为多束发散性的线条。这是研究者需要特别注意的。我们一不小心就会将这个过程理解成线性的过程，而忽视这个过程中制度是否已经走过了"山路十八弯"。我们应当有意识地去挖掘这些"山路十八弯"，以及甚至可能存在的"弯道超车"现象。也就是说，变迁过程也是制度研究的对象，它甚至应该成为制度的核心内容。

运作中的制度不一定只有一种模式，也不可能完全按照文本叙述经历从制度提出到终止的线性逻辑变化，制度的终止或改变只是制度众多变迁中的一种选择结果。理解这种在多元变迁中的选择过程——曾经做过什么选择、放弃了哪些路线选择、如何选定最终的路线等，才是制度史研究应该关注的问题，也才是真正明白该制度的意义的正确方法。

对制度的认知至少要通过"实践"、"互动"和"结构"才能达到。吉登斯指出，结构既是实践的媒介，也是实践的结果。[1] 如果把制度理解为从人们的行为动机出发且经过一系列互动而形成的结构，那么我们也相信这个结构是一个运动式的结构。格兰诺维特提示我们，仅仅讨论个体的决策或是集体的行为以解释新制度的出现，都是化约主义，他强调"个人行动、关系、社群、复杂网以及集体的制度与文化在一个动态互动的过程中形塑了我们要观察的经济现象"。[2] 而后结构主义者更强调"作为持续创造的过程的重构更甚于建构"。[3] 仅仅讨论制度的建构还无法完全明白制度的结构，重构的过程也是制度的重要组成部分。

盐是人们生活中的必需品，盐业制度因此也是一种最接近人们生活和日常的制度，而这也恰好最接近前述讨论的制度序列构建的历史模型。盐业制度因其生活特性而与国家、社会和市场互动最为紧密和频繁。但也正是由于这种"过度"的生活化，盐业制度显得鸡零狗碎且看起来杂乱无序，而这种"无序"的背后恰恰揭示出制度地方实践中最初的状态。我们在其他很多制度中甚至很难觉察到这个层面的状况。无论它一开始如何地方化、个性化而显得无序，只要它和社会发生关系，就离不开国家与社会的互动，只要它无法和市场脱钩，就离不开国家与市场的互动。它的税收特性决定了它

---

[1] 安东尼·吉登斯：《社会理论的核心问题：社会分析中的行动、结构与矛盾》，郭忠华、徐法寅译，上海译文出版社，2015，第71页。

[2] 马克·格兰诺维特：《社会与经济：信任、权力与制度》，王水雄、罗家德译，中信出版社，2019，第19~20页。

[3] 彼得·伯克：《历史学与社会理论》第2版，李康译，上海人民出版社，2019，第282页。

导 论

最终必然上升到国家层面，通过某种路径，不断重构成一套有序的制度。这套有序的制度也逐渐变成历史书写，成为全国性的典章。典章不是没有地方性，而是隐藏了它从地方而来、不断互动和重构的历史过程而已。盐的制度也因此并非"盐糊涂"，而是历史上这个重构过程没有很好地完成——当然，没有完成本身也是历史研究的对象。

如何将制度的"无序"纳入"有序"的讨论，又如何将文献呈现的制度的"有序"放回到其从"无序"中来的重构过程，社会学家和历史学家做了很多有益的努力。这对于我们重新理解明清盐业制度非常具有启发性。格兰诺维特在其书中将这个过程比喻作"菜单"的选择，并指出了三种途径：(1)行动者可以考虑来自不同制度领域的备选方法，并决定哪一种最适合用来改善他们的处境；(2)他们可以采取一种通常适用于其他制度领域的解决方案，该领域与其问题相关的制度领域不同，这也意味着挪用（或转置）解决方案，将其用于新场合，而且他们不仅可以转置制度模式，还可以为了达到某一目的，从另一个领域移用资源；(3)他们可以混合和匹配各种零零碎碎的制度方法。[1]就明清时期中国的盐业来说，在讨论盐场制度的时候，就不应该是在简单地讨论某一"制度"，而应是在讨论一项变动的经济活动及其行动者的选择过程，所要考虑的因素也就更加复杂。明清的盐场制度，乃至整个盐业制度的形成和实践过程，可以说都是历史行动者在搜寻途径以解决某种经济活动问题的过程。不断解决各种问题的过程，也是制度不断被重构的过程。当然，历史行动者在解决问题时会意识到各种各样的方法，而选择哪一种方法，也并不是随意性的，而是遵循着某种制度逻辑。

---

[1] 马克·格兰诺维特：《社会与经济：信任、权力与制度》，第279~280页。

本书将努力去发现决定生产的制度结构、市场的作用和参与者的行动，并揭示它们之间如何相互联系，以及在国家与社会、国家与市场之间如何不断进行制度和生产结构的互动和相互影响。

盐作为一种具有地域性的稀缺物资，它的生产最终是为了实现交换或交易，而这本身离不开市场的力量。国家实行食盐专卖，甚至设置盐场等机构管控食盐的生产，这一系列政策构成了国家与市场之间的博弈。黄国信认为，如果盐政完全超越人们的消费能力来分配盐引，完全背离市场价格划分盐区，其结果就会导致盐商所领盐引无法全部售出，盐课无法全部完纳，盐政制度的目标也无法实现，最终导致盐法无法有效执行。[1] 他的研究也表明，清代盐政的盐引分配数和盐课额征数，都是盐政制度安排的理想目标，依据这些数据分析的变量间结构关系，就是清王朝盐政制度安排的内在理性。[2] 这种市场倾向性绝不仅限于清代盐政。

市场与社会之间互动关系的研究成果，启发我们重新审视盐场制度的研究。历史制度学派的学者认为，国家政府在经济生活中并不是取代市场，而是利用各种非市场治理机制来限制市场、补充市场。组织制度学派则进一步指出，国家建设和市场建设是一个互动的、不可分割的过程。[3] 无论哪种观点，都强调在国家制度中不能忽视市场的作用。经济社会学关于市场的研究，则提出市场是一种场域，依赖于在社会中更为一般的使在位者的权力得以保持的规则。总之，国家与市场之间的内在联系是一个动态的过程，也是社会

---

1 黄国信：《清代食盐专卖制度的市场化倾向》，《史学月刊》2017 年第 4 期。
2 黄国信：《清代盐政的市场化倾向——兼论数据史料的文本解读》，《中国经济史研究》2017 年第 4 期。
3 尼尔·弗雷格斯坦：《市场的结构——21 世纪资本主义社会的经济社会学》，甄志宏译，上海人民出版社，2008。

建构的产物。[1]

从历史的视角讨论市场体系与地方社会互动的问题,一直是中国社会经济史关心的问题。施坚雅提出的市场体系理论对于解释中国的市场体系与社会结构具有指导性意义。[2]市场结构塑造着地方社会中各种组织和体系的活动范围。科大卫对明清珠江三角洲地区的宗族进行研究后认为,宗族是近代商业制度建立以前中国传统社会的商业公司。[3]陈春声关于18世纪广东米粮市场与地方社会变迁的研究指出,米粮市场的运作与米价的变动受到各种社会因素和特定社会结构的制约。[4]

如果撇开按照过去的分类应归于正式制度的"盐专卖"的既往认识,盐的生产与流通的制度变化更可被视作市场运行中的产物,并在市场的参与和干预下不断进行制度重构。在盐业活动中,国家与市场如何互动,制度如何重构,借助这些制度社会秩序又如何得以生成,这些都是盐场研究的重要方向。在本书的讨论中,盐的市场导向被置于非常重要的位置。市场并非外在于盐场制度,而可能是制度的一部分。盐场内部关系的建立、盐场与盐场之外的联系,都离不开市场机制的影响。

本书讨论"盐场",并不准备从地方行政史的角度去交代,而是把盐场视为一个不断重构制度的"区域",进而从这个区域中人群的行为动机出发,探讨人群行动与区域社会的互动,揭示出明清盐场所发生的变化。通过对盐场地方化的考察,本书将最终对明清食盐专卖制度进行全面反思。

---

1 尼尔·弗雷格斯坦:《市场的结构——21世纪资本主义社会的经济社会学》。
2 施坚雅:《中国农村的市场和社会结构》,史建云、徐秀丽译,中国社会科学出版社,1998。
3 科大卫:《近代中国商业的发展》,周琳、李旭佳译,浙江大学出版社,2010。
4 陈春声:《市场机制与社会变迁——18世纪广东米价分析》,中山大学出版社,1992。

二 盐史研究的学术演进与区域经济研究

明清盐业的生产方式和特点决定了盐场制度极具地方化，且常处在"无序"的不断调适的状态中。它常常不单纯是自上而下或自下而上的过程，这也是为何以往学者常常将盐业制度视作"盐糊涂"的研究。"盐糊涂"的原因可能在于，研究者更多的是从国家治理盐务的视角出发，站在"朝廷""中央"的视角，试图从中总结出盐政好坏的经验，并揭示如何治理好盐政的路径。这一路径由于传统时期尤其明清时期盐法运行的特质是盐区"以事例治盐"的基本运作原理，[1]导致试图从中央视角出发的盐的考察，常常无法得到统一、有效的答案。"两淮定而天下盐法成"本就是明清盐政官员的理想模型，不能用于解释明清时期盐法的基本问题。

通过前文的问题梳理，把盐场制度重构视为一个持续不断的"运动"过程进行观察和讨论，是中国盐业史研究再出发所必须具有的视角，也可以由此通过制度在朝廷与地方之间的互动与相互形塑过程，重新认识传统中国国家经济的运行机制。因此，盐史研究要在当今历史学的发展脉络下，超越既往范式，引入社会史的视角，重视区域研究，将其放回所在的历史脉络之中，将历史人类学"现场感"体验与民间文献相结合，考察地域社会文化与制度重构的过程，才能达到深化认识传统中国盐业经济的目的。[2]

1　李晓龙：《清代盐务酌定机制与盐区运作制度的形成》，《广东社会科学》2025年第3期。
2　具体的理论阐述可参见：李晓龙、温春来《中国盐史研究的理论视野和研究取向》，《史学理论研究》2013年第2期；黄国信、叶锦花、李晓龙、徐靖捷《民间文献与盐场历史研究》，《盐业史研究》2013年第4期；黄国信《单一问题抑或要素之一：区域社会史视角的盐史研究》，《盐业史研究》2014年第3期。

导 论

长期以来，户籍制度是历史学界探究中国传统经济运行尤为注重的方向。在民户、军户的研究上，过去一个世纪已经取得了辉煌的成就。如梁方仲、王毓铨、刘志伟等学者关于明清户籍赋役的研究，都已成为明清经济史研究的典范。灶户作为"军民匠灶"之一，灶户制度自然也是关注传统中国食盐生产和经济运行的重要主题。何维凝《明代之灶户》一文较早对明代全国灶户的分类、赋役，以及灶户的清查制度、世袭制、工本制和惩罚制度进行概括和介绍。[1] 刘淼也注重灶户制度的考辨，借助两淮、两浙丰富的文献资料，对前人研究中所涉及的盐场和灶户制度进行详细的专项考察，厘清制度层面的盐业土地关系、灶户土地占有情形、官收盐制、盐课改折制度、灶户赋役负担和灶户组织形态等的具体情形。[2] 这些研究主要强调灶户制度是户役制的一种，灶户是按照职业划定的人户户籍，在国家强制下进行纳粮当差，而朝廷也通过管理灶户和完善灶户制度来控制食盐生产。如徐泓指出，"明初建立灶户制度的用意，在保证盐课的收入"。由此，国家为了控制盐场，"除设官分职，建立盐场行政组织和灶户制度外，又组织灶户，从事生产与催征盐课，并互相稽查，防止私盐流出，维持盐场治安"。在灶户制度之外，徐泓还将盐场行政组织和灶户组织结合起来，提出"食盐生产组织"的概念，但其总体观点主要还是延续户役制的讨论，认为盐的生产形态是劳役制，盐的生产目的是保证政府的财政收入，"并不把盐当作自由市场商品来生产"。[3]

---

1 何维凝：《明代之灶户》，《中国社会经济史集刊》1944 年第 2 期。
2 刘淼：《明代盐业土地关系研究》，《盐业史研究》1990 年第 2 期；刘淼：《明代盐业荡地考察》，《明史研究》第 1 辑，黄山书社，1991，第 82~109 页；刘淼：《明代灶课研究》，《盐业史研究》1991 年第 2 期；刘淼：《明朝灶户的户役》，《盐业史研究》1992 年第 2 期；刘淼：《明代盐业经济研究》第四、五章，汕头大学出版社，1996。
3 徐泓：《明代前期的食盐生产组织》，《"国立"台湾大学文史哲学报》第 24 期，1975 年。

藤井宏《明代灶田考》一文把灶户制度放到一个更大的范围内进行考察，他注意到灶户并非被限制在盐场之内，而是与州县在户籍、赋役、田土等方面有交织不清的联系。他将这种关系称为灶户的"两栖性格"，[1]这提示我们，外部因素是研究盐场灶户制度不可忽视的重要因素。徐靖捷通过对明代泰州灶户赋役管理的研究，进一步呈现灶户的这种"两栖性"如何因为盐场与州县的不同赋役考量而通过双方博弈不断影响和调整灶户制度。[2]近年来，叶锦花独辟蹊径，从盐场内部的户籍状况入手，揭示出盐场内同时存在军、民、灶多种户籍并且常常形成一户多籍的复杂情况。[3]

这些研究说明了盐业生产中灶户制度的重要性。要理解盐业经济运作而不弄清楚灶户等相关制度的运作和变化几乎是不可能的。但同时越来越多的研究也表明盐场社会和灶户群体的复杂性，仅仅依靠建立灶户制度的解释框架来弄清楚盐业生产的运作，势必难以得到全面的理解。

较早把盐业生产内部关系作为一个整体研究讨论，主要出于对资本主义萌芽问题的关注。明清的盐业生产被视作我国资本主义萌芽中最具有重要意义的工场手工业之一。这种官手工业，被认为是

---

[1] 藤井宏「明代竈田考」、小野武夫博士還暦記念論文集刊行会編『土地制度史学』日本評論社、1948。

[2] 徐靖捷：《盐场与州县——明代中后期泰州灶户的赋役管理》，《历史人类学学刊》第10卷第2期，2012年。并参见徐靖捷《明清淮南中十场的制度与社会——以盐场与州县的关系为中心》，博士学位论文，中山大学，2013。

[3] 叶锦花：《明清灶户制度的运作及其调适——以福建晋江浔美盐场为例》，博士学位论文，中山大学，2012；叶锦花：《明代多籍宗族的形成与赋役承担——以福建晋江沿海地区为例》，《史学月刊》2014年第11期；叶锦花：《户籍制度与赋役需求及其规避——明初泉州盐场地区多重户籍现象研究》，《清华大学学报》2016年第6期；叶锦花：《配户当差？明代福建泉州的户籍与户役研究》，《学术研究》2019年第9期。另参见饶伟新《明代"军灶籍"考论》，《"中央研究院"历史语言研究所集刊》第85本第3分，2014年；蒋宏达《明代军灶籍新证》，《中国经济史研究》2019年第6期。

导 论

在大一统的中央集权制度下,"为满足皇室穷奢极欲的生活需求和巩固中国政权的需要而建立的",处理官手工业的办法是设立匠籍制度,"不准转业,定期执行徭役性劳动"。[1] 所以早期的讨论也主要关注专门从事盐业生产的灶籍人户与封建主的生产关系。灶户作为"官营盐业中制盐劳动者的通称,他们名列灶籍,身份世袭,在封建官府的严密监督下从事强制性的生产劳动,其社会地位极其卑下"。[2] 盐场的盐课也被认为和地租具有同一的性质,"封建王朝对盐课的剥削系采取地租剥削的方式"。[3]

藤井宏《明代盐场的研究》一文对中国盐场研究具有重要的影响。该文从盐场的行政组织、盐的生产、灶户的差役和盐课折纳与纲法成立四个方面论述了涉及盐场管理和灶户制度的众多方面,通过细致的文献考辨,从国家制度层面厘清了以两淮、两浙为中心的明代灶户的相关制度和组织与盐场生产关系之推移。[4] 该文与大部分把盐场视作官手工业的研究不同,更加关注明代中后期关联盐场的各种要素所发生的变化。他们认为,明代中后期盐场的变化主要在于灶户间出现了阶层变化,豪灶控制了生产手段,出现类似商人雇主制,而且盐商资本"采取高利的预付资本定货的商业形式",从盐场外部开始干预生产。[5] 但焦点还是其与近代工场手工业

---

[1] 许涤新、吴承明主编《中国资本主义发展史》第 1 卷,人民出版社,1985,第 28、116 页。
[2] 参见薛宗正《明代灶户在盐业生产中的地位》,《中国历史博物馆馆刊》1983 年刊。
[3] 陈诗启:《明代的灶户和盐的生产》,《厦门大学学报》1957 年第 1 期。
[4] 藤井宏「明代塩場の研究(上)」『北海道大学文学部紀要』第 1 号、1952 年;藤井宏「明代塩場の研究(下)」『北海道大学文学部紀要』第 3 号、1954 年。参见山村治郎「清代両淮の竈戸一班(上)」『史学雑誌』第 53 編第 7 号、1942 年;山村治郎「清代両淮の竈戸一班(下)」『史学雑誌』第 53 編第 11 号、1942 年;波多野善大「清代両淮製塩における生産組織」『東洋史研究』第 11 巻第 1 号、1950 年。
[5] 参见陈诗启《明代的灶户和盐的生产》,《厦门大学学报》1957 年第 1 期;藤井宏「明代塩場の研究(上)」『北海道大学文学部紀要』第 1 号、1952 年;藤井宏「明代塩場の研究(下)」『北海道大学文学部紀要』第 3 号、1954 年。

的异同。

　　陈诗启从明代的社会经济出发论证明代灶户和封建主的生产关系,以及这种关系变动所导致的整个盐的生产的变化,指出在明中叶以后商品货币经济发展的冲击下,王朝对灶户制度的改革促使盐的生产逐渐从具有自然经济的性质转向具有商品经济的性质,并在富灶和无产灶丁之间形成带有劳役性质的雇佣关系。[1] 也有学者认为主要是随着制盐技术进步和商品经济发展,官府对盐业生产的控制有所放松,由此导致灶户在盐业生产中的地位发生了变化。[2] 何炳棣提示"场商"是"盐业生产背后真正在变动的灵魂",清代一些场商已经变成盐场实际的拥有者和大规模生产者。[3] 徐泓立足于明代食盐专卖制度从官专卖到商专卖制度的转变,使用盐法志和地方志等文献,更加细致地分析明前期食盐生产组织的建立过程,以及明后期在社会经济结构冲击下灶户制度和盐业生产形态的变化,指出明代前期盐的生产是在"劳役经济制度"之下进行的,主要目的在于保证财政收入,具有浓厚的自然经济色彩;但在明中叶以后,在商品货币经济关系的冲击下,盐课征收由征收实物到征收货币,官府也放松了对盐的流通的控制,促使盐的生产具有商品经济的性质,从而导致灶户的贫富阶层分化,并出现带有劳役性质的雇佣关系。[4] 徐氏另以清代两淮盐场为例,考察了明清不同时期灶户制度中盐业

---

[1] 陈诗启:《明代的灶户和盐的生产》,《厦门大学学报》1957 年第 1 期。
[2] 参见薛宗正《明代灶户在盐业生产中的地位》,《中国历史博物馆馆刊》1983 年刊。
[3] 何炳棣:《扬州盐商:十八世纪中国商业资本的研究》,巫仁恕译,《中国社会经济史研究》1999 年第 2 期。原作见 "The Salt Merchants of Yang-chou: A Study of Commercial Capitalism in Eighteenth-century China," *Harvard Journal of Asiatic Studies*, Vol. XVII, No.1-2 (June 1954).
[4] 徐泓:《明代前期的食盐生产组织》,《"国立"台湾大学文史哲学报》第 24 期,1975 年;徐泓:《明代后期盐业生产组织与生产形态的变迁》,《沈刚伯先生八秩荣庆论文集》,台北:联经出版事业公司,1976,第 389~432 页。

生产组织与生产形态的变迁过程，指出明代中叶官府主导的"安聚灶户，俾为保伍，使相觉察"的团煎法崩溃之后，逐渐形成主要依赖场商组织食盐生产和管理的模式，清代商业资本投资在两淮食盐生产中具有重要的影响。[1]

除了商品经济关系变化的影响之外，盐业经济关系本身内部各部门之间的关系也受到一些学者的关注，他们开始注意到盐的流通领域对生产领域的影响。周远廉等认为，在明代中后期社会经济结构总体动荡的背景下，封建官营盐业生产受流通领域变化的影响，原有制度走向衰落，而出现资本主义萌芽性质的民营制和雇佣关系。[2] 李珂将赵毅指出的"明中后期盐业生产领域的变化同流通领域的变化不无关系"，[3] 落实到开中制度下商灶购销关系脱节的具体考察之中。他指出明代开中法导致的盐商守支，加重了灶户的盐课负担；盐商报中不前，场盐滞销，促成灶户的盐课改折；而官盐流通的壅滞又促使灶盐的私煎私贩。[4] 李三谋则将重点放在清代，指出清代盐政由过去对产、运、销的全方位控制转变成对贩运方面的重点控制，使食盐的产销出现脱节；在市场或价值规律的作用之下，就盐价问题，场商与灶户之间的矛盾以及场商与运商之间的矛盾日益不可调和，出现诸多弊端，终使清代盐政陷入危机。[5]

---

1 徐泓：《清代两淮盐场的研究》，台北：嘉新水泥公司文化基金会，1972。
2 周远廉、谢肇华：《明代灶户的分化》，《明史研究论丛》第2辑，江苏人民出版社，1983，第161~177页；薛宗正：《明代灶户在盐业生产中的地位》，《中国历史博物馆馆刊》1983年；赵毅：《明代盐业生产关系的变革》，《东北师大学报》1986年第4期。
3 赵毅：《明代盐业生产关系的变革》，《东北师大学报》1986年第4期。
4 李珂：《明代开中制下商灶购销关系脱节之探析——盐商守支与灶户的盐课负担》，《北京师范大学学报》1990年第5期；李珂：《明代开中制下商灶购销关系脱节问题再探——盐商报中不前与灶户的盐课折征》，《历史档案》1992年第4期；李珂：《明代开中制下商灶购销关系脱节问题三探——从官盐流通的壅滞到灶盐的私煎私贩》，《历史档案》2004年第3期。
5 李三谋：《清代灶户、场商及其相互关系》，《盐业史研究》2000年第2期。

随着视角转换，盐业生产领域的研究对象逐渐从户籍制度转向盐场。地方盐场制度的研究得到越来越多的重视，这种研究往往集中于讨论某一盐区的制度。从20世纪90年代至今，相关的研究成果颇多，大多数是受到徐泓关于清代两淮盐场制度、灶户赋役的框架和研究思路的启发或是接近这一思路，展开对其他盐区的考察，参考的文献则以盐法志书为主。具体来讲，张荣生、吕小琴对于两淮，施沛杉对于两浙，纪丽真对于山东，周琍、赖彩虹对于广东的盐场研究，等等，多是依托被视为"典范"的两淮盐场（既有明清制度设定层面上的，也有当代学术研究意义层面上的），结合各地区文献（主要是盐法志），进行地方性制度的再解读。[1]

以往的盐场研究，因为受材料中国家制度和国家话语的强大影响，忽视了地方所具有的内在能动性。学者一方面把盐政和盐法制度视为一个王朝自上而下的推行过程，是由中央王朝统一制定施行的，认为全国各地区的盐法制度具有高度统一性，并以此借助资料文献较为丰富的两淮、两浙地区的盐法制度研究来归纳全国盐法制度的特点，由此往往陷入对全国制度断章取义的解读。另一方面，对于地方盐场的研究又受到"中央—地方"一体化观念的影响，在解释区域盐场历史的时候，更多地借助被认为是全国盐法制度典范的两淮盐场的制度来研究、解释地方的盐政特点。这些研究在一定程度上有助于明了地方盐政制度，却无法解释不同区域的盐政制度、盐场组织和形态演变所呈现出来的不同景象。这都是因为没

---

[1] 张荣生：《古代淮南盐区的盐务管理》，《盐业史研究》2002年第1期；施沛杉：《清代两浙盐业的生产与运销》，硕士学位论文，台湾暨南国际大学，2006；周琍：《清代广东盐业与地方社会》，中国社会科学出版社，2008；赖彩虹：《清代两广盐法改革探析》，硕士学位论文，华中师范大学，2008；纪丽真：《明清山东盐业研究》，齐鲁书社，2009；吕小琴：《明清两淮盐场社会变迁研究》，博士学位论文，厦门大学，2010。

有注意到，国家的盐政制度并非抽象范畴，而是需要在具体的"区域"中展开和实现。

如果说盐场是一个同时存在军民灶多种户籍，并且由此形成复杂的社区关系的地方，那么单纯研究灶户制度也就很难把握并说明这个社区的全貌。在明清文献中，"灶户"往往不是用来表示户籍，即便指代户籍也不会是指代某个人，而是在陈述一个人群。近年来，华南的一些学者开始从盐场的社会要素入手，抓住盐场某些关键的切入点，试图走出官手工业工场的研究范畴，重新勾勒明清盐场的样貌，可称之为"盐场社会"的研究取向。

这种研究视域下的"盐场"是一个很难定义的单位，研究者更宁愿将其视作一个"区域"。在这个"区域"中，围绕着盐的问题交织的是人和人（物）之间复杂多元的关系。灶户制度或者"食盐生产组织"的研究，更多侧重于从官方文献和私人文集中整理相关的制度条文及其变化的材料，关于盐场内部的社会组织、权力结构与王朝制度的互动，盐场上人们的生产与生计状况，尤其是盐场运行的内在逻辑机制，常常很难被深入触及。盐场社会的研究，更强调了解盐场社区的社会组织及其运作，具体人群的活动经过，以及王朝制度规定、生态环境、区域开发等因素制约之下盐场社区的经济关系、经济形态和权力关系等，以深入理解王朝食盐生产、户籍、赋役、基层行政等制度的重要性。[1] 从"区域"出发，盐、灶户甚至制度都是盐场的要素之一。学者更希望通过盐场社会研究深化对食盐的生产环节，以及与生产相关的各种关系的总体史的认识。

---

1 参见黄国信《单一问题抑或要素之一：区域社会史视角的盐史研究》，《盐业史研究》2014年第3期。

在社会史的视角下,"区域"被视为历史研究的单位或一种分析性概念。[1] 在社会史思潮的影响下,历史学家对"历史"的理解发生了根本性的改变,国家或王朝的历史不再是历史学研究的唯一重要主题。学者认识到,考察一个较小地区的历史过程更能够多方面、多层次地展示普通人的活动和社会表现,从而体现"总体历史"的追求,历史研究的单位也由"国家""民族"转换为"区域"。[2]

学界已有的研究启发我们,无论是王朝制度与地方社会的互动,还是地方传统的延续性,都不能脱离具体的空间而存在,需要回到具体区域历史的脉络中去。既要时刻把握国家的存在,又要具体体验历史时期地域社会的生活,在充满联系的区域社会时空中考察地方社会文化结构的动态过程对制度的影响,以及制度的推行过程与地方社会变迁之间的关系。

制度在运作过程中,要受到当时当地的社会环境、社会关系的制约。看似一致的典章条文,在实际生活中也往往会呈现多元性和流动性。在食盐专卖制度的研究中,黄国信把这一制度的推行过程和区域社会结合起来,展现了食盐专卖制度在湘粤赣界邻地区展开与调适的过程。在此过程中,我们看到了商人、政府、官吏、国家、士绅和百姓间的复杂博弈,表面上规范而清晰的专卖制度实际上灵活多变,它的确立与演变是通过种种利益关系引发的冲突、斗争与合作来实现的,它既是形塑地方社会的一种活跃因素,也在地方社会的形塑过程中改变自身。[3] 食盐专卖如此,盐场制度也不例外。

---

1 陈春声:《从地方史到区域史——关于潮学研究课题与方法的思考》,《潮学研究》第11辑,汕头大学出版社,2004。

2 刘志伟:《区域史研究的人文主义取向》,姜伯勤:《石濂大汕与澳门禅史:清初岭南禅学史研究初编》,学林出版社,1999。

3 黄国信:《区与界:清代湘粤赣界邻地区食盐专卖研究》,生活·读书·新知三联书店,2006。

吴滔考察明清时期崇明从盐场到州县的演变过程以及天赐盐场的历史，展现该地盐业机构的管理宽松和随意性，指出崇明的特殊地理位置决定了该地盐业机构的管理特点。[1]

在区域社会史方兴未艾的大潮里，将盐作为要素网络中的一个重要元素进行考察，已经取得了重要研究成果。从区域史的视角出发，盐场是最能在一个区域中体现出盐的问题的核心地位的。盐场社会的各个方面，均与盐的生产和销售有着密不可分的关系。[2] 从区域社会史的视角重新观察盐场及其制度，对于理解上述问题乃至整个中国历史都具有重要意义。

这种努力更多的是把制度视为社会秩序运作的要素之一，通过揭示明清盐场地区社会变迁的大致面貌与趋势，重新解释传统中国以盐为核心的经济运行制度机制。例如，舒瑜关于云南诺邓村的研究，从当地的食盐生产发展入手，通过对当地的社会关系和社会运转的分析，揭示出由于盐的买卖所形成的"黄家的文、徐家的财、杨家的人"的社会结构。[3] 杨培娜注意到闽粤滨海地区的食盐生产技术从煎盐法到晒盐法的转变过程，导致了具有地方性的晒盐场地——"埕"发展成为盐场新的基层组织，同时盐课改折又促成滨海村落人群对食盐生产合法性的获得。[4] 段雪玉以广东香山盐场为例，揭示出明初灶户立籍对于盐民的合法化与其社会身份的重要性，明中后期香山地区地方社会上的沙田开发、水陆转移、灶丁逃亡以及

---

[1] 吴滔:《海外之变体：明清时期崇明盐场兴废与区域发展》,《学术研究》2012年第5期。

[2] 黄国信:《单一问题抑或要素之一：区域社会史视角的盐史研究》,《盐业史研究》2014年第3期。

[3] 舒瑜:《微"盐"大义：云南诺邓盐业的历史人类学考察》,世界图书出版公司北京公司,2010。

[4] 杨培娜:《生计与制度：明清闽粤滨海社会秩序》,社会科学文献出版社,2022。

地方动乱，逐渐影响到香山盐场的实际运作。[1]

总之，越来越多的学者开始认同，无论是灶户制度还是盐场制度，制度变迁都应被视为一个社会结构过程，并且是各色各样的人及其活动参与其中而不断变化。[2]所以，只有通过了解它们在历史上的社会生活中的作用，才能重新认识"盐场"。

一方面，需要重新重视制度史的梳理，以说明传统中国的"专卖"经济如何得以实现；另一方面，需要回到盐场社会，重新定位和"重构"盐场制度。这种重构，是强调朝廷制度和地方制度的互动和回应——朝廷制度在地方的具体运作与展开如何形塑盐场社会，地方又是如何应对和进行制度的再构建。在一系列社会关系和经济关系中，盐场既是制度的，也是社会的，并且最终嵌入"专卖"经济体制中，影响着传统中国经济的运行。

盐场制度由于涉及的内容错综复杂，常常无法厘清，这种错综复杂正反映了制度的地方性。因为制度是在地方运作中形成和发展的，没有地方性知识就无法理解盐场制度。这也是学者为何常常会陷入"盐糊涂"之中。但万变不离其宗，盐场制度的核心内容就是保证灶课收入，灶课由此成为盐场灶户的主要赋役。盐政不是一般的经济活动，而是以税收为目的。盐税具有相对的特殊性，它与农业税收不同，是典型的经济税收，虽然不属于现代商业税的范畴，但由于其税源的特殊以及相对的可管控性，成为与朝廷联系较为紧

---

[1] 段雪玉：《〈十排考〉——清末香山盐场社会的文化记忆与权力表达》，《盐业史研究》2010年第3期；段雪玉：《宋元以降华南盐场社会变迁初探——以香山盐场为例》，《中国社会经济史研究》2012年第1期。

[2] 杨锐彬、谢湜：《明代浙江永嘉盐场的赋役改革与地方变迁》，《安徽史学》2015年第2期；吴滔：《明代浦东荡地归属与盐场管理之争》，《经济社会史评论》2016年第4期；徐靖捷：《清代淮南盐场荡地赋役与地理分层研究》，《中国经济史研究》2020年第5期；蒋宏达：《子母传沙：明清时期杭州湾南岸的盐场社会与地权格局》，上海社会科学院出版社，2021。

密的税项。由此，盐业制度在明清的历史过程中，在朝廷与社会之间，也相对和朝廷联系紧密。因此，本书的盐场制度讨论也主要集中在赋役方面。只有厘清了盐场赋役变迁，才能揭示盐场制度的实态。

在盐场史的研究中，沿海经济开发所引起的海洋生态环境变迁及其对盐场的影响，常常被研究者忽视。这可能是因为以往研究总是注重从赋役到财政税收的宏观把握，而忽略区域盐业生产的海洋属性，常常将包括海洋环境在内的盐场生态环境作为盐业生产的地理背景加以描述，呈现的是一种静态，而忽视其时间和空间上的差异和变化。实际上，盐的生产与生态环境息息相关。在明清时期沿海的开发过程中，生态环境制约着盐场的食盐产量和技术革新，并与盐场制度调整和社会转型分不开。已有一些学者注意到海岸线的迁移导致盐场的兴废，滨海的开发会加剧民灶户之间的矛盾，影响区域经济的发展。[1] 鲍俊林在《15~20世纪江苏海岸盐作地理与人地关系变迁》一书中，分析了海岸环境海涂植被、土壤、盐分等生态要素的规律性分布，这种自然地理要素的空间分布特点很大程度上直接影响了历史时期海岸人类活动的变迁，使海岸带呈现宜垦、宜盐、宜渔的地带性分异，成为明清时期海岸社会经济过程的重要地理背景。[2]

在盐作地带，海洋环境对盐业生产的影响主要体现在海水的含盐度与盐的产出之间的关系上。因此，在盐场研究问题上，环境与技术是不可分的。在盐业史研究中，生态环境不能仅仅作为讨论盐业制度的背景资料，或者盐业生产中的一种静态的自然地理环境。

---

[1] 王振忠：《清代两淮盐业盛衰与苏北区域之变迁》，《盐业史研究》1992年第4期；徐靖捷：《从"计丁办课"到"课从荡出"——明代淮南盐场海岸线东迁与灶课制度的演变》，《中山大学学报》2020年第5期。

[2] 鲍俊林：《15~20世纪江苏海岸盐作地理与人地关系变迁》，复旦大学出版社，2016。

在沿海社会变迁中，海洋环境变迁既是因又是果，是与沿海社会变迁纠缠在一起的。结合盐政制度的调整，环境和市场共同"导演"的盐区生产、运销的经济变迁，成为明清盐场社会转型的一个重要因素。从区域史入手，透过社会变迁和人群生计的视角，注意到海洋环境动态的一面，其对盐场社会的影响才得以窥见。海洋环境、盐业技术、人群生计既相互制约又相互推动，共同影响着盐场的制度选择。

三 全书框架与文献说明

本书以区域史为视角，梳理12~18世纪珠江口盐场的制度和社会变迁，勾勒生活于其中的各色各样的人及其活动图景，透过他们的想法和动机，展现制度在社会生活中通过行动者的选择而重构的过程，以求重新理解中国历史上的"盐法"，及其背后所反映的经济运行机制。

无论是制度重构还是秩序变迁，其内在机制都是极为多元的，而非主要取决于某个因素。因此本书在章节的安排上采取了一种相对笨拙但可能最有效的办法，即以世纪百年为限，去讨论这百年中盐场所面临的主要问题并由此展开相应的分析。

一是从盐场"地方化"出发，突出说明盐场从明初作为管理灶户人群和食盐生产的地方机构，发展到清代仅是地方盐业生产监督部门的过程，以及在这一变化中如何在地方上因应制度与滨海人群的互动。作为明清大历史之一部分的珠江口盐场，其制度重构的最终结果并不偏离大的历史脉络，也不偏离我们从官方史书中得出的盐场制度的演变过程。但细究珠江口盐场制度会发现，在走向和全国一致步伐的过程中，它却不断经历着各种各样的小"插曲"。事实上，正是这些小"插曲"，最终造成了所谓的大历史的盐法演变。不理解这些小"插曲"的真相和内涵，及其如何不断被重构以"符合"大历史的步伐，我们就无法真正理解明清盐法和盐业经济的运行。

二是强调盐场区域史研究取向的方法论意义。本书想要回答的问题并不仅限于珠江口或者广东一地，而主要在于揭示明清盐场的制度史问题，在于回答盐政的典章话语如何成为东南沿海社会的重要机制以及在明清时期的演变。长期"盐糊涂"的困境主要在于，忽视了地方性知识对于理解中国传统盐业制度的重要性。因此本书从一个"区域"出发，围绕盐场制度展开讨论。这个"区域"在本书中设定为珠江口盐场，不仅是因为它们在地理空间上的联系，还在于宋元以来它们就是华南最重要的盐产地，并且在制度、生产技术、市场、交通甚至社会文化等方面都十分接近且相互影响。珠江口盐场先后包括宋元时期的靖康场、归德场、东莞场、香山场、官富场、黄田场等，明代经过裁并，主要有靖康场、归德场、东莞场和香山场等（见图0-1）。将珠江口盐场作为盐场制度的实践区域，即是从问题意识出发的考量，也有意区别于以往以两淮盐区代表全国普遍制度的做法，从一个以往所谓的"边缘"地区来理解明清王朝制度。[1]而华南地处南方，少了一点来自朝廷派系斗争的政治干预，又是王朝制度逐步展开的地区，其历史进程更有利于我们捕捉盐场制度变化的内在理路。

以往的盐业史研究，强调明清盐法的变迁主要体现在从开中法到纲法的调整，而忽视了盐场的影响。本书认为，明清盐法的变化

---

[1] 况且两淮作为税收要区，其制度可能实际上也已经被证实——相对于其他盐区来说，更具有特殊性而非普遍性。参见杨久谊《清代盐专卖制之特点——一个制度面的剖析》，《"中央研究院"近代史研究所集刊》第47期，2005年。

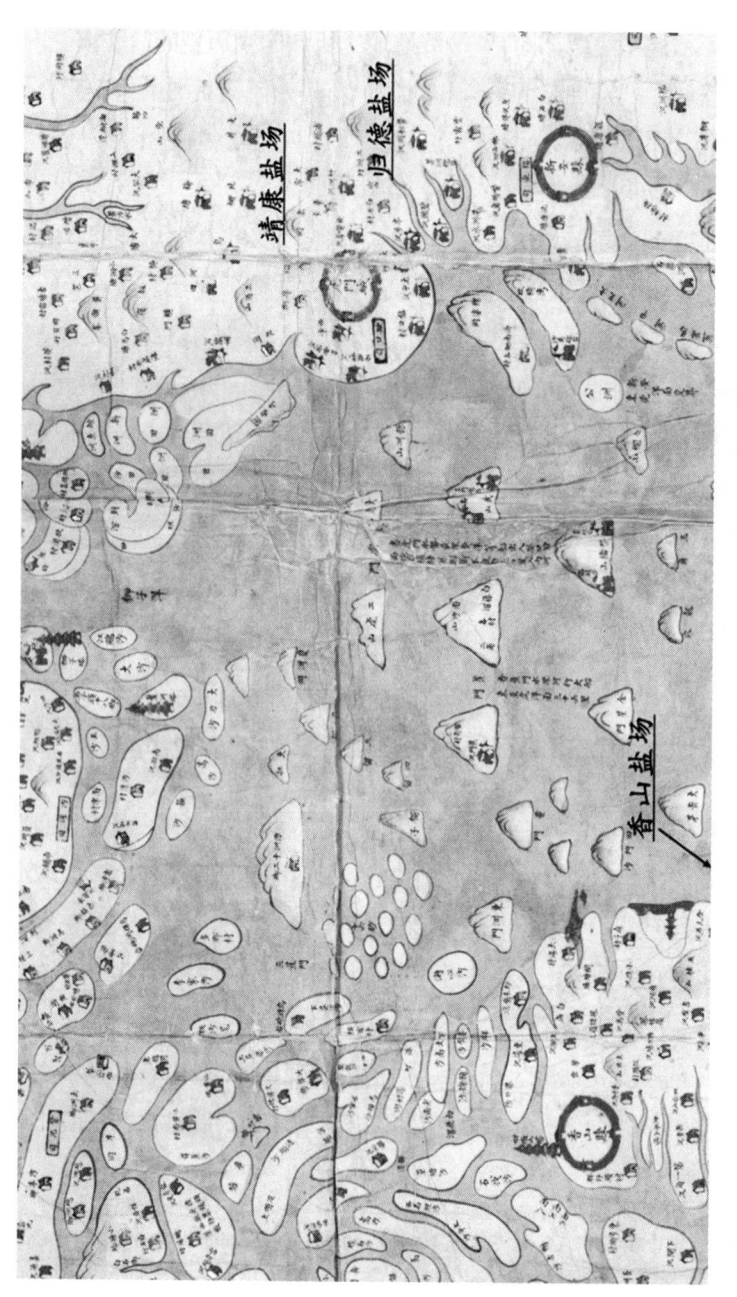

· 26 ·　　　　　　　　　　　　　　重构制度：明清珠江口盐场的灶课、市场与秩序

图 0-1　清代珠江口主要盐场分布示意

资料来源：嘉庆《广东通省水道图》局部，美国国会图书馆藏。盐场位置为笔者标注。

导 论

主要在于朝廷从控制生产到管理运销的策略转变。影响开中法转变的关键因素正是盐场制度在区域社会中的不断重构。本书希望通过对盐场制度重构的过程和机制的个案考察，通过地方人群、食盐生产、户籍赋役和社会秩序等之间的关联，分析在生态环境、市场流动和区域开发等因素互动之下盐场地方的经济形态和权力关系，最终形成对传统中国制度的一些新认识。全书的主体除了导论和结语外，共分为五章。

第一章"12~14世纪的滨海地方经营与盐场制度的确立"作为全书的基础，主要考察明代洪武年间珠江口盐场制度的确立情况，它和前朝制度以及地方社会之间的关联，以说明盐场制度的实践是与地方社会不可分离的。洪武年间确立的盐场制度深受宋元以来盐场业已形成的社会结构和权力格局的影响，地方事务的开展也主要依靠地方上的名望之士，这种结合方式为之后的制度重构与社会变迁奠定了基础。

第二章"'盐听灶户自卖'：15世纪盐场的余盐问题与灶户做生意"，主要考察天顺年间珠江口盐场围绕余盐问题所展开的一系列包括生产和运销的制度改革，以促成盐业市场交易在盐场合法化的制度变迁过程，并说明场盐"听灶户自卖"在地方上的运行实态。从市场的视角出发，明中叶盐场余盐的出现以及地方政府处理余盐的办法，逐渐改变了盐场的赋役制度和管理方式，最终的结果是盐场灶课折银，灶户可以自行处理食盐的销售。场盐"听灶户自卖"的转变，使盐场灶户从事长距离的食盐贸易变得合法。本章还试图说明，盐场栅甲制度是在盐场赋役压力下建立起来的，本质在于确立一套稽核盐课的征收办法。栅甲制度之下，栅长、灶甲等赋役角色成为盐场地方社会的重要主导角色。

第三章"'以民田承灶户'：16世纪的无征灶课治理与盐场生计

变迁",试图从市场和环境变迁的视角,分析明后期华南盐场社会格局重新调整的原因、过程和结果。随着王朝对盐业的政策收紧,嘉、万年间两广运销制度的调整,两广盐业运销格局发生了重大的转变。明中叶以前,华南盐场的中心主要在珠江三角洲,明中叶以后,粤东地区成为朝廷和政府的重点关注对象。市场的转移,加快了盐业生产技术从煎到晒的改变进程,产盐重心也从珠三角的煎盐场转移到粤东的晒盐场。随着销盐市场的失去,民间尽将斥卤变桑田,灶课"无征"成为盐场地方的核心难题。为此,州县与盐场围绕"无征"展开长期博弈,最终灶课裁归州县,"以民田承灶户"应运而出。

第四章"'灶户'脱离盐场:17世纪的盐场赋役加增与地方策略",承接前一章的讨论,主要说明盐场社会从盐场体制向州县体制的转变过程中,盐场赋役调整所带来的地方困境以及由此引发的地方对于赋役调整的反应。本章还重新解释了以往认为反映晚明灶户困苦的"贫灶"现象、灶户"一身两役"重役、清初迁海破坏盐场等,并不完全是赋役实态,而可能是盐场地方的话语需求和与盐场脱离关系的策略。经过这一时期的制度重构,"灶户"已经完全失去了赋役意义。

第五章"'场商养灶'及其变体:18世纪的发帑收盐与盐场秩序",探讨了清代盐政和盐场管理模式的最大变化——商人进入盐场,盐场商人成为盐业生产和管理的核心力量。一方面,在两广盐政的制度改革中,随着发帑收盐的推行,作为官府在盐场的代理人的盐场地方大族,很多时候的实际身份相当于"场商养灶"制度下的场商。而在新的制度下,明代以栅甲制为基础的盐场管理也演变成以盐业生产场所为基本单位的基层管理模式。在制度与市场的互动中,盐场社会也形成宗族即场商的结构模式。另一方面,在清代越来越具市场化导向的盐政治理方式下,地方盐政的主要任务在于保证盐课征收,而并不关心实际的生产状况。以生产场所为基层单位的目的在于确保计算盐课的合理性。乾隆五十四年珠江口盐场的裁撤,是在上述过程中,官方资本运作失灵使场商养灶难以为继,加上地方官府的政治诉求和盐场人群的社会诉求难以满足的结果,最终结束了当地以盐场为行政机构的历史。

以往研究中,对区域性的盐场制度和灶户社区所进行的整体性研究并不多见的原因在于史料缺乏。传统盐史文献如盐法志与官方档案等,对于盐政制度的叙述往往都偏向官方的层面,不但含混笼统,而且忽略了与社会联系更为紧密的制度实际运作情形,此外一些制度名词、关键词语因为在当时属于一般常识而无须解释,但对于后人就成了难解之谜。民间文献,尤其是盐场地方家族的族谱和碑刻,常常能够弥补这些不足,让我们了解到更加多元的社会。民间文献可以帮助我们深入了解国家典章制度如何在盐场施行,加深我们对盐场制度运作机制的认识和理解,还可以让我们把握盐场社会的整体面貌。[1]

为了更好地展现"地域空间"的历史性过程和场景的重建与"再现",本书还尤为注意将历史学与人类学等相关学科相结合的研究方法。除了对历史文献保持敏锐的感觉,还尤为注重历史"现场感"的体验,通过长期的田野调查获得一种"文化体验",并用以解读官方的或民间的文献,分析不同群体的不同历史表达。[2] 我们对

---

[1] 黄国信、叶锦花、李晓龙、徐靖捷:《民间文献与盐场历史研究》,《盐业史研究》2013年第4期。

[2] 陈春声:《中国社会史研究必须重视田野调查》,《历史研究》1993年第2期;陈春声:《走向历史现场》,《读书》2006年第9期;黄向春:《文化、历史与国家——郑振满教授访谈》,张国刚主编《中国社会历史评论》第5辑,商务印书馆,2007。

于珠江口盐场的深入了解,很大一部分就是来源于该区域中"人"的活动。对于靖康场凤冈陈氏家族的长期观察和深入讨论,[1] 构成本书核心内容的重要基石。《琴轩集》、《悬榻斋集》和《凤冈陈氏族谱》则是观察珠江口盐场制度的重要文献。

《琴轩集》的作者陈琏,生于洪武三年(1370),卒于景泰五年(1454)。他居乡期间,热衷于与地方文士交往,留下不少关于地方社会风貌和人文风情的记载。《琴轩集》据称初刻于正统六年(1441),后万历四十五年(1617)东莞人袁昌祚重刻刊行,至康熙六十年(1721)再次重刻。该文献保留了盐场社会较早的一些相关记录。

《悬榻斋集》的作者陈履是靖康场的灶户,凤冈陈氏后人,生于嘉靖九年(1530),隆庆五年(1571)中举,官至广西副使。《悬榻斋集》收录陈履生平诗文,合十二卷,其中有不少反映东莞当地民情和人际交往的文章,尤其《与吴军门》《上司饎陈公祖书》等,直接讨论明中期靖康盐场的赋役和社会问题。

《凤冈陈氏族谱》从明初至清末共有六修,现存本为同治八年重修刊本。同治本据称是根据前一次修谱增修,即乾隆十九年(1754),十六世孙陈作屏、陈世珍等,在十四世孙陈湘舟等倡导下再修,"为一十二卷"。[2] 实际上,同治本中纪事多只至乾隆初,主要增补了世系图和分别在卷一〇、卷一一、卷一二后增补《赠言序补编》《序补编》《补遗》等。因此同治本《凤冈陈氏族谱》中更多反映的是乾隆初盐场尚未裁撤时期的情况。

---

[1] 鉴于本书主题讨论的需要,笔者并没有以凤冈陈氏作为主要考察对象,而是将其穿插在讨论制度重构的过程之中。笔者曾有专文讨论凤冈陈氏与盐场制度重构的关联,也寄望于日后能有机会完成以"凤冈陈氏"为题的专书。

[2] 陈天人:《重修族谱序》,《凤冈陈氏族谱》卷1,同治八年重修刊本,第44a页;并参见陈世珍《重修凤冈陈氏族谱序》,《凤冈陈氏族谱》卷1,第23a~26b页。

第一章　12~14世纪的滨海地方经营与盐场制度的确立

盐政制度成形于唐宋，历经元明而逐渐贯彻，并影响着传统时期中国东南沿海社会的变迁。在这套制度之下，官府不仅建立了灶户制度，还在产盐区设置盐场作为独立的行政组织。[1] 盐场即是为保障朝廷食盐专卖制度得以施行而对食盐生产进行管理的机构。一般认为，它由一套朝廷制定并逐步推行到地方上的制度所维系，是盐政制度极为重要的组成部分。刘志伟曾经指出，"在传统中国，对食盐生产和供应的控制一直是贡赋经济与国家权力体系的重要一环。在东南沿海边疆地区，朝廷为控制盐业设立的机构往往成为食盐生

1　参见徐泓《明代的盐法》，博士学位论文，台湾大学，1972，第1、32、36页等。

产最早纳入国家控制系统的主要机制"。[1]而这也恰恰说明,盐场实现朝廷对地方盐业生产的控制并非一蹴而就,而是在长期历史过程中随着王朝制度在区域社会的展开而确立的。从这个层面看,是否存在一套自上而下的制度本身就值得思考。

本章希望以珠江口盐场为个案,在宋代以来盐场地方的社会变迁中考察制度的确立过程,探讨盐场的实际运行方式,并结合对明初灶户宗族建设和发展情况的梳理,揭示明初珠江口所呈现出来的"不寻常"的盐场制度的深层原因。

第一节 宋元东莞的地方乡豪与盐场盐业经营

宋元是盐政制度尤其是盐场制度确立的重要时期,对明清制度影响甚大。前人的研究多着笔于明初朱元璋等重建灶户制度的办法以及灶户户役制度的内容,[2]或以地方盐务机构的建立代替制度在地方的施行,但由于文献阙如,很少揭示宋元以来的盐法在明代初期得到推行的过程。[3]然而,不了解明代以前的制度和历史,就很难明白明初在盐场发生的很多事情的缘由。元朝东莞存在大量的乡豪人

---

1 刘志伟:《珠三角盐业与城市发展(序)》,《盐业史研究》2010年第4期。
2 徐泓:《明代的盐法》第一章第二节,第37~38页;刘淼:《明代盐业经济研究》第四章第一节,第108~116页。
3 宋元的盐法可参见戴裔煊《宋代钞盐制度研究》,中华书局,1980;郭正忠《宋代盐业经济史》,人民出版社,1990;张国旺《元代榷盐与社会》,天津古籍出版社,2009;梁庚尧《南宋盐榷——食盐产销与政府控制》,台湾大学出版中心,2010;等等。

群，是一个乡豪权力支配的地方社会。[1]所以，厘清这些乡豪与盐场的关系，以及与明初盐场制度在地方实施情况的内在关联，是了解盐法变迁的关键。

一 从"听民煮盐"到"专司监管"

一般认为，盐场就是按地域划分的生产食盐的场所，因此也常常将盐场的设置等同于地方食盐生产管理制度的建立。实际上，食盐生产管理的建立要经历一个较长的过程。唐代岭南地区尚未实行盐榷，直到北宋平定岭南以后，食盐专卖制度才逐渐建立起来。

《文献通考·征榷考二》卷五云："初平岭南，令民煮盐。"[2]景祐元年（1034）右班殿直龙惟亮也称："广州濒海煎盐户输官盐，每斤给钱六文"，[3]"广州收买海下人户盐"。[4]可见，与淮浙地区不同，宋初岭南的食盐生产基本还是听任沿海居民自由煎煮，后由官府出价收购。同时，广东的食盐生产尚不稳定，朝廷往往量出为入，"约所卖数，定为煎额"。[5]有时为了调整配合销售，还会罢停生产。如雍熙四年（987），"广南诸州，凡有积盐二百三十余万石，约三十年支费方尽，又岁纳十万石"，于是令"其广州等处煎盐"，"权罢数年"。[6]

---

1 汤开建：《元明之际广东政局演变与东莞何氏家族》，《中国史研究》2001年第1期；刘志伟：《从乡豪历史到士人记忆——由黄佐〈自叙先世行状〉看明代地方势力的转变》，《历史研究》2006年第6期；段雪玉：《乡豪、盐官与地方政治：〈庐江郡何氏家记〉所见元末明初的广东社会》，《盐业史研究》2010年第4期。
2 马端临：《文献通考》卷15，浙江古籍出版社，2000，第155页。
3 李焘：《续资治通鉴长编》卷114，景祐元年三月丙寅条，《景印文渊阁四库全书》史部第315册，台北：台湾商务印书馆，2008，第754页。
4 徐松辑《宋会要辑稿》食货二三，大东书局，1935，第132册，第37页。
5 《宋史》卷183《食货志下》，中华书局，1985，第4466页。
6 徐松辑《宋会要辑稿》食货二三，第132册，第22页。

东莞位于珠江口东岸，宋时境内有静康[1]、大宁、东莞、官富、叠福、黄田等盐场、盐栅，其设置始于何时，由于文献阙如，不得而知。关于东莞盐场最早的记载是成书于北宋元丰三年（1080）的《元丰九域志》，据载："东莞……（有）静康、大宁、东莞三盐场，海南、黄田、归德三盐栅。"[2]

这些盐场在明代中期以前一直是广东食盐的重要产区。据称："（天圣以前，即1023年以前）广州东莞、静康等十三场，岁鬻二万四千余石，以给本路及西路之昭桂州、江南之南安军。""天圣以后，东、西海场十三皆领于广州，岁鬻五十一万三千六百八十六石，以给东、西二路。"[3] 东莞盐场的建置至少在天圣以前就已经出现。但林日举认为，此时广东地区的"亭户"尚未成形，盐场并未"拘籍盐民在场生产"，只是"鬻盐之地"，是一种"单一性的官府买卖场"。[4] 他的依据是《宋会要辑稿》天圣六年（1028）八月二十八日条的记载："太常少卿陈从易言：广州管下盐场，差盐丁盘运，劳烦民力，欲令自备人船赴州送纳，便给价钱。"[5] 林日举根据文献中有"劳烦民力"的说法，便认为此处"盐丁"指的是一般煎盐户，而非拘籍于亭场的"亭户"，[6] 这种解释似乎难以让人信服。又景祐元年龙惟亮称："广州收买海下人户盐。"[7] 东莞盐场虽在天圣六年已有盐丁，但龙惟亮在景祐元年所见却仍是官为收买食盐，可见盐

---

1 静康场，又写作靖康场。《元丰九域志》和《宋史》均写作"静康"。元代大德《南海志》同一书中"静康"与"靖康"两者表述均有。明初以后的文献基本称"靖康"。为方便行文，全书除引用原文和述及宋代时仍使用"静康"外，其他均统一表述为靖康场。
2 王存：《元丰九域志》卷9，《中国古代地理总志丛刊》，中华书局，1984，第409页。
3 《宋史》卷183《食货志下》，第4466页。
4 林日举：《北宋广南的盐政》，《中国社会经济史研究》2002年第1期。
5 徐松辑《宋会要辑稿》食货二三，第132册，第34页。
6 林日举：《北宋广南的盐政》，《中国社会经济史研究》2002年第1期。
7 徐松辑《宋会要辑稿》食货二三，第132册，第37页。

第一章 12~14世纪的滨海地方经营与盐场制度的确立

场可能并未实际驱使盐户进行食盐生产。

在关于北宋广南盐民和盐场的文献中，也未见关于设官管理盐户的记载。广南盐民真正被"拘籍"，一般认为要到南宋绍兴初年。《宋会要辑稿》记载：绍兴元年（1131），提举广南路茶盐公事司见"南恩州阳江县管下海陵、朝林乡，地名神前等处，各有盐田，咸潮阴浸"，认为"堪以置场"，遂"劝诱到民户开垦盐田"，"置灶六十七眼"，并"盖造到监官廨宇、专司司房、盐敖钱库"。[1] 至少在绍兴元年，盐场已经是一个专属机构，地方上"置场""置灶"，并建造了"监官廨宇、专司司房、盐敖钱库"等办公场所。

东莞静康等盐场也在绍兴年间"招置盐户"。绍兴三十年（1160），广东提盐司称："秉义郎高立前监广州静康、大宁、海南三盐场，任内同专典宋初，招置到盐户莫演等六十二名，灶六十二眼。"[2] 监官，即"监修置场官"，主要负责盐场的食盐征收和招垦盐灶。据《宋史·职官志》："掌茶、盐、酒税场务征输及冶铸之事。诸州军随事置官，其征榷场务岁有定额，岁终课其额之登耗以为举刺。凡课利所入，日具数以申于州。"[3] 但监官只是宋代盐场众多官员中的一个，当时盐场官员，"既有监仓官，又有买纳官，又有催煎官，又有管押袋盐官，又有支盐官"。[4] 但在广南盐场，似乎没有如此完整的设官。《宋会要辑稿》称："（绍兴二年）除广州已有监官外，三州（潮州、惠州、南恩州）久例止是本州官兼监。"[5] 而早在熙宁年间（1068~1077）已经推行于淮浙盐区的用于控制盐民的主要

---

1 徐松辑《宋会要辑稿》食货二六，第134册，第1页。
2 徐松辑《宋会要辑稿》食货二七，第134册，第3页。
3 《宋史》卷167《职官志》，第3983页。
4 徐松辑《宋会要辑稿》食货二七，第134册，第14页。
5 徐松辑《宋会要辑稿》食货二六，第134册，第8页。

组织方式——团栅制、灶甲制，并不见在广南地区推行。

绍兴三十年静康等场的"招置盐户"实际上反映了地方政府对盐户控制的加强。静康等场早已有盐民进行食盐生产，"招置盐户"有可能是为了固定产盐人群，控制食盐的生产和流通，但效果并不明显。绍兴三年（1133），"广东盐产微少，又苦于私贩，其弊多在盐场支给价不尽，及般到盐不及时交秤，以此盐户乐于私贩交易，而以中卖为难"。[1] 又绍兴十二年（1142），"五月六日，户部言两广盐……其逐州盐仓，并广州静康、大宁、海南栅、归德栅、潮、惠、南恩州盐场专系支遣客钞，其余场分并系买纳相兼，般运赴广州都盐仓"。[2] 宋朝在广东实行官般官卖法并不十分成功，绍兴八年（1138）以前，官卖与钞法并行，绍兴八年以后，朝廷不得已，仍在广东全路推行钞法。[3]

从北宋的"听民煮盐"到两宋之际的"专司监管"，朝廷试图在广东建立稳定的盐政管理，推行的过程却十分艰难。但南宋朝廷也没有因此加强对盐场机构的监管，而侧重于对私盐流通的打击，其对华南盐政的核心在于获得稳定的盐税收入。

二 禁私贩与盐场催煎：南宋对广南盐场的盐政策略

南宋朝廷"自南渡以来，国计所赖者惟盐"，[4] 东南沿海的盐税收入可以说是国库财政的重要来源，宋王朝对此极为重视。为了获得稳定的税收，朝廷也加强了对华南盐政的干预尤其是流通领域的控

1　徐松辑《宋会要辑稿》食货二六，第134册，第10页。
2　徐松辑《宋会要辑稿》食货二六，第134册，第27~28页。
3　郭正忠编《中国盐业史》（古代编），人民出版社，1997，第367页。
4　李心传：《建炎以来系年要录》卷80，《景印文渊阁四库全书》史部第326册，第113页。

第一章 12~14世纪的滨海地方经营与盐场制度的确立

制。中央王朝对华南地方盐政的策略也影响着华南盐业生产的发展和地方管理。

广盐税收对于地方财政极为重要，据称："本路漕郡计，全赖榷盐"，[1]"上供及州郡经费，全仰盐息应办"。[2] 北宋在广南实行官鬻，"自靖康之后始行官般官卖，至绍兴年复行客钞"。[3] 广东盐法虽几经改变，但终南宋一朝，客钞之法未曾改变。

现有的文献记载表明，宋代广盐的产量尚属丰富，对于中央王朝来说，华南盐政的难处在于食盐的销售。自北宋以来，华南地区私盐肆行，导致地方盐政难以推行。开宝四年（971），广南转运使王明称："广州盐价甚贱，虑私贩至荆湖诸州，侵夺课利，望行条约。"[4] 又《宋会要辑稿》称："广州收买海下人户盐，斤六文。"[5] 又景祐元年（1034）三月"丙寅，右班殿直龙惟亮言，广州濒海煎盐户输官盐，每斤给钱六文，广、惠、端三州官鬻盐斤，为钱十五文，故民间多私贩者"。[6] 嘉祐七年（1062）二月，"江西则虔州地连广南，而福建之汀州亦与虔接，盐既弗善，汀故不产盐，二州民多盗贩广南盐以射利。每岁秋冬，田事既毕，往往数十百为群，持甲兵旗鼓，往来虔、汀、漳、湖、循、梅、惠、广八州之地"。[7] 宋彭龟年《止堂集》卷一《论雷雪之异为阴盛侵阳之证疏》载："广东摧锋一军及大奚山一带，人皆以贩盐为活，官盐既不流通，并归罪于私

---

[1] 徐松辑《宋会要辑稿》食货二八，第135册，第10页。
[2] 徐松辑《宋会要辑稿》食货二六，第134册，第30页。
[3] 徐松辑《宋会要辑稿》食货二七，第134册，第30页。
[4] 徐松辑《宋会要辑稿》食货二三，第132册，第18页。
[5] 徐松辑《宋会要辑稿》食货二三，第132册，第37页。
[6] 李焘：《续资治通鉴长编》卷114，景祐元年三月丙寅条，《景印文渊阁四库全书》史部第317册，第754页。
[7] 李焘：《续资治通鉴长编》卷196，嘉祐七年二月辛巳条，《景印文渊阁四库全书》史部第317册，第266~267页。

贩，万一禁防稍密，盗贼便兴。"[1] 私盐泛滥，不仅导致地方盐政难以推行，也影响了盐税的正常征收。如何打击私盐，并将这一部分贸易的税收纳入国家财政，才是广南盐政的核心。换句话说，广南盐政的目的在于禁私而不在于盐场控制。《宋史·食货志》亦称："天下盐利皆归县官。官鬻、通商，随州郡所宜，然亦变革不常，而尤重私贩之禁。"[2] 要打开销路就必须禁止私盐贸易，对于食盐生产者卖私的控制是禁私的有效方法之一。

东莞大奚山事件便是广南盐场私盐贸易的一次集中反映。大奚山，位于东莞县南端，"孤峙海中，去州一潮汐，民煮盐，自业渔采"，[3] "不事农桑，不隶征徭，以鱼盐为生"。[4] 关于此次事件，《朝野杂记》中记载："庆元三年，提举徐安国捕盐，岛民啸聚为盗劫，高登为首，杀平民百三十余人。"[5] 南宋绍兴年间（1131~1162），为了控制海中的大奚山岛民，"朝廷招降朱祐等，选其少壮为水军，老弱者放归，立为外寨，差水军使臣一员弹压，官无供亿，但宽鱼盐之禁，谓之腌造盐"。[6] 似乎朝廷通过立为水军和立为外寨两个办法成功控制了大奚山居民，并让外寨居民自由从事鱼盐生产。乾道元年（1165），又有广州布衣容寅上书朝廷，言大奚山私盐兴贩之弊，于是宋廷以"大奚山私盐大盛"，"令广东帅臣遵依节次，已降指挥常切督责弹压官并澳长等严行禁约，毋得依前停着逃亡

---

[1] 彭龟年：《止堂集》，《景印文渊阁四库全书》集部第1155册，第768页。
[2] 《宋史》卷181《食货志下》，第4413页。
[3] 《华文阁待制知庐州钱公墓志铭》，《叶适集》卷18，中华书局，1961，第346页。
[4] 道光《广东通志》卷185《前事略》，广东省地方史志办公室编《广东历代方志集成·省部》第18册，岭南美术出版社，2006，第3086右下页。
[5] 转引自王象之《舆地纪胜》卷89《广州东路·古迹》，《续修四库全书》第584册，上海古籍出版社，1995，第710页。
[6] 天顺《东莞县志》卷1，《广东历代方志集成·广州府部》第22册，岭南美术出版社，2007，第14下页。

第一章　12~14世纪的滨海地方经营与盐场制度的确立

等人贩卖私盐，如有违犯，除犯人依条施行外，仰本司将弹压官并澳长、船主具申尚书省"。[1] 严私盐之禁，是朝廷加强税收的重要举措。

宋廷对大奚山贩私的重视正说明广东地区的盐税受到了威胁。淳熙十二年（1185）又发布命令："广东水军统领兼以巡察海道私盐带衔，每考批书，必会盐司有无透漏纵容大奚山私贩事节，方与放行。如有捕获私盐数目，却与依格推赏。"[2] 以水军统领兼理稽查私盐，朝廷想通过禁私来节制东莞盐场之心昭然可见。庆元三年（1197），在"峻行禁戢"之下，终于爆发了岛民的反抗。此次大奚山暴动，规模不小，惊动了朝廷。宋廷出兵，"悉夷灭之"，然后"差摧锋水军三百名往戍"，[3] "列栅山上，分兵戍之"。[4] 这种军队控制的局面并没有维持太久，终因"兵戍孤远，久亦生乱"，于庆元六年（1200）"复请减戍卒之半，屯于官富，宋季悉罢"。[5]

不可否认，经过北宋初的整顿，南宋的盐场业已形成一定的规模，据《乾道会要》：

广州：一十六万一百八十六石三斗四升。静康、大宁、海南场三万三千五百二十八石三斗四升。东莞场三万一千二百四十八石。香山、金斗场一万一千五百石。广田场七千石。归德场二万四千九百八十石。叠福场一万五千石。

1　徐松辑《宋会要辑稿》食货二八，第135册，第18~19页。
2　徐松辑《宋会要辑稿》食货二八，第135册，第24页。
3　天顺《东莞县志》卷1，《广东历代方志集成·广州府部》第22册，第14左下页。
4　《华文阁待制知庐州钱公墓志铭》，《叶适集》卷18，第346页。
5　天顺《东莞县志》卷1，《广东历代方志集成·广州府部》第22册，第14左下页。

都斛场九千六百石。矬岗场八千五百石。[1]

这些数字可能反映的是盐课征收的需求量，或者盐政官员对于食盐产量的估计值，实际的征收远远不能达到这个数额。如在大奚山事件后十年左右时间的嘉定年间（1208~1224），广东便发生裁罢盐场的事情。当时，经略陈规认为广州所属盐场"僻远，非商贾经由之地"，"岁入无几，徒为民害"，请求全部裁罢。据称，东莞、静康、归德、矬峒、官富、海晏、横岗、石疆等八场"全年额催税钱总计贰阡壹伯柒拾陆贯有奇"。[2] 当时，"二广盐每箩一百斤，纳钞面钱七贯"。[3] 按此计算，该八场产盐量也就在三万斤左右。这与《乾道会要》的记载相差甚远。另外，此后朝廷虽以东莞、靖康、归德、海晏四场，"原系管催煎盐课，自仍其旧"，[4] 并没有完全将盐场裁革，但这也显示了宋代对食盐生产管理的松散，大部分盐场似乎仍没有专门的官员进行管理，且可随意裁并。

梁庚尧认为，南宋广南管理盐业生产的基层组织，在场、栅之下亦如淮浙、福建盐场一样，以灶为煎盐的单位。[5] 但实际上，广东盐业生产技术与淮浙略有不同，广东的"灶"也与淮浙等地的十分不同。淮浙盐场主要使用盘铁煎煮盐斤，盘铁制作精密，非官不能办，因此盐户往往易于控制。广东盐场，宋应星《天工开物》记载："南海有编竹为者，将竹编成阔丈深尺，糊以蜃灰，附于釜背，火燃釜底，滚沸，延及成盐。"[6] 与淮浙使用盘铁不同，

1　转引自徐松辑《宋会要辑稿》食货二三，第132册，第16页。
2　大德《南海志》卷6，《宋元方志丛刊》第8册，中华书局，1999，第8422页。
3　徐松辑《宋会要辑稿》食货二七，第134册，第26页。
4　天顺《东莞县志》卷3，《广东历代方志集成·广州府部》第22册，第33右上页。
5　梁庚尧：《南宋盐榷——食盐产销与政府控制》第五章"南宋广南的盐政"，第316页。
6　宋应星：《天工开物》卷上，《续修四库全书》第1115册，第58页。

第一章　12~14世纪的滨海地方经营与盐场制度的确立

广东以竹编盘煎盐,竹子随处可得,而且盐场"地处海滨,河咸水结,稻草化煎,皆能成盐",[1]要通过生产工具来实现对盐户的控制似乎不大可能。

南宋东莞等盐场的主要职能在于催煎和买纳。隆兴二年(1164),提举广东茶盐司以广州官富等四场"各系僻远,所产盐货微薄,所收课利不足以充监官俸给"为由,"欲将四场废罢,拨附邻近盐场所管"。废场之后,仰拨附诸场,"逐场通认盐额,催煎、买纳盐货"。同时将原来盐场的监官全部减罢,并"依旧法差本州不许差文武官或职官一员兼监,给纳盐货"。[2]可见,盐场已经有了固定的盐额,即使盐场裁撤,也需要拨附邻近盐场认领,并催煎、买纳。据称,绍熙元年(1190),广西"廉州白石场、化州官寨场、雷州蚕村场,系买纳一路盐课去处。其逐场盐丁全仰官中买纳为生。自都盐司以银大价折支,亏损本钱,以致盐丁逃散或私煎盗卖"。[3]盐场盐丁需要依仗官府对食盐的收买才能获得生计,一旦有亏本钱,便逃散或私煎。从"盐丁逃散""私煎盗卖"也可以看出,盐丁在一定程度上已经被纳入固定的管辖范围,而这个机构就是盐场。盐丁不可以自由烧煎,私煎即是违法。

与盐场的管理松弛相应的,是地方豪族的发展。晏殊《马忠肃公亮墓志铭》记载,马亮知广州时,见"濒海盐夫有负课而乏资者,妻孥质于豪族"。[4]马亮,于北宋大中祥符二年(1009)"知广州军州事",[5]可见当时濒海地方豪族之势力。又,宋末靖康场李元亨一

1　《雍正元年知县于梓详文》,民国《东莞县志》卷23,《广东历代方志集成·广州府部》第24册,第265左上页。
2　徐松辑《宋会要辑稿》食货二七,第134册,第16页。
3　徐松辑《宋会要辑稿》食货二八,第135册,第30页。
4　晏殊、晏几道:《临川二晏集》,黄建荣、戴训超整理,江西人民出版社,2016,第82页。
5　光绪《广州府志》卷17,《广东历代方志集成·广州府部》第6册,第314右下页。

次性"捐己田百亩余入寺供僧",后其子李彦忠"拨舍田五十亩归之寺"。[1] 此后乃至元代,靖康场李氏有任元广州路钞库大使,有任惠州路儒学教授等,在地方影响极大,成为元明盐场大族。[2] 这正是盐场豪族的一个侧面写照。

南宋广南盐政的核心在于盐税,对于盐的生产和流通的管理也是基于这一核心。因此在具体的制度推行过程当中,主要还是沿着有利于税收的方面开展,而广南地区自绍兴初年以后一直行客钞之法,打击私盐、疏通盐路才是盐政的重点。对于盐场,虽形成一定的催煎制度,但在地方上,盐场豪族才是主要力量。

三 元代的地方盐政与盐场乡豪

元代"国家经费,盐利居十八"。元朝统治者吸收了金代盐务的管理方式,形成了完备的盐务管理机构和盐官设置,并推及全国,成为明清效法的模板。元代中央集权加强,更努力地将这一制度渗透到社会的各个角落。[3] 平定岭南以后,朝廷在逐步恢复和稳定宋代以来的盐业生产规模和范围的同时,也在地方上推行这一制度。但同时,宋代盐场势力形成的地方秩序也与盐政结合,随着制度的推行,逐渐形成与盐场紧密联系的乡豪势力格局。

元初华南地区的食盐制度屡有变更,直到大德年间才终有定制。至元十三年(1276),"因宋之旧,立提举司,从实办课"。[4]

---

1 李春叟:《庆林寺陈氏舍田记》,民国《东莞县志》卷91,《广东历代方志集成·广州府部》第25册,第965右下页。
2 陈琏:《琴轩集》卷27,据康熙刻本影印,上海古籍出版社,2011,第1680页。
3 张国旺:《元代榷盐与社会》,第1~2页。
4 《元史》卷94《食货志》,中华书局,1976,第2392页。

十六年，隶江西盐铁茶都转运司。二十二年，并入广东宣慰司。二十三年，置市舶提举司。大德四年（1300），改广东盐课提举司。提举一员，从五品；同提举一员，从六品；副提举一员，从七品。[1] 元朝政府直到至元十六年将广东盐课划归江西盐铁茶都转运司管辖，才开始对广东盐场征收课税，该年广东办盐仅"六百二十一引"。六年后，即至元二十二年，盐课并入宣慰司，办盐增至"一万八百二十五引"。[2] 至元三十年又定办盐两万一千五百七十五引二百斤。大德六年，更新为三万引。[3] "自后累增至三万五千五百引，延祐间又增余盐，通正额计五万五百五十二引"。泰定间（1324~1328），"减免余盐一万五千引"。元统元年（1333），"都省以支持不敷，权将已减余盐，依旧煎办"。元统三年，又议定以该年为始，"广东提举司所办余盐，量减五千引"。[4] 当时广东盐课提举司下辖盐场十三所，包括东莞的靖康、归德、东莞、黄田等场，四场岁办盐共5110引。[5] 盐场"每所司令一员，从七品；司丞一员，从八品；管勾一员，从九品"。[6] 但并非每所盐场都设置这些官员，如香山场，就无司令、司丞，只设"管勾一员，副管勾一员，典吏一名，场吏二名"。[7]

至元年间，元朝对广南盐政的整顿、对盐课税的恢复等，引起地方私贩聚众反抗，尤其东莞盐民起义轰动一时。至元二十年（1283），"时盗梗盐法，陈良臣扇东莞、香山、惠州负贩之徒万人为

---

1 《元史》卷91《百官志》，第2314页。
2 《元史》卷94《食货志》，第2392页。
3 大德《南海志》卷6，《广东历代方志集成·广州府部》第1册，第8419上页。
4 《元史》卷97《食货志》，第2501~2502页。
5 大德《南海志》卷6，《广东历代方志集成·广州府部》第1册，第8419左上~8420右下页。
6 《元史》卷91《百官志》，第2314页。
7 嘉靖《香山县志》卷5，《广东历代方志集成·广州府部》第34册，第66右下页。

乱"，幸合剌普华任广东都运转盐使，"先驱斩渠魁，以讯馘告，躬抵贼巢，招诱余党复业，仍条言盐法之不便者，悉除其害"。[1] 当时，广寇"聚至千艘，所过州县倾动"，[2] 盐场地方势力的强大可见一斑。在朝廷的镇压下，这次动乱最终被平定，也加速了元朝盐政政策在东莞地区的推行，尤其是在盐场的管理和盐户的身份界定上。在王朝制度规定中，元政府十分强调对灶户人身的管理，盐户必须世代从事制盐，不得改业。他们有特殊的户籍，与民户分开，固定在一定的盐场上，不能随便移动，平时由本管盐司"理问"，"不统于有司"，除非"犯强窃盗贼、伪造宝钞、略卖人口、发冢放火、犯奸及诸死罪"，才"并从有司归问"。[3] 朝廷对食盐生产实行官督民制，盐全由官收，元世祖时规定：灶户"中盐到场，须随时收纳"。[4] 王朝对盐户身份的强调，使得盐场也多通过身份控制来介入地方管理。段雪玉结合广州香山盐场的社会变迁，对较早定居于此的"谭、陆、洪、萧"四姓与后来的"鲍、吴、黄"等姓围绕盐灶烟火、地界等事发生争执、纠纷甚至械斗的复杂关系的描述，重构了元代盐民起义之后地方社会所发生的变化：官府逐步介入，在盐场划分出归顺者和"抵禁"者，从而实现对盐场的控制。[5]

但这并不意味着盐场制度就在东莞地区得到严格执行。至元二年（1336），监察御史韩承务在讨论该地盐税时仍称该地"贫穷之

---

1 《元史》卷193《合剌普华传》，第4385页。
2 《嘉兴路总管府推官刘君先茔碑》，张伯淳：《养蒙文集》卷4，《景印文渊阁四库全书》第1194册，台北：台湾商务印书馆，2008，第460右上页。
3 参见陈高华《元代盐政及其社会影响》，《陈高华文集》，上海辞书出版社，2005，第1~34页；并参见危素《翰林侍讲学士黄公墓志铭》，《危太朴文续集》卷2，《嘉业堂丛书》，第19上页；《元史》卷102《刑法志》，第2619~2620页。
4 吴慧：《辽金元盐法考略》，《盐业史研究》1988年第1期。
5 段雪玉：《宋元以降华南盐场社会变迁初探——以香山盐场为例》，《中国社会经济史研究》2012年第1期。

第一章　12~14世纪的滨海地方经营与盐场制度的确立

家，经岁淡食，额外办盐，卖将谁售"，"灶户盐丁，十逃三四，官吏畏罪，止将见存人户，勒令带煎"。[1] 显然，地方官府对盐场的控制并未如淮浙等其他地区那么严密。实际上，在盐场，乡豪才是地方上的主导力量，当时"刑罚不中，乡豪武断，贵凌贱，富欺贫"。[2] 如元末明初在珠江三角洲叱咤风云的何真，其妻廖氏便是黄田场盐官女，自己也曾出任淡水场管勾，后来更依附于归德场的文仲举。乡豪势力的壮大，官府对盐户的重视，尤其默许盐户的贫富差距，使得盐场大户逐渐壮大。《元典章》中就出现了"富上灶户"与"贫苦灶户"之分。[3] 这些富上盐户不仅拥有很多的资产，而且有相当高的政治地位，在地方上，往往成为朝廷控制、管理一般盐户的中间势力。如在两浙盐场，每"灶"都有"主户"，当盐户"煎盐了毕"，便由"主户"斛收入仓，"工本"也由他们经手发给。[4] 这样一来，也积聚了盐场的地方势力。如靖康场李氏，据称自宋南渡以后，便逐渐"宗支蕃衍，为邑巨族"，在"元季兵乱，海滨拥兵自固"之下，李氏后人李本初竟能"迁居咸西避之，筑水心亭，贮经史其中自娱"，可见该族自身的力量。[5] 又如蔡氏，宋季迁靖康场，"是后族大以蕃"，家"饶于资"，有蔡怀祖者，三代"俱以积善称于乡"，"见人穷约若自己，致必尽力赈恤"。[6]

　　至正十一年（1351）以后，广东地区潜伏的各种地方力量纷

1　《元史》卷97《食货志》，第2501页。
2　《庐江郡何氏家记》，《玄览堂丛书续集》第4册，国立中央图书馆影印本，1947，第8页。
3　《大元圣政国朝典章》卷22《新降盐法事理》，《续修四库全书》第787册，上海古籍出版社，1995，第252页。
4　陈高华：《元代盐政及其社会影响》，《陈高华文集》，第1~34页；并参见陈旅《运司副使东颍李公去思碑》，《钦定重修两浙盐法志》卷30，《续修四库全书》第841册，上海古籍出版社，2002，第683上页。
5　参见陈琏《琴轩集》卷27、卷29，第1681、1853页。
6　陈琏：《琴轩集》卷29，第1809页。

纷崛起，东莞县"邑中土豪各据一方"。[1] 东莞境内势力最强的乡豪占据着盐场、盐栅，他们不仅控制食盐生产和运销，也控制着这些地区的盐民。[2] 靖康盐场、归德盐场、东莞盐场分别由李确、文仲举、吴彦明等人占据，而盐场附近的西乡、黄田、盐田、厚街等地，也分别由当时东莞境内势力较大的郑润卿、萧汉明、王慧卿等乡豪占据。[3] 元末明初，这些割据力量先后被何真所兼并，[4] 但这些人能够割据一方，也充分说明了其在当地的力量不容小觑。这些人在明代以后的地方族谱中几乎找不到姓名，但他们确实代表了当时盐场地方的豪族，如李姓在明初为靖康场大族，文姓为归德场大族，西乡以郑姓一族为大，王姓则占据厚街。

由此可见，即使在对广东盐政管理较为严密的元代，官府的力量也没能完全渗透到盐场社会。盐场上乡豪的势力十分强大，到元末地方动乱之时更是据盐场雄霸一方。

第二节 明初"以籍定役"与地方盐场的实际运行

明初朝廷专置盐场，管辖产盐者及其生产场所，并设盐课司专管，其上一级为盐区，专设都转运盐使司或盐课提举司。全国各盐

---

1 民国《东莞县志》卷30，《广东历代方志集成·广州府部》第24册，第324右下页。
2 段雪玉：《乡豪、盐官与地方政治：〈庐江郡何氏家记〉所见元末明初的广东社会》，《盐业史研究》2010年第4期。
3 《庐江郡何氏家记》，《玄览堂丛书续集》第4册，第8页。
4 汤开建：《元明之际广东政局演变与东莞何氏家族》，《中国史研究》2001年第1期。

第一章　12~14世纪的滨海地方经营与盐场制度的确立　　　　　　　　　　　• 47 •

区的建置时间并不一致。至正二十一年（1361），朱元璋"始议立盐法，置局设官以掌之"。[1] 至正二十六年，置两淮都转盐使司，辖29 盐场。[2] 吴元年（1367），"置两浙都转运盐使司于杭州，设……三十六场"。[3] 洪武二年（1369）正月，置长芦、河东都转运盐使司，广东、海北盐课提举司。[4] 十二月，又设山东、福建都转运盐使司。[5]

但实际上，明代洪武二十六年以前，广东地方盐场基本处于从元制到明制的过渡阶段，王朝制度尚未全面推行，而地方上的种种因素也影响着制度的实际执行。本节将从明初东莞盐场制度的确立入手，观照整个广东盐课提举司的状况，探讨明初广东如何在具体推行新朝规章以及糅合元代盐法和地方文化传统的基础上形成适应地方运作的新制，并对该过程中存在的问题及其隐患做出一些简要分析。[6]

一　盐场设置与场员任用

盐场盐课司的建置与提举司并非同步，在广东，明初最早的盐

---

[1] 《明太祖实录》卷 9，辛丑年二月甲申，台北："中研院"历史语言研究所，1962 年校印本，第 111 页。
[2] 《明太祖实录》卷 19，丙午年二月己巳，第 262 页。
[3] 《明太祖实录》卷 22，吴元年二月癸丑，第 318~319 页。
[4] 《明太祖实录》卷 38，洪武二年正月戊申，第 770 页。
[5] 《明太祖实录》卷 47，洪武二年十二月庚寅，第 946 页。
[6] 已有研究多从王朝典章和盐法志等史籍入手，着眼于全国的普遍制度，从共时性角度展现了明前期的制度规定和形态。参见藤井宏「明代塩場の研究（上）」『北海道大学文学部紀要』第 1 号、1952 年；藤井宏「明代塩場の研究（下）」『北海道大学文学部紀要』第 3 号、1954 年；陈诗启《明代的灶户和盐的生产》，《厦门大学学报》1957 年第 1 期；徐泓《明代前期的食盐生产组织》，《"国立"台湾大学文史哲学报》第 24 期，1975 年；刘淼《明代灶课研究》，《盐业史研究》1991 年第 2 期；刘淼《明朝灶户的户役》，《盐业史研究》1992 年第 2 期；刘淼《明朝官收盐制考析》，《盐业史研究》1993 年第 2 期。

场长官称百夫长。隆庆《潮阳县志》概述了明洪武间广东盐场设官的过程，其云：

> 邑之盐场二，其一曰招收场盐课司者，基在大栅，原设大使一人，攒典一人，总催七人，盐课凡七千七十引有奇。初，场本故元招收管勾司也。国朝洪武二年改作招收场，设百夫长督办盐课，后坐生事劘革，至二十五年始设流官印记，更今名。[1]

招收场位于广东省东部的潮阳县内，元朝在这里设招收管勾司。洪武二年，随着广东盐课提举司的设置，招收管勾司改为招收场，改设百夫长"督办盐课"，后来"坐生事劘革"，迨至洪武二十五年"始设流官印记"，并改名"招收场盐课司"。

以百夫长管理盐场，并非广东独有。《明史·职官志》中也将百夫长列为盐场官员之一，"盐场设司令从七品，司丞从八品，百夫长，省注"。[2] 元朝广东盐课提举司下辖盐场"每所司令一员，从七品；司丞一员，从八品；管勾一员，从九品"。[3] 司令与管勾在洪武初年已多不再沿用，如嘉靖《两淮盐法志》载："洪武初，罢勾管，立百夫长。二十五年，复罢百夫长而立大使、副使，率团总督盐课，乃置司以居之。"[4] 又光绪《金门志》载："洪武二年，盐课照元征催，惟设盐司总长、百夫长一名管办。八年，停罢。嗣又重行开

---

1 隆庆《潮阳县志》卷9，《广东历代方志集成·潮州府部》第13册，岭南美术出版社，2009，第91页。
2 《明史》卷75《职官志》，中华书局，1974，第1847~1848页。
3 《元史》卷91《百官志》，第2314页。
4 嘉靖《两淮盐法志》卷2，《四库全书存目丛书》史部第274册，齐鲁书社，1996，第177~178页。

权,不设司令、丞诸名目,乃除授副使、攒典。"[1]

由两淮和福建的例子可以看出,洪武年间盐场官员经历了从沿袭元朝旧制,到设百夫长,再到设场大使的过程。在百夫长署理场事的时期,盐场应该尚未建立官署,只有到设立大使的时候,才"置司以居之"。而前引《明史·职官志》的内容实抄自《明太祖实录》。据载,吴元年,朱元璋"定盐运司使为正三品,同知正四品,副使正五品,运判正六品,经历正七品,知事正八品,照磨、纲官正九品,盐场司令从七品,司丞从八品,百夫长,省注"。[2] 前引招收场的例子中提到,盐场到洪武二十五年才设置流官,也即是说,在此之前,盐场可能是由地方的土官来管辖。换句话说,百夫长是从盐场中简贤任用,其任用"听布政司注授",[3] 这可以从后来的族谱等文献中得到印证。据珠海《延陵吴氏族谱》:

> 用宜公,字永积,旧谱叙公禀性聪敏,洞达时务,家计日兴,增置产业。明洪武初年,朝廷罢除盐场官职,仍于灶户内选众所推服者,充百夫长,以署场事。公首领,是选为香山场百夫长。三年课案清白,无毫发之累,此可见其能事焉。生元 年 月 日,卒明洪武 年 月 日,葬月大埔乙辛向。[4]

香山盐场位于珠江三角洲西部。广州府一带,主要包括今天的珠江三角洲地区,是明代广东主要的产盐区,包括靖康、归德、

---

[1] 光绪《金门志》卷3《赋税考·盐法》,《台湾文献史料丛刊》第1辑第80册,台北:台湾银行经济研究室,1960,第38页;叶锦花:《明清灶户制度的运作及其调适——以福建晋江浔美盐场为例》。
[2] 《明太祖实录》卷27,吴元年十一月乙酉,第412页。
[3] 《明太祖实录》卷113,洪武十年六月乙卯,第1863页。
[4] 珠海《延陵吴氏族谱》卷1,道光二十二年刻本,第64页,广东省立中山图书馆藏。

东莞、黄田、香山、矬峒、海晏 7 个盐场，产量占广东盐课提举司盐课总量的 60% 以上。[1] 而且广州府是朝廷进入和教化较早的地区，盐场制度也最先在这些地区推行。延陵吴氏先祖用宜公的事迹表明，洪武初，朝廷罢黜了元朝盐场旧官制，"于灶户内选众所推服者，充百夫长，以署场事"。百夫长选自灶户内部，盐场通过灶户内"众所推服者"来实现管理。百夫长有三年的任期规定。

民间文书中的不少记载也表明，这一时期盐场的管理多是委任于当地名士。陈琏《燕谿陈处士墓表》载：

> 处士讳彦辉，姓陈氏，世为东莞归德场人，后徙居燕谿。稍知读书，凤肆法律，性炳烈，不娓娓为小谨。洪武初，归德场官以其公直有干，举充讥察，未尝乘时射利，倚势作威。有侵渔灶丁、盐商者，必治之弗恕。由是宿蠹以除，有裨于政，人皆爱而重之。然性刚负气，不屈于人，见不善者则面折之，不少贷，有非理相加者必挫之而后已。[2]

该墓表的形成时间，《琴轩集》未有说明，而宝安《燕川陈氏族谱》标注为宣德丁未年间（1427）。[3] 陈彦辉是东莞归德盐场灶户，后因"草寇窃发"，为仇人所害，死于洪武壬戌年（洪武十五年，1382）。时年 41 岁，推其生活年代为 1342~1382 年。其因"公直有干"，被推举为盐场"讥察"，时间也当在洪武二十五年盐场改设场大使之前。"讥察"是什么官吏，不见于其他文献记载，因而不得而知，但据"有侵渔灶丁、盐商者，必治之弗恕"一句，则知讥

1　嘉靖《广州府志》卷 17，《广东历代方志集成·广州府部》第 1 册，第 351 上页。
2　陈琏：《琴轩集》卷 29，第 1846 页。
3　宝安《燕川陈氏族谱》，民国稿本，深圳图书馆藏复印本，不分卷。

察的职责可能是在盐场管理渔民、灶丁、盐商。东莞县的靖康、归德、东莞、黄田 4 个盐场,最初也似乎未设大使,天顺《东莞县志》记载:"洪武初,场官曰提领,后改曰大使。"[1] 由此可见,讥察一类的官吏极有可能是类似百夫长或作为百夫长的佐理,是盐场地方自行管辖的一类官吏。靖康盐场也可见类似记载,陈琏《蔡处士墓志铭》记载:

> 处士讳朝选,姓蔡氏。蔡为邑名宗,所居非一所。处士初居靖康,后迁咸西,以资甲于乡。父礼甫,隐德弗耀。处士端愿寡言笑,喜怒不形于色,自少耽学,不为章句习。洪武初,靖康场辟为从事,非所好也,竟辞归。[2]

靖康场灶户蔡朝选于洪武甲子年去世,时年 56 岁,其生活年代当在 1329~1384 年。蔡氏曾在洪武年间被荐举为靖康场从事,虽然最终以"非所好"而辞归,但足证盐场有以地方人士管理地方的做法。

以上提到的被推选管理地方盐场的香山场吴用宜、归德场陈彦辉、靖康场蔡朝选等人,都具有一个共同点,即均集地方名望和财富于一身。吴用宜"家计日兴,增置产业";陈彦辉"稍知读书,夙肄法律",其家族"庆衍螽斯,衣冠文物,甲于通邑";[3] 蔡朝选一族更是"为邑名宗","以资甲于乡"。可见洪武之初,地方盐场在元制的基础上因应利用,形成依靠地方名士协助管理盐场事务的局面。事实上,这是宋元时期广东盐场社会治理的一贯做法,那时官

---

1 天顺《东莞县志》卷 3,《广东历代方志集成·广州府部》第 22 册,第 33 页。
2 陈琏:《琴轩集》卷 27,第 1691 页。
3 陈大谏:《陈氏来历卜居说》,宝安《燕川陈氏族谱》,不分卷。

府力量还没有完全渗透到盐场社会，乡豪势力成为盐场基层管理的主要力量。[1]

二 灶户的编审

灶户的编审，与洪武初里甲户籍制的推行密切相关。灶户被认为是明清时期专设以从事盐业生产的人户，"以籍为定"，"世守其业"。[2] 洪武二年，"令凡军、民、医、匠、阴阳诸色户，许各以原报抄籍为定，不许妄行变乱，违者治罪，仍从原籍"。[3] 广东沿海灶籍也是在州县里甲赋役制度的推行过程中逐渐完成的。刘志伟指出，广东里甲赋役制度包含两个过程：洪武四年在地方推行户帖，对户籍进行整顿；洪武十四年又建立黄册里甲制度，通过编制里甲将人户纳入政府户籍。[4] 嘉靖十四年（1535），广东巡抚戴璟在回溯时称："我朝洪武初取岭表，又明年，诏定天下版籍，凡民有色役者，令以色役占籍。十家为甲，十甲为图，图积为里，里积为县。"[5] 这段文献揭示了明初朝廷把地方社会纳入国家控制体系的重要措施。在这个过程中，自然也包括将灶户纳入里甲之内。编于洪武二十六年的《诸司职掌》明确了这一点，"凡各处有司，十年一造黄册，分豁上中下三等人户，仍开军、民、灶、匠等籍。除排年里甲依次充当

---

1 段雪玉：《乡豪、盐官与地方政治：〈庐江郡何氏家记〉所见元末明初的广东社会》，《盐业史研究》2010年第4期；李晓龙：《宋以降盐场基层管理与地方社会——以珠江三角洲地区为中心》，《盐业史研究》2010年第4期。
2 刘淼：《明朝灶户的户役》，《盐业史研究》1992年第2期。
3 万历《大明会典》卷19《户部六》，《续修四库全书》第789册，上海古籍出版社，2002，第331页。
4 刘志伟：《在国家与社会之间——明清广东地区里甲赋役制度与乡村社会》，中国人民大学出版社，2010，第29~37页。
5 嘉靖《广东通志初稿》卷22，《广东历代方志集成·省部》第1册，第411页。

第一章　12~14世纪的滨海地方经营与盐场制度的确立

外,其大小杂泛差役,各照所分上中下三等人户点差"。[1] 可见,伴随户帖和里甲制的推行,灶户也与其他人户一样,确立灶籍,编入黄册,纳粮当差。

明朝制民之产、纳粮当差,具体运作如王毓铨指出的,"种什么田地当什么差","田地决定役籍"。[2] 随田立籍在盐场灶户中同样适用,这在一些后来编纂的族谱中亦留下痕迹,如:

> 里长慕皋公,旧《谱》叙公讳方寿,碧皋公长子,幼聘翠微梁氏,既长,家于梁,遂居翠微,置产业二顷余,明洪武[十]四年,初造黄册,随田立灶籍。[3]

> 吾族奉延祚公为始祖。公长子广达公……见前山山水明秀,可为子孙计长久,因徙居之。数年,弟广德公访兄至前山,亦家焉。同占县籍,购得朱友仁田二百九十四亩,为二场第一甲灶户,则洪武二十四年及永乐元年先后登之版籍者也。[4]

在香山盐场翠微韦氏的例子中,洪武十四年编造黄册时,慕皋公因为置有"产业二顷余",因此随田立籍。前山徐氏族谱中则提到洪武二十四年购"朱友仁田二百九十四亩",然后"为二场第一甲灶户"。明初灶户的编佥,即括佥"丁田相应之家,编充灶户",这也是明初恢复盐业生产的主要政策。[5] 这里的"随田立灶籍"可以理解为括民为灶的一种形式,即将沿海丁产丰厚者括为灶籍,"国初

1　《诸司职掌·户部·赋役》,《玄览堂丛书初辑》第12册,"国立"中央图书馆,1981,第184页。并参见藤井宏「明代竈田考」『土地制度史学』。
2　王毓铨:《户役田述略》,《明史研究》第1辑,第1~13页。
3　珠海《香山翠微韦氏族谱》卷1《世传》,光绪戊申年刊,第88b页,上海图书馆藏。
4　珠海《香山徐氏宗谱》卷首,光绪甲申年刊本,第6b~7a页,上海图书馆藏。
5　刘淼:《明朝灶户的户役》,《盐业史研究》1992年第2期。

制,沿海灶丁,俱以附近有丁产者充任"。[1] 香山盐场山场村吴氏族谱中载:"四世祖东塘……公乃丙四公之子也,讳福到,号东塘,因洪武定天下而后承纳税盐,是为灶户。"[2] 这里虽未讲置产之事,却点明"承纳税盐,是为灶户"。

　　刘淼也曾指出,明初朝廷是以超经济强制的手段佥拨沿海富裕民户为灶籍的。[3] 不过,制度在推行中常常会因为地方实际运作环境而有所调整和变动。对户籍编审过程的审视尤其不可忽视地方既有社会权力格局的影响。在广东,灶籍的确立虽然是伴随里甲编排同时进行,但沿海地区的复杂性却增加了其难度。珠江三角洲的盐场,尤其是历史比较悠久的东莞地区,宋元以来一直将盐作为当地的一种重要资源,其与乡豪势力所支配的地方格局的形成亦密不可分。一方面,东莞地区早在宋代就已建立盐场,当地一直生活着一群以制盐为生的人,如靖康盐场,"古盐场也,其土广漠,其水斥卤,其民惟业盐灶"。[4] 另一方面,随着宋元时期盐业经济的发展,一些家族形成并壮大起来。元末以来,当地已经形成一套以食盐生产、贸易为核心的权力格局和社会组织模式。[5] 元朝末年,广东社会群雄竞起,东莞地区的豪强就主要出自东莞境内的各个盐场,何真即是例子。到明初,虽然朝廷极力打压,但实际上"各割境土,号称围主"的土豪势力还相当强大。[6] 因此,

---

1　汪砢玉:《古今鹺略》卷5《政令》,《北京图书馆古籍珍本丛刊》第58册,书目文献出版社,2000,第56页。
2　珠海《山场吴氏族谱》,1938年刊本,广东省立中山图书馆藏。
3　刘淼:《明代灶课研究》,《盐业史研究》1991年第2期。
4　民国《东莞县志》卷9,《广东历代方志集成·广州府部》第24册,第148页。
5　段雪玉:《乡豪、盐官与地方政治:〈庐江郡何氏家记〉所见元末明初的广东社会》,《盐业史研究》2010年第4期;李晓龙:《宋元时期华南的盐政运作与区域社会——以东莞盐场地区为中心》,《四川理工学院学报》2013年第1期。
6　汤开建:《元明之际广东政局演变与东莞何氏家族》,《中国史研究》2001年第1期。

第一章　12~14世纪的滨海地方经营与盐场制度的确立　　　　　　　　　　• 55 •

王朝制度的推行也势必遭遇重重阻碍。刘志伟、科大卫的研究已经表明，广东沿海人群的登记入籍便是经历从洪武到天顺一段较长的时间才实现的。[1]

与香山场不同，[2] 文献中并不见东莞沿海地区有随田入籍而充灶户的情况。在东莞归德、靖康等盐场的族谱中，更多的是强调其家族在宋元时期就已经是当地盐场的灶户，或已在盐场定居。如万历乙卯年（1615）叶向高在为归德场《燕川陈氏族谱》所作的序言中称：

> 始祖学士古灵公，先世由洛阳迁闽，后正议大夫朝举赐进士，复归洛阳，见金乱，又率其子迁广东南雄，再迁归德场涌口里，为初迁一世祖。二世康道公，却聘隐居，友教后学。至友直公，有隐德，得居燕邨胜地。又数传富斌公、守愚公，捐金出谷，赈饥修城。[3]

根据族谱的说法，陈氏自宋朝举公从洛阳迁居南雄，再迁归德场涌口里，成为沙井义德堂陈氏的始祖，历四世。有陈友直开基燕村，而成燕川陈氏的始祖。沙井义德堂陈氏和燕川陈氏在明初均属归德场的大族，到陈彦辉之孙陈富斌时，更是显赫一时。天顺年间，"捐金出谷，赈饥修城"，为人乐道。靖康场的咸西蔡氏，也是如此。"处士讳尚仁，别号明斋，姓蔡氏。其先南雄人，传数世，

1　刘志伟：《在国家与社会之间——明清广东地区里甲赋役制度与乡村社会》；科大卫：《皇帝和祖宗——华南的国家与宗族》，第81~109页。
2　即便是香山盐场存在大量随田立籍的记载，也并不完全是强制性的括民为灶，而是"新王朝国家对原有香山盐场社会结构的承认"。参见段雪玉《宋元以降华南盐场社会变迁初探——以香山盐场为例》，《中国社会经济史研究》2012年第1期。
3　宝安《燕川陈氏族谱》，不分卷。

有讳安者，生二子颀、颙。颀始居东莞靖康场，支派日益繁衍，诗礼相承，称为名宗。"[1]

这种对祖先定居过程的强调，往往是后来被刻意记录下来的，是人们一种有意识的集体记忆，具有特定的社会和文化意义。[2]如著名的珠玑巷移民传说，科大卫指出这一定居的历史与珠三角民户户籍登记有密切关系。[3]与珠玑巷故事相似，灶户对祖先定居故事的记忆，可能也是作为其获得户籍有所根据的证据。盐场的不少大户是经历过元末动乱而幸存下来的，家资依旧丰厚。如东莞靖康场李幼谦，在元代即是一个"田连阡陌，甲于一邑"的地主之家。"元季兵乱，海滨拥兵自固者非一"，其父亲"恶兵尘之污己也，迁居咸西避之"。至明朝廷"平定岭海，向之负固者，有不一再传而已消落"，陈琏却称其家族"宗支蕃衍，为邑巨族"，"求其风声不泯，气习犹存，如公家者，无几"。[4]这样一个大家族，同样强调其祖先自宋代即已居住于靖康。将自己家族与盐场挂钩，而且强调其为"邑著姓，称诗书家"，"自朝议公以来"，"名贤辈出，则其家学渊源，忠节昭彰，有非他族所能及"。[5]

当地富户通过强调自己是宋元灶户的后代就能取得户籍认同，也与明初朝廷在广东的政治策略密切相关。一方面，元末广东的地方割据势力何真归降明朝。洪武元年被召至南京之后，其部属中还

1　陈琏：《琴轩集》卷27，第1669页。

2　刘志伟：《附会、传说与历史真实——珠江三角洲族谱中宗族历史的叙事结构及其意义》，上海图书馆编《中国谱牒研究——全国谱牒开发与利用学术研讨会论文集》，上海古籍出版社，1999，第149~162页。

3　David Faure, "The Lineage as a Cultural Invention: The Case of Pearl River Delta," *Modern China*, Vol.15, No.1 (Jan 1989), pp.4-36.

4　陈琏：《琴轩集》卷27、卷29，第1681~1683、1853页。

5　《宝安李氏家谱旧序》（景泰四年），东莞乌沙《陇西李氏家乘》卷1，乾隆十一年抄本。

有相当大一部分低级军校和士兵留在广东，对地方仍然是不小的威胁，因而才有其后朱元璋先后三次派何真回广州收集旧部之举。另一方面，明初虽已平定元末广东乡豪割据之乱，但尚有不少人徘徊于沿海海岛，聚集滋事。洪武十五年，"时蜑人附海岛，无定居，或为寇盗"，命"籍广州蜑户万人为水军"。[1] 洪武二十五年，广东都指挥使花茂奏称："东莞、香山等县大溪山、横琴山，逋逃蜑户、辈人，凡一千余户。附居海岛，不习耕稼，止以操舟为业。会官军则称捕鱼，遇番贼则同为寇盗。隔绝海洋，殊难管辖。其守御官军，冒山岚海瘴，多疾疫而死，请徙其人为兵，庶革前患。"从之。[2] 在珠三角一带推行卫所屯田，籍蜑为军的策略，是明初朝廷治理广东的核心内容。当时，那些家无恒产的流移人口大量被籍为军兵，这在当地很多族谱资料中都可以看到相关的痕迹。[3]

为建立其在广东地方社会的权力基础，明朝廷则更多地依赖地方耆老。宋元至于明初，盐场家族在地方事务上拥有较大权力，而地方县政的权力则相对趋弱。天顺《东莞县志》称："宋元之末，荐罹兵革，世变风移，有非昔比。迨入明朝，声教广被，又赖贤令詹勖、卢秉安相继以德政化民，家有法律，户有诗书。"[4] 詹勖、卢秉安分别于洪武五年至洪武十年（1372~1377）、建文二年至永乐二年（1400~1404）任东莞知县。然"自詹、卢二贤令去后，官无善政，豪右恣肆，民多徙避"，[5] 地方豪右的势力依然十分强大。[6] 到天顺年

1　《明太祖实录》卷143，洪武十五年三月癸亥，第2252页。
2　《明太祖实录》卷223，洪武二十五年十二月甲子，第3262页。
3　参见刘志伟《从乡豪历史到士人记忆——由黄佐〈自叙先世行状〉看明代地方势力的转变》，《历史研究》2006年第6期。
4　天顺《东莞县志》卷1，《广东历代方志集成·广州府部》第22册，第10页。
5　天顺《东莞县志》卷2，《广东历代方志集成·广州府部》第22册，第27页。
6　参见汤开建《元明之际广东政局演变与东莞何氏家族》，《中国史研究》2001年第1期。

间,"如邑治廨宇、学校、鼓楼、牌坊等项",才在知县吴中的主持下全面完成。建置之外,"旧俗妇女梳妆与中国不类,邑令吴中命改之,逾月悉改"。[1] 即便到天顺年间,吴中的地方县政也得益于盐场富户的大力支持。如天顺五年(1461)秋,东莞地方遭遇大水,时"阳德愆候,潦水为灾,广之属郡大无麦禾,东莞境内被灾尤甚,民艰于食,羸惫不支,几为饿莩"。为此,吴中"召父老于庭,谕之曰:岁歉民饥,将转沟壑,若等长者,忍坐视其死欤?夫乐善好施,仁者用心,赒穷恤匮,于义为急,盍捐尔羡余,以济民之饥窘乎?"[2] 此倡议得到东莞父老的支持,而其中捐助最多者,即为靖康盐场的陈珪,捐钱达五万之多。[3]

　　结合前文所讨论的盐场多依赖地方名士管理的情况,东莞的事例表明,明朝初年盐场耆老和富户在当地的社会活动和王朝的社会治理中都发挥着非常重要的作用。这些家族的文献也反复强调其作为前朝灶户后代的身份,这与其在新朝继续承充灶户不无关系。地方上如此倚重前朝盐场大户,州县在编审灶户上也不得不受制于这些人。盐场大户的祖先定居盐场故事不过为其获取灶籍身份的合法性提供一种说辞罢了。这些人乐于承充灶户,极可能是想通过灶户身份垄断当地的盐业生产。这种建立在地方旧有格局基础上的灶户编审,并未实际改变盐场地方的旧有社会秩序,给日后广东盐场的灶课征收和行政运作带来了诸多不便。

1　天顺《东莞县志》卷1,《广东历代方志集成·广州府部》第22册,第10页。
2　卢祥:《义民题名碑》,崇祯《东莞县志》卷7,《广东历代方志集成·广州府部》第22册,第302页;并参见民国《东莞县志》卷50,《广东历代方志集成·广州府部》第24册,第557页。
3　崇祯《东莞县志》卷5,《广东历代方志集成·广州府部》第22册,第234页。

第一章　12~14世纪的滨海地方经营与盐场制度的确立　　　　　　　　　　　　　· 59 ·

三　灶课的确立

　　灶户生产盐斤，上交给盐场，即为灶课。[1]一般认为，朝廷对灶户征收的灶课，是以官拨田土、编入灶籍的民户事产作为依据，同时对编有粮差的田土，即役的部分，折收丁盐。[2]事实上，地方灶户灶课的确立比制度设定复杂得多。

　　由于史料缺乏，要厘清洪武年间广东盐场的灶课如何确立并非易事。目前所见较早关于明初广东灶课额的记载有四。一是《明实录》所载：洪武二年，"广东提举司所属十四场，岁办盐四万四千六百三十一引有奇"。[3]二是洪武二十六年《诸司职掌》称：广东盐课提举司，岁"办盐四万六千八百五十五引一百斤零"。[4]三是万历年间汪砢玉的《古今鹾略》中记载："洪武间岁办盐四万六千八百五十五引一百斤零。"[5]四是嘉靖《广东通志初稿》关于广东十四个盐场原额灶户丁口的明细记载。值得注意的是，《诸司职掌》中广东的办盐额与洪武二年的数据并不相同，那么，这两个灶课额是怎么确定的呢？其与嘉靖《广东通志初稿》中所称的原额又是什么关系？

　　嘉靖《广东通志初稿》中缺乏灶户灶课总量的记载，但保存了

1　"灶课"是指盐场灶户所承纳的盐课项，在文献中更多时候被称为"盐课"或"场课"。为避免行文中与盐商承担的"盐课"相混，除引用原文外，本书统一将盐场灶户所承纳的盐课项称为"灶课"。本书中的"盐课"，除引用原文外，一般指代由盐商承担的盐税项。

2　刘淼：《明代盐业经济研究》，第130页。

3　《明太祖实录》卷38，洪武二年正月戊申，第770页。

4　《诸司职掌·户部·盐法》，《玄览堂丛书初辑》第12册，第227页。

5　汪砢玉：《古今鹾略》卷4《会计》，《北京图书馆古籍珍本丛刊》第58册，第33页。

计算灶课总量非常关键的三个数据，分别是原额灶户户数、原额灶丁丁数和嘉靖朝"有征无征大引折小引丁盐"引数。明初的制度规定，灶户办课，或按户办课，或按丁办课，称为"全课"。因此，只要有每户、每丁办盐额的规定，即可计算出各个盐场的灶课，从而得出总量。每户的办盐数，嘉靖《广东通志初稿》载："灶户日办三斤，夜办四两，周年三百六十五日，该盐一千一百八十六斤四两。每二百斤折一小引，共该五引一百八十五斤。外加耗盐每引五斤，共三十斤；共得六引一十五斤，谓之全课。"[1] 即每户所办灶课为 6.075 引。又嘉靖时曾长期担任广东盐法佥事、熟谙广东盐法的林希元在其所编的《钦州志》中称："灶户办盐，分生、熟二等。二百斤为一引，每丁日办盐三斤四两，该一千一百七十斤，加耗三十斤，为六引，谓之全课。"[2] 这里认为每户办灶课 6 引。每丁的办盐数，嘉靖《广东通志初稿》称："每丁原派盐二引一十斤。"不过，到天顺年间，因为区分了生、熟盐，所以生、熟盐场具体各场每丁办盐情况不一。嘉靖《广东通志初稿》称："天顺年间造册，熟盐场分每丁止办二引，因其用柴为本之故；生盐场分每丁办三引者有之，办四引者有之，因其日晒无本省力之故。"[3] 但所幸，嘉靖《广东通志初稿》登记了不同盐场每丁的办盐引数（见表 1-1）。

1　嘉靖《广东通志初稿》卷 29，《广东历代方志集成·省部》第 1 册，第 502 左下页。
2　嘉靖《钦州志》卷 3，《广东历代方志集成·廉州府部》第 4 册，岭南美术出版社，2009，第 38 右下页。
3　嘉靖《广东通志初稿》卷 29，《广东历代方志集成·省部》第 1 册，第 502 左下页。

第一章 12~14世纪的滨海地方经营与盐场制度的确立

表1-1 嘉靖《广东通志初稿》载各场灶课额估算

单位：引

盐场	按6引/户计	按6.075引/户计	按2.05引/丁计	按分别各场丁办盐额计算
靖康场	11226	11366.3	5672.4	5672.4
归德场	8592	8699.4	7855.6	7664.0
东莞场	2724	2758.1	1580.6	2313.0
黄田场	2754	2788.4	1123.4	1644.0
香山场	1824	1846.8	2037.7	2982.0
矬峒场	10806	10941.1	3708.5	4821.0
海晏场	19194	19433.9	6558.0	6877.9
双恩场	7638	7733.5	3261.6	8750.5
咸水场	2688	2721.6	2078.7	4732.0
淡水场	2514	2545.4	4977.4	9752.5
石桥场	5634	5704.4	7999.1	10496.4
隆井场	5496	5564.7	7019.2	7561.3
招收场	3312	3353.4	2496.9	5146.1
小江场	8436	8541.5	7820.8	15260.0
总额	92838	93998.5	64189.9	93673.1

注：表中如咸水场、淡水场、招收场、小江场等兼产生、熟盐，而生盐、熟盐每丁办盐额从1.5引到4.75引不等，但未给出分别进行生、熟盐生产的灶户户丁数，因此在统计时取平均数，故难免存在一定误差。

资料来源：整理自嘉靖《广东通志初稿》卷29（《广东历代方志集成·省部》第1册，第502~504页）各盐场数据。

将表1-1中第2、3列的计算总额与洪武二年的44631引（折小引89262引）相较，数据相差较大。前文已表明，灶户的编审并非通过盐场，而是伴随着户帖、黄册等制度的建立，由州县来完成的。也就是说，盐场灶户的户数是在州县编审过程中确定的。灶户数额非盐场所定，因此洪武二年所定的灶课额，可能并非根据实际的灶户户数拟定。如果洪武二年的灶课额不是根据户数计算得来，那么又是从何而来的呢？

刘淼曾指出，明代可能完全保留了前元的灶课定额。[1]明朝在洪武二年设立广东盐课提举司的同时，也确定了广东的灶课额。当时广东盐场建制和灶户户籍编审均尚未开展，不可能获得精确的灶户数额。所以，洪武二年的灶课额极有可能是依照元代旧额。据《元史》，元延祐间，广东"通正额计五万五百五十二引"；泰定间，"减免余盐一万五千引"；元统元年（1333），"权将已减余盐，依旧煎办"；元统三年，议定以该年为始，"广东提举司所办余盐，量减五千引"，总计45552引。[2]此数据确实与洪武二年的44631引十分接近。至此可以认定，洪武初广东灶课额的确定主要是根据元朝旧额拟定的，而与编佥多少灶户没有太直接的联系。

实际上，在全国，明代灶课经历了一个从田到户，再由户到丁的过程，最终才确立起有明一代的"丁盐"征收制度。明代的盐法是从运销榷税开始的，"置局设官"，令商人"每二十分而取其一"。[3]至正二十六年以两淮为起点，重建灶户制度，"其法，灶户自置灶房，官给铁角，或一二角，或三四角，揞甃成盘，以青灰、石灰泥饰，贮卤煎烧，纳官有余，听其货卖"。[4]吴元年，在置两浙都转运盐使司的同时，有了较为明确的办课标准，即"每田八亩，办盐一引，田入盐籍"，"灶户之外，复有柴丁、车丁、火工，验丁煎办有差"，[5]但全国盐区似乎并没有统一的标准。如在河东陕西都转运盐使

1　刘淼：《明朝灶户的户役》，《盐业史研究》1992年第2期。
2　《元史》卷97《食货志》，第2502页；并参见李晓龙《宋元时期华南的盐政运作与区域社会——以东莞盐场地区为中心》，《四川理工学院学报》2013年第1期。
3　《明太祖实录》卷9，辛丑二月甲申，第111页。
4　《明太祖实录》卷19，丙午春二月己巳，第262页。
5　《明太祖实录》卷22，吴元年二月癸丑，第319页。

第一章　12~14世纪的滨海地方经营与盐场制度的确立　　　　　　　　　　　　• 63 •

司,"灶户自备器皿煎煮,每丁岁办盐四引,地每亩办盐一十六斤,车一辆办盐二百斤,牛驴每头办盐一百斤"。[1]

徐泓也指出,各转运司以户为单位,按丁、产多寡分配盐额,是从洪武十三年开始的。[2]是年三月,两浙都转运盐使司运使吕本上书指陈当时盐场"有丁产多而额盐少,有丁产少而额盐多者,未经核实",奏准命"盐场所属地方,验其丁产之多寡,随其地利之有无,官田草荡,除额免科薪卤,得宜约量增额,分为等则,逐一详定"。[3]一般认为,洪武二十三年以前课盐是以"户"计算,而不是以"丁"计算,每户课盐30引。[4]洪武二十三年,监察御史陈宗礼奏请"计丁办课",由"户"转向"丁",才终于建立起有明一代的"丁盐"征收制度。[5]随后刊行的《诸司职掌》中称,"凡天下办盐去处,每岁盐课各有定额",并分别开列了各盐区的岁办课额。[6]那么,洪武二十六年广东灶课额是否即系"计丁办课"呢?

再将表1-1的数据与洪武二十六年的46855.5引(折小引93711引)相较,可以看出,除了按2.05引/丁计算的结果差距较大外,其他按6引/户计、按6.075引/户计,或根据具体盐场每丁办盐数计算的结果,都与洪武二十六年的课额十分接近。笔者猜想,至少在洪武二十六年前后,广东在地方户籍编审、盐场建制基本完善,以及朝廷要求重新勘定灶课额的情况下,才真正确立了广东盐场灶户的灶课额。但其计算却并非按朝廷制度规定的"计

1　《明太祖实录》卷47,洪武二年十一月庚寅,第946页。
2　徐泓:《明代的盐法》,第40页。
3　《明太祖实录》卷130,洪武十三年三月癸丑,第2075页。
4　刘淼:《明代盐业经济研究》,第114~115页。
5　《明太祖实录》卷199,洪武二十三年正月甲午,第2992页。关于陈宗礼进言的时间,刘淼作洪武二十五年,疑为笔误(参见刘淼《明代盐业经济研究》,第114页)。
6　《诸司职掌·户部·盐法》,《玄览堂丛书初辑》第12册,第224页。

丁办课"，而是按户计算。《古今鹾略》称："弘治间，广东与旧额同。"[1] 从前文可知，此处的旧额即是洪武二十六年《诸司职掌》中的数额。可见，至少从洪武二十六年到弘治年间，广东灶课额并没有发生很大的变化。而表1-1中按具体盐场每丁办盐数计算的结果，反映的应当是天顺年间的灶课额。前引嘉靖《广东通志初稿》载每丁办盐数时曾提到"天顺年间造册"一事，即发生在天顺六年（1462）。由于景泰年间广东经历了黄萧养之乱，盐场大受影响，灶课无征，吴廷举因而提出广东、海北二提举司对盐场进行灶户盐册编造，"灶丁按册办课""按册征盐"，重新拟定灶课额，"计丁办课"要到这个时候才在广东得以实现。[2]

四 "纳官有余，听其货卖"

以前学者大多认为，明前期盐场灶户的生产形式是官营的，灶户被编金入盐场，世代从事盐业生产，所产食盐要全部上交官仓，地方存在一套严密的控制灶户和食盐生产的机构和制度。但实际情况可能并非如此，李三谋就曾指出万历以前制盐业具有非官业性的特点。[3] 若结合明初"以籍定役"的赋役特点和盐场的实际运作，便能了解明中叶盐场制度改革之前的盐场实际状况。

"以籍定役"是明初编户齐民的重要法则。《大明律》规定民皆入籍，"凡一户全不附籍，有赋役者，家长杖一百；无赋役者，杖

1　汪砢玉：《古今鹾略》卷4《会计》，《北京图书馆古籍珍本丛刊》第58册，第33页。
2　参见李晓龙《灶户家族与明清盐场的运作——广东靖康盐场凤冈陈氏的个案研究》，《中山大学学报》2013年第3期。
3　李三谋：《明代万历以前制盐业的非官业性》，《江汉论坛》1986年第3期。

八十，附籍当差"。[1] 入籍之人则需要"以籍为定"，朝廷规定："凡军、民、驿、灶、医、卜、工、乐诸色人户，并以籍为定。若诈冒脱免，避重就轻者，杖八十。"[2] 编定户籍之后，诸色人户必须以籍应役。灶户按照规定需要在盐场从事食盐生产，并向朝廷交纳本色盐。以往见诸文献的说法，如长芦盐区"明初创立盐法，设司于沧州，置场于近海，编户于州县"，[3] 河东盐区"明初于蒲、解等州县编审盐户八千五百八十五户"。[4] 这些都是明初在州县编审灶户的实例。人户被编审为灶户之后，朝廷会给予一定的生产工具。两淮盐区，洪武初"沿海灶丁以附近有丁产者充之，免其杂徭，给以草荡"。[5] 两浙盐区"国初立法，聚团公煎，丁荡有额，锅盘有数，盐斤有限"。[6] 这些都说明明初先编定户籍，然后确立草荡（在广东主要是盐田）等生产资料和生产工具。

具体的灶课确定方式上文已经讨论过，这里要说明的是灶户的盐役并非完全的官业性，也就是说，灶户并非将所有产出盐斤上交朝廷。明初，朝廷的盐场思路仍然是沿袭元代的"各场盐产，视销数之多寡为生产之额量，盐户照额制办……由场官各按本场情状酌定工本……给工本钱"。[7] 就是将应征租课摊入朝廷给灶户规定的定

1　《大明律》卷 4，怀效锋点校，法律出版社，1999，第 45 页。
2　《大明律》卷 4，第 46 页。
3　乾隆《衡水县志》卷 4，《中国地方志集成·河北府县志辑》第 44 册，上海书店出版社，2006，第 500 页。
4　乾隆《河东盐法备览》卷 5，《四库未收书辑刊》第 1 辑第 24 册，北京出版社，1997，第 96 页。
5　雍正《扬州府志》卷 18，《中国方志丛书·华中地方》第 146 号，台北：成文出版社，1975，第 200 页。
6　杨鹤：《两浙订正鹾规》卷 3，《北京图书馆古籍珍本丛刊》第 58 册，书目文献出版社，1998，第 497 页。
7　曾仰丰：《中国盐政史》第 3 章，上海书店，1984，第 106 页。

额产量里，场官向灶户支付每引盐的工本费时就扣回了盐田赋。[1] 如洪武十七年"定两淮、两浙盐工本钞每引二贯五百文，河间、广东、海北、山东、福建、四川每引俱二贯"。[2]

但是明初的地方盐场并不能完全掌控灶户的定额生产，灶户的实际生产量远远超过朝廷给灶户规定的灶课额。明初，朝廷虽然禁止私盐出场，但实际并没有严格执行。有官员就将灶户的余盐比喻成民户的余粮，称"灶户之有余盐，犹农人之有余粟"。[3] 吴王丙午（1366）二月，朱元璋曾准许两淮的灶户生产"纳官有余，听其货卖"。[4] 灶户在按照定额上交灶课之后，所剩余的部分可以自行销售。广东灶户岁办盐六引之后，所剩余盐可以招商自卖。[5] 之后，各地才开始出台禁止余盐私卖的法令。宣德四年，通令全国各地灶户不得将余盐自行带出盐场贸易。余盐入官并不是无偿的，而是由政府出价购买。正统二年，淮浙盐区规定："其有余盐者不许私卖，俱收贮本场……每一小引官给米麦二斗。"[6]

上述"以籍定役"的赋役政策以及明初盐法的大致情况，说明明初至少在正统、景泰之前，盐场灶户除了按照定额上交盐斤之外，还拥有处理余盐的权利，即"纳官有余，听其货卖"。东莞、香山等盐场也同样如此，一直到景泰五年（1454），朝廷才"令广东盐课司，灶户有私煎余盐者，送本司，每引官给米四斗"。[7]

1　李三谋：《明代万历以前制盐业的非官业性》，《江汉论坛》1986年第3期。

2　王圻：《续文献通考》卷24，万历刻本，第8页，日本早稻田图书馆藏。

3　《山东盐法志》附编掾证四，于浩编《稀见明清经济史料丛刊》第1辑第25册，国家图书馆出版社，2012，第264页。

4　《明太祖实录》卷19，丙午春二月己巳，第262页。

5　周庆云：《盐法通志》卷75，鸿宝斋聚珍本，1918，第13页。

6　万历《大明会典》卷34，《续修四库全书》第789册，第603~604页。

7　道光《广东通志》卷165，《广东历代方志集成·省部》第18册，第2702右下页。

嘉靖《香山县志》中也有如此的描述，称："自洪武至正统初，法度大行，海隅不耸。每岁泊场与农谷互易，两得其利，故香山鱼盐为一郡冠。成化以后，盐额犹夫旧也。"[1] 这里说明了明初珠江口盐场的情形。从洪武到正统年间，也即前文提到的余盐不许私卖的时间，香山盐场每年都有船只往来，进行鱼盐和农谷的贸易，两得其利，也促进了香山的经济发展。"成化以后，盐额犹夫旧也"，说的是成化年间盐场制度一大变之后，盐额并未发生改变。这里主要想说明的是，明初盐场存在一个相对自由的余盐贸易市场。这也反过来证实了前文所说的，明初盐场制度的核心在于完成规定的灶课，并且盐场存在较为灵活的以地方名望主持的社会体系。

明初"听其货卖"的余盐政策为盐场提供了一个对外贸易的市场，盐场的地方运作构建了一个具有地方自主性的社会结构。结合二者，可以了解到明初的珠江口盐场实际上是一个相对灵活的地方，地方家族在这个环境中也继续孕育和发挥作用。可以想见，这样一个地方环境，尤其是余盐市场的诱惑力，会逐渐影响到盐场灶课的正常交纳。治理盐场余盐问题不得不被提上盐场的制度改革日程。

小　结

盐场在地方上实现食盐生产和生产者的管理，经过了一个比较

---

[1] 嘉靖《香山县志》卷3,《广东历代方志集成·广州府部》第34册，第44左下页。

长的过程，这不仅与朝廷的决策有关，更与区域的社会和经济息息相关。从北宋开始，东莞的盐业生产以沿海居民自由煎煮，后由官府收购；南渡以后，盐为国计所赖，朝廷大力打击盐户私贩以及加强盐场催煎、买纳的管理；元代重建广南盐政机构之后，才更注重盐场灶户的身份和对食盐生产的管理，建立起较为完善的盐场设官和管理机构，成为明清效法的模板。但在这个过程中，地方盐场的管理还是更多地倚重地方家族，而他们又反过来对盐政的运作产生互动作用，形成元末割据盐场地方的乡豪势力。

元代广东的盐场制度始终停留在盐场设官的层面，没有能够深入盐场基层，在地方事务上多予放任和倚仗富灶。这一传统被保留到了洪武初年，在制度尚未完全推行到地方上之时，珠江口盐场形成了依靠地方名士充当百夫长、讥察、从事等职，协助管理盐场事务的局面，至洪武二十五年才正式设置盐场盐课司大使。在灶户的编审上，由于盐场地方家族势力的强大和朝廷的倚重，其更容易得到新王朝的户籍认定，而当地从事盐业生产的收益不菲，也是这一人群所乐从的，因而盐场灶籍的编审实际上更多的是对原有社会结构的承认。这是因为，明王朝当时在广东的政治重心在于整顿海岛寇盗，籍置为军，安定沿海，而建立盐场基层权力机构主要依赖元朝的旧有地方势力——耆老和富户。这些人逐渐成为明朝盐场制度推行和运作的关键人物，从而一直影响着地方盐场制度的实际运作。在灶户灶课方面，洪武二年颁定的灶课额基本上沿袭了元代的旧额，与明王朝编佥多少灶户没有太直接的联系。将其与灶户户额挂钩要到洪武二十三年以后，并在洪武二十六年的《诸司职掌》中明确下来，但其办法并非当时朝廷颁定的"计丁办课"，而是按户计课。

在珠江口盐场，洪武初年以来的制度推行和运作实况，深受宋元以来地方盐场业已形成的社会结构和权力格局的影响,地方结构深深嵌入制度运行的过程和机制中。建立在旧有社会结构基础上的新盐场制度也已经"积重难返",此后的制度推行不过是"旧瓶装新酒",这也成为有明一代广东盐场制度不断寻求改革而终究没有能够完全成功的根源所在。

这种以完成生产定额为目的的盐场管理方式,植根于地方传统,并造就了由地方名士主导的运作机制。这些人于是成了盐场管理地方的中介,同时也由此获取了一定的社会权力,影响和左右着地方盐场和社会的运作。而盐场最初的"纳官有余,听其货卖"的政策便是这一权力群体可以利用以得利的机会。盐场存在一个相对自由的余盐贸易市场,并操控在地方人士手中,久而久之,便可能对灶课的征收造成影响。如何对待余盐问题逐渐被提上盐场改革的日程。

第二章 "盐听灶户自卖":15世纪盐场的余盐问题与灶户做生意

　　明初盐场基本是通过估算出每个灶户的年盐生产量,然后制定出盐场灶课额。前文已经表明,灶户编额常常并非及时更新,而且往往都是沿用原本的数额。加上随着时间迁移,人口繁衍等因素,盐场从事食盐生产的人数已经远超于前,而这还没考虑生产技术的可能改进。因此在明中叶,盐场出现大量灶户额定正盐课额之外的食盐产出,这部分盐被称为余盐。余盐最初是"听其货卖",但随着余盐量的增加以及可能存在的灶户囤积居奇行为,这些计划外的产品,逐渐变成了整个15世纪朝廷和地方官府的行政难题,也由此影响着盐场制度的运作和改革。

　　以往盐史研究常常是基于典章和盐法志的编写逻辑,人为地划分出两套制度系统,即开中法制度和灶户制度,认为开中法经历

第二章 "盐听灶户自卖"：15世纪盐场的余盐问题与灶户做生意

了在边纳粮、在边纳银到运司纳银，经历了边商、内商和水商的分化，[1] 灶户制度则讨论灶籍的内容和运作、灶户劳役制的衰退乃至解放人身束缚的影响等。[2] 然而这种二分法是否只是因为符合我们当代人的逻辑认识而被普遍认可？事实上，制度演变的过程并非那么理性和能够被明晰区分。盐场不应单单被视作王朝制度自上而下推行的产物，更应是因地域和赋役等因素而与州县系统相互依附，并受开中法和地方社会经济发展的影响。与这几个方面互为"张力"的动态过程，造就了明代独特的盐业管理体制变化。正因为如此，上述的余盐问题也便不单单是盐场的问题，而是关联着整个两广盐法，自然也受到与开中法有关的一系列制度和行政行为的影响。本章将围绕地方关于余盐所引发的问题对从运销到生产各环节的解决策略的讨论，展示地方财政策略和盐场社会动力互为"张力"所造就的15世纪中后期盐场市场化状态，以及由此形成的地方社会结构。

第一节 从开中法到余盐抽银

余盐的问题之所以成为政府的困扰，主要根源在于明代盐法实

---

1 寺田隆信：《山西商人研究》，张正明等译，山西人民出版社，1986；藤井宏：《明代盐商的一考察——边商、内商、水商的研究》，刘淼译，刘淼辑译《徽州社会经济史研究译文集》，黄山书社，1987，第244~346页。
2 参见徐泓《明代的盐法》；叶锦花《明代灶户制度变革与区域经济变迁——以福建泉州盐场地区为例》，《中山大学学报》2015年第6期；叶锦花《户籍制度与赋役需求及其规避——明初泉州盐场地区多重户籍现象研究》，《清华大学学报》2016年第6期；等等。

行的开中法。明王朝对食盐的管控,主要是为了保证开中法的顺利开展。开中法,即明王朝为筹备边储,用官府控制的"官盐"将内地所产的粮饷与边军所需的军饷联结起来,"招商输边而与之盐"。商人把粮饷运到边境,然后朝廷根据商人所运粮食的多少给予相应数量的盐引,商人凭此盐引赴指定的盐场支盐,并运到指定的地区销售。[1] 明初开中法之下的盐业产销,就是用一种管制物资的经营权来换取另一种物资的运送。

在开中法之下,盐的供应量不是由盐场的日常产量决定,而是根据朝廷开中的需要。所以,弄清楚明代广东开中法的展开,以及在处理余盐问题过程中所引发的变化,是讨论这一时期盐场制度实践最为关键的内容。本节还将指出地方督抚借助筹措军饷和治理余盐问题的契机,分割出地方盐利,形成军门财政的举措,这是理解地方盐政和盐场制度变化的另一关键。

一 明初两广盐的开中

明代两广盐场由广东和海北两个盐课提举司分辖。这一格局起源于宋代,经元朝而为明王朝所继承。明初的广东盐课提举司设在广州府,下辖14个盐场,包括广州府的靖康、归德、东莞、黄田、香山、矬峒、双恩、海晏八场,惠州府的咸水、淡水、石桥三场,潮州府的隆井、小江和招收三场。海北盐课提举司设在廉州府,下辖15个盐场,包括廉州府的白沙、白石、西盐白皮、官寨丹兜四场,雷州府的蚕村调楼、武郎、东海三场,高州府的博茂、茂晖两

---

[1] 黄国信:《区与界:清代湘粤赣界邻地区食盐专卖研究》,第38页。开中法的研究参见藤井宏「開中の意義及び起源」『東洋史集說:加藤博士還曆記念』富山房,1941;寺田隆信《山西商人研究》;等等。

第二章 "盐听灶户自卖":15世纪盐场的余盐问题与灶户做生意

场,琼州府的大小英感恩、三村马袅、陈村乐会、博顿兰馨、新安和临川六场。

明初的盐场制度基本上继承自元代,盐场的布局和基层管理的确立都与元代的制度分不开,甚至盐场课额的确定也主要依据元朝旧额拟定,而与市场需求、编佥灶户数量没有太直接的联系。唯其中调整较大的是海北提举司,如表2-1所示,洪武二年(1369)海北提举司的灶课额已经减到将近元统三年(1335)广海提举司的一半,这可能跟元末明初海北提举司盐场范围的缩小有关。除了课额上沿袭元代,两广盐的销售区也基本维持不变。据《诸司职掌》,明初广东提举司的行盐范围主要在广东省内,包括广州、肇庆、惠州、韶州、南雄、潮州、德庆七府,而海北提举司则行销远离沿海的湖广和广西各州县,其行盐范围除了广东省内的雷州、高州、廉州、琼州四府之外,主要包括广西的桂林、柳州、梧州、浔州、庆远、南宁、平乐、太平、田州、思明、镇安等府和龙州、泗城、奉

表2-1 元至明广东、海北二提举司灶课额

单位:引

时间	广东提举司	海北提举司 (元称广海司)	文献出处
大德年间	21500	24000	《元典章》卷9
延祐年间	35500(50552)	35165(50165)	《元史》卷97
元统三年	35500(45552)	35165(45165)	《元史》卷97
洪武二年	44631	27922	《明太祖实录》卷38
洪武二十六年	46855+100斤	27040+200斤	《诸司职掌》
弘治年间	46855+100斤	19483+490斤	《古今鹾略》卷4

注:括号内为包含余盐引额的数据。另外,延祐和元统年间广海提举司灶课额缺少数据,以至元二年所称"额盐"代替。

议、利州等州，以及湖南的永州府、桂阳州和郴州。[1]

广东多数州县濒临大海，实际上并没有买食盐的必要，明王朝也在滨海州县推行户口食盐政策以应对。[2] 杨久谊指出，在同一盐区内，最为关键的是离产地远的供销地，因为商人在那获利最巨，国家得税最多。[3] 由此，两广盐有利的运销市场主要是远离海滨的州县，但在广东，这样的州县数量是有限的。据称，"广东地广人稀，盐课无商中纳，军民多食私盐"。[4] 行盐收益最大的地区主要是海北盐的销售区。

洪武初年，海北盐的主要运销方式是："海北白石四盐场并广州东海一十一场，岁各办盐一万七千余引，运赴（广西）北流、梧州二仓"，"其余募商中纳银米"。[5] 即除了规定数额的盐斤运到北流、梧州二仓外，剩余的盐斤则招募商人开中。洪武八年（1375）所确立的开中则例为："桂林府纳银四两五钱、米三石三斗，浔州府米五石三斗，南宁、庆远二府米四石三斗，并给白石场盐一引；桂林府纳银五两五钱、米四石五斗，南宁、庆远米四石五斗，浔州米五石五斗，并给东海场盐一引。"[6] 东海11场包括了雷州、高州和琼州三府的盐场，但琼州府盐场的运销状况似乎从洪武初就不理想。据称，洪武十年（1377），儋州大丰仓副使李德新声称"琼州府军饷每岁俱于广东漕运，经涉海洋，往来艰险"，所以请求"以盐引发

---

1 《诸司职掌》，《玄览堂丛书初辑》第12册，第235~236页。
2 方志远：《明代的户口食盐和户口盐钞》，《江西师范大学学报》1986年第3期。
3 参见杨久谊《清代盐专卖制之特点———一个制度面的剖析》，《"中央研究院"近代史研究所集刊》第47期，2005年。杨久谊一文虽讨论的是清代，但也是对明清盐法一般情况的总结。
4 嵇璜等：《钦定续文献通考》卷20，《景印文渊阁四库全书》第626册，台北：台湾商务印书馆，2008，第462页。
5 《明太祖实录》卷96，洪武八年正月甲戌，第1652页。这里的"广州东海一十一场"实际应该指的是雷州、高州和琼州三府的11个盐场。
6 《明太祖实录》卷96，洪武八年正月甲戌，第1652页。

第二章 "盐听灶户自卖"：15世纪盐场的余盐问题与灶户做生意 • 75 •

下琼州府转发儋、万、崖三州"，"于海南各仓中纳，付于盐引，就场支给"。[1] 漕运进入琼州需要"经涉海洋"，那么食盐从琼州府运出也会面临同样的困难。琼州府首先利用开中法，实现了盐业布局的一次微调。

进一步反映明初盐业布局与市场不符的是洪武二十八年（1395）的开中。该年九月，由于湖南长沙四府二州缺盐，加上"广东积盐实多，而广西新立卫分，军粮未敷"，兵部尚书唐铎认为，"若将广东之盐运至广西召商中纳，可给军食"。这里的广东指的是广东布政司，"广东之盐"包括广东和海北的盐，即将两广盐先运到广西，再招商开中。开中商人支盐的地点也发生调整，据称"令广东布政司运盐至梧州，命广西官员于梧州接运，至桂林召商中纳"。也就是说，盐商开中支盐地点调整为桂林府，从广东到梧州这一段食盐的运送由广东布政司负责，再由广西官员接运至桂林，然后"每引纳米三石，令于湖南卖之"。[2] 朝廷确定二提举司运赴桂林"以给商人之入粟者"的盐斤总数为 85 万余引，并将纳米数"减其半"。[3]

以上呈现的变化主要在于调整了开中商人支盐的地点，其原因在于商人不愿开中海北盐。据户部尚书郁新所称，"海北之盐，往者召商人于桂林入米二石、钞三贯，给盐一引"，"其时米贱盐贵，商人利之，故中盐者多；比来米贵盐贱，虽累榜招之不至"。[4] 开中法之下，商人开中获得盐引，需要自行到盐场支盐后再行运销。当米贵盐贱的时候，商人可能考虑到支盐的路途遥远，不愿再进行

---

1 《明太祖实录》卷115，洪武十年十月庚午，第1887~1888页。
2 《明太祖实录》卷241，洪武二十八年九月壬寅，第3502页。
3 《明太祖实录》卷241，洪武二十八年九月辛酉，第3506页。
4 《明太祖实录》卷246，洪武二十九年六月戊申，第3572页。

开中，所以朝廷才想出改变盐商支盐地点的做法。洪武二十九年（1396）二月，朝廷又增加了梧州府作为盐商支盐地点，即"于广西布政使司及梧州府各收一半，召商中买"，[1]并给出了新的"行盐地方"方案，即"梧州盐于田州、龙州、柳州、南宁、浔州、庆远、思恩、太平鬻卖；广西（桂林）盐于长沙、宝庆、衡州、永州、全州、道州、桂林鬻卖"。[2]

但所定的 85 万余引全由广东布政司或广西官员官运，需要耗费巨大的财力，并不能很快实现，到洪武三十年（1397），运送梧州的盐斤仍然大量缺额。朝廷因此又做出新的调整，即照例"将两盐课司所出盐货以大船运至广东布政使司，以小船运至梧州府，广西官司又自梧州接运至广西布政使司"。但不同的是，总数 85.85 万引的盐被分作三个地方收贮。广州的广东布政使司收贮 30.85 万引，梧州府收贮 25 万引，桂林的广西布政使司收贮 30 万引。即在前述梧州、桂林之外，又增加了广州府作为盐商支盐地点，"召募商人于广西乏粮卫所照例纳米，自赴广东支盐"，于"江西南安、赣州、吉安、临江四府发卖"。[3]这样一来，85 万余引的开中盐，就分别设立了桂林、梧州、广州三个支盐点，并规定了不同支盐点的食盐行销范围，包括广西、湖南和江西等地。开中盐斤的运销，并不完全遵照明初划定的行盐范围。广东盐在这次开中中，也被允许进入海北盐的行盐范围。由此也可以认为，开中法实际上是对既定行盐范围的调整。

但开中法只是一种临时措施。只有当边饷匮乏，或在短时间内要筹集大量粮草时，才会经有关管粮官申请，由户部奏请朝廷批准

1　《明太祖实录》卷 250，洪武三十年三月己丑，第 3617 页。

2　《明太祖实录》卷 244，洪武二十九年二月丙申，第 3545 页。

3　《明太祖实录》卷 250，洪武三十年三月己丑，第 3617 页。

第二章 "盐听灶户自卖"：15世纪盐场的余盐问题与灶户做生意

后实行。[1] 也就是说，上述85万余引的开中，桂林等仓的设置，以及行盐范围的划定都只是一时之举。开中结束之后，势必又回归常态。明代的盐法大致可以分为作为官卖法的户口食盐法和作为通商法的开中法。[2] 户口食盐法确立于永乐初年，广东于永乐元年（1403）在全省推行户口食盐纳钞，"大口岁食盐十二斤，小口半之，每斤纳钞三百文，近场支给"。[3] 户口食盐法的执行是"有司开具户口名数，令人赴运盐使司关支回县，而计口给散"。[4] 户口食盐是明初盐场盐斤的重要流向之一。以州县人丁数为基础派征的户口食盐钞（银），成为明前期盐税收入的稳定来源之一。

不过，即便在户口食盐法之下，开中法也常常被用来调节盐业市场。永乐四年（1406）八月，广东右布政使徐奇称，"所属盐课提举司积盐已多"，"今大军征安南"，"宜令官民之家，往太平等府中纳盐粮，每引米五斗，不拘次于广东、海北二处关支"。[5] 这首先表明洪武二十九年确立的桂林仓等已经不复存在。其次，开中一般多由管粮官提出，而此次开中一半是因为盐场积盐已多，想通过开中来促销盐场盐斤。最后，更重要的是，此次开中还提出了盐商支盐不区分广东、海北盐的做法。

以上所讨论的几次开中，有一个共同的趋势就是广东盐通过开中进入海北盐的行销区。一方面，随着元末以来珠江三角洲地区的开发、经济发展和人口繁衍，广东尤其以珠三角盐场为主地区的

1　寺田隆信：《山西商人研究》，第78页。
2　寺田隆信：《山西商人研究》，第77页。
3　嵇璜等：《钦定续文献通考》卷20，《景印文渊阁四库全书》第626册，第462页。参见刘淼《明代盐业经济研究》，第351~352页。
4　汪砢玉：《古今鹾略》卷4《会计》，《北京图书馆古籍珍本丛刊》第58册，第31页。参见方志远《明代的户口食盐和户口盐钞》，《江西师范大学学报》1986年第3期。
5　《明太宗实录》卷58，永乐四年八月辛亥，第851~852页。

盐业生产迅速发展。另一方面，分布在珠江口东西两岸的珠三角盐场，所产盐斤沿江而上很容易到达广西、湖南、江西等盐斤易销和收益较大的地区。而海北提举司的大部分盐场，需经海路运送至广州，再转入销售区，"经涉海洋，往来艰险"。[1]

这样一来，海北盐就在华南盐业市场上逐渐失去了竞争优势。通过当时的开中情况可以得到更多的了解。表2-2是《明实录》中所见广东和海北二提举司几次开中的盐额情况。单从数据上看，二者并没有相差很大，但若是考虑表1-1所反映的每引纳粮额，就可以发现，二提举司的每引纳粮数从洪武、永乐年间的基本相同，到天顺、成化年间逐渐拉大差距。纳粮额的确定是"量其彼处米价贵贱及道路远近险易，明白定夺则例"。[2] 随着海北盐逐渐失去市场优势，朝廷只能通过降低纳粮额来吸引商人开中。这也说明，虽然朝廷从行政上并未改变原定的二提举司的盐额比例，但纳粮额却在某种程度上反映了当时市场的倾向性。

表2-2 广东、海北二提举司开中盐额情况

单位：引

时间	广东提举司	海北提举司	文献出处
景泰六年（1455）	15万	15万	《明英宗实录》卷260
天顺四年（1460）	3万	2万	《明英宗实录》卷323
成化十二年（1476）	20万	20万	《明宪宗实录》卷154
弘治四年（1491）	15万	10万	《明孝宗实录》卷47

---

1 《明太祖实录》卷115，洪武十年十月庚午，第1887页。
2 《诸司职掌》，《玄览堂丛书初辑》第12册，第225页。

第二章 "盐听灶户自卖"：15世纪盐场的余盐问题与灶户做生意

我们并不完全了解明初两广盐商开中的纳粮换引如何进行，但已有的史料似乎表明，主要区别在于每引所纳粮数的不同。开中法对于商人开中时换取何地盐引似乎并没有严格的规定，区别只在于不同盐引的纳粮额不同，商人在选择开中何地盐引上有自主权。天顺四年（1460），户部于广西柳州等府招商中盐纳米时，先是不同的仓纳粮额是不同的，再是同一仓中，不同产地的盐的纳粮额也是不同的。如柳州府仓的规定是："广东盐三万引，每引米三斗，共该米九千石；海北盐二万引，每引米二斗七升，共该米五千四百石；福建盐六万引，每引米二斗五升，共该米一万五千石。"又庆远府仓规定："广东盐三万引，每引米二斗五升，共该米七千五百石；海北盐二万引，每引米二斗二升，共该米四千四百石；福建盐六万引，每引米二斗，共该米一万二千石。"[1] 具体情况如表2-3所示。

表2-3 广东、海北二提举司开中盐每引纳粮数

时间	广东提举司	海北提举司	文献出处
洪武二十八年（1395）	1石5斗（桂林）	1石5斗（桂林）	《明太祖实录》卷241
洪武二十九年（1396）	—	1石，钞5贯（桂林）	《明太祖实录》卷246
永乐四年（1406）	5斗	5斗	《明太宗实录》卷58
天顺四年（1460）	3斗（柳州府仓）	2斗7升（柳州府仓）	《明英宗实录》卷323
	2斗5升（庆远府仓）	2斗2升（庆远府仓）	
成化十二年（1476）	3斗2升（广西仓）	2斗8升（广西仓）	《明宪宗实录》卷154
成化十四年（1478）	3斗2升（广西仓）	2斗8升（广西仓）	《明宪宗实录》卷182

1　《明英宗实录》卷323，天顺四年十二月癸酉，第6687页。

在这种情况下，商人会优先选择行销利润较高地方的盐引，失去市场优势的海北盐则在这一过程中出现运销危机。海北的琼州府就是受到这种影响最大的地区之一。正统三年（1438），广东布政司右参政张琰专门奏请："命两广、江西、福建所属官员军民人等，于琼州府仓纳米中盐。"[1]为了应对危机，官府甚至做出在琼州府直接开中的决策，但成效并不明显。于是正统六年，广东按察司佥事彭琉以海北琼州府"所属新安等盐场，自永乐至今积盐甚多，无商中贩"，请准该地"灶丁暂停煎办，听本处军民每盐一引于所属州县仓纳米五斗，以近就近支作户口食盐"。[2]次年又在知府程莹的主持下，"每盐一引折米一石"，"就在本府上仓"。[3]

种种迹象表明，洪武初直接继承的元朝盐业布局存在很多不合理的地方，但是由于户口食盐法的推行，既定的布局并没有很快通过盐政运作进行整体调整。但这并不意味着盐政就不对市场做出反应，开中法作为临时的政策，除了解决边饷的问题，还在一定程度上起到调节盐场与销区之间市场均衡的作用。通过开中法，不合理的盐业布局得到一定程度的调整。

二 明中叶两广余盐抽银的实施

开中法之下，盐的销售商与生产者之间的买与卖在时空上是脱节的，而灶户又被限制出售盐货的主动性，因而导致大量余盐的存

---

1 《明英宗实录》卷40，正统三年三月癸丑，第787~788页。
2 《明英宗实录》卷79，正统六年五月己酉，第1565页。
3 正德《琼台志》卷14，《广东历代方志集成·琼州府部》第1册，岭南美术出版社，2009，第189页。

第二章 "盐听灶户自卖"：15世纪盐场的余盐问题与灶户做生意

在。[1]"余盐者，灶户正课外所余之盐也。"[2] 余盐指的是从事正盐（以灶课形式交给政府）生产以外剩余劳动所生产的盐，若不把它投入市场，它本身是没有价值的。[3] 余盐的产生在于灶课的定额化。广东盐场灶课自洪武二十六年确立以后，一直到弘治年间，官方登记的办课额都没有大的增减。但此间相距将近一百年，广东产盐中心所在的珠江三角洲已经得到充分开发，人口增长和经济的繁荣程度已今非昔比。而盐产方面，暂不论盐业技术是否有改良，就盐丁人口而言，就可能翻了几番。黄仁宇结合文献，估计16、17世纪之交两淮的盐产量已是洪武时期的3~4倍。[4]

盐场的盐既然是为供应开中的，那么余盐的出现就会给开中法带来困扰。在开中法的制度逻辑里，朝廷并不希望盐场的产盐量增加。因为开中法在于筹措军饷，开中的数量以及预定筹集的粮草数量并无一定标准，要取决于当时所需的米粮数量。[5] 如何消耗余盐的问题最初是抛给了地方政府。盐场起初想通过尽买余盐用以补充官盐。如景泰五年（1454），朝廷曾"令广东盐课司，灶户有私煎余盐者，送本司，每引官给米四斗"。[6] 但余永哲指出，天顺、成化年间，"明政府因财力有限，无法再收买余盐"，导致私盐盛行。[7] 麦思杰认为这种情况与商人对于开中纳粮的热情不断低落，由此导致广

---

1 李珂：《明代开中制下商灶购销关系脱节问题三探——从官盐流通的壅滞到灶盐的私煎私贩》，《历史档案》2004年第3期。
2 《明史》卷80《食货志》，第1938页。
3 徐泓：《明代后期盐业生产组织与生产形态的变迁》，《沈刚伯先生八秩荣庆论文集》，第389~432页。
4 黄仁宇：《十六世纪明代中国之财政与税收》，阿风等译，生活·读书·新知三联书店，2001，第259页。
5 寺田隆信：《山西商人研究》，第78~94页。
6 道光《广东通志》卷165，《广东历代方志集成·省部》第18册，第2702右下页。
7 参见余永哲《明代广东盐业生产和盐课折银》，《中国社会经济史研究》1992年第1期。

西地方政府财政经常帑藏殚虚有关。[1] 开中不前导致官盐壅滞难销，进而引发私盐盛行。天顺二年（1458），巡抚叶盛就发现"中到引盐，堆积数多，难以发卖，动经岁月，亏费财本"的广东客商，有"不顾身家，故违禁例，黉夜驮载，北过南雄梅岭，西过梧州发卖，加倍取利"[2]的情形。南雄府以北为两淮运司行盐地，梧州府以西则是海北提举司行盐地，广东客商原本"止于本境行盐"，有自己限定的行盐范围，不能越过该地行盐。但因为"奸贪暴横军民丘瑜、李逵等，每盐一引索银四分，公然卖放（广东客商）越过南安地方"，[3] 广东盐在私下已经打破官定的盐业格局。私盐盛行的直接后果就是开中法的败坏和两广军事财政危机的出现。

张江华的研究表明，在隋唐以前，海北盐进入西江口岸的路线主要有两条：一是高、化、雷州即今湛江口岸的盐经北流江（圭江流域）进入西江；一是钦州、合浦口岸的盐经南流江转北流江进入西江。但宋以后后一航道已经完全阻塞。明初洪武年间虽然曾经"乞凿河通舟楫，以便行旅"，但到正统六年（1441）已称"水塞闸废，至今四十余年"。南流江的阻塞和北流江运输的不便，使海北盐进入广西和湖南只能经过海运至珠江口再入西江转运，造成海北盐的运输成本较高。[4] 与之相较，珠江三角洲的盐场地处珠江下游，有东江、北江、西江等江河之便，而且该地区的盐场经济发达，人口繁衍迅速，在正课之外大量产出余盐，亟须进入市场。广东盐打破官定市场格局，已是势在必行。

与此同时，两广政府正在为镇压地方动乱的军饷来源问题所困

---

1 麦思杰：《"瑶乱"与明代广西销盐制度变迁》，《广西民族研究》2008年第2期。
2 叶盛：《叶文庄公奏疏·两广奏草》卷8，《四库全书存目丛书》史部第58册，第586页。
3 叶盛：《叶文庄公奏疏·两广奏草》卷8，《四库全书存目丛书》史部第58册，第586页。
4 张江华：《明代海北盐课提举司的兴废及其原因》，《中国历史地理论丛》1997年第3期。

第二章 "盐听灶户自卖": 15世纪盐场的余盐问题与灶户做生意

扰。景泰年间,广西大藤峡地区发生"瑶乱",地方军饷再次告急。"瑶乱"愈演愈烈,到天顺初,"两广用兵","时州县残破,帑藏殚虚"。[1] 为处理广西的地方动乱,景泰六年(1455),朝廷首度任命王翱为两广总督,"节制两广军马"。[2] 天顺元年(1457)又改任叶盛巡抚两广。此后,两广总督逐渐从临时性变成常设性的职位,将两广军政事归于一处。[3]

广西大藤峡"瑶乱"给了地方军政调整盐业布局的机会。镇压地方动乱、维持动乱后的地方秩序,需要大量的军费开销,而这落到了地方政府头上,需要自行筹措。为迅速解决军饷问题,了解两广盐业市场状况的叶盛利用其巡抚两广之机,提出:

> 令(广东)见在支盐客商人等,今后支出官盐,有愿装往江西南安、赣州并广西梧州等府地方发卖者,先将盐数备开状赴布政司报名,每盐一引定于沿河缺粮仓分纳米若干,取获实收。至日,布政司给与印信文凭付照,听其过境发卖。[4]

也就是说,将原本偷偷进入淮盐和海北盐行销区的私盐市场开放出来,以在官府纳米的形式,将之转化为地方军饷。由此,洪武以后所确立的"境"也开始被打破。叶盛看到开放市场所带来的好处,紧接着联手户部郎中陈俊将跨境卖盐制度化。天顺五年(1461),叶盛以"海北地方连年不宁,江西南、赣二府去淮窎远"为由,继续执行广东盐纳米跨境销售的政策:

---

1 道光《广东通志》卷165,《广东历代方志集成·省部》第18册,第2702右下页。
2 于谦:《议总督两广军务疏》,《忠肃集》卷4,《景印文渊阁四库全书》第1244册,第118页。
3 麦思杰:《"瑶乱"与明代广西销盐制度变迁》,《广西民族研究》2008年第2期。
4 叶盛:《叶文庄公奏疏·两广奏草》卷8,《四库全书存目丛书》史部第58册,第586页。

会同户部郎中陈俊议得，梧州以西地方又系海北盐课司行盐，南雄以北江西南安等府系两淮行盐，今海北地方连年不宁，江西南、赣二府去淮窵远，溪河滩险，盐商少到，军民食盐全仰给于广东。合暂令广东见支官盐客商，有愿装往梧州等府发卖者，每引定于梧州府仓加纳米二斗，装往江西南、赣二府发卖者，每引于南雄府仓加纳米一斗，以助军饷。候地方宁妥，军饷足用之日，照旧施行。[1]

这则材料首先描述了当时两广盐业市场所发生的变化：梧州以西的海北行盐地方和南雄以北的淮盐地方，拥有这两个地区盐引的合法盐商很少经营到此，军民的食盐实际上都来自广东的私盐。鉴于既有的市场格局，叶盛进而奏请广东合法盐商所支取的官盐，可以在加纳米之后，进入梧州以西、南雄以北等地销售。广东盐加纳米而后出境这种适应新的市场格局的行为终于在"以助军饷"的名义下合法化。该政策虽有"候地方宁妥，军饷足用之日，照旧施行"的规定，但事实上长期并未改变。

"两广之盐""军饷所关"，[2] 成了节制两广军事的长官改革盐法的重要理由。成化元年（1465），朝廷改用叶盛的同乡好友、都御史韩雍总督两广，负责平定"瑶乱"。成化五年（1469），韩雍又请求将总督改为常设官职，并将总督府设于梧州。总督府的开设意味着对军饷的需求也需常态化。[3] 据《明武宗实录》："成化初，都御史

1　叶盛：《叶文庄公奏疏·两广奏草》卷10，《四库全书存目丛书》史部第58册，第602页。
2　张瀚：《参靖江王府内官疏》，《粤西文载》卷5，《景印文渊阁四库全书》第1465册，第517页。
3　参见韩雍《总府开设记》，《襄毅文集》卷9，《景印文渊阁四库全书》第1245册，台北：台湾商务印书馆，2008，第727~728页。

第二章 "盐听灶户自卖"：15世纪盐场的余盐问题与灶户做生意

韩雍于肇庆、梧州、清远、南雄，立抽盐厂，又于惠、潮、东莞、广州、新会、顺德，盐船经过之处，设法查盘，每官盐一引抽银五分，许带余盐四引，每引抽银一钱，名为便宜盐利银，以备军饷。"[1] 其中，梧州是总督府的所在，也是当时抽盐收入最高的地区，这绝非巧合。

前有叶盛利用地方军需之名改变原两广盐分销的既有布局，后任都御史韩雍进一步将其制度化，并将余盐纳入抽银行列，增加了广东盐的合法销盐量。韩雍还将收米改为纳银，据说是因为"见得收积米多"。[2] 由纳米改为纳银恐怕也与"瑶乱"已经平息，军门的开销主要是银而非米有关。也就是说，所谓的"军饷"并非完全的军事财政，更重要的是维持军门的日常开销。

此后，余盐抽银政策一直是地方总督维持"军饷"的重要资金来源。弘治二年（1489），都御史秦纮又奏准盐商许带余盐四引增加到六引，"仍照前例抽收"，"此外又有余盐，准令自首，每引纳银二钱"。"自首"盐斤的许可，意味着地方盐政对余盐已经极为宽松，商人只要愿意纳银便可无被查禁私盐之忧。此后，"两广用兵全资盐利"，"相沿行之三四十年，商贾通融，府库充实，地方逐年用兵、剿贼、买粮、赏功等项，甚为有赖"。[3]

余盐抽银的方式，既消除了余盐带来的私盐隐患，又有助于增加地方军饷。地方政府从满足地方军饷开销的角度出发所进行的调整，目的在于从盐的流通中增加税收，这种动机促使他们做出顺应市场的举动。余盐抽银还转化了私盐，开拓了广东盐业市场，间接

---

[1] 《明武宗实录》卷147，正德十二年三月庚子，第2878页。
[2] 陈金：《复旧规以益军饷疏》，刘尧海：《苍梧总督军门志》卷23，全国图书馆文献缩微复制中心，1991，第249页。
[3] 陈金：《复旧规以益军饷疏》，刘尧海：《苍梧总督军门志》卷23，第248~249页。

拉动了对盐场盐产量的需求。盐场产盐有利可图，也由此推动盐场的生产发展，进而影响盐场的其他相关政策，尤其是推动盐场的赋役管理制度改革和走向灶课折银。

第二节　栅甲制：天顺年间的盐场制度改革

作为盐业生产管理机构的盐场，因其特殊性，并不是仅仅通过户籍制度就可以实现的。以往研究常常认为，除了户籍管理，盐场更重要的职责还在于控制生产，目的是维持盐场的产量，因此盐场在灶户制度的基础上还设置了一套生产组织模式。最典型的案例是两淮盐场的总催与团煎制形成的团总组织，并认为全国各盐场皆有类似的组织，只是并不一定十分整齐划一。团总组织除了是"盐场上的里甲组织"，其功能与里甲相似，主要负责催征灶课之外，还是灶户共同作业的生产组织。[1] 而明后期，盐课的货币化、灶户的贫富分化，最终导致了这一生产组织的崩溃。[2] 这些研究成果奠定了明代盐场研究的认识基础，但随着近年来盐场社会史视角

1　可参见藤井宏「明代塩場の研究（上）」『北海道大学文学部紀要』第 1 号、1952 年；藤井宏「明代塩場の研究（下）」『北海道大学文学部紀要』第 3 号、1954 年；徐泓《明代前期的食盐生产组织》，《"国立"台湾大学文史哲学报》第 24 期，1975 年；施沛杉《清代两浙盐业的生产与运销》。

2　徐泓：《明代后期盐业生产组织与生产形态的变迁》，《沈刚伯先生八秩荣庆论文集》，第 389~432 页。

第二章 "盐听灶户自卖"：15世纪盐场的余盐问题与灶户做生意

的展开，[1]学者越来越意识到盐场的实际运作与制度规定之间的差异性和灵活性。

前文已经说明，明前期广东盐场并未建立典章制度中所规定的盐场，但天顺前后广东盐场所确立的栅甲制很容易被认为是两淮制度的翻版。[2]究竟栅甲制度的实质是什么，通过栅甲制我们又该如何理解明代的盐场制度，这些是本节希望回答的问题。讨论栅甲制的性质需要从制度出现的背景动机、制度的运作情况以及制度推行后的社会影响几个方面进行考量。

一 设立栅甲制的历史背景

从洪武时期开始，广东盐场地方更多的是依靠地方名望之士充当百夫长、讥察、从事等职，以协助管理盐场事务，并未建立官府性质的灶户管理组织。广东的另一处提举司海北提举司下辖的盐场也是同样的情形。正德《琼台志》中提到了明初若干盐场的建置时间和状况：

> 大小英感恩场，去琼山县西北十里大小英都。洪武二十年，设大使，曾子直建厅、门各一座。辖下六厫……
> 三村马袅场，去临高县北五十里马袅都。洪武二十五年，盐丁侯如章建……
> 陈村乐会场，去文昌县南五十里迈陈都。洪武二十五年，

---

[1] 参见李晓龙、温春来《中国盐史研究的理论视野和研究取向》，《史学理论研究》2013 年第 2 期；黄国信《单一问题抑或要素之一：区域社会史视角的盐史研究》，《盐业史研究》2014 年第 3 期。
[2] 参见周琍《清代广东盐业与地方社会》。

灶老符绍志创……

博顿兰馨场，在儋州西五里大英都。洪武二十五年，灶老谢亨建。永乐间，大使郑喜修……

新安场，在万州南四十里新安都。洪武二十三年，灶老崔均和建。成化八年，大使罗润重修……

临川场，在崖州东一百里临川村。洪武二十五年设，灶老钟仕那创建。[1]

上述文献中的"建"是指盐场衙署的修建，主持修建的人基本上不是盐场行政长官，而是"灶老"。灶老之类的小头目是宋代盐场灶甲制的产物，指盐场地方盐业生产的管理者，有其他如灶首、灶甲头、甲头等名称。据郭正忠研究，灶甲制的头目往往具有双重或多重的复杂身份。他们对上可以代表亭户，对下又代表盐场官吏。[2] 灶老的具体由来并不十分清楚，但可以肯定的是，其并不是明初官方盐场制度设计的内容。

明初的这种局面是否在什么时候发生变化，由于史料阙如，我们并不知晓。但景泰、天顺前后，盐场灶课陷入困境却在不少文献中得到印证。林希元指出："洪武、正统年间，两经强寇苏有兴［卿］、黄萧养之乱，灶丁消耗，遗下盐课无人办纳。"[3] 康熙《香山县志》也称："正统间，被寇苏有卿、黄萧养劫杀盐场灶丁，时盐道吴廷举奏奉勘合，查民户煎食盐者拨补灶丁，仅凑盐排二十户，灶甲

---

[1] 正德《琼台志》卷14，《广东历代方志集成·琼州府部》第1册，第189~190页。
[2] 郭正忠编《中国盐业史》（古代编），第259页。
[3] 林希元：《陈民便以答明诏疏》，陈子龙等选辑《明经世文编》卷163，中华书局，1962，第1641页。

第二章 "盐听灶户自卖"：15世纪盐场的余盐问题与灶户做生意　　• 89 •

数十户，分上、下二栅。"[1] 苏有卿和黄萧养两次动乱分别发生于洪武和正统年间，尤其是黄萧养之乱，影响波及整个珠三角地区。这次叛乱"是广东社会从'一向妥安'到'寇贼四起'的重要转折点"，[2]对滨海盐场同样影响深远。

黄萧养叛乱虽迅速被平定，但之后东南海患寇乱四起，动乱不断。如天顺六年（1462），有"土孽黄涵聚恶少二百余，剽窃邻邑"。[3] 动乱对盐场的影响，还可以从珠海《延陵吴氏族谱》中得到一些了解："我祖葬大迳山，地离山场村不远，先世聚族于斯。明正统间，经苏有卿、黄萧养寇劫盐场，芟夷庐舍，残害灶丁，近场一带居民四散奔逃，我四房散居各乡多以此。"[4] 这些史料无意中透露出此时盐场灶课办纳出现了问题。康熙《香山县志》就记载，香山盐场要从民户中"拨补灶丁"，而且"仅凑盐排二十户，灶甲数十户"。另外，如表2-4所示，通过明初盐场灶课额和天顺年间实行栅甲制之后的部分盐场灶课额的对比，就会发现，天顺年间编造盐册时制定的灶课额较明初还略少。明初的盐场灶课额相对来说应该是偏少的，而随着社会经济的恢复、人口的繁衍，产盐量很快就超过了明初的定额。地方官也了解到这一点，所以景泰五年（1454）曾"令广东盐课司，灶户有私煎余盐者，送本司，每引官给米四斗"。[5] 但天顺年间的官方登记数据尚不如明初，这充分反映了自洪武以来地方盐政官员在盐场灶课征收上的困境。

1　康熙《香山县志》卷3,《广东历代方志集成·广州府部》第34册，第206上页。
2　刘志伟:《在国家与社会之间——明清广东地区里甲赋役制度与乡村社会》，第76页；科大卫:《皇帝和祖宗——华南的国家与宗族》，第95~109页。
3　崇祯《东莞县志》卷4,《广东历代方志集成·广州府部》第22册，第177上页。
4　珠海《延陵吴氏族谱》卷1，第63b页。
5　道光《广东通志》卷165,《广东历代方志集成·省部》第18册，第2702右下页。

表 2-4 明初与天顺年间靖康等场灶课额对照

	明初灶课额	天顺灶课额
靖康场	2976 引 192 斤 10 两 3 钱 6 分	
归德场	4209 引 8 斤 10 两	4095 引 87 斤 6 两
香山场	1491 引 98 斤 12 两	
东莞场	1135 引 121 斤	1126 引 138 斤 2 两
黄田场	738 引 266 斤 8 两	738 引 226 斤 8 两

资料来源：嘉靖《广州府志》卷17，《广东历代方志集成·广州府部》第1册；天顺《东莞县志》卷3，《广东历代方志集成·广州府部》第22册，第33页。

有意思的是，正统年间，位于广东西部和海南的海北提举司所属新安等盐场，声称"自永乐至今，积盐甚多，无商中贩"。[1] 海北提举司积盐太多，没有商人买运。而同一时期，广东中部的香山等盐场则称产盐（即灶课）不足。也就是说，在天顺前后，市场上对场盐是有不少需求的，但某些文献却记载盐场灶户逃亡，灶课无征。此时盐场灶课交纳的还是本色盐，市场上对盐有很大的需求量，那为什么盐场却声称由于灶户逃亡，食盐产量不足？从市场的角度来看，除非广东西部等地的交通环境恶劣至极，否则这种迥异情形的出现可能蕴藏着更复杂的因素。

上一节已经说明了当时盐场余盐与广东盐业流通的一些情况，即盐场规定的正课额之外存在大量被称为余盐的盐斤。这些余盐最初被朝廷允许"纳官有余，听其货卖"，后朝廷开始限制灶户"货卖"，而改由盐场收购。但事实上，这些余盐很多得不到盐场的及时收购，而变成了私盐。私盐盛行导致了盐场正课的壅滞。天顺二年的叶盛改革又进一步推动了私商在盐场收购余盐的热情。市场上

---

[1] 《明英宗实录》卷79，正统六年五月己酉，第1565页。

对于私盐、余盐有极大的需求，盐场出现灶课不足背后的真相可能是灶户通过声称正课不足，而私下将原本应作正课交纳的盐当成余盐转卖于商人。由于以上种种，越来越多的正课被转化成余盐，最终导致灶课大量无征，并在天顺前后达到顶峰。

灶课无征意味着开中商人到盐场无法按照约定支取足够的食盐。支取食盐是商人开中的动力，一旦支盐不足，商人自然也就不愿意运输米粮，进而影响到开中法的实行。叶盛改革无疑是对这一现状的一种应对之法。但诚如前文所说，余盐抽银政策同样也会进一步加剧盐场无征，影响盐场灶课和朝廷的开中。所以，在这样的历史背景下，一方面，地方官有迫切解决盐场灶课无征的税收压力；另一方面，也是更重要的，叶盛改革下的地方盐政，需要正式确立正盐与余盐的分配额度。正盐盐课解交户部，余盐充作地方军饷，正盐与余盐的额度分配也正是这一时期中央财政与军门财政的比例划分。可以想见，如果确立了属于盐场正盐的额度，则剩下的将作为余盐归入军门收入。因此，栅甲制确立的正盐课数额比洪武时期还低。通过栅甲制明确了盐场正余盐的比例之后，地方官下一步就应该要对盐场余盐采取新的管理措施，这便是第三节将要讨论的商引问题，详见后文。

二 明代盐册的内容及攒造

天顺朝前后，灶课原本的征收额和征收办法都已经无效，盐场需要采用新的办法，这套新办法就是盐册制度。在讨论广东盐场栅甲制的性质之前，有必要先弄清楚明代盐场的盐册制度。

栾成显指出，明代黄册攒造的册籍，除了各里赋役黄册、司府州县总册外，还有军匠灶等专职役户册等，灶户的专门册籍称为盐册或灶册。[1] 盐册最早的编造时间不详，但似乎并非从明初就有。据万历《大明会典》：

> （成化）九年，令两浙巡盐御史督同分巡分守，并运司官清查灶丁。其绝户及寡妇盐课照数开豁，以清出多余卤丁顶替，再有余丁，照例办课，幼丁候长成办盐，俱造册备照，仍类造送部，自后每十年一次。[2]

从这里的"自后每十年一次"，可以猜想材料中提到的"造册备照"的"册"即盐册。盐册不单单见于两浙，福建、广东、两淮、山东、长芦等盐区均可见。嘉靖二十四年（1545），御史齐宗道提到"令通行淮（安）、扬（州）二府转行所属州县，调查民、灶二册"，[3] 这说明两淮确实存在灶册。庞尚鹏《清理盐法疏》中也提到"灶册"，该文称："山东、长芦灶丁居场者十之七八，其二三散寓于附近州县，或离场二三百里不等，而照丁办盐之数，明载灶册，每年总催逐户追征。"[4]

这一重要册籍在以往的研究中极少被关注，原因之一在于它罕见于各种文献记载之中。较为详细的记载见于明福建盐运使何思赞的《盐册议》。按照《盐册议》的描述，盐册开列的内容主要包括各场团、埕数目，办盐灶户额、灶丁额，每丁岁办盐额及岁办盐总额，以及某户有丁若干，大小丁数、事产额，办盐课银额、免田

1　栾成显：《明代黄册研究》，中国社会科学出版社，1998，第32、39页。
2　万历《大明会典》卷32，《续修四库全书》第789册，第566~567页。
3　嘉靖《两淮盐法志》卷5，《四库全书存目丛书》史部第274册，第241页。
4　陈子龙等选辑《明经世文编》卷358，第3854页。

第二章 "盐听灶户自卖"：15世纪盐场的余盐问题与灶户做生意

额，等等。[1]

关于明代攒造盐册的起始时间，还不能明确。有学者认为盐册是与洪武十三年（1380）编造黄册同时进行的，其依据是洪武二十三年监察御史陈宗礼称："运司核实丁口，编册在官。"[2] 认为这里的"册"指的是盐册。但从各个盐区的记载来看，似乎攒造盐册的时间并没有这么早。林希元在《陈民便以答明诏疏》中称："广东、海北二提举司盐册，自天顺六年编造。"[3] 而何思赞的《盐册议》中则有"查弘治五年造册实在之数，七场共该丁产受盐一十万五千三百四十引二百六十五斤八两九钱。厥后攒造遂以为据。虽丁产有盈缩不等，而匀总受盐之数不失前额，至今遵守"。[4] 也就是说，福建最早将丁产受盐之数确定下来是在弘治五年的盐册攒造中。而上引万历《大明会典》的材料说明，两浙盐场开始攒造盐册的时间可能在成化九年（1473）。

关于盐册文本的具体形成，《盐册议》称："（灶籍）其丁产之数悉照民册开载。"具体而言：

> 本（盐运）司历轮造册，俱听民户先造丁产开收实在数目完备，解送布政司收贮之后，本司具呈，着令书手揭查。将原系灶户册款抄出，备将各户丁产照例派盐类造。册内田产一以民册实在为据，查对相同，分毫无容加损。或有诡寄，查明改正，其丁口亦照民册收除。若或民册欺隐致数减少，逐一清

---

[1] 林烃等：《福建运司志》卷6，《玄览堂丛书初辑》第10册，第259~267页；并参见刘淼《明朝灶户的户役》，《盐业史研究》1992年第2期。

[2] 《明太祖实录》卷199，洪武二十三年正月甲午，第2992页；并参见刘淼《明代盐业荡地考察》，《明史研究》第1辑，第82~109页。

[3] 林希元：《陈民便以答明诏疏》，陈子龙等选辑《明经世文编》卷163，第1642页。

[4] 林烃等：《福建运司志》卷6，《玄览堂丛书初辑》第10册，第259~260页。

审，量行报增，以足原额，则以本司前轮盐册为据，应增应减，仍参酌有产者量增，消乏者则已。[1]

福建盐运司的盐册，其主要内容来自民户的黄册，由盐运司派书手将其中的"灶户册款"抄出，灶户田产也以"民册"为据，进行查对，并参照前轮的盐册进行参酌增减。何思赞提到自己任上"造册"的经历时也称：

近轮本司盐册专为盐斤而设，只凭民册开收实在抄写，派造受盐斤数，诚为有据。故以前盐、民二册实在相同，不容互异，如计通场田产多过原额，则当革回民户，照数当差，其法已为详密。……今本司职司盐法，察知前规，遇今造册，悉心经理，亲查四场盐册与民册，全不相蒙，深为无据矣。若复照前议，不容收除，则实数全无可稽，盐册可无造矣。[2]

盐册的作用，除了可以依照各灶户丁产派盐之外，还在于明晰灶户田产，维持灶户优免额，即"计通场田产多过原额，则当革回民户，照数当差"。每轮攒造盐册目的在于更新灶户丁产，并记录田产的收除实数。何思赞特别强调，如若盐册不在于更新收除实数，那盐册便不需要存在了。

顾炎武《天下郡国利病书》引福建《兴化府志》中提到攒造盐册是总催、团首的职责：

1　林烃等：《福建运司志》卷6，《玄览堂丛书初辑》第10册，第262~263页。
2　林烃等：《福建运司志》卷6，《玄览堂丛书初辑》第10册，第277~278页。

第二章 "盐听灶户自卖"：15世纪盐场的余盐问题与灶户做生意　　　• 95 •

上里场盐课司隶福建都转运盐使司。莆以灶户役者凡二千五百六十六家，分为三十一团。有总催，有秤子，有团首，有埕长，皆择丁粮相应者为之。其册十年一造，随丁粮消长。……民间户役最重者，莫如盐户。盖军户则十年取贴军装，匠户则四年轮当一班，盐户既与军户诸户轮当本县十年之里长，又轮当盐场之总催、团首、秤子、埕长。依山者谓总催、团首，附海者谓秤子、埕长。总催、秤子，即民之里催也，团首、埕长，即民之甲首也。每十年攒造盐册，又往省赴运司候审。至见当之年，正差之外，凡盐司过往，公差牌票下场，及该场官吏、在官人役等费，轮月接替支应。赔贩需索之苦，过于民矣。[1]

上里盐场位于福建莆田县。该材料，一则说明了盐册十年一造，"随丁粮消长"，原理与前《盐册议》相同；二则指出盐户苦于盐场重役，除了承担"每十年攒造盐册"的费用外，还有正差及各种公费需要承担。此外，总催等还要承担盐场灶课催征，方式是"每岁总催照团催征"。[2]乾隆《仙游县志》也称："灶户晒办，每岁总催人等照团分催，征解盐运司，候客商开中。"[3]

广东的盐册与此十分类似。林希元指出，广东、海北两提举司的盐册，"灶丁按册办课"，"按册征盐"，"与民间黄册一般编造"。[4]广东靖康场灶户陈履在《上司蕯陈公祖书》中称："黄册十年一造，

1　顾炎武：《天下郡国利病书》第26册，《续修四库全书》第597册，上海古籍出版社，2002，第268页。
2　乾隆《莆田县志》卷6,《中国方志丛书·华南地方》第81号，台北：成文出版社，1975，第16页。
3　乾隆《仙游县志》卷19,《中国方志丛书·华南地方》第242号，第420页。
4　林希元：《陈民便以答明诏疏》，陈子龙等选辑《明经世文编》卷163，第1642右下页。

民户、灶户之所同也。至于盐册，或三四年，或五六年一造，造册之费尽出于灶丁。"[1]这表明，盐册在实际运作中可以有多样性，并非遵循黄册十年一造的原则。而且陈履的上书还指出了与盐册相关的另外两点：一是"灶户人丁，则常据原额，即有老疾残故，不蠲豁也"，二是"灶户其始以田责丁，以丁科盐……田去而丁不除，丁不除则田不豁，故有无田白丁之盐，在在而是"。[2]虽然何思赞强调盐册重在更新收除实数，但现实中却常常是做不到的。

综上可见，盐册并非明初一开始就有，出现的时间可能在明中期以后，并且盐册主要记录了"照丁办盐之数"，按册办课、按册征盐是盐册最重要的作用。盐册实际上是盐灶课役的登记簿册。

三 以保障灶课完纳为目的的栅甲制度

广东盐场"栅"的组织架构，是在天顺六年（1462）盐册攒造的同时形成的。前文已经交代了广东攒造盐册的缘起，即地方动乱之后盐场灶课交纳不足，亟须整编盐场赋役。由于黄萧养之乱给盐场带来了巨大的破坏，盐场的丁产也变得混乱不清，这与何思赞所讲的，福建盐场"今因倭患之后，辄以为辞，一概告减（盐额）"[3]的道理是一样的。从这点出发，盐册和栅甲编制的目的都是完纳灶课。

相比于里甲制度，学术界对于栅甲的了解甚少，原因在于史料记载的罕见和零散。以往关注盐场的灶户制度，尤以两淮的"聚团公煎"为著，即"每一场分几团，一团分几户，轮流煎办，以纳丁

1　陈履:《悬榻斋集》卷3，广东教育出版社，2005，第531页。
2　陈履:《悬榻斋集》卷3，第531页。
3　林烃等:《福建运司志》卷6,《玄览堂丛书初辑》第10册，第264页。

盐",[1]灶丁"二三四人共一盘铁,或五六人共一盘铁,每一日该煎盐一十三斤"。[2] 具体而言,"每盐场有团有灶,有户有丁,数皆额设;每团里有总催,即元之百夫长,数亦有定;一团设总催十名,每名有甲首"。[3]

要了解明初华南的盐场管理,绕不开元代的盐场制度。关于元代盐场制度最为集中的叙述来自《熬波图》。元代盐场的管理方式在《熬波图》中有详细描述:

> 各团灶座。归并灶座,建团立盘,或三灶合一团,或两灶为一团。四向筑迭围墙,外向远匝濠堑,团内筑凿池井,盛贮卤水,盖造盐仓栲屋,置关立锁,复拨官军,守把巡警。[4]

按照《熬波图》的描述,"团"是元代盐场基层的重要组织单位,亭场、灶屋、盐仓、灶舍等皆在团内。在《熬波图》的记载中,团是被围墙、壕堑围起来的,周围还有官兵把守。这是个理想的盐场模式,虽然很难在所有的盐场实现,但"团"及其基本的形态则可能被推广和保留下来。一个有力的佐证是天顺《东莞县志》中关于盐场"东团""西团"的说法。该志的"坊牌"中提到:"腾霄,在靖康场东团,知县吴中为举人陈龙建。……锦标,在靖康场

---

1 《聚团煎办》,陈仁锡:《皇明世法录》卷29,《四库禁毁书丛刊》史部第14册,北京出版社,1997,第509左下页。
2 嘉靖五年《盐法条约》,陈仁锡:《皇明世法录》卷29,《四库禁毁书丛刊》史部第14册,第511左下页。
3 嘉靖四年《张珩题行两淮关防条约》,朱廷立:《盐政志》卷4,《四库全书存目丛书》史部第273册,齐鲁书社,1996,第548上页。
4 陈椿:《熬波图》,《景印文渊阁四库全书》史部第420册,台北:台湾商务印书馆,2008,第315页。

西团，知县吴中为举人蒋聪建。"[1] 这种"团"作为盐场地域的表述，在当地此后的文献中再也没有出现。即便在天顺以前，"团"作为盐场单位也并不常见。据康熙《香山县志》：

> （香山场）明初灶户六图，灶排、灶甲约六七百户。正统间，被寇苏有卿、黄萧养劫杀盐场灶丁，时盐道吴廷举奏奉勘合，查民户煎食盐者拨补灶丁，仅凑盐排二十户，灶甲数十户，分上、下二栅。[2]

明初香山盐场的基层单位是"图"，并且分为灶排、灶甲，每图的规模在一百户左右。类似的表述还见于正德《琼台志》，据载："《会同志册》称，本县太平都二图陈村乐会场灶户，坐落符村、麻白二厫，洪武十四年开设。十五年，土民王官政作耗，二厫灶丁大军剿灭无遗，缺引无征。"[3] 在叙述中，陈村乐会盐场灶户是放在"本县"太平都二图的限定词之后的。"图"是明代里甲赋役的单位。嘉靖《香山县志》记载："里甲之制，洪武十四年始诏天下编赋役黄册，以一百一十户为一里，同一格眼谓之一图，推丁粮多者一人为长。"[4] 编于洪武二十六年（1393）的《诸司职掌》则明确道出了这一点，据载："凡各处有司，十年一造黄册，分豁上中下三等人户，仍开军、民、灶、匠等籍。除排年里甲依次充当外，其大小杂泛差役，各照所分上中下三等人户点差。"[5] 可见，伴随着户帖和里甲制的

1　天顺《东莞县志》卷3，《广东历代方志集成·广州府部》第22册，第39页。
2　康熙《香山县志》卷3，《广东历代方志集成·广州府部》第34册，第206上页。
3　正德《琼台志》卷14，《广东历代方志集成·琼州府部》第1册，第190页。
4　嘉靖《香山县志》卷2，《广东历代方志集成·广州府部》第34册，第26页。
5　《诸司职掌·户部·赋役》，《玄览堂丛书初辑》第12册，第184页。并参见藤井宏「明代竈田考」『土地制度史学』。

第二章 "盐听灶户自卖"：15世纪盐场的余盐问题与灶户做生意　　• 99 •

推行，灶户也与其他人户一样，确立灶籍，编入黄册，纳粮当差。这在前述盐册的攒造过程中也得到了证实。

天顺《东莞县志》的编写时间刚好是明代广东盐场制度变革的节点，该志的另外一处是这样描述盐场的：

> 本邑境内盐场有四，靖康、归德、东莞、黄田。洪武初，场官曰提领，后改曰大使，吏一名，曰攒典，率栅长以督盐丁办纳盐课。
>
> 靖康场在十六都，六栅，岁办盐……（缺字）六十九斤五两五钱。
>
> 归德场在十二都，十三栅，岁办盐四千九十五引八十七斤六两。
>
> 东莞场在十一都，四栅，岁办盐一千一百二十六引一百三十八斤二两。
>
> 黄田场在十都，四栅，岁办盐七百三十八引二百二十六斤八两。[1]

栅甲制与盐册之间存在什么样的关系，由于史料阙如，不得而知。不过，对于"栅"的意义的把握，可以提示我们这两者之间存在的某种联系。在康熙《新安县志》的记载中，东莞场出现"叠福半栅"的情形。过去一般将"栅"理解为围置栅栏，认为栅甲的功能在于实现灶户的人身管理，限制私盐流通。如此，则"叠福半栅"应当如何解释？笔者近年在虎门一带（明清时属靖康盐场）的田野调查中发现，当地人将地名中的"栅"字均读成"册"，也有一些当地的老人家强调"栅"就是"册"。笔者在靖康场《凤冈陈

---

[1] 天顺《东莞县志》卷3，《广东历代方志集成·广州府部》第22册，第33页。

氏族谱》中也发现，栅与册经常被混用。该地区医灵古庙现存的一通清代碑文则讲得更加明白："考究六册名目来由，缘为赋纳丁盐设立，凡人成丁者，递年各皆输纳。"[1]这种解释恰好与天顺年间编造盐册、栅甲的制度逻辑相吻合。将"栅"解读为"册"的做法也并非虎门的个例，比如现汕头市濠江区有一个古村落叫大册村，它原本就是明代招收盐场下的大栅，当地地方志和族谱中也经常将这两个字混用。[2]栅与册的相通，可能不是出于偶然，天顺以后盐场的"栅"可能即由"册"延伸而得，[3]栅甲或许是在编造盐册的同时编排而形成的，二者相互配合，形成了天顺年间广东盐场一次重要的灶课整合改革，并由此确立起一套灶课征收的新制度。

两淮"聚团公煎"制度的设计原理在于，通过控制煮盐的生产工具——盘铁来对盐的生产状况进行管控。盘铁皆官为制造，申领和使用都需要得到场官的许可。[4]盐场通过管控盘铁实现对产量的控制，并辅以团灶进行监督催征。但在华南地区，这一制度行不通。因为华南盐场煮盐的工具并非盘铁，而是竹盘。这种竹盘的历史由来已久：

> 竹釜，裴渊《广州记》：东官郡煮盐，织竹为釜，以牡蛎屑泥之，烧用，七夕一易。[5]

---

1 《重修六册大坑医灵古庙碑文志》，碑存东莞虎门大坑村医灵古庙内。该碑文由虎门邓慕尧先生提供拓本。碑刻中修碑时间已经缺失，据碑文中所记，可判断大概修于清代乾嘉之际。
2 黄铿斌：《历史村落"大册"初探》，《汕头日报》2010年9月19日，第4版。
3 当然，笔者并不因此就认为盐场制度中的栅都是指册，这种理解只限定于栅甲制下的"栅"。
4 徐泓：《明代前期的食盐生产组织》，《"国立"台湾大学文史哲学报》第24期，1975年；刘淼：《明代海盐制法考》，《盐业史研究》1988年第4期；沈敏、卢正兴：《两淮制盐技术史话》，《盐业史研究》1994年第3期。
5 解缙等编《永乐大典》卷14912，中华书局，1986，第23册，第6701页。

第二章　"盐听灶户自卖"：15世纪盐场的余盐问题与灶户做生意

这种以竹子为原材料的盐盘，成本低，制作方便，而且不易被官府控制，所以灶户喜用竹盘而不愿使用受到官府严格控制的盘铁。[1]如万历《新会县志》便称："竹釜蛎涂，转久弥密，此煎法也，功倍于晒，视淮浙煮而用铁者尤便。"[2]因此，对于广东灶户的管理，便不大可能照搬淮浙的"聚团公煎"——即便笔者也并不认为两淮"聚团公煎"有非常严格的落实，因而建立在灶户课额基础上的"栅甲"应时而生，通过彼此的约束、节制来保证灶课的完纳。类似的方法也见于福建盐区，团灶制度在该地演变成"仓埕"制度。[3]

栅甲制具体如何运作呢？可以从地方文献中得到更多的了解。灶户陈湘舟在《上两广盐运使司庞老恩师书》中回顾栅甲制时称："东莞靖康一场，内分六栅，每栅内分十甲。"[4]结合前文分析，栅甲制即是盐场之下设栅，栅的数量并不固定，每栅内分十甲，栅设栅长。每甲又设有排户一户，称为"盐排""灶排"，一般的盐户则被称为灶甲。如康熙《香山县志》称："盐排二十户，灶甲数十户，分上、下二栅。"[5]万历四十三年（1615）立《但侯德政碑记》的落款为"盐场灶排二十八户"。[6]这二十户或二十八户的信息，可以在《香山翠微韦氏族谱》收录的《十排考》中找到更加具体的对应，据载：

1　郭正忠编《中国盐业史》（古代编），第508页。参见嘉靖《香山县志》卷2，《广东历代方志集成·广州府部》第34册。
2　万历《新会县志》卷2，《广东历代方志集成·广州府部》第37册，第83下页。
3　叶锦花：《亦商亦盗：灶户管理模式转变与明中期泉州沿海地方动乱》，《学术研究》2014年第5期。
4　陈湘舟：《上两广盐运使司庞老恩师书》，《凤冈陈氏族谱》卷11，第58页。
5　康熙《香山县志》卷3，《广东历代方志集成·广州府部》第34册，第206上页。
6　光绪《香山县志》卷6，《广东历代方志集成·广州府部》第36册，第86页。

明洪武初，于下恭常地方设立盐场，灶排二十户，灶甲数十户，分为上、下二栅，名曰香山场。详令筑堰煮盐，上供国课，下通民用，其利甚溥。二十户者，上栅一甲郭振开，二甲黄万寿，三甲杨先义，四甲谭彦成，五甲韦万祥，六甲容绍基，七甲吴仲贤，八甲容天德，九甲杨素略，十甲鲍文珍；下栅一甲徐法义，二甲刘廷琚，三甲谭本源，四甲林仲五，五甲吴在德，六甲鲍祖标，七甲张开胜，八甲黄永泰，九甲吴舆载，十甲卢民庶。[1]

《十排考》再次证实了一栅十甲的说法，并且表明每甲设有灶排一户。栅长是栅甲制中最重要的角色。天顺《东莞县志》称："洪武初，场官曰提领，后改曰大使，吏一名，曰攒典，率栅长以督盐丁办纳盐课。"[2] 可见，栅长的主要职责在于督促办课。除了"督"，更重要的是，栅长一旦督办不力，即栅内出现灶课缺征或者灶户逃亡，还要"代赔"。陈履在《上司赈陈公祖书》中称："灶甲既逃，则责赔于栅长代赔。"[3]《但侯德政碑记》中提到灶民"故绝而悬其丁于户长、排年者"。[4] 陈湘舟也称："其人已死，其户已绝而丁悬册籍，则追比同栅同甲。"[5] 而且，"盐场栅甲轮充见役催征，亦周而复始"。[6] 李待问在《罢采珠池盐铁澳税疏》中更是直接认为盐场的纳课对象就是灶排："靖康、归德、东莞、香山四场盐课输自灶排，递年皆由

1　《香山翠微韦氏族谱》卷12，第21~22页；参见李晓龙《再造灶户：19世纪香山县近海人群的沙田开发与秩序构建》，《海洋史研究》2021年第2期。

2　天顺《东莞县志》卷3，《广东历代方志集成·广州府部》第22册，第33页。

3　陈履：《悬榻斋集》卷3，第532页。

4　道光《香山县志》卷5，《广东历代方志集成·广州府部》第35册，第456页。

5　陈湘舟：《上两广盐运使司庞老恩师书》，《凤冈陈氏族谱》卷11，第59a页。

6　陈履：《上司赈陈公祖书》，氏著《悬榻斋集》卷3，第532页。

场官征收,解司并解。"[1] 从这些文献记载可知,盐场灶课输纳更重要的是依赖于栅长、灶排这些角色,他们不仅要承担催征灶课,"代贩"机制更是将灶课输纳的责任完全包纳给了栅长,栅甲制的赋税工具的性质十分明显。据说,成化年间东莞归德场的陈富斌"魁一里,长一册[栅],役徭繁且重也,人鲜能及,公酢应优优,全无艰窘"。[2] 由此可见,天顺年间的栅甲编排主要是对赋役的一次调整。伴随着整合赋役的盐册编攒,一套以栅长为轴的灶课包纳机制也确立下来了。

四 栅甲制与盐场范围的重新整合

栅甲制同时也是对明初以来盐场地域界线的一次重新调整。一般来说,沿海只要有海水的地方就可以进行食盐生产,制盐工具的技术并不十分复杂。明初广东盐场确立灶户的原则是随盐田报灶籍,势必难以保证灶户人群集中在同一区域内,这给盐场的管理带来了诸多不便。盐册和栅甲的作用之一,就是对灶户进行重新编排,"册"和"栅"区域的划定,实际上也是对盐场地域范围进行了一次调整,确定较为可控的盐场范围,规定范围之外即非盐场。这也从侧面证实了栅甲制度整合盐场赋役的真实目的。

以靖康场为例,天顺《东莞县志》称其六栅在十六都。虽然天顺《东莞县志》并未记载具体十六都有哪些村庄,但据崇祯《东莞县志》,可以大致还原当时十六都的范围。由于万历元年(1573

---

1 康熙《南海县志》卷14,《广东历代方志集成·广州府部》第11册,第285页。
2 《松岗燕川陈氏九世祖处士静公墓志铭》(成化二十一年),萧国健、沈思合编《深圳碑刻集》,香港:显朝书室,2003,第2页。

新设新安县，东莞县的都图割去部分而有所调整。设置新县时，割"编户五十六里"入新安，[1]又据天顺《东莞县志》，当时东莞县有都二十，[2]而崇祯时东莞县"其都十有三"，[3]同时康熙《新安县志》载新安县有都七，[4]据以上可以推断，当时新安县应该从东莞县割去七都。从天顺到崇祯年间，东莞、新安的都里并没有很大的范围调整，尤其都的范围似乎没有很大的变动。因此，可以借助现在可见的崇祯《东莞县志》来了解当时靖康场所在的"十六都"的大致范围。崇祯《东莞县志》记载："第七都，在县西南五十里，编户今存一图、二图、囗图、九图、十图、十三图、十七图、十八图、十九图，统村二十有八：缺口镇、官涌、堡头、堡尾、郭尾（沙角）、大宁、龙眼、北栅、赤冈、江门、白石、沙头、角觜岸、卤井、小捷、亭子步、阳湾尾、武山、海南栅、大金洲、小金洲、南沙、对面冈、东北、竹树山、江边、涌源、涌口。"[5]而《凤冈陈氏族谱》称其户县粮在七都十三图，灶课在靖康场龙眼栅，[6]可以相互佐证。结合笔者的田野访谈和同治《广东图说》关于缺口司管辖范围的记载，大致可以推断，靖康盐场六栅分别为金洲、小捷、大宁、龙眼、海南栅、涌头（见图2-1）。[7]

栅甲编排之前的靖康场范围又是怎么样的呢？天顺《东莞县志》中有几处涉及靖康场的记载：

1　康熙《新安县志》卷3，《广东历代方志集成·广州府部》第26册，第12左下页。
2　天顺《东莞县志》卷3，《广东历代方志集成·广州府部》第22册，第38上页。
3　崇祯《东莞县志》卷1，《广东历代方志集成·广州府部》第22册，第62下页。
4　康熙《新安县志》卷3，《广东历代方志集成·广州府部》第26册，第15下页~18下页。
5　崇祯《东莞县志》卷1，《广东历代方志集成·广州府部》第22册，第64页。
6　《凤冈陈氏族谱》卷2，第39页。
7　毛鸣宾等：《广东图说》卷4，《中国方志丛书·华南地方》第106号，第70页。

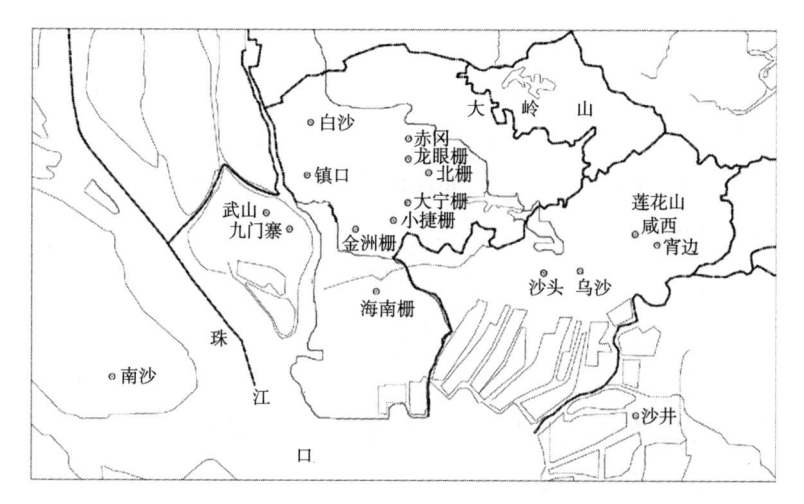

第二章 "盐听灶户自卖"：15世纪盐场的余盐问题与灶户做生意

图 2-1　明代靖康盐场六栅分布（自绘）

说明：图中缺涌头。

　　庆林寺，在县南六十里靖康场……以上寺田俱系永乐十七年纂修采访录。[1]

　　笔架峰，在靖康场庆林寺前，屹立海中，如笔架状，故名。[2]

　　合兰洲，在县南二百里靖康场海，两洲相北，多生兰草，故名。[3]

　　据元至正二十三年李春叟《庆林寺陈氏舍田记》，靖康场李元亨曾"捐己田百亩余入"庆林寺，其子李彦忠亦"拨舍田五十亩归之寺"。[4]靖康李氏"八世祖某为恭城尉，始定居东莞之乌纱（今作

---

[1] 天顺《东莞县志》卷3，《广东历代方志集成·广州府部》第22册，第35页。
[2] 天顺《东莞县志》卷1，《广东历代方志集成·广州府部》第22册，第15上页。
[3] 天顺《东莞县志》卷1，《广东历代方志集成·广州府部》第22册，第15下页。
[4] 民国《东莞县志》卷91，《广东历代方志集成·广州府部》第25册，第965右下页。

乌沙），宗支繁衍，为邑巨族"。[1] 据崇祯《东莞县志》，乌纱在第九都，[2] 并不在靖康场所在的第七都。又如靖康蔡氏，"为邑名宗"，宋时蔡安"始居广之靖康场，是后族大以蕃，蔚为名宗"，"初居靖康，后迁咸西（现名宵边）"。[3] 咸西在东莞县第九都，天顺以后也不再划属靖康盐场。[4]

从以上两个例子可以看出，在明初陈琏的文献中称为靖康场大族的乌纱李氏、咸西蔡氏，天顺以后均未被编入盐场之中，而盐场六栅则均被限定在一都之内。当时东莞县境内四场，"靖康场在十六都，六栅"；"归德场在十二都，十三栅"；"东莞场在十一都，四栅"；"黄田场在十都，四栅"。[5]

其他的例子还可见于新宁县的矬峒场和海晏场。透过这两个盐场，可以发现当时盐场的基层组织和州县图甲之间的对应已经变得十分规整。新宁县位于珠江三角洲西端，建县时间在弘治十一年（1498），据嘉靖《新宁县志》：

> 弘治十一年七月九日，三府奏言，地濒穷海，约束不及，盗起白水诸村，累征不能平，遂析得行、文章诸都，为六十图，以置县，治岑边。以海晏二盐场及望高巡检司属焉，定名新宁。邑虽新设，名盖仍旧云。本府知府林泮勘议，略云：该于文章都十三图析拨罗塘甲三图、纸山甲二图、石崇甲三图，得行都析拨平安甲一图、冲云甲二图、潮境甲一图、冈头苦草

1　陈琏：《琴轩集》卷29，第1853页。
2　崇祯《东莞县志》卷1，《广东历代方志集成·广州府部》第22册，第64下页。
3　陈琏：《琴轩集》卷29、卷27，第1809、1691页。
4　崇祯《东莞县志》卷1，《广东历代方志集成·广州府部》第22册，第64下页。
5　天顺《东莞县志》卷3，《广东历代方志集成·广州府部》第22册，第33上页。

第二章 "盐听灶户自卖"：15世纪盐场的余盐问题与灶户做生意

甲四图，泷水都析拨古隆甲一图，俱系有丁粮图分，矬峒都全拨一十四图，海晏都全拨一十八图，俱系盐场办课、丁多粮少图分，共辖五十六里。[1]

析拨给新宁县的"海晏二盐场"即海晏场和矬峒场。而在上述材料中，这两个盐场似乎很规整地对应了矬峒都 14 图和海晏都 18 图。材料称这两个都"俱系盐场办课、丁多粮少图分"，我们还可以进一步对比盐场栅甲与州县都图的关系。乾隆《新宁县志》中有矬峒场和海晏场所领栅的名称：

> 海晏场，栅十。曰那雍，曰沙头，曰场廓，曰那马，曰夏川，曰文村，曰沙浦，曰大儋，曰怀宁，曰博荣。[2]
>
> 矬峒场，栅十有三。曰那塘，曰塘底，曰都斛，曰那银，曰冲旁，曰场廓，曰端分，曰上泽，曰新古，曰南石，曰古隆，曰白石，曰塘尾。[3]

嘉靖《新宁县志》则有矬峒都和海晏都各图下辖村落的明细：

> 矬峒都一十四里，领栅一十有二。一曰盐廓，二曰那塘，三曰塘底，四曰上泽，五曰那银，六曰端芬，七曰冲旁，八曰古隆，九曰都斛，十曰新古，十一曰南石，十二曰塘尾，为村三十。盐廓之村一，曰矬峒，矬峒场在此。那塘之村二，曰那塘，曰那泰。塘底之村二，曰那潮，城冈堡在此，曰那亮。上

---

1 嘉靖《新宁县志》卷1，《广东历代方志集成·广州府部》第 29 册，第 13~14 页。
2 乾隆《新宁县志》卷2，《广东历代方志集成·广州府部》第 29 册，第 354 页。
3 乾隆《新宁县志》卷2，《广东历代方志集成·广州府部》第 29 册，第 353 页。

泽之村三，曰上泽，甘村营在此，曰北律，曰垒璧。那银之村二，曰那银，那银堡在此，曰那梅。端芬之村一，曰端芬。涌旁之村四，曰涌旁，曰那章，曰东山，曰山背。古隆之村三，曰古隆，曰奇石，曰苦草。都斛之村二，曰都斛，曰义城。新古之村二，曰新村，曰古逻。南石之村四，曰南村，曰东坑，曰峰冈，曰白石。塘尾之村四，曰塘尾，曰冲金，曰田头，曰大安。[1]

海晏都一十八里，领栅十。一曰场廓，二曰沙头，三曰那马，四曰夏春，五曰那雍，六曰文村，七曰沙铺，八曰愽荣，九曰大担，十曰怀宁，为村三十。场廓之村三，曰海晏街，盐场在此，曰东场，曰郭外。沙头之村四，曰仑定，曰那陵，曰禄马，曰白石。那马之村三，曰那马，曰伍村，曰蛋行。夏春之村三，曰夏春长，曰祐村，曰望头，巡司旧址。那雍之村二，曰那雍，曰横冈。文村之村二，曰文地，曰小村。沙铺之村三，曰沙铺，曰祈头，曰小担。大担之村四，曰大担，曰横山，曰陡门，曰鱼潭。愽荣之村三，曰豸门，曰那骨，曰曾公碑。怀宁之村三，曰那符，曰怀宁，曰官涌。[2]

在矬峒都和海晏都名目下分别提到了矬峒都有14图领12栅，海晏都有18图领10栅，与乾隆志所称的矬峒场13栅、海晏场10栅相差不大。再具体比较名称，海晏都"领栅十"，名称与乾隆志中的海晏场几乎一一对应。矬峒都"领栅一十有二"，完全可以在乾隆志的13栅中找到对应的名字，只不过乾隆志中增加一个白石栅。不难发现，白石在嘉靖志中只是南石栅下面的一个村。还要说明的是，虽然材料中明确指出了矬峒都有14图、海晏都有18图，

---

1 嘉靖《新宁县志》卷1，《广东历代方志集成·广州府部》第29册，第20~21页。
2 嘉靖《新宁县志》卷1，《广东历代方志集成·广州府部》第29册，第21页。

第二章 "盐听灶户自卖": 15世纪盐场的余盐问题与灶户做生意

但明细中却是只罗列了栅的名称。这说明在这两个都中，盐场栅的意义明显大于州县都图。在新宁县其他不是盐场的都图，文献中的表述是："潮居都二里，领甲一，曰淡水，为村十一。"[1] 这里表述的"领甲"，与盐场"领栅"不同。与此同时，与正德《琼台志》中记载的盐场的都图同时有民有灶不同，弘治年间才置县的新宁县，盐场很规则地被划进两个完整的都图之中，这不能不怀疑是受栅甲制度的影响，为了赋役征收的方便而形成的基层单位。对于嘉靖志中提到的"盐廓之村一，曰矬峒，矬峒场在此"，还需要解释一下，这里的矬峒场指的是矬峒场署。同理，从上引材料中可以发现海晏场署位于海晏街。而这也可以从乾隆《新宁县志》中找到佐证："海晏场公署坐海晏村，矬峒场公署坐矬峒村。"[2]

正德《琼台志》中盐场的相关记载也同样反映了整合后的结果。陈村乐会场分布在文昌县青蓝都第一、三、四图，水北都第二图，迈陈都第一、二图和会同县太平都第二图。如"迈陈都一图，民灶；迈陈都二图，灶"，又如"太平都二图，灶"。[3] 大小英感恩场下设有大英、小英、感恩、铺前、禾丰、杜村等六廒。[4] 而在琼山县五原乡下，明确说明："大小英都，盐；禾丰都，盐。"[5] 明代中期以后出现的相对规整的盐场范围，极有可能是在天顺年间随着栅甲制的推行而进行赋役整编的结果。

天顺年间广东盐场的栅甲编排，是在盐场灶课出现大量无征之下的一次对盐场赋役的重新整合，并结合盐册的灶课定额，确立

1　嘉靖《新宁县志》卷1,《广东历代方志集成·广州府部》第29册，第21页。
2　乾隆《新宁县志》卷1,《广东历代方志集成·广州府部》第29册，第334页。
3　正德《琼台志》卷12,《广东历代方志集成·琼州府部》第1册，第168页。
4　正德《琼台志》卷14,《广东历代方志集成·琼州府部》第1册，第189页。
5　正德《琼台志》卷12,《广东历代方志集成·琼州府部》第1册，第167页。

栅长包纳灶课的税收机制。种种迹象表明，栅甲制不再推行以实际户口登记和编排为基础的赋役征派，目的更非在于建立盐场管理灶户共同作业的生产组织，而是为保证灶课完纳而建立一套实现赋役有效征收的机制。盐场栅甲制的确立，实际上是通过灶甲和栅长赔赈制来实现盐场灶课完纳和盐役承担。盐场运作最为重要的是通过栅甲与盐册的相互配合，使灶课完纳有数可追，有册可查。与此同时，通过栅甲制还将盐场的地面范围重新划定，确保了盐场赋役的相对集中，便于实现盐场灶课的完纳和赋役管理。

第三节　灶课折银与盐场灶户卖盐的合法化

栅甲制是明代广东盐场最重要的一次赋役改革，影响极为深远。在完成盐册和栅甲之后，成化十九年（1483），作为当时重要产盐区的珠江口靖康等盐场开始实行灶课折银。盐册编造确定定额灶课，奠定了折银化的重要一步。如果没有盐册所实现的灶课定额化，并辅以栅甲的征收系统，折银征纳几乎是不可能实现的。更重要的是，15世纪中叶，商灶之间的购销关系[1]所发生的变化，与前文"余盐抽银"所讨论的地方军门财政需求结合起来，成为推动盐场制度改革的动力。

1　李珂：《明代开中制下商灶购销关系脱节问题再探——盐商报中不前与灶户的盐课折征》，《历史档案》1992年第4期。

第二章 "盐听灶户自卖"：15世纪盐场的余盐问题与灶户做生意

灶课折银，即灶户的正课从交纳本色改成折银，这是明代中期盐场的重要变化之一。徐泓、余永哲等学者指出，灶课折银是受到明中期白银大量流入中国并进入流通领域，从而引起赋役征收货币化趋势的影响。[1]李珂则主张将灶课折银与开中纳银联系起来，开中纳银要求盐商以银换盐，而累年的正盐亏欠导致官府无盐支商，于是只好向灶户征收灶课银以支还盐商。[2]但若要充分理解明中叶盐场的灶课折银，还应与开中法具体运作的变化结合起来。

一 从场盐商运抽银到"听灶户自卖"

先来了解两广开中法中盐商支盐环节是如何进行的。一般认为盐商的"守支"就是盐商持盐引到盐场支取食盐，也便有了后来偏远盐场盐商不愿守支的情况，"兑支"法等相应产生。但这常常只是淮浙盐区的经验认识。

在广东，明初盐场灶户俱纳本色盐时，盐商并非直接到盐场支盐，而是到官府指定的盐仓支取。而盐仓的盐则是各场灶户自行运来的。明初，广东盐课提举司辖下的盐场灶户必须将盐运至广州仓交纳，[3]海北提举司则运至廉州，而后由盐课司"给工本钞每引二贯"。[4]洪武二十八年曾改"令广东布政司运盐至梧州"。洪武二十九年虽然允许部分商人"自赴广东支盐"，但并非直接到盐场而是到

---

[1] 徐泓：《明代后期盐业生产组织与生产形态的变迁》，《沈刚伯先生八秩荣庆论文集》，第389~432页；余永哲：《明代广东盐业生产和盐课折银》，《中国社会经济史研究》1992年第1期。
[2] 李珂：《明代开中制下商灶购销关系脱节问题再探——盐商报中不前与灶户的盐课折征》，《历史档案》1992年第4期。
[3] 嘉靖《广东通志》卷26，《广东历代方志集成·省部》第3册，第671左上~671右下页。
[4] 康熙《东莞县志》卷5，《广东历代方志集成·广州府部》第22册，第437左上页。

广州仓。而且这两年仅是两广开中法的临时政策,并不援为成例。也就是说,盐商与盐场灶户之间的供销是由官府来主持并充当中间人的。但是盐场余盐大量涌现之后,有些盐商开始绕开官府,直接与盐场灶户交易私盐,即"私贩场盐与商人交易",偷偷打破原有规则。而在余盐抽银政策之下,商人赴场购买余盐也已经无法避免。

嘉靖《广东通志初稿》描述了这期间一个重要的制度变化,即从官引到商引的转变。"洪武、永乐、正统年间,俱运纳本色盐斤,各丁备船装运广州盐仓交纳,用官引照卖。官引者,本司亲到户部关领者也。景泰、天顺年间,开中客商赍引下场关支本色,谓之商引。商引者,客商于边上纳银,中盐在户部,亲赍来场支盐者也。"[1]"官引"讨论的是盐商赴盐仓支盐的状况。而景泰以后,这一状况有所改变。盐商不再向广东提举司申领盐引,而直接从户部纳银后获取盐引,并持盐引亲到盐场支盐。这至少有两方面的影响。一是盐商不再和广东官府发生税收联系,盐商也因此似乎可以不和地方官府发生联系。二是盐商可以下场买盐,和盐场灶户发生联系。

最初,商引下的盐商下场支盐应指的是商人到盐运司指定的盐场盐仓支取盐货,而不是与灶户直接交易。无论"官引"还是"商引",所关支的都是盐场的正盐,而盐场余盐的买运最初无须纳课。但在利益的驱动下,商民也可能开始买运余盐与开中商人进行交易。这也就是嘉靖《广东通志初稿》中提到的"初惟抽商人引目之税,其湖广之民私贩场盐与商人交易者,皆无征"。[2] 在盐场灶户方

---

[1] 嘉靖《广东通志初稿》卷29,《广东历代方志集成·省部》第1册,第504页。
[2] 嘉靖《广东通志初稿》卷29,《广东历代方志集成·省部》第1册,第502左上页。

第二章 "盐听灶户自卖"：15世纪盐场的余盐问题与灶户做生意

面，则可能偷偷将原本应交给朝廷、换取少量工本费的正盐，转化成价格较高的余盐私下卖与这些盐商。盐场灶课"无征"的大量增加便是最好的反映。"无征"是因灶户逃亡而留下无人缴纳的灶课。正德以前，广东盐场的无征灶丁达到28403丁，灶课28403引。[1]

韩雍注意到其中的利益。成化八年（1472），韩雍在余盐抽银政策的基础上，又将抽银政策推行到盐场。据载：

> 成化八年，韩襄毅公始令每熟盐万斤输官价一两，生盐减十之一，为军饷，至广城外批验所前盘验，如数方听交易。[2]

同书的另一处则写作"每生盐一万斤抽银八钱"，并称这笔收入"听军门应用"。[3] 上述材料实际讨论的是盐场买盐的制度变化，即将私贩场盐合法化。若结合《苍梧总督军门志》所称"往各场买盐以一万斤为率"，[4] 可以断定该材料所为是商人下场买盐，每万斤输银一两，确立了新的政策。这也正是嘉靖《广东通志初稿》所称："各省（盐）皆属户部召商输边，而广东盐不在官，听民自卖买，两抽其奇赢以为军饷。"[5] 所谓的"两抽"，其一为余盐抽银，另一"抽"则是成化八年韩雍提出的场盐商运抽银。

场盐商运抽银首先要理解"至广城外批验所前盘验，如数方听交易"的所指。"广城"即省城广州。原文该句的主语是"贩场盐与商人交易者"，即是说，将场盐运至广州城外的批验所盘验相符

1　林希元：《陈民便以答明诏疏》，陈子龙等选辑《明经世文编》卷163，第1641下页。
2　嘉靖《广东通志初稿》卷29，《广东历代方志集成·省部》第1册，第502左上页。
3　嘉靖《广东通志初稿》卷29，《广东历代方志集成·省部》第1册，第504页。
4　刘尧诲：《苍梧总督军门志》卷13，第146~147页。
5　嘉靖《广东通志初稿》卷29，《广东历代方志集成·省部》第1册，第501左上页。

后，才允许其与商人交易。商人当指持商引的盐商。也就是说，韩雍的改革是在盐商"亲赍来场支盐"之间增加了一个批验所盘验的环节。这些贩运场盐到批验所的商人在后来的文献中被称为"水客"。韩雍设立批验所主要是为了收税，即"每熟盐万斤输官价一两，生盐减十之一"。这笔收入被明确为"军饷"，也就是地方军门财政。韩雍的改革主要是在食盐贩运环节增加了一次收税项。

韩雍的改革把军饷来源深入盐斤买运的环节，同时也开放了场盐的输出渠道。"不论官民商贾，凡有本钱者，皆得在东买盐。"[1]"随其报买盐数多寡，折算预纳，完日给限往场收买，依期回销。"[2]

允许商人下场买盐，且不对流通数量进行限定，这是对盐场及其管理极大的冲击。场盐商运抽银政策也彻底打乱了盐场关于正余盐的区分。弘治四年（1491），两广盐场适时推行灶课折银，不再区分正余盐。[3] 自此之后，商人与灶户之间可以直接进行交易，而盐场只负责征收灶课银。水客成为从盐场运盐到广州卖与开中商人的中间商。当然，水客和开中商人之间未必就有明确的人身界限。但是，水客作为地方贩运场盐抽税的赋税对象却是自此确立了。

关于广东的灶课折银，嘉靖《广东通志初稿》称："后以海道多风涛，又仓盐黑恶，商人就贩者少，乃令盐丁计引输银。"[4] 盐丁"计引输银"是因为"商人就贩者少"，也即商人不买购食盐。正德三年（1508），广东副使吴廷举则称："靖康、博茂等二十三场生、熟盐场分引盐，自景泰、天顺、成化年间，或因流贼劫害，或因灶户逃亡，或因害商害人，或因仓库倒塌，近年只是验引收银，类解

1　乾隆《梧州府志》卷9，《中国方志丛书·华南地方》第119号，第199页。
2　刘尧诲：《苍梧总督军门志》卷13，第147页。
3　万历《粤大记》卷31，《广东历代方志集成·省部》第26册，第513页。
4　嘉靖《广东通志初稿》卷29，《广东历代方志集成·省部》第1册，第502页。

第二章 "盐听灶户自卖"：15世纪盐场的余盐问题与灶户做生意

广东布政司库。"[1] 按这种说法，灶课折银从实物转向"验引收银"的原因，除了灶户逃亡外，还与商人有关。若结合前文余盐抽银、商人允许下场支盐以及"势豪中盐，在场害民"[2]的说法，就可以明白，嘉靖《广东通志初稿》和吴廷举的说法其实也同样在表达商人下场支盐给盐场带来的影响，即由于商人偏好于向灶户收买可以获利更大的余盐，盐仓官盐"就贩者少"。在允许一引正盐许带无限制数量的余盐，并允许商人下场支盐的政策环境下，盐场官盐的壅滞势必会出现。

嘉靖《广东通志初稿》在"令盐丁计引输银"之后又指出，"生盐一引折银一钱七分，熟盐一引银二钱三分"。[3] 上引材料中弘治四年的"有征""无征"却与此相差较大，而且特别强调"此皆商引之价"。灶课原系灶户负担，为何又被认为是商引之价呢？商引是相对于官引而言，区别在于每引盐的重量计算不同。据说当时"商盐以二百五十斤为（一）引"，而盐场官引以"二百斤为一引"。[4] 按照官引计算，熟盐1万斤应纳灶课1.15两。而韩雍于成化八年所定每熟盐万斤只需纳银1两，若折以商引每引250斤，核算得每引0.025两，也即等于弘治四年所定有征折银价。也就说，"每熟盐万斤输官价一两"实际上输纳的是盐场灶课。因此才有将折价灶课称为"商引之价"，或者可以理解为所确定的灶课折银价实际上是盐商下场买盐的价格，若结合"初惟抽商人引目之税"一句，甚至可以认为盐商所输官价实际上是在代灶户支纳灶课。因为灶课折银某

---

[1] 《吴廷举处置广东盐法疏》，朱廷立：《盐政志》卷7，《四库全书存目丛书》史部第273册，第589右上页。
[2] 嘉靖《广东通志初稿》卷29，《广东历代方志集成·省部》第1册，第504页。
[3] 嘉靖《广东通志初稿》卷29，《广东历代方志集成·省部》第1册，第502上页。
[4] 嘉靖《广东通志初稿》卷29，《广东历代方志集成·省部》第1册，第502上页。

种程度上是为了应对客商下场支盐所导致的盐场盐斤收支紊乱并影响灶课正常缴纳而实行的办法。

如果认同灶课折价即是商引之价的话，那么广东的灶课折银时间可能要比前述的弘治四年更早。康熙《新安县志》指出，珠三角的归德、靖康等盐场，"明初俱纳本色盐，成化十九年议定有征一小引折银二钱五分，无征一小引折银一钱五分"。[1] 靖康等盐场位于珠江下游，又是当时广东最大的盐产区，长期以来都是广东盐的主要供应地，最早发生折银也在情理之中。灶课折银后，灶户无须再将盐上交盐课司，而收积在盐场，由开中商人或水客，到盐场支盐。灶户将盐卖与商人换得银子，再纳银于盐课司。

一般认为，灶课在折银之前，经历过一个折色的阶段。正统七年（1442），琼州知府程莹以琼州府孤悬海岛，灶户纳盐不便，开中商人亦少到此支盐为由，请准对该府临川等六场灶课折色征收，每一大引折纳米一石。[2]

如果理解了韩雍改革的结果是对余盐贸易的默许，而灶课折银是这种默许在盐场的制度化的话，那么灶课折银以后盐场的场盐"听灶户自卖"也就顺理成章了。嘉靖《广东通志初稿》指出，折银后"盐町悉罢与民自鬻"，[3] 而郭棐《粤大记》中也称：

（广东盐课提举司）其盐听灶户自卖。弘治四年奏行。[4]

1　康熙《新安县志》卷6，《广东历代方志集成·广州府部》第26册，第73右上页。

2　《吴廷举处置广东盐法疏》，朱廷立：《盐政志》卷7，《四库全书存目丛书》史部第273册，第588页。并参见余永哲《明代广东盐业生产和盐课折银》，《中国社会经济史研究》1992年第1期。

3　嘉靖《广东通志初稿》卷29，《广东历代方志集成·省部》第1册，第502页。

4　万历《粤大记》卷31，《广东历代方志集成·省部》第26册，第513页。

第二章 "盐听灶户自卖"：15世纪盐场的余盐问题与灶户做生意　　·117·

即在弘治四年灶课全面折银之后，场盐直接开放给市场，灶户可以自由支配自己出产的盐货。不过，也并非如前人研究所认为的灶户可以无限制地、随意地销售盐斤，而是不再需要亲身运盐至盐仓，且只允许在盐场范围内进行交易。正德五年（1510）的地方法令也说得很清楚：余盐"照旧例许令本处贸易"。[1]

场盐听灶户自卖是与持商引的盐商下场支盐相配合的。允许盐商下场支盐，是对盐场余盐买卖的进一步放宽。盐商要获得余盐就必须与灶户进行交易。余盐抽银与商引的推行，对盐场的运作影响深远。灶户和盐商因为商业利益而结合，形成一套新的外在于盐政体系的供销关系，由此也促使盐场陆续进行盐册编造、灶课折银等改革，并最终确立场盐"听灶户自卖"。

总之，灶课折银是从余盐出现私卖到官府允许余盐买卖而将灶课转嫁给商人的结果。地方政府从满足地方军饷开销的角度出发所进行的调整，目的在于从盐的流通中增加军饷。这一系列改革使得地方盐政在开中法之外的部分也实现了折银。与之同时并行的是食盐运销中对正余盐搭配制度的放宽，尤其是允许余盐"自首"，实际上是默许了私盐的贸易。正德十二年，丁致祥便称：广东"自成化以来亦不缴引目，盖私盐无禁，引目不行"。[2]

从余盐抽银、场盐抽银到灶课折银，是逐渐将灶户生产余盐纳入合法化的过程。这一系列制度变化不仅有益于两广地方军饷，也使"商人有利则趋"，带动了盐业贸易和盐场生产的发展。商人在食盐贩运方面有了更大的自主权。东莞盐商陈一教"贩卖盐斤为生"，"策盐泛海，日乘长风出没于波涛中"，"不数岁以盐策起

---

[1] 康熙《新安县志》卷6，《广东历代方志集成·广州府部》第26册，第73左上页。
[2] 《明武宗实录》卷147，正德十二年三月庚子，第2878页。

家"。[1] 盐场也因此有了不菲的收益，不仅灶户乐趋，沿海民户、疍户"皆求投入盐司"。[2]

二　灶户成为盐商：来自灶户宗族的个案

一般认为灶户作为食盐的生产者，主要是在盐场从事生产，与进行运输和销售的商人之间似乎不可能并论。但本节试图说明，灶户并非盐场人群的唯一身份，暂且不论盐场盐业交易由来已久，就是在广东余盐政策的变革之中，盐场人群也完全有可能转化成盐商。这既有制度上的条件，也是地方社会发展使然。在普遍实现灶课折银之后，它实际上不仅改变了盐场上盐货的交易方式，也影响了盐户的生计经营。灶课折银对盐场灶户而言最重要的意义在于灶户参与食盐运销从此具有了合法性，而这对盐场社会的影响是极其深远的。

香山盐场地处珠江三角洲下游，靠近广州省城这个盐业运销的中心，同时又有珠江的几个支流可以通往粤盐的主要销售区。在这里，也因此容易产生从事大型盐业运销的"灶户"。香山场前山徐氏就是一例。前山徐氏是珠江口香山盐场中的重要家族。该家族流传下来的族谱，叙述了前山徐氏作为灶户参与食盐运销而富裕起来的故事。

现存《香山徐氏宗谱》为光绪十年版，但据光绪甲申年徐润《增修前山徐氏宗谱序》，光绪谱系其"征二谱于前山"，"承信斯、慧子二公旧谱而重辑"。"二谱"指的是隆庆六年时七世祖达可公编

1　吴道镕原稿，张学华增补，李棪改编《广东文征》第3册，香港中文大学出版社，1973，第335页。
2　林希元：《陈民便以答明诏疏》，陈子龙等选辑《明经世文编》卷163，第1642上页。

第二章 "盐听灶户自卖": 15世纪盐场的余盐问题与灶户做生意

的广达公长子观佐公一支的族谱,以及康熙四十八年十世祖景晃公修广德公一支的族谱(人物世系参见图2-2)。[1]而十世祖徐景晃所作谱序则说明"信斯、慧子二公旧谱"是北岭信斯公"辑观成公以下一支为北岭谱",以及"近时慧子又重辑之",皆是"广达公之子孙"谱系。[2]信斯公为北岭十世祖,慧子公为北岭十二世祖。由此可见,《香山徐氏宗谱》所录明代文献多出于以前诸谱,尤其是隆庆达可公一谱,为我们提供了了解明代盐场历史的重要史料。

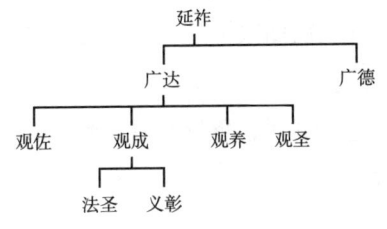

```
          延祚
      ┌────┴────┐
     广达       广德
   ┌──┬──┬──┐
  观佐 观成 观养 观圣
      ┌─┴─┐
     法圣 义彰
```

图2-2 香山场北岭徐氏义彰公支世系

由上面的分析也可以了解到,《香山徐氏宗谱》包括了前山徐氏和北岭徐氏两支的谱系。他们声称祖先明初就是盐场灶户。据崇祯三年郭汝楫《广达广德二公合传》:

> 二公者,兄讳某字广达,弟讳某字广德,皆香山徐氏始迁祖也。先世为河南陈留县人,居思贤街,遭元季之乱,二公转徙流离,道途相失,久之始相遇于广州之香山县。盖广达公已自河南而南雄而番禺而香山,凡三迁矣。初居雍陌长埔,至是方卜居于前山寨,向朱友仁买得灶田二顷九十四亩,以洪武

---

1 珠海《香山徐氏宗谱》卷1,第1~3页。
2 珠海《香山徐氏宗谱》卷1,第7页。

二十四年定籍香山，编为第一甲灶籍。而广德公适来，兄弟相爱，不忍复离，于是广德公亦愿留前山，入香山籍，则永乐之元年也。[1]

徐广达是族谱声称的迁居香山盐场的最早祖先。他以购买盐田的方式被编入了盐场第二场第一甲灶甲户籍，时间在洪武二十四年。永乐元年登版籍则指的是徐广德探访兄长并迁家前来而后立籍香山。之后"广达公有二子，长观佐公，守前山之遗业，次观成公，更移居北岭村，去前山数里"。[2] 广达公的后代又从前山而分居北岭，是为北岭徐氏。

观佐公是徐广达的长子，承继家业，留居前山。隆庆六年朱孔让《观佐公传》载：

公讳某，字观佐，为徐氏三世祖，承父广达公前山初创之业，克继其后。时卜居未久，庐舍粗定，乡人以公为客居也，辄轻侮之。而公晏然自处，与世无忤，转有以噢咻而庇荫之。久之，顽梗皆化，其甚者感恩不置，由是遂安。弟观成分居北岭村，间日往还，不嫌其烦。以视世之析居，漠然者相去奚啻天壤，宜其瓜绵椒衍，泽逮云仍也。[3]

第三世的徐观佐在当地仍然被认为是"客居"之人，备受轻视。可见这一时期还是前山徐氏融入当地，定居下来并取得认同的

---

[1] 珠海《香山徐氏宗谱》卷1，第26~27页。
[2] 徐景晃:《增修前山徐氏宗谱原序》(康熙四十八年)，珠海《香山徐氏宗谱》卷1，第6~7页。
[3] 珠海《香山徐氏宗谱》卷10，第27页。

第二章 "盐听灶户自卖"：15世纪盐场的余盐问题与灶户做生意 • 121 •

阶段。上引材料还提到，观佐的弟弟观成分居北岭村。崇祯二年钱伯仁《观成公传》载：

> 公讳某，字观成，自前山分居北岭，为北岭始迁祖，实徐氏三世祖也。性好读书，才尤明决。里党有分争者，公出，以片言解之，靡不帖然，人咸服其果断。兄观佐公承广达公之业，居前山，相去四五里，时时往还，有事辄就询之，非若世俗之兄弟分居者，休戚不相关也。其后云仍繁衍，绵绵翼翼，至今未艾。无论为农而耕，为士而读，为商而经营，皆能安分循理。间有英杰特出之才，从无暴戾游惰之习，非公之贻谋者远欤。[1]

徐观佐继承父业，继续充当盐场灶户，而明代制度规定灶户不能分户，所以之后广达公的次子观成公虽然迁居到了北岭村，但如文献记载——"籍不改"，依然为灶籍。[2]《观成公传》中并未叙述徐观成的谋生手段，而只强调他在地方事务处理中的地位："里党有分争者，公出，以片言解之，靡不帖然。"《观成公传》还专门提到徐观成的后代，"为士而读，为商而经营，皆能安分循理"。结合前文，徐观成本是盐场灶户，其后代也未能脱籍，又如何有"为商而经营"者呢？这里"为商而经营"的后代又是谁呢？

徐氏后世子孙康熙五十九年所撰《大宗祠记》中提供了非常重要的理解明代盐场制度的材料，据载：

> 我义彰公之兴于北岭也，承观成公之遗业。观成公为广

---

[1] 珠海《香山徐氏宗谱》卷7，第28页。
[2] 徐宗友等：《大宗祠记》（康熙五十九年），珠海《香山徐氏宗谱》卷11，第1页。

达公仲子，广达公占籍香山，官注户名曰徐建祥，复编为第二场第一甲十排栅长，俾以灶户世其家。故观成公虽分居北岭，而籍不改。旧版有之曰灶户徐法义，法者公兄法圣公，义即公也。公既兼业盐，循前轨，发新硎，锐志经营，日增月盛。时值有明中叶，海宇宁谧，廛市鳞次，商旅络绎。禺策之利，胜于畴昔。虽粤之盬政，画地而理，不能如淮浙诸商，素封敌国，然公以盐艘往来海上，不及二十年，号称中富。自北岭村至康衢，有恶溪，舟楫罕至，公独力作长桥以通之墟，人称便。香山场拟造城隍庙，久而弗集，公首倡，输重资，众闻之，醵金从公，后庙貌立新。……公所置田宅，视观成公时亦数倍。阡陌栉比，仓庾林立，衡宇相望，僮奴旅进，蔚然大家。[1]

材料中提到广达公占籍香山，户名为徐建祥，这里的户籍可能是香山县的民户，而后复编为香山场第二场第一甲十排栅长，于是又有了灶户的身份。这里与前引文献只提灶籍有所不同，将占籍香山县民户和香山场灶户都归到徐广达身上，但也说明了徐观成即是灶籍。在盐场的编排中，依旧注籍灶户，户名徐法义。徐法义实际上就是徐观成的两个儿子徐法圣、徐义彰的姓名各取一字组成的。

徐法圣是徐观成的长子，崇祯二年刘长生《法圣公传》载：

公讳某，字法圣，为徐氏四世祖。少读书，屡试不售，遂绝意进取，隐而耕。然负耒横经，不求名亦不废读，盖隐君子

---

[1] 徐宗友等：《大宗祠记》（康熙五十九年），珠海《香山徐氏宗谱》卷11，第1~2页。

也。秉性朴诚，人有善必扬之，有过则隐之。故与人无争，而人皆知公笃实，亦不忍欺，非所谓善人者欤。生长海滨，自安田亩，持躬勤俭，家业克昌。凡一切声色货利，世人所争趋如鹜者，率皆淡然处之。农时则植杖以耘，岁晚则负檐而曝，优游自得，不出里间，洵可谓乐天知命者矣。夫逐逐于蝇营狗苟之场者，以视公之品地，其相去为何如？虽事业无可表著，而内行之敦可，励薄俗有足多者。[1]

徐法圣"生长海滨，自安田亩，持躬勤俭，家业克昌"，似乎安心于香山当地的家业，以农耕为业，"亦不废读"。但其弟徐义彰则不同，崇祯二年张思贤《义彰公传》载：

公讳某，字义彰，为香山徐氏第四世祖，实始迁北岭观成公之次子也。吾族自占籍香山以来，广达、广德、观佐，肇兴诸公所经营缔造者，皆在前山，将近百年，树基已固。北岭则观成公独创之业。观成公谢世后，田园之甫辟者，庐舍之甫构者，或疆界未明，或土木未半。佣保力作则耰锄间暇，群小顿萌其异心，山野比邻则樵汲喧争，朝夕渐来其外侮。新村未定，妇孺私忧，公乃全力筹之，从容镇静，经理裕如，不十年而众志皆戢如土著然。瓜瓞椒聊，子姓繁盛，然则北岭徐族之大，固由观成公筚路蓝缕之始功，亦公再接再厉之全神也，岂不懿哉。[2]

---

[1] 珠海《香山徐氏宗谱》卷7，第29页。
[2] 珠海《香山徐氏宗谱》卷7，第30页。

徐义彰居北岭村，开辟新的家业，"乃全力筹之，从容镇静，经理裕如，不十年而众志皆戢如土著然"。前引材料说他"既兼业盐，循前轨，发新硎，锐志经营，日增月盛"。结合通篇文献，可以理解为徐义彰开始从事盐业贸易，"以盐艘往来海上"，而且收入不菲。上述材料说明不仅徐氏兄弟在明中叶开始发生职业的分工，而且更重要的是作为灶户的家族开始从事食盐贸易。

作为灶户，前山徐氏的本业应当是在盐场从事食盐生产，但上述《大宗祠记》却强调"明中叶"，"海宇宁谧，廛市鳞次，商旅络绎"，而且比拟了"淮浙诸商"，这说明灶户不单单作为生产者，还参与了商人的贸易。"公以盐艘往来海上，不及二十年，号称中富"，就是充分的证据。徐氏兄弟的生卒年不详，但据徐义彰三子徐华献生于正统十四年（1449），卒于正德五年（1510），大致可知他们生活的年代在景泰至成化间。这里提到的明中叶，正是前文讨论的灶课折银之后其盐"听灶户自卖"之时。虽然制度规定"自卖"只能在盐场进行，但似乎没有限制灶户不能从事食盐贸易。在实际运作中，也有"湖广之民私贩场盐与商人交易"。[1] 由此可见，在明中叶灶课折银之后，有一部分灶户实际上变成了盐商，"以盐艘往来海上"。徐氏兄弟二人同注灶籍，而一人经营田亩，一人贩盐海上，更表明了盐场制度之下地方运作的灵活性。

徐义彰变成盐商之后，与盐场的关系是否发生了变化呢？这可以从其后代的事迹那里得到一些启发。崇祯二年吴永昌《华献公传》载：

公讳某，字华献，为徐氏之五世祖。生而聪颖，至性过

---

[1] 嘉靖《广东通志初稿》卷29，《广东历代方志集成·省部》第1册，第502左上页。

第二章 "盐听灶户自卖"：15世纪盐场的余盐问题与灶户做生意

人，孝友克敦，持躬谨饬，昆季之间，怡怡友爱，从无间言。早岁家风清俭，急于治生，未能下帷卒业，虽已废读而生平以不获置身庠序为憾。其治生也，不避艰险，不惮勤劳，卒创大业，以兴其家。甫及中年，竟以解交盐课横遭劫掠，惊怛逝世，闻者惜之。公中怀坦直，处世不苟，性尤轻财好义，姻戚里闾咸受其惠。当时之识公与未识公者，无不闻其名而重其人焉。[1]

徐华献是徐义彰的儿子。材料说他"早岁家风清俭，急于治生"，因为置身于经营家业而没有机会读书，并且称"其治生也，不避艰险，不惮勤劳，卒创大业"，这恰好与徐义彰的传记相呼应，说明徐氏父子主要致力于盐业贸易，并且很快成为当地富商。材料中还提到徐华献成为商人之后，在中年还要"解交盐课"，这说明徐氏还需要在盐场交纳灶课，灶户的户籍赋役并没有改变。

香山徐氏的故事，与前文讨论的明中叶广东盐政变迁以及盐场之盐听灶户自卖，是紧密联系在一起的。但与制度有所出入的是，作为灶户的徐义彰等可以"以盐艘往来海上"。当然，这也不难理解，在韩雍推行场盐抽银之后，实际上"不论官民商贾，凡有本钱者，皆得在东买盐"。[2] 盐场灶户有着天时地利，成为盐商也是顺理成章的事情。

---

1 珠海《香山徐氏宗谱》卷7，第31页。
2 乾隆《梧州府志》卷9，《中国方志丛书·华南地方》第119号，第199页。

第四节　栅甲役与灶户宗族建设

15世纪中后期盐场制度的变化是与地方宗族的建设紧密联系在一起的。栅甲制的推行，尤其是其带有整合赋役倾向的特点，给地方社会提供了新的运作空间。结合同时期珠江三角洲地区如火如荼开展宗族建设的橱窗效应，在栅甲制度下，地方灶户宗族也通过修谱建祠的方式将家族的财产集中起来，而地方政府的制度改革则越来越明显地将赋役摊派固定到特定的户口之下。这二者之间的结合过程，构成了明中期盐场制度的另一重要变化，并影响之后的盐场社会秩序。

一　栅甲制下的宗族应役

盐场栅甲制从制度上确认了灶课的折算，承认盐场灶丁不是具体的人身，而是灶课征收的折算对象。大量的文献表明，在盐册和栅甲之下的"丁"不是实际登记的人口数。如嘉靖《广东通志初稿》载：

> 灶户日办三斤，夜办四两，周年三百六十五日，该盐一千一百八十六斤四两。每二百斤折一小引，共该五引一百八十五斤。外加耗盐每引五斤，共三十斤，共得六引

第二章 "盐听灶户自卖":15世纪盐场的余盐问题与灶户做生意 • 127 •

一十五斤,谓之全课。天顺年间造册,熟盐场分每丁止办二引,因其用柴为本之故。生盐场分每丁办三引者有之,办四引者有之,因其日晒无本省力之故。[1]

又林希元《陈民便以答明诏疏》载:

灶户或人丁百余,田业数顷,名盐只纳三四引。或人只一二,家无宿粟,盐课反纳四五引。[2]

煎制之盐,即为熟盐;日晒之盐,即为生盐。盐场办盐,原是按丁计引,但根据林希元所讲述成化以后盐场灶户人丁与引额的关系来看,盐引之"丁"已非实际人丁。而且将天顺年间的盐引额与明初的相对照,更加可以明确这一点。"例以一人耙卤,一人采薪,一人烧火,合三人为一丁,每丁递年纳盐六小引零十五斤。"[3]这种说法,似乎更符合文献中明代中期盐场"丁"的意义。这也再次证明盐册编造和栅甲编排,其目的在于更好地整顿盐场赋役,实现灶课的有效征收。

实行栅甲制之后,与之前具体盐场事务多选用盐场名士处理一样,栅长也多选用地方资产雄厚能独力承担的人。但与蔡朝选担任盐场"从事"、陈彦辉举为"讥察"等不同,栅长不是吏而是役,要承担该栅的灶课催征。如果催征不前,栅长要一力赔补,即"灶甲既逃,则责赔于栅长代赔"。[4]

---

1 嘉靖《广东通志初稿》卷29,《广东历代方志集成·省部》第1册,第502左下页。
2 林希元:《陈民便以答明诏疏》,陈子龙等选辑《明经世文编》卷163,第1642右下页。
3 陈湘舟:《上两广盐运使司庞老恩师书》,《凤冈陈氏族谱》卷11,第58b页。
4 陈履:《上司嵇陈公祖书》,陈履:《悬榻斋集》卷3,第532页。

成化二十一年（1485）的《松岗燕川陈氏九世祖处士静公墓志铭》中称：

> 公讳富斌，姓陈氏，别号处静，世居宝安归德里……善治生家，日益饶裕，人伟其能。济人之急，汲汲必先；周人之贫，皇皇恐后；债而负者，亦未尝责。魁一里，长一册［栅］，役徭繁且重也，人鲜能及，公酹应优优，全无艰窘，匪但能庇乎己，亦能庇乎人。[1]

又正德甲戌年（1514）邝郊所撰《处士处静陈公墓表》亦称：

> 曾大父生业已饶，大父充拓益盛。……叔侄皆产甲于乡邑，籍贯场县，两赋两役，公务缤纷。君阃辟张弛有法，缕分条析得宜，税粮办，盐课完，力役供，官司赖以成。[2]

"处静陈公"即陈富斌。陈富斌，归德场人，陈彦辉之孙，生于永乐癸巳，卒于成化甲辰。陈富斌在州县、盐场之中，不仅既当里长，又充册［栅］长，将"繁且重""人鲜能及"的徭役一身任之。而陈富斌能够"税粮办，盐课完"也在于其曾祖、祖父已经家业有成，能够支撑起"人鲜能及"的场县两赋两役。

不过，若进一步考察陈富斌的个人事迹就会发现，燕川陈氏的宗族活动与他有着密切联系。宣德庚午年陈让等所作《初作族谱序》载：

---

[1] 萧国健、沈思合编《深圳碑刻集》，第2页。
[2] 宝安《燕川陈氏族谱》，不分卷。

第二章 "盐听灶户自卖"：15世纪盐场的余盐问题与灶户做生意　　• 129 •

时维九日，节届重阳。诸父率让等兄弟往员头岭扫墓，祭毕序坐，让等侍侧。诸父顾而谓之曰：自朝举祖至尔兄弟盖十世矣，而未有谱，余心愁然，尔曹宜亟作之，无忘于前，以贻于后。……让等奉命唯谨，归扫闲轩，焚香编就，呈诸父侧。[1]

材料说明了燕川陈氏第一次编修族谱的原因。修谱人陈让、陈谟、陈谊等，根据族谱的记载，陈让字守愚，是陈荣斌的独子。陈荣斌为陈光堡的长子，上述陈富斌是陈光堡的第三子。陈谟、陈谊皆陈富斌之子。据《处士处静公墓志铭》："子男五，谟、谐、谮、谊、言。"那么，上引文献提到的"诸父"就应当是陈荣斌、陈富斌等。"诸父"做了两件事，其一是带领子孙每年到员头岭祭拜祖先，其二是命儿子辈编修家族谱。第一次修谱的时间宣称在宣德庚午年，但宣德并无庚午年，只有庚戌（1430）和丙午（1426），离宣德最近的庚午年是洪武二十三年（1390）和景泰元年（1450）。根据族谱，陈让生于癸卯年，卒于弘治甲子年（1504），享年八十有余。推算可知，陈让生于永乐癸卯年（1423）。因此，如果一定要确定一个《初作族谱序》的撰写时间，可能就是景泰庚午年（1450），当时的陈让28岁。

陈富斌的个人事迹不单单表现为促进家族祭祀和承担一栅的灶课，更重要的是他还和当地地方官有密切联系。据称：

都宪卢翠林、教谕蒋子泳、同知陈世泽，互相往来，坐至

---

[1] 陈让等：《初作族谱序》，宝安《燕川陈氏族谱》，不分卷。

日入，话至夜昏星川。独公洞彻玄微，练达强敏，慎密详审。山阴王侯、乐平吴侯、吉水李侯，皆贤令也，于公倍加礼敬，未尝以民伍视。时或就焉，询政得失，及问民戚。[1]

这里呈现的官员名单多半是历任东莞知县。陈富斌是如何维持和地方知县的紧密关系的，现在无法知晓，但可以猜想，这种紧密关系对于陈氏家族在盐场的经营影响甚大。而在陈富斌一辈的经营下，他的侄子陈让顺利进入科举行列，并最终"崇祀乡贤"。

灶课折银交纳后，宗族有利用祖产、蒸尝来交纳的情况，这在归德场大步涌栅步涌江氏的一篇分家遗训中有所体现，据称：

纳流公致仕，才创田塘七顷有余，住居数十间，略有业也。吾忖年逾六十有余，倘防风烛，夫妻议将前田分拨。妻彭氏生长子讳东，今已卓立；次子成道，凤丧，系东次子广承继；而侧室冯氏生子潮，周氏生子澄、浩、洋、溶，共七人。除蒸尝、四时祭祀外，尚有余田塘、地段，议作七份均分，户役盐粮照分支当。……所有蒸尝、田塘、地段，递年该纳盐课外有所剩租谷，育男、曾荣与广眼同积收仓，不许侵越，预防子孙一时不给应。其余祠堂、屋宇、塘基、祭器等物修理，量其支用，剩余置庄入堂，以供永祭，毋得擅用侵瞒。但有子孙不一，其田地次序卓立，不与典当他人。所有原买土名田塘、地

1　王拯：《处士处静公墓志铭》，宝安《燕川陈氏族谱》，不分卷。

段、屋宇、盐课，开列各照，慎勿占吝，以为定规。[1]

该文献据称是步涌江氏的三世祖江纳流留下来的。江纳流生活的年代在元末明初，从制度上看，该文献不大可能形成于明初，而反映的更像是灶课折银以后的事情。材料中称江纳流将田产七分给七个儿子，与此同时也将"户役盐粮照分支当"，并提到"所有蒸尝、田塘、地段，递年该纳盐课外有所剩租谷"再由子孙收积。这份遗训看起来更类似宗族族规。由此可见，灶户的灶课实际上是借助祖先蒸尝来承担，并通过宗族约定来安排。

由于史料阙如，在这里不可能还原灶课折银之后盐场地方的灶课交纳方式和实际的运作模式，但有两点可以确定：第一，虽然灶课交纳方式发生了变化，但栅甲制及其功能依然存在，只是在具体运作上发生变化，由催征本色盐变成催征折色银；第二，灶课折银后，灶户"户"下的运作更加灵活，实际上由宗族代纳的现象十分普遍。栅长成为盐场最重要的役，并通过宗族的形式来承担。

二 灶户宗族的礼仪建设：以靖康场凤冈陈氏为例

凤冈陈氏是东莞靖康盐场的重要宗族。凤冈陈氏的早期家族历史传说，便和盐、盐场密切相关。《宋三五郎一世祖学宾公传》称：

先世有拜唐大将军者，于大中年间，镇岭南，讨贼阵殁而失其名。上录其功，敕祠于严塘里。遗孤家于南雄沙水

---

[1] 沙井《步涌江氏族谱》，不分页。

村。裔孙讳常公，官朝奉郎，督广盐政。值宋南渡，注籍邑之大宁。[1]

凤冈陈氏七世孙陈珪《一世祖宋学宾陈公墓记》载：

先祖连山县学宾公讳述，上世由南雄迁东莞之大宁，至公复迁于北栅，卒，葬于黄岗神山巽向之原。配安人李氏。一子衍，任清化迳巡检，捐土名北栅村前等处田租谷四十石、大宁地租钱五千文，充公蒸尝，祭祀用。孙天与、天赐、天祐。是后子孙繁盛，有为教授者，有为巡检者，有为管勾者，衣冠文物，代不乏人。[2]

在陈氏先祖陈常迁居盐场的故事中，说的是"督广盐政"，最终落籍在东莞大宁村。大宁村可能是宋代靖康盐场的所在地。后来陈氏后裔陈学宾，也就是凤冈陈氏的一世祖，搬到了大宁村北边的北栅村，并且在二世祖陈衍的时候开始捐田置蒸尝以作祭祀。在后世的子孙中，也强调了曾有充当管勾者。管勾是元代盐场长官的称谓。上述材料强调了该家族很久以前就定居盐场，同时也强调他们不是一般的盐户家庭，祖上多有担任地方盐官要职者。

讲述这些故事的是凤冈陈氏七世孙陈珪。陈珪何许人？《明承事郎琴乐公传》记载：

公讳珪，字彦通，别号琴乐。千九郎祖舜公元孙，养浩公

---

[1] 《凤冈陈氏族谱》卷7，第12页。
[2] 《凤冈陈氏族谱》卷8，第1a页。

冢子。自幼受庭训,跬步罔敢逾节。父殁事母,孝谨友爱。弟兰轩公,以式好称席。上世饶资,奉身若贫。兰轩公早世,抚诸侄如己子。族故有祠,毁于元季,公捐资饬建。念子姓日蕃,恐蠡昭穆,仿六一公志乘,辑修谱牒,散布宗人。先代茔圮,自一世至祖祢,皆裒石,崇其封。创义塾,延师课训乡邑子弟。邑令吴公中颜曰:凤冈书院。详著邑志。尤喜施予,天顺辛巳年大祲,捐钱伍佰缗赈饥,勒名乐石碑。成化乙酉,复入粟助边,拜官承事郎。为人温雅和厚,举止安详,望者知为端士。素娴音律,善鼓琴,因号琴乐。工古文词,长于吟咏。晚年与邑耆英结社凤台,方伯祈公顺评其诗有韦柳风。《志》载靖康海市诗警绝,余详墓志、祠记。[1]

陈珪还有个弟弟陈璋,即兰轩公,族谱有传。《明将仕郎兰轩公传》称:

兰轩公讳璋,字彦信,养浩公次子,官拜将仕郎。天顺间岁祲,与伯兄琴乐公,各输镪伍佰缗赈济。成化乙酉,入粟千石助边,官将仕郎,盖以义授也。少失怙,事母兄孝友,声洽于族党,性恬淡谦,谨人接之,如坐春风。霁月中居,常好读书,综博经史百家,不规规举子业。尝语人曰:士先器识,而后文艺,学能变化,气质疏瀹,性灵足矣。奚以华腴为寄,傲林泉,朝夕觞咏自适。其于世利名誉,淡如也。学宾公祠,元季毁于兵,与兄捐资,毅然修复。又于祠右,建凤冈书院,教育子弟。其乐善好义之风无异伯兄,洵所称金昆玉友。虽年未

---

[1]《凤冈陈氏族谱》卷7,第21页。

半百,然光裕前后,丕著功烈,数传衣冠科甲,弥炽弥昌,皆盛德所贻也。公行述及生卒、配葬具详方伯祈公顺《墓志》,兹节其大概者传之。[1]

陈琏兄弟的传记给我们提供了很多信息。一方面,陈琏兄弟热衷于宗族事务。其一,捐资饬建学宾公祠。按其说法,凤冈陈氏原本是有祠堂的,但元末毁于战乱。据称,先祠"莽然为墟",至五世孙陈尧钦,始"岁率族人奈于寝"。六世孙陈思(陈琏的父亲)欲兴复祠堂"而未果"。[2] 其二,仿欧阳修谱例,续修族谱。据万历二十四年袁昌祚《凤冈陈氏族谱序》:"入明景泰壬申,孙(陈)琏续修,仅一帙。"[3] 修谱时间在景泰壬申年(1452),族谱仅有一卷。其三,修葺一世祖至祖父、父亲的坟墓。其四,在学宾公祠旁创建凤冈书院,教育子弟。另一方面,陈琏兄弟也积极参与地方事务。天顺、成化间东莞县最重要的两项事务都有兄弟俩的参与。一是天顺五年(1461)东莞县遭遇大饥荒,兄弟俩捐钱赈济。据天顺《东莞县志》,陈琏的捐资远远多于当时东莞县内的其他人。二是成化元年(1465),兄弟俩入粟千石助边,还因此分别受封承事郎和将仕郎。而东莞知县也表示出对陈氏兄弟的支持,如为凤冈书院题写匾额;又如吴中为自己的儿子延请名师教学时,也邀请陈琏的儿子陈缙一同受学。[4]

1　《凤冈陈氏族谱》卷7,第22页。
2　赵纯:《陈氏大宗祠堂记》(天顺二年),《凤冈陈氏族谱》卷8,第1~2页。
3　《凤冈陈氏族谱》卷1,第2页。
4　《明诰赠奉政大夫南园公传》,《凤冈陈氏族谱》卷7,第24页。

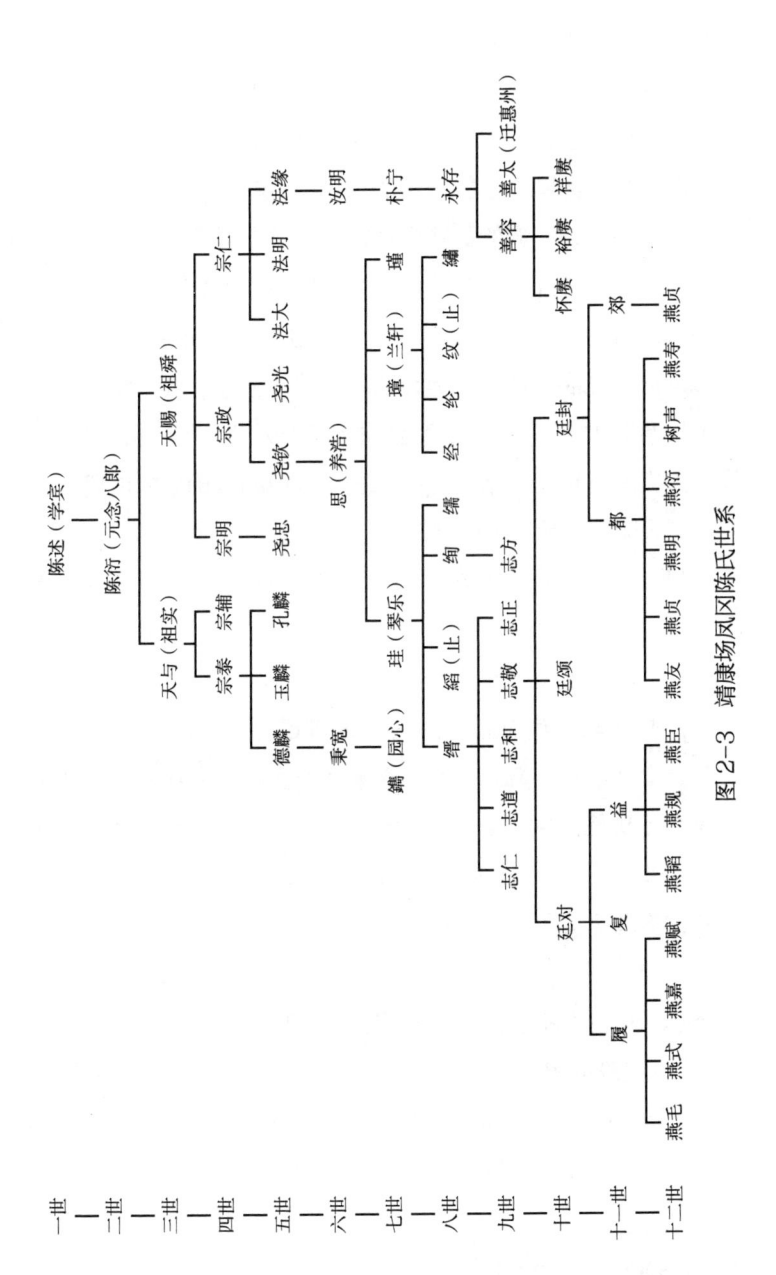

第二章 "盐听灶户自卖"：15世纪盐场的余盐问题与灶户做生意 · 135 ·

图 2-3 靖康场凤冈陈氏世系

一世　陈述（学宾）

二世　陈衍（元念八郎）

三世　天与（祖实）　天赐（祖粦）

四世　宗泰　宗辅　宗明　宗政　宗仁

五世　德麟　玉麟　孔麟　尧忠　尧钦　尧光　法大　法明　法缘

六世　秉冕　　　　　　　　　思（养浩）　　　　　　汝明

七世　鹃（园心）　　　　　　珪（琴乐）　璋（兰轩）　朴宁

八世　绍（止）　　　　　　　绚　缙　纹（止）　纶　经　永存　善答　善大（迁惠州）

九世　志仁　志道　志和　志敬　志正　志方　　　　　怀康　裕康　祥康

十世　廷对　　　　　　　　　廷颂　　　　　　　廷封　郑

十一世　履　复　益　　　　　　　　　　　　　都　燕友　燕贞　燕明　燕衍　树声　燕寿　燕贞

十二世　燕毛　燕武　燕嘉　燕赋　燕陪　燕规　燕臣

从族谱内容上看，陈珪兄弟是凤冈陈氏在明代早期地方上比较有影响力的两个人。若将陈珪关于祖先故事的叙述放入他当时在家乡和地方上所做的这些事情中去考虑，就会明白强调祖先与当地盐场的渊源是与凤冈陈氏建祠修谱的举动联系在一起的，并且通过积极参与地方事务，家族的这些活动得到了地方最高长官的支持。这些材料也说明，在此之前，地方宗族活动并不发达，甚至可能没有。那么，为什么陈珪兄弟要那么积极地开展宗族的礼仪建设呢？

陈珪兄弟开展宗族礼仪建设的时间约在景泰、成化年间。族谱编修于景泰三年（1452），学宾公祠修建于天顺元年（1457）。这一时段在前文所讨论的黄萧养之乱和盐场栅甲制度确立的前后，而且主要是在天顺六年编造盐册之前。

天顺二年河南按察司佥事赵纯所作的《陈氏大宗祠堂记》中称：

> 其子珪、璋，克绍先志，遂捐己资，俾工鸠材，复重建之。堂寝屹然，厨库列焉。会宴之有堂，而宗族叙焉。外缭以垣。每朔望登拜，春秋奉祠如初。复起义斋于祠堂之右，延名师以教子弟。观者莫不感慕而钦美之。经始于天顺元年十一月，落成于明年正月。[1]

修建祠堂在于序宗族，"朔望登拜，春秋奉祠"。"堂寝屹然，厨库列焉"，建筑的整个形制几乎完全符合《明集礼》中对于祠堂的规定。但问题在于，凤冈陈氏是否具备建立祠堂的资格？

天顺四年丘濬在《陈氏大宗祠堂记》中称：

---

1 《凤冈陈氏族谱》卷8，第2页。

第二章 "盐听灶户自卖"：15世纪盐场的余盐问题与灶户做生意   • 137 •

  东莞北栅陈氏，世以礼义相承，为邑望族。家旧有祠事，又有祭田若干亩。元季祠毁于兵，而岁收田之入以供时荐，至今如故。有事于祖祢，辄于寝行之，栖神藏主无恒处。今又几世矣。有讳思者，慨然思复祖宗之旧，有志未就而卒。子珪、璋，嗣其志以成之。有门有堂，有厨有库，规制一新，视昔有加。[1]

  "有门有堂，有厨有库"也是《明集礼》中所规定的祠堂才可具有的形制。而且从祠堂未建之时的"栖神藏主无恒处"的感叹，可以想见新建之祠堂内应该置有神龛，供奉先世神主。在祭祀礼仪上，"每朔望登拜，春秋奉祠如初"，而且祭拜的应当不止其祖父母、父母两代。《明将仕郎兰轩公传》称："学宾公祠，元季毁于兵，与兄捐资，毅然修复。"[2] 兰轩公即陈璋，学宾公祠亦即前文所述陈氏大宗祠堂，可见该祠堂还祭祀始祖学宾公。

  因为如此的不符合明代礼制，以致嘉靖时人黄佐甚至一开始也怀疑丘濬这篇《陈氏大宗祠堂记》的真伪，其称：

  东莞陈琴乐氏建始祖之庙，约其制而不敢逾。邱文庄公以为题而记之。犹虑夫文之赝也，弗敢以勒贞珉。及诸孙郡庠志敬君见《琼台刻集》，乃叹曰：信矣。始书而镌之。[3]

  需要指出的是，虽然上引所谓赵纯、黄佐的文献是出自同治刻本《凤冈陈氏族谱》，但据族谱："（陈氏大宗）祠内碑记三：一琴乐、兰轩两公立，御史赵公纯撰；一门婿萧普、王朏等建，处士何

---

1 《凤冈陈氏族谱》卷8，第3页。文献中，丘濬写作邱濬。
2 《凤冈陈氏族谱》卷7，第22页。
3 黄佐：《书邱学士所撰陈氏始祖祠堂记后》，《凤冈陈氏族谱》卷8，第4b页。

公潜渊撰；一余世祖莲峰公刻石，学士邱公濬、祭酒黄公佐撰。"[1]族谱编纂者也号称"恪遵各祖祠墓碑碣，不敢意为去取"。[2]修谱可能根据的是这几通碑刻。

那么，凤冈陈氏为什么能够建立这样一种形制的祠堂，或者说陈氏为什么要建立这样的祠堂呢？从天顺年间祠堂建立之后，赵纯和丘濬为该祠堂所作的记中，可以得到答案。赵纯《陈氏大宗祠堂记》载：

> 古者有国则有庙，至于公卿大夫元士莫不有庙。庙之建，其严矣乎。以其体制之大，后世虽士大夫之家而犹莫能仿其制焉。汉世公卿或作祠于墓，晋以后稍复庙制，至唐公卿皆作家庙，逮宋犹然。而士大夫溺于习俗，安于简陋。紫阳朱夫子以庙制非赐不得立，遂定为祠堂之制，盖亦仿庙而微其制焉。是以士君子知水木之源，本报本追远之诚者，乃能行之也。[3]

又丘濬《陈氏大宗祠堂记》称：

> 祀先有田有庙，古之仕而有禄者，然也。后世家无宗官不世仕者或不能备，况士庶乎？今夫士庶之家，于法不得立庙。而能立祠事以奉先，又有田以供粢盛，非夫世德之远而知尚礼义，崇本源，反古始者不能也。[4]

---

1 《凤冈陈氏族谱》卷1，第61a页。
2 陈世珍：《重修凤冈陈氏族谱序》（乾隆二十年），《凤冈陈氏族谱》卷1，第25页。
3 《凤冈陈氏族谱》卷8，第1~2页。
4 《凤冈陈氏族谱》卷8，第3页。

第二章 "盐听灶户自卖"：15世纪盐场的余盐问题与灶户做生意

赵纯的叙述是从家庙制历史沿革的角度出发，并引出朱熹改家庙为祠堂，制定祠堂之制，由此表明陈氏祠堂的建制完全符合朱熹《家礼》的规定，并没有僭越家庙的形制。因为在朱熹的《家礼》中，士庶是可以建立祠堂的。但朱熹《家礼》中祠堂的形制与《明集礼》所规定的只有品官之家才能建立的"家庙"的形制是相同的，作为熟谙王朝典制的翰林院庶吉士，丘濬不可能不知道这是不合礼制的，所以他称"今夫士庶之家，于法不得立庙"，但丘濬并没有限于礼制，转而表明"能立祠事以奉先"是"知尚礼义，崇本源"。丘氏感叹，东莞北栅陈氏（即凤冈陈氏）所为，即使当时"名为士大夫"的世家大族也做不到，"甚至神无所依，祀不时举，故虽世家大族，名为士大夫者，莫不皆然"。因而，丘濬十分欣赏北栅陈氏修祠祭祖的行为，称"然则吾于陈氏父子，安得不乐为之书。书之非独以示其子孙，且以示夫凡今日之为人子孙者也"。[1] 综上，丘濬虽然认为陈氏建庙于礼不合，但出于对其"知尚礼义"的欣赏而为之作记，言外之意也在于教化当时其他为人子孙者，能仿效行之。后来的黄佐也最终给出解释，称："始祖何以有庙，追远也，收族也。"[2]

关于敬宗收族的意义，科大卫在他的研究中已经告诉我们，16世纪前后地方对宗族礼仪的强调，背后是宗族管理的变化。[3] 仔细研读上引材料不难发现，在强调宗族礼仪的同时，其中还说明了该族拥有若干祭田，这些田是"岁收田之入以供时荐"的。根据天顺五年东莞大水赈济中陈琏就捐钱达五万之多，相信这些祭田不会真的

---

1 《凤冈陈氏族谱》卷8，第3a~4a页。
2 黄佐：《书邱学士所撰陈氏始祖祠堂记后》，《凤冈陈氏族谱》卷8，第4a页。
3 科大卫：《祠堂与家庙——从宋末到明中叶宗族礼仪的演变》，《历史人类学学刊》第1卷第2期，2003年。

只有若干亩那么少。那么在当时地方动乱和动乱后的赋役整编过程中，如何把自家的丁产管理起来就变得十分重要。在 16 世纪整个华南无论是州县还是盐场都开始用书面规章的方式进行管治的背景下，在宗族管理中，将丁产纳入族产并确立族产的管理方式，至少已经成为整个珠三角所谓大族的共识。这也与盐场强调栅长的职责是同一个道理。将盐场灶课税收的负担转移给栅长，其制度基础就是盐场大户的宗族整合。

我们还可以从东莞知县吴中与陈琏家族的关系推论出更多的证据。吴中从天顺五年（1461）开始出任东莞知县，一直担任到成化年间，其间天顺六年的栅甲编排和成化元年濒海的保甲编排都是在他的主持下进行的。天顺六年，东莞有"土孽黄涵聚恶少二百余，剽窃邻邑"。时任东莞知县吴中，"缓以其党，乃下令许其党擒获，免连坐。其下果缚涵至，余党悉平"。成化元年（1465），吴中"升守惠州"，不到一月，"邑寇起，督府韩雍檄（吴）中回邑捕盗安民"。此后吴中在东莞"严行保甲"，"濒海渔蛋自土名黄漕头至猎德止，尽编排甲，互相觉察，有为非者就擒，盗遂屏迹"。[1] 成化元年的濒海严行保甲，最靠近海岸线的盐场自然也在其中。所以，具体运作是否会受到盐场家族与知县关系的影响呢？成化八年黄结所撰的《（东莞县）复正赋税记》从另一个角度为我们提供了思考的空间：

> 天顺壬午（六年）再编于版图，豪猾记言土溃人亡，所负之税，请令阖邑有田之家，计亩而代出之。赋出于众，而田实并于数豪，逆莫甚矣。执政失察，反以为是，众口嚣嚣，敢怒

---

[1] 崇祯《东莞县志》卷 4，《广东历代方志集成·广州府部》第 22 册，第 177 上页。

第二章 "盐听灶户自卖"：15世纪盐场的余盐问题与灶户做生意

而不敢言，于今十载。[1]

天顺六年（1462）的州县黄册编排与盐册编排正好同时进行，地方豪强势力强大，甚至干预州县赋税的征派，如此，盐场的灶课征派也可见一斑。再者，盐场本就是州县赋税征派的一部分，结合当时在任知县吴中与盐场许多家族名人之间的交往情形，可以想见，盐场的盐册登记、栅甲编排同样避免不了豪猾占夺的情形。

凤冈陈氏的举措并非灶户宗族的特例。靖康场沙头陈氏七世孙、任浙江处州府松阳县知县的陈时于正德元年（1506）为其祠堂所作的记文载：

> 尝谓物必本乎天，人必本乎祖。盖物非天无以致生成收敛之□，人非祖何以有源流。支派之长，上自天子，下至庶人，皆以尊祖敬宗为重。王国必建祖庙于都城之内，士庶建祠堂于正寝之东，大抵追思木本水源故也。吾先世祖至于祖希叟公，人中之杰，出为人后，继承颇有，祭田六十余亩，房屋地段乃无立锥。自兹以来，恐坠先业，宵衣旰食，克勤克俭，置有山塘田地一十余顷。生四子，又起造庙一所，莲峰书舍一座。正统元年，伯良弼辞官家食，不意祠堂圮坏，伯兄又为户役所累，县司节点大户，费出无经。天顺壬午，诸兄商议，将祖上田地作四大分均分，除租谷一百石作祖蒸尝。奈何时见识卑陋，祭田派为四分，帖于单尾。考妣忌日，每房各办一祭，甚非经久计也。况异日子孙藩衍，屋舍浅狭，拜跪难容。正德改元丙寅祖考妣忌日之辰，各房子孙咸集于时之家。时当祖考

---

1 崇祯《东莞县志》卷6，《广东历代方志集成·广州府部》第22册，第276页。

之前，与弟侄孙等议曰："本乡巨族，各建祠堂。吾祖不亚于彼，祭田犹尚于他，奚以徒羡他人而甘日弃。前人所立之法既不美，吾等知不改，是吝过矣。况我先世旧有祠堂，而吾子孙不能世守，可谓孝乎？夫孔子圣人也，因失祭田尚不知祖墓之所在。吾乃凡下子孙，必致如郭崇韬而拜子仪之墓矣。"众侄孙起而答曰："是议也，吾侄怀是念久矣，缘叔尊而不举，故因循而过也。是议非出叔之心思，实祖宗之吐露也。"是日当祖考之前，捐出单尾，祭田归众，各房点取能事公正子孙一人收贮，从正德丁卯寅月为始，待祠堂落成之日，祭田出众轮收祭祀。其祠堂之内所需所费，另议良规。方立碑石以贻子子孙孙遵守，以亿十万年之不替也。时忝族尊，敢以此记。[1]

这则材料回溯了沙头陈氏永乐、天顺、正德三个时期的祠堂和祭祀情况。据说沙头陈氏的始祖为元代朝奉大夫陈联，因奉命到东莞督理大宁场盐政而从南雄迁居大宁。永乐年间，陈顺于沙头"置税田一十余顷，岁入租千有余石，乃立祠堂，迁其先主"。[2] 陈顺即上引材料中的祖希叟公。建立祠堂之外，又于祠堂侧建一莲峰书舍。在祠堂边建立书院，似乎是许多灶户宗族的做法。到正统年间，"不意祠堂圮坏"，陈良弼欲复无力。到天顺壬午（1462），"将祖上田地作四大分均分，除租谷一百石作祖蒸尝"，因而"祭田派为四分"，各自办祭，即"考妣忌日，每房各办一祭"。这里的问题是，祭祀的地点是坟墓还是祠堂？在前文的讨论中，凤冈陈氏"先祠遭元季兵燹，莽然为墟，至五世孙尧钦，岁率族人奈于寝"，即

---

1 《圆沙陈氏重建祠堂七世孙陈时记》，《沙头珠冈陈氏族谱》，2009年重修版，第55~56页。
2 陈朝甫：《重建祠堂记》（雍正八年），《沙头珠冈陈氏族谱》，第56页。

是说，陈尧钦与族人每年的祭祀是在陵墓中进行的。但在沙头陈氏这里，有所不同。虽然"祠堂圮坏"，却是"况异日子孙藩衍，屋舍浅狭，拜跪难容"，这里明显是在屋舍之中全族进行拜祭的。或者是因为祠堂还没有到完全毁坏的程度。到正德元年（1506），"祖考妣忌日之辰，各房子孙咸集于（陈）时之家"，而且下文有"（陈）时当祖考之前"一句，似乎祖考妣之祭是在陈时家进行的，而且是各房子孙咸集。在陈时的倡导下，各房将原均分四大份之祭田捐出，归众所有，"出众轮收祭祀"，并"另议良规"重建祠堂。从这里可以看到，明初盐场地方宗族在祠堂和祭祀礼仪之下的运作：共同的祭产，分房以及各房的参与和轮祭，祭祀礼仪的保持，等等。

这时的盐场地方宗族已经利用朱熹《家礼》建立起自己的祠堂，并且确立了祭祀祖先的宗族礼仪。这也进一步表明盐场地方早在宋元时期已经形成自身的社会秩序，后与明中期的盐场制度进一步结合，从而呈现出前文所叙述的靖康、归德盐场的情形。盐场地方宗族之所以能够在明初就依照朱熹《家礼》中的形制营建祠堂，一方面与宋元以来东莞县儒学、理学的推广有关；[1] 另一方面也很可能是因为盐场从南宋以后便逐渐被纳入王朝体制之中，食盐产运销的市场和经济交流带动了当地的文化交流。当然，宗族的发展、祠堂的营建，还与盐场经济的发展、宗族财产的雄厚分不开。需要强调的是，灶户宗族和地方社会固有的社会秩序，对此后的盐场运作不断产生影响，并左右着制度在盐场地方的推行。

---

1 参见翟曦《宋元时期的东莞社会——以地方官的施政为中心》，硕士学位论文，中山大学，2007。

三 民疍"皆求投入盐司":以归德场邓家萌潘氏为例

灶课折银以后,灶户实际上只需要缴纳一定的银子。这样一来,官府对于灶户户籍身份的管理也就较往时更为松散,也因此有某些人群借机获得户籍身份。[1]

邓家萌是位于归德场伏涌栅附近的一个聚落。这里的主要居民姓潘,据《怀德荥阳潘氏族谱》,潘仲鉴于南宋时从南雄上朔村迁南海,继徙东莞靖康,后居东莞学前。元代,潘英甲从学前迁居福永怀德乡,开基立村。潘英甲之孙潘宏子,生子四,礼和、礼敬、礼智、礼信。潘礼智,号龙屏,明初迁居邓家萌,开基创业,膝下无子,过继潘礼敬次子潘义察为嗣。邓家萌潘氏即为潘义察之后世子孙。潘义察之三世孙潘山,娶靖康盐场戴江月[2]之女,生四子,潘楫、潘相、潘模、潘楠,遂分邓家萌四大房(见图2-4)。

邓家萌十三世祖潘仁称:"吾家谱创之乐静公,继自肖冈公。其统系之相传已炳若日星,然历年已久,倘未继之,则斯谱见之于前,岂能复之于后乎?仁于是尊所闻,行所知,一一起而备列之。"[3]该序作于清康熙四十三年(1704),此次为第三次修谱。乐静公,即潘礼敬,元末人,娶东莞陈琏之姑;肖冈公即潘楫之子潘甲第。

---

[1] 萧凤霞、刘志伟:《宗族、市场、盗寇与蛋民——明以后珠江三角洲的族群与社会》,《中国社会经济史研究》2004年第3期。关于珠江三角洲疍民的研究,还可参阅吴建新《明清时期的广东蛋民》,《广东教育学院学报》1986年第2期;叶显恩《明清广东蛋民的生活习俗与地缘关系》,《中国社会经济史研究》1991年第1期;赵莞丽《明清时期广东的水上居民》,硕士学位论文,广东省社会科学院,2007;等等。

[2] 参见潘甲第《重修江月戴公墓志铭》,《怀德荥阳潘氏族谱》,宝安档案馆据民国初年稿本复印,第16页。

[3] 《宝安龙堂怀德荥阳潘氏族谱》,咸丰四年稿本,残卷。

第二章 "盐听灶户自卖"：15世纪盐场的余盐问题与灶户做生意　　• 145 •

陈琏《乐静轩记》称："福永为濒海乐土，潘公礼敬世居于此。"[1] 于陈琏所见，当时福永"沙禽水鸟之泳翔，渔歌野唱之响应，云帆风舶之往来，举不出于顾盼之外"。[2]

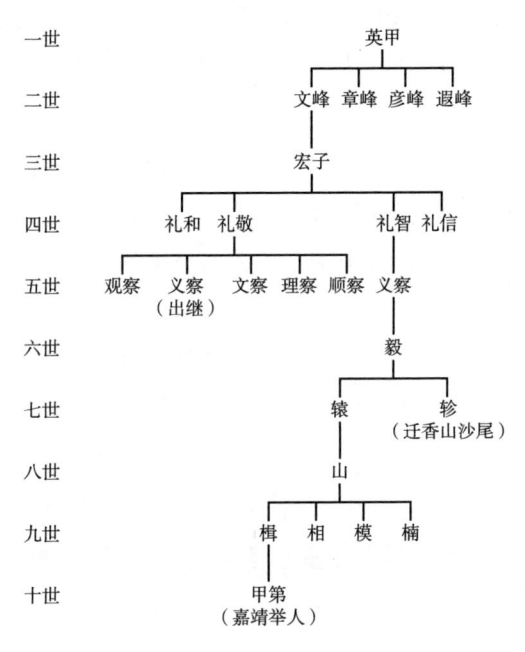

```
一世                    英甲
                     ┌───┬───┬───┐
二世                 文峰 章峰 彦峰 遐峰
                     │
三世                 宏子
                ┌────┴────┐
四世          礼和 礼敬    礼智 礼信
           ┌───┼───┬───┐   │
五世      观察 义察 文察 理察 顺察 义察
              (出继)              │
六世                              毅
                              ┌───┴───┐
七世                          辕       轸
                                    (迁香山沙尾)
八世                          山
                        ┌───┬─┴─┬───┐
九世                    楣  相  模  楠
                        │
十世                    甲第
                      (嘉靖举人)
```

图 2-4　归德场邓家荫潘氏世系

根据族谱的记载，潘氏第一位入县学的是潘义察的儿子潘毅，陈琏在《竹溪记》中称："竹溪之号，不但闻之归德，宜闻之四方矣。"[3] 竹溪即潘毅之号。潘毅之孙潘山，赠文林郎，敕授衡州府耒阳

---

[1] 陈琏：《琴轩集》卷15，第837页。
[2] 陈琏：《琴轩集》卷15，第837页。
[3] 《怀德荥阳潘氏族谱》，第15页。

县知县。[1] 按此应当是因为其孙潘甲第而获赠官衔。潘楫，潘甲第之父，"令尹春湖公最加赏识，延修《莞志》……万历四十二年，邑侯王公详允入祀"，[2] 族谱亦称其以子累赠乡进士文林郎。潘甲第是邓家萌潘氏第一个取得功名的人。"潘甲第，邓家萌人，嘉靖戊午，以《春秋》中式，初授教谕，历官知县"，[3] "署保昌教事，补署海丰教谕事，升湖广衡州耒阳县知县。……调福建都转运盐使司幕职，寻升广西浔州府贵县"。[4]

邓家萌潘氏，自潘礼敬开始已经家业颇丰，之后有潘毅入县学，更有嘉靖年间潘甲第中举，家声逐渐显赫。但实际上，潘氏的所在一直是东莞疍民的聚居地，潘氏极有可能是众多疍户人家中的一员。

明代东莞"疍社"的下六社，有四社后来归入新安县，而其中归德社、伏涌社便在归德盐场。结合田野调查，伏涌社的位置大概在今深圳市宝安区的福永社区中。福永现有一村落，称塘尾，据说古时为海滩萌地，其主要居民姓邓，明初由邓家萌迁居至此。实际上，在文献中，"邓家萌"更多地写成"蛋家萌"。康熙《新安县志》"墟市"条称"蛋家萌墟"，而"都里"条称"邓家萌"。邓家萌位于沙井北部，茅洲河由此注入合澜海中，是一天然的避风港，因此相传旧时是疍家人的聚居地。"邓家萌"名字的由来，据说是因为有一邓姓居住于此，故名。据现在福永塘尾邓氏族人称，其家族原本居于塘尾北边的蛋家萌，元代时祖先邓从光于蛋家萌定居，后逐渐改名"邓家萌"，再然后又逐渐迁徙到南面的塘尾地方，时间大

1　《怀德荥阳潘氏族谱》，第75页；参见彭全民主编《万丰村潘氏家族谱》，海天出版社，2004，第61页。
2　康熙《新安县志》卷10，《广东历代方志集成·广州府部》第26册，第113左上~113右下页。
3　康熙《新安县志》卷9，《广东历代方志集成·广州府部》第26册，第101右上页。
4　康熙《新安县志》卷10，《广东历代方志集成·广州府部》第26册，第114下页。

第二章 "盐听灶户自卖"：15世纪盐场的余盐问题与灶户做生意   • 147 •

约在元朝中期。在现今万丰村尚有邓氏四世祖益逊公（即邓从光次子元祯之孙）之墓。[1]

自宋代以来，就有"二广居山谷间，不隶州县，谓之猺人；舟居，谓之蜑人；岛上，谓之黎人"。[2]"蜑户，县所管，生在江海，居于舟船，随潮往来，捕鱼为业，若居平陆，死亡即多。"[3]这群居住在水上的人群，被称为"蜑户"或"蜑人"。

珠江三角洲最早关于疍民的记载，见于1319年东莞人张惟寅所上的请求停止地方采珠的陈情书，其中称采珠之人为"蛋蛮"。[4]崇祯《东莞县志》称："蛋户皆以舟楫为宅，捕鱼为业，或编篷濒水居，谓之水栏。见水色则知有龙，故又曰龙户。齐名目为蛋家。"[5]

明初，地方对于蛋户的管理十分严密。洪武二十五年（1392），广东都指挥使花茂奏："东莞、香山等县大溪山、横琴山，逋逃蜑户、蠢人，凡一千余户。附居海岛，不习耕稼，止以操舟为业。会官军则称捕鱼，遇番贼则同为寇盗。隔绝海洋，殊难管辖。其守御官军，冒山岚海瘴，多疾疫而死，请徙其人为兵，庶革前患。"[6]除了被充军之外，"洪武初，编户立里长，属河泊所，岁收鱼课。其姓麦、濮、何、苏、吴、顾、曾，土人不与结婚。近亦有土著服食视贫民，而罾门海面，多归势家矣"。[7]在东莞县，对于沿海蛋民，设"蛋社"管理，据载：

1　参见郭培源《福永古文化考略》，花城出版社，2002，第22页。
2　陈师道：《后山集》卷21，《景印文渊阁四库全书》第1114册，第714左下页。
3　乐史：《太平寰宇记》卷157，中华书局，2007，第3021页。
4　张惟寅：《上宣慰司采珠不便状》，崇祯《东莞县志》卷6，《广东历代方志集成·广州府部》第22册，第272页。
5　崇祯《东莞县志》卷8，《广东历代方志集成·广州府部》第22册，第382左上页；并参见嘉靖《广东通志》卷68，《广东历代方志集成·省部》第4册，第1819右下页。
6　《明太祖实录》卷223，洪武二十五年十二月甲子，第3262页。
7　崇祯《东莞县志》卷8，《广东历代方志集成·广州府部》第22册，第382左上页。

明置河泊所，以领蛋户。沿海蛋民，分为上、下十二社。编次里甲，督征鱼课，如县之坊都。其后裁革所官，归课于县，而社如故。往海氛方恶，蛋民之梗者半入寇中，驯者亦徙居陆地，所谓十二社，遂荡然矣。今承平日久，又皆杂列编氓，然亦不可以不存也。旧入外志，使与猺狑番彝并列，窃恐不伦，故附于此。[1]

关于东莞十二社，具体而言，有：

上六社，曰石碣，第二都二十四图；曰温塘水，第三都二十七图，带管石涌、鼓镇水并三都浮居蛋民；曰宝潭，第十一都四图，带管东莞岸社；曰塘坭涌，十一都三图，带管牛过蓢；曰塱下，十二都四图，带管到滘水；曰大汾，十二都九图，带管赤坎水。下六社，分新安，今存二。曰大宁，十一都二图，带管靖康社；曰双冈，八都十九图。[2]

邑四社，原属东莞县河泊所，明万历元年析分县治，以四社隶焉。西乡（二都七图）、伏涌（三都三十八图）、碧头（三都三十九图）、归德（三都四十图）。[3]

根据都图的记载和笔者的田野调查，在靖康场附近的有大宁社和双冈社，邻近归德场的有伏涌社、碧头社、归德社。在靖康、归德盐场附近海岛、海面，多有疍户居住。据当地人介绍，如虎门之

---

1 民国《东莞县志》卷3,《广东历代方志集成·广州府部》第24册，第102页下页。
2 民国《东莞县志》卷3,《广东历代方志集成·广州府部》第24册，第102页下页。
3 嘉庆《新安县志》卷8,《广东历代方志集成·广州府部》第26册，第323页。其中都图注解，系笔者据同卷资料补充。

第二章 "盐听灶户自卖"：15世纪盐场的余盐问题与灶户做生意 • 149 •

小捷滘、东风、宴岗等地。小捷滘，古为海岛，东临大宁盐场，乃古龙户栖居之处，多茅棚，清中叶以后才逐渐进行围垦，改制稻耕。东风诸村，旧属海南栅，古为海渚滩涂，龙户聚居，至20世纪60年代，仍有大量渔民集于河口靠泊。宴岗邻近海南栅，靠近珠江口，江海相涌，潮涨为海，潮退为滩，亦有渔民集泊。[1]

新安"沿海居民类多煎晒盐斤为活"，[2] 东莞居民"住居滨海，水咸地卤，不堪耕种，多以晒沙煮海及贩卖盐斤为生"。[3] 历史上，盐场附近的蛋民，除了捕鱼为生之外，还经常参与食盐的生产。民国《东莞县志》称："邑民务耕作精种植，濒海则借鱼盐。"又言："自双冈，历沙头，出咸西，接新安，迤逦数十里皆海岸。其利鱼盐蜃蛤，其产卤草，其民捕鱼之外，日采莞以为生。"[4] 历来鱼盐密不可分，海边"河咸水结，稻草化煎，皆能成盐"。[5]

在灶课折银之后，这种情况也逐渐得到朝廷的认可。正德五年（1510），以灶课缺额，"议准广东沿海军民蛋户，赖私煎盐斤为生，许令尽数报官，于附近场分减半纳课，以补无征之数。盐课提举司给与批文执照。有不报官，货卖私盐者充军"。[6] 更有"民户、蛋户见灶户免差，皆求投入盐司"。[7] 在林希元的奏疏中，并没有讲明民、蛋户如何投入盐司，但他又提到"今既差役不免，仍旧逃归本籍，

1　参见《东莞市虎门镇志》，广东人民出版社，2010，第83~110页。
2　《知县喻烛条议》，康熙《新安县志》卷12，《广东历代方志集成·广州府部》第26册，第131右下页。
3　崇祯《东莞县志》卷6，《广东历代方志集成·广州府部》第22册，第269右下页。
4　民国《东莞县志》卷9，《广东历代方志集成·广州府部》第24册，第148右下页。
5　《雍正元年知县于梓详文》，民国《东莞县志》卷23，《广东历代方志集成·广州府部》第24册，第265左上页。
6　汪砢玉：《古今鹾略》卷5《政令》，《北京图书馆古籍珍本丛刊》第58册，第86页。
7　林希元：《陈民便以答明诏疏》，陈子龙等选辑《明经世文编》卷163，第1642页。

此项名盐，亦在盐司累及见在灶户"。[1] 由此可见，民、疍户投入盐司，目的是获得灶籍，因而也负担灶课，等其逃归本籍之后，遗下的灶课就摊在现存灶户身上。也就是说，在灶课折银之后，其他户籍转归灶籍是可以的。因此，也就存在某些人群，如疍户，通过投入灶籍而获得身份认同的情形。[2]

相传当时邓家荫有邓姓、潘姓、叶姓、廖姓、莫姓、郑姓杂居，经常有姓氏之间的争斗，而以邓姓独大。随着潘姓的家业不断扩大，又多有功名，威望重于一方，万历年间，潘甲第借机联合众人改邓家荫为万家荫。据称，此后潘姓与其他各姓联合对抗邓姓，邓姓这才慢慢迁徙到塘尾，其他疍民也逐渐迁出，万家荫遂被潘姓独占。[3] "万家荫"这种说法，似乎并不见于文献，而只是万丰村潘氏当地人的说法，现在当地民间仍有此称谓，而"邓家荫""蛋家荫"已属罕见。从"蛋家荫"变成"万家荫"的传说，似乎显示着潘氏摆脱疍户身份的努力。而其表达的则是万丰潘姓如何将疍户排挤出邓家荫的故事，改名之后，各姓相继迁出，原本为疍家聚居的邓家荫进而变成了潘氏一姓所居。但是，对于潘姓来说，是否也有一个逃避疍户身份的过程呢？有趣的是，潘氏的族谱中有这样一个故事：潘相，妻陈氏，无子。潘相乞养螟蛉子基田。后又娶妻徐氏，生子应第。后基田不仁，家中不和，潘相恶而逐之。康熙年间人上公招回，但除了胙肉，族中尝产家长不得与之。[4] 邓家荫潘氏，

---

[1] 林希元：《陈民便以答明诏疏》，陈子龙等选辑《明经世文编》卷163，第1642页。
[2] 萧凤霞、刘志伟：《宗族、市场、盗寇与蛋民——明以后珠江三角洲的族群与社会》，《中国社会经济史研究》2004年第3期。
[3] 据笔者2010年7月在当地与村民的田野访谈。并参见赖为杰主编《沙井记忆》，中国评论学术出版社，2004；彭全民主编《万丰村潘氏家族谱》。
[4] 彭全民主编《万丰村潘氏家族谱》；并参见《怀德荥阳潘氏族谱》。

第二章 "盐听灶户自卖":15世纪盐场的余盐问题与灶户做生意 • 151 •

"其先世,自南雄迁来宝安之荫溪,所居地迩海濒",[1]"所居远在海滨,豪右家多利海贾,噬弱肉以肥其身。处士甘淡薄,寡嗜欲,教子侄读书,敦礼义,修先人之庐以安居,因田园鱼盐之利以足用。岁输公家赋税,必率先众人"。[2]字里行间,不难看出,邓家荫潘氏所经营的产业当与鱼盐相关,而且所获不菲,"为乡望"。[3]关于这个螟蛉子基田,有趣的是,当地将沿海这些渔民叫作"水流柴",或称"基围人"。"基田"一名是否与"基围人"有关呢?而且更巧的是,潘甲第修改地名的传说也发生在同一时期。此后,邓家荫的其他姓氏也逐渐迁离邓家荫。笔者以为,不管螟蛉子故事的真假,这都似乎表明,潘氏利用收养养子和驱逐养子的方式,将自身与疍户脱离了关系。[4]

小　结

明代中叶,盐业最主要的变化常常被认为是开中的运司纳银和盐场的余盐开卖。前者导致了边商、内商和水商的分化,后者促成

1　陈琏:《淡轩公七十加一华诞序》,《怀德荥阳潘氏族谱》,第 12 页。
2　黄结:《明故处士淡轩公墓志铭》,《怀德荥阳潘氏族谱》,第 13 页。
3　陈琏:《竹溪记》,《怀德荥阳潘氏族谱》,第 15 页。
4　参见陈娟英《闽台养子习俗初探》,《中国社会经济史研究》1999 年第 4 期;栾成显《明清徽州宗族的异姓承继》,《历史研究》2005 年第 3 期。

了商灶交易的开展并影响了盐场灶户的贫富分化。[1]以往的研究以开中法的演变为中心来讨论这一时期的盐法和盐场变迁，盐场变迁多被视为被动的一方。但是明初王朝盐法设计更主要是以盐场为中心的，盐场提供的食盐是开中法顺利实施的保障。尽管运作中常常出问题，但是朝廷并未放松对盐场生产的管理（比如熟知的常股、存积盐的设置等）。基于盐场在明代盐政运作中的重要地位，明中叶的一系列盐法变革也必然与盐场分不开。

余盐是明代盐场与一系列盐法改革的关联点。余盐的问题源于明初盐场的"纳官有余，听其货卖"，虽然之后朝廷开始要求地方收买余盐以供盐场支取，但实际上效果甚微，地方盐场并未有足够的资本来收买余盐。余盐也由此逐渐成了影响盐政运作的私盐的主要来源。15世纪的大部分时间里，广东盐政官员主要的盐政事务几乎都离不开余盐这个主题。叶盛可能是两广最早将余盐和军饷联系起来的官员。当时，广西面临影响颇大的地方动乱，而明初以来开中等一系列地方军饷供应体制已经无法供应军队平定动乱之需。叶盛可能首创了将越境贩卖的私盐纳入军饷供给的补充体制。而后，以同样的原因，两广逐渐实行了将余盐贩卖合法化并由地方政府抽取军饷的政策，这就是两广盐业史上最为重要的抽盐厂的设置和余盐抽银政策的确立。

抽盐厂的余盐抽银相当于承认了私贩余盐的合法化，抽银后市场的打开也吸引了盐商的食盐贸易活动。而余盐来自盐场，余盐抽银给盐商带来的利润推动他们加大了对盐场余盐的收购和需求。这势必给盐场带来至少两方面的影响，而在珠江口盐场社会

---

[1] 参见藤井宏《明代盐商的一考察——边商、内商、水商的研究》，刘淼辑译《徽州社会经济史研究译文集》，第244~346页；徐泓《明代后期盐业生产组织与生产形态的变迁》，《沈刚伯先生八秩荣庆论文集》，第389~432页。

中表现得最为突出。珠江口盐场一方面是宋元以来广东最重要的产盐中心；另一方面也由于抽银厂主要设在通往热销粤盐的广西、湖南南部等地的珠江水系上游，位于水系下游且靠近提举司所在地广州的珠江口盐场有着天然的水运便利和历史传统悠久的商业聚集优势。余盐首先带来了商人在盐场买贩余盐的数量和频繁度，不过这些商人在最初是不需要缴纳任何税收的。其次，为了提供更多的余盐，盐场灶户更多地将正盐谎称成余盐，导致盐场正课的大量缺征。当然，可能还存在盐场灶户居间买卖或者直接参与余盐的贩运。

在这个变化过程中，地方官员和盐场不是采取政策对这些活动进行限制，而更主要的是延续了叶盛等余盐抽银作军饷的思路。韩雍提出了场盐商运抽银的政策，承认了商人下盐场买运食盐的合法性，但前提是买运场盐需要由军门抽银，并由广州的批验所进行盘验。对于由余盐私卖导致的正课缺征，广东先是通过修盐册、编栅甲的方式，重新确立了一套以栅长负责制为核心的灶课征收体制，用盐场的大户来包纳包赔正课。而后不久，在这个征收体制基础上推行了灶课折银，灶户纳银后盐听其自卖。灶课折银政策是与韩雍的商人买运场盐改革一气呵成的。承认了商人在盐场买盐的合法性，由此自然给盐场带来更大的管理压力，在如何化解这种行政压力的策略选择上，盐场改革导向了灶课折银。一方面，在当地广东盐业普遍用银的大背景下，灶课折银是自然而然的事；另一方面，栅甲制的改革为折银后的灶课征纳提供了保障，而不区分正余盐的商灶交易也符合节约盐场管理成本的要求，更可以为军门持续提供抽银补饷。

总之，明中叶华南盐场最重要的变化是盐从灶户交与官府进行官商支换演变成灶户自行出卖，食盐自由贸易在盐场合法化。这个变化的重要诱因之一是盐场余盐的出现，而最终导向了盐场的灶课折银。但盐场灶课折银也并非如以往研究所强调的，仅是社会经济发展的结果，而更主要的在于一系列基于财政的需求和博弈而进行的地方盐政改革的推动。

广东盐场从栅甲编排到灶课折银的变化过程，是广东盐法调整，尤其是开中法变化，在盐场地方的一种反映。落实到具体的盐场区域，可以看到，一直被学者认为是盐场基层管理组织的栅甲，其实是为解决地方灶课征收难题而设的，而其在实际运作过程中，尤其自灶课折银以后，已经表现为一种赋役征收工具，而非一个有着人身管理职能的灶户组织。它的出现更主要是为了保证盐场灶课的征收。通过栅甲和盐册的相互配合，盐场便于实现灶课完纳和赋役管理。更重要的是，灶课折银确定了从交换到市场的盐业体制变化，使得盐场灶户参与食盐运销取得了合法性，这彻底改变了地方盐场社会的走向。

由于栅甲制下栅长、灶甲的权力设定，地方宗族能够通过担任栅长等来逐步控制盐场的资源。盐场的一些灶户成了盐商，从事从生产到运销的盐业生意，更加富裕起来。香山场徐氏兄弟的故事，便是盐场家族参与盐业经营的真实写照。这样的家族在明中叶的珠江口盐场不在少数。栅甲制的运作方式也开始使得一些灶户以宗族的形式进行赋役承纳。靖康场的凤冈陈氏在天顺、成化时期成为盐场最重要的家族，不论是在盐务、地方事务，还是宗族的建设上，都显示出在上述制度变迁中地方宗族和盐的结合并壮大的过程。灶课折银和产盐有利可图让盐场周边的一些流动人群开始转而投身盐业生产，这一方面促进了生产、获得身份认同，另一方面也造成了盐场社会人群的更加复杂。但无论如何，这些人的加入让珠江口盐场显示出暂时的产业辉煌。盐场地方人群的治业模式变动是与余盐政策的推出和运作过程同步发生的，这是一个相互的过程。这一过程，推动了盐场"盐听灶户自卖"模式的确立和运行。但与此同时，盐场管理的隐患也深埋其间。灶户开始利用栅长役等逃避相关重役，转移正课，从而进一步造成地方盐场"无征"的加重。盐场"无征"问题的影响在16世纪初就显现出来了。

第三章 "以民田承灶户"：16世纪的无征灶课治理与盐场生计变迁

　　前两章的讨论表明，明代对于盐场的管理和控制，实际上受到地方上的社会文化传统和其他各种地方性因素的影响。盐场的管理不得不综合这些因素，而发展出更适合于地方运作的模式。天顺以后，由于军饷需求和灶课缺征所带来的外部压力，政府试图自上而下地介入盐场管理。地方官府从军门财政开销需求出发，开展了一系列盐政改革，从处理余盐泛滥，到设置抽盐厂、余盐抽银，逐渐改变盐场的运作轨迹。盐商要获得余盐就必须与灶户进行交易，由此也促使盐场陆续进行盐册编造、灶课折银等改革，并最终确立场盐"听灶户自卖"等制度。两广的余盐抽银使源源不断的盐利从朝廷财政流向地方军饷，但这带来的结果却是盐场灶户纳课的持续不足（即"无征"）。

第三章 "以民田承灶户"：16世纪的无征灶课治理与盐场生计变迁

一方面，在实际的运作过程中，盐场制度逐渐成为地方大族借以控制盐场人群的工具。尤其在灶课折银之后，栅长、灶甲由地方大户担任，并负责栅内的灶课催征，因而具有极大的权力，加上余盐政策带来的经济利益，于是诡寄灶籍、转移灶课时有发生。另一方面，珠江口与盐业生产息息相关的海洋环境也在发生剧烈变化，最终表现为正德、嘉靖年间盐场"无征"大量增加。"无征"不仅影响灶课银的征收，更重要的是影响地方盐课额，即官府有效控制的盐斤量。如何解决"无征"问题，也因而成了正德、嘉靖年间地方盐政官员的难题。

这些问题虽与余盐分不开，但也与实行余盐抽银所导致盐利从中央流入地方的影响不无关系。正德初，户部开始干预地方军门事务，派出专员接管地方税务尤其是盐务，逐渐改变地方与中央原有的财政格局，从而对地方盐政提出了新的挑战。派往广东整理盐法的解冕及其继任者，一方面对余盐的自首盐斤进行了严格限定，收紧了成、弘以来宽松的盐业政策，相关盐饷收入也大多被解交户部；另一方面革除商引，禁止盐商下场支盐，并着手整顿盐场，试图解决灶课无征问题。在这样的内外部环境巨变中，盐场如何重新设定制度框架，是本章讨论的主要内容。

第一节　环境变迁与市场流动：珠江口盐场衰落之滥觞

明中后期沿海盐场的社会结构和经济模式普遍发生了重大转变，

这已是学界共识。这一转变，一般认为主要是商品货币经济关系的发展导致中央王朝放弃对灶户的劳役征收而转向灶课货币化的道路，并使灶户丧失生产资料和生产手段沦为商人的雇佣，改变了盐场生产关系，而终促使盐场发生转型。不过，对于明初以来沿海经济开发所引起的海洋生态环境变迁及其对盐场的影响，却常常被研究者忽视。这可能是因为以往研究总是注重对从赋役到财政税收的宏观把握，而忽略区域盐业生产的海洋属性，常常将包括海洋环境在内的盐场生态环境作为盐业生产的地理背景加以描述，呈现的是一种静态，而忽视其时间和空间上的差异和变化。实际上，盐的生产与生态环境息息相关。在明清时期沿海的开发过程中，生态环境制约着盐场的食盐产量和技术革新，并与明中后期的盐场制度调整和社会转型分不开。

盐场灶户赖以为生的食盐，是一种与生态环境息息相关的自然资源。明中叶以后，东莞滨海地区由于沙田开发等因素近海咸淡水交界线向外推移，沿海盐场社会经济变动较大。海水变淡严重影响了盐场的生产技术、生产成本和生产规模，也造成了沿海盐场的不均衡发展格局。更重要的是，地方盐政也与市场的流动不可分离，盐政本身就是在不断参与市场流通中进行运作和调适的。正德年间两广盐政的调整，改变了沿海盐场的生产布局。嘉、万年间两广运销政策的进一步改变，更加速了食盐供给市场向惠、潮地区转移。环境变迁导致珠江口盐场经济衰退和灶户赋役沉重化，使得灶户不再以盐为生而寻求其他生计出路，传统盐场社区也逐渐失去了盐业经济的基本职能。

一 珠江口海洋环境变迁与盐场实际生产力的下降

归德、靖康盐场位于珠江入海口东岸，该地区的食盐产量在宋元至明初，在广东盐产总量中占据较高的比例。因其靠近省城广州，又有珠江的水路之便，一直为广东重要的食盐出产地和供应地。但明中叶以来，珠江三角洲沙田的开发，逐渐降低了沿海地区海水的含盐度。海水含盐度下降直接影响到盐场的盐业生产，降低单位海水的盐业产量。由于咸淡水分界线的南移，归德等场的盐业生产受到严重影响，不仅产量日少，而且生产成本也随之增加。

咸淡水分界线的南移，是明初以来珠江三角洲沙田大量开发的结果。珠三角沙田的开发可以追溯到宋代，但大规模的开发要到明代以后。沙田开发与宋朝南渡后所引发的对南方粮食的需求有关。"长江下游城市，创造出一个食米市场，把僻处南方的广西的食米也抽了过来。一方面，食米沿西江而下，出口到福建和浙江沿岸；另一方面，食盐则从广州沿西江而上，进入广西。这个交易模式，从此稳定运行，直至市场转移导致成本出现变化为止。"[1]广州也由此成为一个重要的米粮市场，在珠江三角洲河岸筑堤造田便十分有利可图。明王朝建立之后便在这一地区收编军民、推行屯田政策，至明代中期，沙田开发的规模和速度呈现前所未有的增长。屯军开垦的土地，大多是在宋元以后西江、北江河口伸出的山丘之外冲积而成的新生沙坦，由此开始了珠三角新沙田区大规模开垦的过程。珠江三角洲的发育过程，大趋势上以由西北向东南推进的方式为主，具体沙坦的形成，大多是以在海中形成的无数个沙洲逐渐向外扩张的方式进行的。[2]明代以后的沙田"天然积成者少，大部分是人工造成"，即是用人工"种芦积泥成田"或者修筑拦沙堤等方式加速泥

---

[1] 科大卫：《皇帝和祖宗——华南的国家与宗族》，第63~64页。
[2] 刘志伟：《地域空间中的国家秩序——珠江三角洲"沙田—民田"格局的形成》，《清史研究》1999年第2期。

沙的沉积,并修筑水利设施使其成为可耕地。[1] 人工围堤的扩建使海湾慢慢变窄变浅,潮汐涌流入江的潮水减少,使珠江腹地的涨潮低落,咸淡水交界线往外推移。[2]

由中山大学地理系、中国科学院南海海洋研究所等机构指导编写的《珠江三角洲农业志(初稿)》,曾如此评价明代珠江三角洲的发育和开发:"在明代短短的两三百年中,西、北江三角洲前缘已经推展到磨刀门口附近,沿海的黄杨山、竹蒿岭、五桂山和南沙等岛屿,已与三角洲相接,使原来三角洲的范围比前扩大了接近一倍。"就归德等盐场地区而言,东江"带下的泥沙更向下游堆积,使东江三角洲的沙坦前缘又推移到漳澎一线以下,清初时,其沙淤范围已近今貌"。[3] 东江三角洲下游地区的海面因此受到影响,民国《东莞县志》称:"近日沙田涨淤,汀流渐浅,咸潮渐低,兼以轮船往来,搅使惊窜,滋生卵育栖托无由。不惟海错日稀,即江鱼亦鲜少矣,此亦可以观世变也。"[4] 这种情况并非到清代才出现,明中叶已经初见端倪。

海岸线的变化情况很难从史料中得到精确的信息,但通过不同历史时期蚝的生长区域的变动,可以考察咸淡水交界线的移动情况。蚝,又称牡蛎,是一种对海水环境要求很高的贝类。古代广东海边贝类养殖业比较发达,其中东莞、新安一带养蚝颇有声名。如《业蛎考》称:"沿海之氓,田少海多,往往借海为生",[5] "水淡则蚝

1　谭棣华:《清代珠江三角洲的沙田》第一章"沙田的形成与开发",广东人民出版社,1993。
2　参见林汀水《略论珠江三角洲变迁的特点》,《厦门大学学报》1993年第3期;冼剑民、王丽娃《明清珠江三角洲的围海造田与生态环境的变迁》,《学术论坛》2005年第1期。
3　《珠江三角洲农业志(初稿)》(一),佛山地区革命委员会《珠江三角洲农业志》编写组编印,1976,第89、96页。
4　民国《东莞县志》卷15,《广东历代方志集成·广州府部》第24册,第191页。
5　转引自赵希涛《中国沿海环境变迁》,海洋出版社,1994,第75页。

第三章 "以民田承灶户"：16世纪的无征灶课治理与盐场生计变迁 · 161 ·

死，然太咸则蚝瘦，大约淡水多处蚝易生，咸水多处蚝易肥"。[1]沙田的开发、珠江口河道的改变和河水流量的变动，改变了河水的盐度，就会破坏蚝的生长环境。《元一统志》中称："蚝，东莞[莞]县八都靖康场所产。其处有蚝，因生咸水中，民户岁纳税粮采取货卖。"[2]此时蚝的生长地点应该尚在靖康盐场一带。到了明末清初，屈大均称："东莞、新安有蚝田，与龙穴洲相近。"[3]龙穴洲，在合澜海中，即今天东莞市与深圳市交界的茅洲河口附近，与今天深圳的沙井镇（当时为归德场署所在地）隔海相望。可见，此时海水逆流已经退到了归德盐场一带。

珠江口的盐场都属于熟盐场，即采用煎盐法制盐，与采用晒盐法的生盐场相对。明代海盐的生产，一般要经过四道工序，即晒灰取卤、淋卤、试卤和煎晒成盐。煎法在明代很长一段时间里居于主导地位，卤水的浓度决定了煎盐的时间长短、所需燃料多寡以及成盐的斤数。[4]海洋环境对盐业生产的影响，主要体现在海水的含盐度与盐的产出之间的关系上。简单地说，沿海盐场的生产就是将盐从海水中蒸发得来，含盐度决定了生产技术和生产成本。

熟盐场不仅对海水的含盐浓度有要求，还需要大量柴薪才能完成生产。明中期以后，随着燃料需求量的增大，珠江三角洲业已出现燃料紧缺、薪价高涨的问题。[5]明代广东盐场并不像淮浙盐区一带，灶户煎盐有拨给草荡或由水乡灶户供应柴薪，广东灶户煎盐全凭自己采办柴薪。[6]归德等场背靠大岭山、大茅山，历来

1　道光《香山县志》卷2，《广东历代方志集成·广州府部》第35册，第309右上页。
2　孛兰肹等：《元一统志》卷9，中华书局，1966，第669页。
3　屈大均：《广东新语》卷23，《清代史料笔记丛刊》，中华书局，1985，第576页。
4　刘淼：《明代海盐制法考》，《盐业史研究》1988年第4期。
5　参见陈嫦娥《明清珠江三角洲燃料问题研究》，硕士学位论文，暨南大学，2011。
6　参见刘淼《明代盐业土地关系研究》，《盐业史研究》1990年第2期。

煎盐柴薪自备，灶户亲往这两处取材。但明代以来，大岭山、大茅山等地逐渐伐木造田，开垦成良田，树木日益减少。据说，大岭山中大塘村杨姓于明初来到这里，经过多年经营，成为大岭山的农业"岭主"，拥有众多佃户，大塘村也逐渐成为杨、黄、刘、叶、戴、祝六姓居民分散居住的社区。到清初，归德等场附近已经是"本处无可樵采，须船往新宁等处采买，回场供灶"。[1] 盐场附近海水含盐度的下降，不仅影响了一生产单位食盐的产出量，而且由于潮汐周期逐渐缩短，可以进行盐业生产的时间也较之前大大缩短。盐场周边的柴薪日益减少，柴薪价格日益高涨，这一切购买柴薪和运输的费用要灶户一力承担，这无疑更增加了归德等场产盐的成本。

相比于东莞的归德等场，珠江口西岸的香山场受到沙田开发的影响更甚，"其东南浮生，尽被邻邑豪宦高筑基堡，障隔海潮，内引溪水灌田，以致盐埔无收，岁徒赔课"。[2] 至万历年间，香山"苗田多而斥卤少，盐之地日削，丁额犹循旧版，以故逃亡故绝者多，虚丁赔课为累甚大"。[3] 由于人工行为推动珠江三角洲的堆积、推移，"斥卤尽变禾田"，许多盐田成陆变成农田，该地盐业经济由盛转衰。[4] 香山场到万历末年已是"场灶无盐"，更于天启五年（1625）

1　乾隆《两广盐法志》卷18，于浩编《稀见明清经济史料丛刊》第1辑第37册，国家图书馆出版社，2012，第498~499页。
2　光绪《香山县志》卷7，《广东历代方志集成·广州府部》第36册，第112右上页。
3　康熙《香山县志》卷5，《广东历代方志集成·广州府部》第34册，第227左下~228右上页。
4　参见张建军《珠海地区盐业的变迁及相关历史地理问题》，中山大学岭南考古研究中心编《岭南考古研究》第3辑，岭南美术出版社，2003；张建军《历史上香山场的盐业经济及其变迁》，中山市地方志办公室、珠海市地方志办公室、澳门历史文物关注协会编《香山设县850年》，广东人民出版社，2003，第113~119页；梁振兴、温立平《三灶岛简史》，珠海市政协文史资料研究委员会编印《珠海文史》第5辑，1987，第63~73页。

第三章 "以民田承灶户"：16世纪的无征灶课治理与盐场生计变迁

"裁汰场官，场课并县征解"。[1]

柴薪紧缺是明中叶以后东南沿海盐场共同面临的问题。《福建盐法志》卷2记载："（乾隆四十三年，煎盐）较晒盐又多柴薪之费，计煎盐一担，需柴四五担，从前每担只需钱三十余文，近年每担需钱九十至百余文。"晒盐法直接将卤水暴晒成盐，无须柴薪，可以省去柴薪的成本支出。它不仅节省燃料，而且成盐快，产量也高："潮入晒之，潮再已成盐"；"自辰逮申，不烦铛煮之力，即可扫盐以输官"；"一夫之力，一日亦可得二百斤"。[2]嘉靖四十一年（1562），徐光启见晒盐多利，也力主废煎改晒。[3]

广东许多盐场在明中期也开始改用晒盐法。材料表明，清中期广东盐课提举司辖下24个场栅，除广州府的上川、归靖、香山、海朘四场仍用煎盐法外，其余肇庆、惠州、高州、潮州四府的19个场栅和广州府的东莞场均已采用晒盐法（见表3-1）。[4]嘉靖《广东通志初稿》卷29登记了广东各盐场原额灶课和嘉靖朝有征无征盐斤数。透过这些数据可以发现，惠州、潮州二府的盐场日渐发展。珠三角自西向东沿海的双恩场至东莞场一线灶课额逐渐缩减，而广东东部的淡水、小江等盐场灶课额则逐渐提高。以惠州府盐

1　康熙《香山县志》卷3，《广东历代方志集成·广州府部》第34册，第206左上页。
2　参见郭柏苍辑《海错百一录》卷4，"记盐"，光绪刻本；汪砢玉：《古今鹾略》卷1《生息》，《北京图书馆古籍珍本丛刊》第58册，第12页；嘉靖《香山县志》卷2，《广东历代方志集成·广州府部》第34册，第28下页。
3　徐光启《钦奉明旨条划屯田疏》（王重民编《徐文定公（光启）集》卷5，台北：文海出版社，1991，第259~263页）中称，明代长芦、福建、广东均采用晒盐法。并参见郑志章《板晒海盐技术的发明与传播》，《中国社会经济史研究》1984年第3期；白广美《中国古代海盐生产考》，《盐业史研究》1988年第1期；刘淼《明代海盐制法考》，《盐业史研究》1988年第4期；张荣生《从煮海熬波到风吹日晒——淮南盐区制盐科技史话》，《苏盐科技》1995年第3期。
4　参见道光《两广盐法志》卷4，于浩编《稀见明清经济史料丛刊》第1辑第39册，第492~493页。

场为例，随着盐场生产的扩大逐渐分化出新的盐场，淡水场分成淡水、大洲、碧甲、墩下、白沙等场栅，石桥场分成石桥、小靖二场。[1]万历年间，惠州府归善县还在平海所创建了淡水场大使官署，协助管理盐务。康熙朝的吴震方便指出惠州府"淡水场之沙田地塥产盐甚多"。[2]

表 3-1　清中期广东生盐、熟盐产地分布

生盐产地	肇庆府	双恩场
	惠州府	淡水场、碧甲场、大洲场、墩白场、海甲场、小靖内场、小靖外场
	高州府	电茂场、博茂场、茂晖场、丹兜场
	潮州府	招收场、河西栅、隆井场、惠来栅、东界场、海山隆澳场、小江场
	广州府	东莞场
熟盐产地	广州府	上川场、归靖场、香山场、海㴦场
	雷州府	武郎场、蚕村调楼场、新兴场
	廉州府	白石东场、白石西场
	琼州府	大英感恩场、小英感恩场、临川场、博顿兰馨场、三村马袅场、陈村乐会场

注：东莞场兼产生盐、熟盐，以生盐为多。
资料来源：道光《两广盐法志》卷4，于浩编《稀见明清经济史料丛刊》第1辑第39册，第492~493页。

但是采用晒盐法对卤水的浓度有一定要求，即间接受制于海洋环境。珠江口的归德、靖康两盐场因受到海水含盐度的限制而无法完成技术改良，仍旧采用煎盐法，遂在食盐竞争市场中逐渐

1　乾隆《两广盐法志》卷27，于浩编《稀见明清经济史料丛刊》第1辑第37册，第420~433页。
2　吴震方：《岭南杂记》卷上，《丛书集成初编》第3129册，商务印书馆，1936，第10页。

第三章 "以民田承灶户"：16世纪的无征灶课治理与盐场生计变迁 • 165 •

失去优势，而广东东部盐场则在这次机遇中崛起。乾隆《两广盐法志》记载，归靖场[1]"海水在虎门口外，而盐田全在内港之中，多淡少咸"，"三、四、五、六、七月，雨水连绵，虽竭力耙晒，不能成卤，惟正、二、八、九、十、十一二月，天汛长晴，卤水厚重，各灶勤煎，始能足额"。[2] 此时的归德、靖康盐场，已是"多淡少咸"，每年三月至七月，已"不能成卤"，煎盐的时间唯有一、二月及八至十二月，天晴时分竭力煎煮才能有所获。[3]

清初尚藩盘踞广东时，"伙党倚势，将产盐田场踞为奇货"，[4]"霸为己业，灶丁反雇为佣工，煎晒盐粒，惟听藩党货卖，独擅其利"。[5] 实际上，尚藩霸占的主要是生盐场，对熟盐场"略之不占"。"自逆藩僭窃之时，淡水等场及平山等处多有藩孽土棍霸占盐田，贱买贵卖，乱行私盐。"[6] 而归德、靖康等熟盐场本身经营就困难，"其地受东西二江之流，吸三门海潮之沫，斥卤者少，且春夏江流盛大，咸潮无力，不能耙晒，必秋末隆冬时候，天色晴朗，方得朔望两收"，"实与惠（州）、潮（州）扬水晒生，一日一收者，获利迥别"。[7]

除了盐业技术革新的因素，明中期以后广东沿海海路交通的发展也为惠州、潮州一带盐场产盐的运销提供了便利条件。清末东莞进士陈伯陶在回顾东莞盐场历史的时候，便将东莞、新安二县盐场的衰落归结为两方面原因：一是"河流日远，沙滩日积，滨海之

---

1 乾隆年间，归德场与靖康场合并，称归靖场。
2 乾隆《两广盐法志》卷18，于浩辑《稀见明清经济史料丛刊》第1辑第37册，第498~499页。
3 笔者在东莞市虎门镇、长安镇一带进行访谈的过程中，也从当地一些老人口中得知，新中国成立以前当地要到八月十六以后才有海水灌溉，平时都是淡水，有时候八月还有淡水，重九以后才开始更咸，到十一二月咸度达到最高。
4 李士桢：《抚粤政略》卷3，台北：文海出版社，1966，第274页。
5 李士桢：《抚粤政略》卷7，第821页。
6 吴震方：《岭南杂记》卷上，《丛书集成初编》第3129册，第10页。
7 陈锡：《复邑侯沈公书》，《凤冈陈氏族谱》卷11，第54页。

地悉成稻田，因是咸卤日稀，收成日薄"；二是"自汉迄明，盐场皆在今东莞、新安两县境，其时惠、潮二府非不出盐，然转运不若莞地之便，自明而后，海舶日增，航路日熟，惠、潮之产因是亦日富，莞场之撤，此亦其一因也"。[1] 万历时人何维柏也曾称："广夙称乐土，宣、成、弘、德以来，民物殷庶，储蓄充盈，兵食强盛，雄视他省；蹉艚贩舶，篙工健崒，络绎无昼夜。"[2]

珠江口海水淡化和潮汐的时间缩短，严重影响了归德等场的作业。加之明中期出现的燃料供应危机，促使盐场寻求技术改革，惠、潮二府的生盐场得到发展机遇。东莞、归德等熟盐场因为珠江口生态环境的制约，逐渐陷入生产经营和技术革新的危机，而生盐场的兴盛则进一步加剧了东莞等场的危机。

二 盐政改革、市场流动与珠江口盐业困境

随着明中叶两广盐政改革及由此引发的市场流动，环境变迁和技术的限制更进一步加剧了东莞等熟盐场的生产和经营危机。15世纪中后期，在叶盛、韩雍等推行的余盐抽银政策下，广东打破了明初开中法设定的市场格局，并将偷偷越境进入淮盐和海北盐行销区的私盐市场放开，以在官府纳米的形式，将之转化为军饷。广东开中盐商所支取的官盐，可以在另外加纳米之后，合法进入梧州以西、南雄以北等地销售，而且盐的销售范围还逐渐扩展到余盐，这又进一步开拓了广东盐的运销市场。

珠江及其支流的便利交通和上述市场利益的驱动，使位于珠

---

1 民国《东莞县志》卷33，《广东历代方志集成·广州府部》第24册，第359下页。
2 何维柏：《赠彩山方公晋太仆卿序》，《天山草堂存稿》卷4，《四库全书存目丛书》集部第103册，第361页。

第三章 "以民田承灶户"：16世纪的无征灶课治理与盐场生计变迁

江口的几大盐场在余盐抽银之后成为商船竞至的余盐输出地。一方面，天顺余盐抽银改革后，食盐允许灶户自卖，余盐的丰厚利润吸引大量劳动力投入生产中，附近民户、疍户"皆求投入盐司"。[1]而且盐场灶户通过制造"逃户"的办法，隐瞒大量正额灶课，由此减少上交官府的课额，而私下将盐转为余盐向商人出售，以此降低成本。[2]另一方面，珠江的支流东江、西江和北江上游，长期是广东盐最有利的销售地。珠三角的煎盐场正是利用了这一水路交通优势，在正德以前，尚能对晒盐场保持一定的竞争优势。

但是，正德初广东盐法的改革者、来自朝廷的盐政官员解冕及其继任者认为，盐政问题还出在盐场的"逃亡灶丁"所导致的灶课无征上。于是从正德始，历经嘉、隆两朝，他和继任者不断在盐场进行灶户人丁、田产清查造册，追补无征灶课。结果在运销上，导致商人"无利则散"；[3]在盐场，早先投入盐司的民户、疍户也"仍旧逃归本籍"。[4]追补无征的做法让受到海水含盐度限制只能采用煎盐法的珠三角盐场，过去用逃税方式获取的市场优势由此逐渐丧失。因为盐的需求市场始终存在，随着煎盐场的衰落，潮州等地的晒盐场则迅速得到发展，从而填补了盐斤的空缺。

依靠珠江水系运销两广盐的税收流向变化也是促成盐业布局调整的重要因素。正德六年（1511），因江西南部发生寇乱，都御史陈金奏准在赣州设官场抽分，并允许广盐到袁州、临江、吉安等三府发卖，以助军饷。[5]平乱之后本欲取消该三府行盐，但南

---

[1] 林希元：《陈民便以答明诏疏》，陈子龙等选辑《明经世文编》卷163，第1642页。
[2] 参见李晓龙《明代中后期广东盐场的地方治理与赋役制度变迁》，《史学月刊》2018年第2期。
[3] 陈金：《复旧规以益军饷疏》，刘尧诲：《苍梧总督军门志》卷23，第249页。
[4] 林希元：《陈民便以答明诏疏》，陈子龙等选辑《明经世文编》卷163，第1642页。
[5] 王守仁：《疏通盐法疏》，氏著《王文成公全书》卷9，《景印文渊阁四库全书》第1265册，第255~256页。

赣巡抚王守仁曾力阻，到正德十三年，户部以恐广盐夺淮利，坚决制止。[1]但实际上，袁州三府私下运销广盐的情况普遍，晚明淮盐和广盐在袁州三府的争夺一直持续不断。[2]嘉靖五年（1526），经南赣巡抚潘希曾争取，朝廷再次允许袁州三府运销广盐。[3]嘉靖十五年，袁、临二府又改食淮盐。嘉靖三十四年，朝廷裁定江西南、赣、吉三府每年行广盐20万引，并规定税收二分存留，八分解部。[4]在这一过程中，广盐在江西南部的销售市场在行政层面受到严重的挤压，显然不利于运销。更重要的是，自正德间赣州抽盐厂设立后，广盐入南、赣，于南雄抽分，利归广东，由南、赣入吉、临，在赣州抽分，利作南赣军饷。[5]江西吉安等府的盐税抽分收入已经和两广军门没有关系了。经过正德及之后的一系列改革，朝廷和江西地方占去了两广军门在天顺改革后形成的盐业布局中所获得的盐利。

广盐的另一条重要运销地广西，食盐也在隆万年间确立由民商贸易改为官运。隆庆五年（1571），两广总督殷正茂"以古田之役，出官帑万金，市苍梧，广商上桂林鬻其息，资成兵饷"，[6]"令官出资本，岁买盐三百艘"。[7]万历二年（1574），又"遣官买运广盐，

1　王守仁：《王文成公全书》卷32，《景印文渊阁四库全书》第1266册，第32页。
2　参见唐立宗《在"盗区"与"政区"之间——明代闽粤赣湘交界的秩序变动与地方行政演化》，台北：台湾大学出版委员会，2002；黄国信《区与界：清代湘粤赣界邻地区食盐专卖研究》。
3　潘希曾：《遵敕谕陈利弊以消天变疏》，氏著《竹涧集奏议》卷2，《景印文渊阁四库全书》第1266册，第767页。
4　徐学聚：《国朝典汇》卷96，《四库全书存目丛书》史部第265册，第601页。
5　《明世宗实录》卷62，嘉靖五年三月戊子，第1440页。
6　万历《广东通志》卷7，《广东历代方志集成·省部》第5册，第185页。
7　《明穆宗实录》卷57，隆庆五年五月丁卯，第1400页。

第三章 "以民田承灶户":16世纪的无征灶课治理与盐场生计变迁

置盐运提举于梧州,使相灌输"。[1] 广西官运盐斤除供广西外,还将湖南桂阳州等地纳入销盐区,而"将广东韶、连前项行盐津路悉皆禁绝"。[2] 邻省政府的行政干预,冲击了珠江航道上的盐业贸易,尤其是剥夺了商人的获利途径,据说当时造成广东沿海"载盐之船千艘,若无用而停泊于内河,驾船之夫数万人,皆无靠而流离于外海"。[3] 盐饷主要来源于商人的多销,从商人的反应可以看出,两广盐销区范围受限,广东盐饷收入势必大受影响。

我们还可以对当时华南各地的广东盐销量情况做大致的比较,如万历《广东通志》载:

> 今盐法道揭报,商人若告承广、南、韶、惠、肇庆五府大小埠共五十一所,定周年引二万八十四道……若南雄往江西、梧州入广西,商人告承散拆盐引岁约三万四千道。[4]

万历年间,广东盐场[5]的盐产量,计生盐30229引,熟盐34601引,合计64830引。[6] 当然,这里的盐引数是官方登记的课额,并不就等于实际的销量。如材料所示,销广东境内广州等五府的盐量仅约占31%,而江西、广西则约占52%。剩下的部分系潮州地区的潮盐,销潮州府及福建南部汀州府一带。以上两种计算都表明,江

---

1 万历《广东通志》卷7,《广东历代方志集成·省部》第5册,第185页。
2 刘尧海:《议疏通韶连盐法疏》,万历《粤大记》卷31,《广东历代方志集成·省部》第26册,第882页。
3 崇祯《东莞县志》卷6,《广东历代方志集成·广州府部》第22册,第270页。
4 万历《广东通志》卷7,《广东历代方志集成·省部》第5册,第184上页。
5 本书叙述中的广东盐场专指广东盐课提举司,参见黄国信《区与界:清代湘粤赣界邻地区食盐专卖研究》一书的相关论证。
6 万历《广东通志》卷7,《广东历代方志集成·省部》第5册,第183右下页。

西、广西的盐销量占广东盐课提举司销量的大半以上。

这两处行销粤盐地区的变化，割去原粤商行盐地广西、湖南和江西部分地区的重要市场，严重打击了广东盐商的贸易。广东盐商对此怨声载道。"曩时贩商俱粤东富家子，而韶（关）、连（州）诸邑，楚商私贩往往相属。自行官盐，商利渐杀，私贩重绳，商人造为浮言以捍当道。"[1] 大片食盐市场的丧失，导致广东盐商纷纷失业。东莞人陈一教于万历二年（1574）所撰《复通盐路疏》记载：

> 臣惟往年广盐，一由广西，以达湖广；一由南雄，以达江西。在广西，则系民商贸易，价值与时低昂，未有官府抑勒如今日者。在江西，则袁、临、吉三郡皆食广盐，未有淮盐多端搀夺如今日者。彼此贪夺，日控日深。闾阎膏血，日朘月削。边海不得聊生，贫民易以生乱。事势之危，莫甚今日。[2]

陈一教，"字在修，长有智略，以盐策起家"。[3] 他在奏疏中也指出："臣等住居濒海，水咸地卤，不堪耕种，多以晒沙煮海，及贩卖盐斤为生。"又郭棐《东莞布衣陈一教墓志铭》记载：

> 公讳一教，字在修，别号随缘。始祖偿者，自闽徙居东莞之亭头，筑钓台以居。五世祖应辰者，登咸淳进士，为一邑仪表。其曾大父用宾，由辟举掌教长乐。大父士章，由岁贡掌教兴业。父振经，钦州庠生，始市居自市。随缘公，其次子也。生而岐嶷，长而智略，天性孝友，知综儒业。及父

---

1 《广西盐法志》，汪森编《粤西文载》卷16，《景印文渊阁四库全书》第1465册，第742页。
2 崇祯《东莞县志》卷6，《广东历代方志集成·广州府部》第22册，第270页。
3 崇祯《东莞县志》卷5，《广东历代方志集成·广州府部》第22册，第225左上页。

第三章 "以民田承灶户":16世纪的无征灶课治理与盐场生计变迁

捐馆,家益寒淡,公乃弃儒就商,策盐泛海,日乘长风出没于波涛中。母念之,有不豫色,公乃佚己而任人,不数岁以盐策起家。[1]

由材料可知,陈一教在父亲去世以后就弃文从商,经营食盐贸易。由"不数岁以盐策起家"也可知盐商贸盐的利润之大。可见,陈一教也是天顺四年(1460)以后"不论官民商贾"中的一员,且从中获利不少。但"今日",广西则"官府抑勒",江西则"淮盐多端揽夺",以致"在灶户则煮海无益,徒坐困于饥寒;在商民则生理无路,而待毙于旦夕"。江西三郡则因嘉靖年间严嵩当权,"不由复议,径夺袁、临二郡,以惠淮商"。[2] 按照陈一教的说法,此二举侵夺了广东大量的盐利,据载:

二路已塞,盐利不通,昔广西额消二万余引,今为官所限,官盐每运只消五千引,民盐亦只消四千引,此额则失去一万四千有奇。连、韶额消二万余引,今为官盐所限,只消七千二百引,此额则失去一万二千有奇。江西五郡额消二十万引,今为淮商阻塞,吉安只消六七万引,南赣只消一万五千余引,此额则失去一十二万有奇。[3]

按照陈一教的计算,广西、江西对广东盐利的侵夺达到146000

---

[1] 吴道镕原稿,张学华增补,李棪改编《广东文征》第3册,第335页。
[2] 陈一教:《复通盐路疏》,崇祯《东莞县志》卷6,《广东历代方志集成·广州府部》第22册,第270右下页。
[3] 陈一教:《复通盐路疏》,崇祯《东莞县志》卷6,《广东历代方志集成·广州府部》第22册,第270下页。

引，与清初两广正盐盐引额（544542 引）相比，占了约 26.8%。由此可见，盐路不通给滨海人群的利益带来多大的损害。陈一教上疏"请止官运，与复行临、吉两府修引"，但据崇祯《东莞县志》，虽称盐始复通，但实际上只允准了吉安一府。郭棐《东莞布衣陈一教墓志铭》称："(陈一教)居常念盐法弗通，民用告窭，江右行盐路狭，广西积引未消，皆起于盐法之弗讲也。于是诣阙，上封事数千余言，奉主上下户部议，竟沮格。寻以五策干抚按诸监司，有采行者。"[1] 按照这种说法，陈一教的这通《复通盐路疏》确实没有得到批准。广西占据衡、永地区盐利，一直持续到晚明仍然未改。彭舒《粤东盐政议》云："隆、万以来，西省专衡、永之利，而禁韶盐不输平石，连盐不输白牛，东人饷亏，楚人艰食，此往往宜通者也。"[2] 彭舒，番禺人，南明隆武乙酉举人，其文所叙当是明末清初的事情，则当时衡、永盐利仍然归广西官运。

  由表 3-2 也可大致了解明代官方盐额的变化状况。根据小计一栏，嘉靖朝和万历朝，广东官方公布的盐斤总产量较弘治朝分别减少了 30.1% 和 55.3%，即使就广东提举司而言，也分别减少了 28.3% 和 50.0%。这个数据还不包括弘治年间可能存在的大量余盐，当时准许盐商贸易携带"私盐"，每正盐一引可带余盐六引，不排除嘉靖、万历时期的盐商也仍然进行私盐贸易，但由于政府打击私盐政策的出台，私盐的贸易量不大可能超过弘治时期。由此可以想见，到万历年间，受市场等因素的影响，官方登记的广东食盐产量的降幅有多大。[3]

---

[1] 吴道镕原稿，张学华增补，李棪改编《广东文征》第 3 册，第 335 下页。

[2] 吴道镕原稿，张学华增补，李棪改编《广东文征》第 4 册，第 448 页。

[3] 这个变化的原因和实际影响情况，可参见李晓龙《市场流动与盐政运作：明代两广盐业布局的重构过程研究》，《中山大学学报》2020 年第 5 期。

第三章　"以民田承灶户"：16世纪的无征灶课治理与盐场生计变迁

表 3-2　明代四朝广东盐斤产量

单位：小引 200 斤

	洪武朝	弘治朝	嘉靖朝	万历朝
广东提举司盐课	93710	93710	67149	46820
海北提举司盐课	54080	38966	25564	12486
小计	147790	132676	92713	59306
估算广东盐总产量*	886740	796056	556278	355836

注：* 该估算数据引自周琍《清代广东盐业与地方社会》，第 28 页。文献中称弘治以后有一引正盐搭配余盐六引的说法，故周琍估算时将正引额乘以 6 倍而为盐总产量数，并以此认为明代广东盐总产量在 94730 吨左右。笔者认为，明代中期以后的私盐额是否达到正盐的 6 倍尚有待进一步考察。此处无意对此展开探讨，仅将相关数据列出以供参考。

资料来源：据万历《大明会典》(《续修四库全书》第 789 册) 整理。

食盐官运不仅导致官定食盐的减产，还严重影响了广东沿海从事食盐贸易的商人和船户。时人亦认识到"官运则利在西，商运则利在东，然广西则为地方计，广东则为商民计"。[1] 原来粤商赖以牟利的食盐销售权如今转移到官府手里，广东盐商失去了原来贸易的食盐市场，以致纷纷失业。而其中受到影响较大的就是珠江口的盐场和依靠该地盐场进行贸易的商人。

万历二年（1574），广东屯盐佥事陈性学称：

> 会有事珠池，集四道兵之积，六月未捷。性学白督府吴文华：此皆盐徒以失业，故为梗，尔予招。[2]

靖康场人陈履《与吴军门》也载：

---

[1] 郭应聘：《条议艚船盐法事宜疏》，《郭襄靖公遗集》卷 7，《续修四库全书》第 1349 册，第 177 左下页。
[2] 万历《广东通志》卷 7，《广东历代方志集成·省部》第 5 册，第 185 页。

奈何去年以来，民情大变。鸠集党类，造为舟船，倡言盗珠，公行无忌。有司知而不一禁，乡里惧而不敢言，遂至转相效尤，不可胜计。[1]

沿海盐徒由于失业，大量转向出海采珠，并由此造成地方社会的不稳定。陈一教也指出："臣见载盐之船千艘，若无用而停泊于内河，驾船之夫数万人，皆无靠而流离于外海。其势非聚众而出海盗珠，则乌合而奔投番舶，将有啸众聚党，据险弄兵，如昔许朝先、曾一本之所为者，势所必致也。"[2]

与此同时，正德年间朝廷对两广盐政进行干预后，粤东的晒盐场获得了更多的市场份额。文献中常见的"南盐"，就是粤东晒盐场食盐参与到珠江水系食盐贸易中的表现。据称：

广商从盐法道领引，到招收等场照引几道买盐若干，由海运至南雄，逾岭接卖南商。从西关而下，直抵三姑滩，谓之南盐。桥商领给军门大票，到东界等场买盐，听管桥官擎秤上桥，领户部引目，至三河接卖汀商。逾岭过赣州、袁、临等府，瑞金、会昌、石城等七县，从东关而下，谓之汀盐。二路合卖。自正德四年起各定地方。[3]

这则材料讨论了粤东盐场的食盐运销路线。结合上下文，这里应是万历年间的回溯，所以出现广商与桥商的区分，这一区分实际

1　陈履:《悬榻斋集》卷3，第504~505页。
2　陈一教:《复通盐路疏》，崇祯《东莞县志》卷6,《广东历代方志集成·广州府部》第22册，第270~271页。
3　顺治《潮州府志》卷2,《广东历代方志集成·潮州府部》第1册，第202页。

要到正德以后才形成。正德以前，粤东场盐的销路主要有两条：一是水客从招收等场运盐，海运经广州省河，转售商人，再由商人运到南雄，逾岭接卖与南商，称为南盐；另一条路线是水客从东界、小江等场运盐，沿韩江至潮桥"掣秤上桥"，至三河发卖汀商，称为汀盐，运盐商人称为桥商。三河位于潮桥上游，是潮盐分装小船、装运各地的中转站，商人在"潮桥配运"之后，盐船经"验放上桥"，"至三河坝报明，委官验讫"，将盐贮于商人在该地所建的盐厂，并"析为小包"转运汀州等地。[1]

嘉靖《广东通志初稿》统计嘉靖时潮州府招收等三场的盐场课引数达到 26049 余引，占广东提举司总额的 29.3%。当时广东盐中，广州府的熟盐总量为 45951 余引，而潮州、惠州二府的生盐总量为 42788 余引，比海北盐的 26328 余引还多。[2] 虽然这并不能代表潮州盐场的实际产量，但至少可以反映潮州盐场在当时税收中地位的变化。前引材料中提到的"南盐"，也均买运自潮州和惠州的盐场。郭子章在《开盐路议》中也称："南盐、汀盐皆系潮产。"[3] 从商人的角度来看，他们也更乐意采买价格低廉的生盐。而当时还有种说法，认为生盐"性刚能耐久，其味倍咸，食之多力，山居之民喜食之"。[4] 生盐的畅销甚至在明末清初改变了山居之民的口味。

"山居之民"应系广西、湖南一带百姓，而熟盐主要供应沿海居民。可以猜想，广西官运的盐斤很可能大多是产于淡水等场的生盐。此后至清初广西的行盐情况可以进一步佐证。毕自严在《度支

---

1 乾隆《潮州府志》卷 23，《广东历代方志集成·潮州府部》第 3 册，第 405 页。
2 嘉靖《广东通志初稿》卷 29，《广东历代方志集成·省部》第 1 册，第 502~503 页。
3 郭子章：《开盐路议》，氏著《蠙衣生粤草》卷 9，《四库全书存目丛书》集部第 154 册，第 597 页。
4 屈大均：《广东新语》卷 14，《清代史料笔记丛刊》，第 399 页。

奏议》中提到:"查《盐政考》,衡属衡阳、衡山、安仁、耒阳、尝宁等县,额食粤西生盐",而"郴属宜章、永兴、兴宁等县,额食广东韶州熟盐",后"近年连、韶奸商告改生盐引目,而郴属宜章各商遂得收囤生盐,勾引衡属安仁、耒阳、尝宁三县奸民转卖牟利",于是"东盐越贩,西盐雍积"。[1] 雍正六年(1728),"议准广西省定配广东惠州府淡水场之墩下、白沙二栅"。[2] 乾隆《梧州府志》也载:"自(雍正)十一年,引盐始为桂林、平乐、柳州、浔州、庆远五府属,宾州一州,迁江、上林二县及梧州之苍梧、藤县,太平之永康、养利二州,配运惠州白沙、墩下二场生盐。"[3]

对于归德、靖康盐场制盐者来说,这更是非常糟糕的情况。不仅制盐成本越来越高,产量日渐减少,而且生产出来的食盐还无处销售。万历时,新安知县喻烛称:"本县查得,沿海居民类多煎晒盐斤为活,出境有禁,商贩畏盘不来,致盐堆积无以聊生。"[4] 崇祯时,新安知县李玄亦称:"东莞场濒临边海,波涛汹涌,商船罕至。"[5] 一边是食盐的堆积,一边是盐场灶课的催征,盐场彻底陷入困境。

---

[1] 毕自严:《覆粤西巡按毕佐周垦荒理蕯考成协济疏》,《度支奏议》山东司卷6,《续修四库全书》第488册,第63~65页。

[2] 道光《广东通志》卷169,《广东历代方志集成·省部》第18册,第2767~2768页。

[3] 乾隆《梧州府志》卷9,《中国方志丛书·华南地方》第119号,第194左上~195右下页。

[4] 《知县喻烛条议》,康熙《新安县志》卷12,《广东历代方志集成·广州府部》第26册,第131右下页。

[5] 《知县李玄条议》,康熙《新安县志》卷12,《广东历代方志集成·广州府部》第26册,第131左下页。

第三章 "以民田承灶户"：16世纪的无征灶课治理与盐场生计变迁　　　　　　• 177 •

第二节　灶课追征与灶户宗族应对

　　盐场是产生余盐的根源，无征则是余盐有利可图导致的结果。根据嘉靖时期林希元的说法，当时广东盐场的无征灶丁达到"二万八千四百三丁"，"该盐课二万八千四百三引"，[1] 约占总盐课额的39%。如何应对灶课无征成了16世纪初期广东盐政和盐场的主要难题。

　　广东盐场的无征据说是由于"灶丁消耗"而留下"无人办纳"的灶课。对此说法，我们需要多加斟酌。无征并非单单表现为盐场灶课银征收上的缺额，更为重要的是灶课额直接关系到盐场对于当年食盐生产量的估计，进而影响官府该年对盐商盐课银的征收。也就是说，有征无征的课额，关系的是盐斤的产量，官府对于灶课的追征，一方面在于获得一定的灶课银，而另一方面实际上也是为了促使盐场完成定额的食盐生产以供流通，从而获得更多的税银。盐商所交纳的银两较盐场灶户的灶课银要高出许多。而在15世纪中后期，由于余盐抽银所带来的有利可图，盐场灶户常常私下将原本属于正课的盐通过"逃亡"的方式等转化成余盐，造成盐场大量的无征灶课。为了解决无征，16世纪初，解冕及其继任者一方面将无征停征、蠲免，另一方面设法用盐场已有的"资源"——多余人丁、

1　林希元：《陈民便以答明诏疏》，陈子龙等选辑《明经世文编》卷163，第1641右下页。

多占田地，来填补无征的缺额。这是一个复杂而有趣的过程，同时也充分展现了盐场地方秩序结构对于制度实践的互动作用。

一　正德年间的查盘起解与奏革商引

若如前文所言，无征问题早已存在，那为何等到正德初才突然成为朝廷、地方官和盐场百姓的热议话题呢？要弄清楚这一点，需要从正德初广东的盐法改革入手。

当时广东盐政的最大变化是朝廷将梧州的私盐罚银查盘起解户部。正德初年，朝廷认为"盐法一坏于盐徒之私贩，再坏于势要之占中，芦荡或强夺于土豪，额课多侵欺于奸灶"，[1]并命派员赴各盐区展开清理。正德二年（1507），派往广东的户部主事庄襗"查盘两广岁报底册"，"将各司府所贮银两、货物解京，其梧州盐粮军赏银两量留三分之一，余亦解京"。[2]不仅如此，正德四年，朝廷又下令"禁私贩夹带"。[3]随后解冕莅任广东，掌管盐法，提出将正盐许带余盐数量限定为三引，"有挟带多余盐斤，尽割入官，不准自首"，结果导致"近日（商）人不争附，较之往年军饷渐减"。[4]正德年间的改革，推翻了弘治年间秦纮等推行的只要盐商缴足罚银，携带私盐并不受限制的政策。

查盘起解给广东带来严重的地方财政危机。据说"自正德二年查盘起解之后，库藏遂无余积，凡一举动辄就告乏"。[5]正德十一年

1　《明武宗实录》卷13，正德元年五月甲辰，第414页。
2　《明武宗实录》卷32，正德二年十一月丙寅，第798页。
3　《明武宗实录》卷55，正德四年闰九月丁丑，第1241页。
4　陈金：《复旧规以益军饷疏》，刘尧诲：《苍梧总督军门志》卷23，第249、251页。嘉靖《广东通志初稿》卷29作"正德六年"（《广东历代方志集成·省部》第1册，第505页）。
5　陈金：《复旧规以益军饷疏》，刘尧诲：《苍梧总督军门志》卷23，第250页。

(1516),朝廷同意了户部庄主事的主张,将广东盐饷一半解京,只留一半"以备军门应用"。[1] 虽然此后余盐抽银又逐渐恢复到许带余盐六引,"抽税银一分二厘",但同时规定"岁留二分供军饷,以八分解户部"。[2] 尤其是嘉靖朝两淮余盐政策实施之后,两淮官员开始极力争夺广东盐越境的市场。这一政策的结果,成为广东盐场制度的重要转折点。在运销,商人"无利则散";[3] 在盐场,早先投入盐司的民户、疍户也"仍旧逃归本籍"。[4]

解冕在广东的盐法改革还不仅限于此。正德四年(1509),解冕以"商引之价太重,奏革商引,仍行官引,更分生熟盐价"。[5] 万历《大明会典》记载:"正德五年奏准,广东盐商引目通收在官,候下场载盐给发。酌量地方远近,定与限期,俱以载盐出场为始……各将引目赴巡盐御史销缴。"[6]

奏革商引之后,解冕进而着手治理灶课无征的问题。解冕等认为两广盐政问题还出在盐场的"逃亡灶丁"所导致的灶课无征上。在最初的做法中,无征经常被摊派到现役灶户身上。正德四年(1509),解冕奏请朝廷,将"现在有征盐课,宽减十分之二,其先逃续逃无征盐课,节行停征"。[7] 停征并不等于免征,而是通过弥补方式来解决。先是"议准广东沿海军民蛋户赖私煎盐斤为生,许令尽数报官,于附近场分减半纳课,以补无征之数"。[8] 正德十二年

---

1 嘉靖《广东通志初稿》卷29,《广东历代方志集成·省部》第1册,第504页。
2 《明世宗实录》卷543,嘉靖四十四年二月丁丑,第8774页。
3 陈金:《复旧规以益军饷疏》,刘尧诲:《苍梧总督军门志》卷23,第249页。
4 林希元:《陈民便以答明诏疏》,陈子龙等选辑《明经世文编》卷163,第1642页。
5 嘉靖《广东通志初稿》卷29,《广东历代方志集成·省部》第1册,第504页。
6 万历《大明会典》卷33,《续修四库全书》第789册,第580页。
7 林希元:《清查灶丁疏》,乾隆《廉州府志》卷20,《广东历代方志集成·廉州府部》第2册,第392页。
8 汪砢玉:《古今鹾略》卷5《政令》,《北京图书馆古籍珍本丛刊》第58册,第86页。

（1517），户部署郎中丁致祥"自广东还"，奏称："广东盐场岁办额课与《诸司职掌》所载不同，恐有那移迁就，乘机埋没之弊，宜令巡盐御史按查修举，或灶丁缺者量为佥补。"[1] 吴廷举就曾在广东盐场进行佥补灶丁改革。据称："正德年间，钦差盐法御史冼[解]冤专理盐法，佥事吴廷举亲临盐场，见盐丁跋涉，辛苦奔波，又赔贩无征之艰难，申请条例，优免杂派差徭，刊刻成书"。[2]

吴廷举所任的佥事即广东按察司佥事。广东按察司佥事的重要职责之一就是管理广东盐法。《明孝宗实录》记载："（弘治六年正月）乙亥，命广东按察司佥事沈锐专理盐法。巡抚两广都御史闵珪言：广东盐课旧有按察司官专管，后以巡守官摄之，事无专任，逋负至数万，宜仍旧便。户部覆议，从之。"[3] 在其位施其政，吴廷举也制定出相应的规定：灶户"每户除民田一百亩不当差役"，"多余人丁佥补逃亡灶丁，多余田土扣算纳银"。而且清查盐场诸多弊端，"其民间豪富奸猾之徒，将田诡寄灶户户内，或将民户诡作灶户名色，或将各县灶户姓名寄庄者，多搬奸计躲避差役者，逐一清查问罪、改正"。[4] 这也即是其他文献中提到的"三丁贴一"，"灶户一丁办盐，准户下二丁帮贴，其余佥补逃故"。[5] 如果顺利落实的话，无征就有望置换成有征，即用余盐去补充无征的缺额，一举两得。

嘉靖《广东通志初稿》称："时盐课论丁，丁多则课多。后丁渐

1　《明武宗实录》卷147，正德十二年三月庚子，第2878~2879页。
2　林希元：《清查灶丁疏》，乾隆《廉州府志》卷20，《广东历代方志集成·廉州府部》第2册，第392页。
3　《明孝宗实录》卷71，弘治六年正月乙亥，第1332~1333页。
4　《正德初盐法佥事吴廷举查复优免例》，该文献见于万历《琼州府志》卷5（《广东历代方志集成·琼州府部》第2册，第115页），并据康熙《琼山县志》卷2（《广东历代方志集成·琼州府部》第8册，第532上页）补全。
5　林希元：《陈民便以答明诏疏》，陈子龙等选辑《明经世文编》卷163，第1642~1643页。

第三章 "以民田承灶户"：16世纪的无征灶课治理与盐场生计变迁　　• 181 •

流亡，有司不敢亏折课额，辄敷见存丁以补之。当事者知民不堪，乃议三丁贴一，而所耗减已多，民犹以为病。"[1] 这里的"民"自然不是普通老百姓，而是盐场的富户。吴廷举的政策实际上严重损害了这些人的既得利益。对于解冕等的改革，盐场地方人士是不满的。东莞人陈士俊评论称："御史解冕来按吾广之盐，峻令连坐，至有破无辜之家者，其于法意，谓之何哉？"对于盐场丁课无征而盐税日繁则持认同态度："迨我朝一本致堂之意以立法，善无不尽，法久而敝，故丁课日损，而商税日繁，变而通之，将不在人乎？"[2] 陈士俊代表的是盐场灶户的立场，他的说法也坐实了灶户参与盐业贸易的情况。

二 "以田报丁"立废中的凤冈陈氏宗族

"以田报丁"是嘉靖朝广东盐场治理灶课无征的重要政策，也是盐场地方最极力反对的。"以田报丁"是在嘉靖三年（1524）朝廷要求广东追讨"停征逃亡盐课"的背景下实行的。

正德以后，地方官员和盐场灶户一方面寻求抵补无征灶课的办法，另一方面也希望朝廷能够对无征灶课进行减免。如前文提到，正德四年（1509）解冕就请求过"节行停征"。嘉靖元年，"蒙皇上登极"，无征灶课甚至被"恩诏蠲免五分"。但好景不长，到了嘉靖三年，"广东盐课提举司因两广都御史督责，遂将正德十六年以来停征逃亡盐课，通行追征。"[3] 将原本已经停征的"逃亡盐课"，"通行

---

[1] 嘉靖《广东通志初稿》卷29，《广东历代方志集成·省部》第1册，第502页。
[2] 陈士俊：《东莞场志序》，崇祯《东莞县志》卷7，《广东历代方志集成·广州府部》第22册，第312~313页。
[3] 林希元：《陈民便以答明诏疏》，陈子龙等选辑《明经世文编》卷163，第1641左下页。

追比，以副奏限"。[1]这一下子激起了盐场灶户的抗拒情绪。"灶户之家，富丁多者尚可支援，家贫丁少者难于赔纳，因之逃亡，是以现在灶丁又十去二三。"[2]归德场灶户文宣更是以"赔赋无征不前，具本奏行"。为此，广东盐法佥事陈大珊请准先除去无征，再令盐场"各甲尽报老幼丁口"，并"以田报丁"，"每田一顷另额报丁三丁造册"。继任的盐法佥事李默又继续推行，并定"各场每丁办盐四百斤"。[3]即是说，由于灶户逃亡严重，遗留下来的无征的征收、摊派，最终通过转移到盐田上，除现有灶丁外，将盐田一顷折合成盐丁三丁办课。盐法佥事陈大珊、李默等人此举旨在解决广东盐政一直尾大不掉的无征问题，时称陈大珊"治盐策，有廉声"，[4]李默"有治才"。[5]

"以田报丁"改变了明初以来"盐课论丁，丁多则课多"[6]的做法。张岳《答盐道李古冲》称："责丁于田，其初只欲抑大户之诡税者。"[7]张岳，福建惠安人，大礼议中"贬广东盐课提举，岁余，起知廉州"。[8]《国朝列卿纪》卷108载：张岳"（嘉靖）十二年谪广东提举"。而《答盐道李古冲》中有"昨提举司差吏回"一句，可见此文当写于嘉靖十二年（1533）其提举司任上。而李古冲即盐法佥事李默。

1　林希元：《清查灶丁疏》，乾隆《廉州府志》卷20，《广东历代方志集成·廉州府部》第2册，第392下页。

2　林希元：《清查灶丁疏》，乾隆《廉州府志》卷20，《广东历代方志集成·廉州府部》第2册，第392左上页。

3　陈志敬：《请省赋敛以苏盐丁疏》，崇祯《东莞县志》卷6，《广东历代方志集成·广州府部》第22册，第260左上~261右下页。

4　崇祯《闽书》卷112，福建人民出版社，1995，第3365页。

5　道光《广东通志》卷245，《广东历代方志集成·省部》第19册，第3951右上页。

6　嘉靖《广东通志初稿》卷29，《广东历代方志集成·省部》第1册，第502页。

7　张岳：《小山类稿》卷7，《景印文渊阁四库全书》第1272册，第368左下页。

8　邓元锡：《皇明书》卷37，《四库全书存目丛书》史部第29册，第470左上页。

第三章 "以民田承灶户"：16世纪的无征灶课治理与盐场生计变迁 • 183 •

那么何谓诡税？戴璟称：

> 今灶户俱云灶田无差，分外又除民田一百亩，而有司编差不拘有无纳盐，但是灶田悉置不问，仍免民田百亩。原其所由，盖虽有照丁免田之例，而不行照田责丁之法，以致富豪灶户不行报丁纳盐，夤缘影射。靖康等场灶户有田二十余顷者，户内办盐止二三丁，折小引五六引。[1]

所以诡税是指有田二十余顷而实际办课只有五六引。广东南海人霍韬也认为，盐场"富民、豪民挟海负险，多招贫民，广占卤地"。[2] 实行"以田报丁"将使拥有大量田地而只有少量丁课的盐场家族的利益受到损害，他们也必然会起来反对这一政策。在东莞等盐场有编量经历的张岳便指出："某旧有一议，欲悉查出沙田，谓以田办盐，如民田之以亩科税。此法若行，则小民之有引无业者稍可轻减，而大户之白地煎盐而无课者，必多方沮挠之。"[3]

作为靖康盐场最大家族的凤冈陈氏，其家族成员、当时"予休致归"在家的前广西兵备副使陈志敬，"目击盐丁困苦状"，于嘉靖十二年"为疏请宽赋役"，[4] 替盐场灶户陈述"困苦"。他指责恢复无征带来的种种危害，控诉陈大珊等提出的以田报丁的做法"有甚于永州之蛇"，致"保守身家者，则典妻卖子，无知犯法者，则抛弃妻儿，甚如王秀山、许折桂流动劫乡村，杀伤官军"。[5]

---

1 嘉靖《广东通志初稿》卷29，《广东历代方志集成·省部》第1册，第506页。
2 张萱：《西园闻见录》卷35，《续修四库全书》第1169册，第80右下页。
3 张岳：《小山类稿》卷7，《景印文渊阁四库全书》第1272册，第369右上页。
4 孙学古：《莲峰陈志敬本传》，《凤冈陈氏族谱》卷7，第5a页。
5 陈志敬：《请省赋敛以苏盐丁疏》，崇祯《东莞县志》卷6，《广东历代方志集成·广州府部》第22册，第260左上页。

陈志敬所代表的就是靖康场大族，更多是从盐场家族利益出发。这些家族大多拥有大量盐田，而只承担少量丁课，如今将盐田折算成丁数，无疑会增加他们的负担，剥夺他们的利益。陈志敬称："靖康、归德二场，抵近惠、肇、韶。三江水涨，冲淡咸潮，春夏不堪晒沙淋卤，而秋冬才能耙办。二季之苦，供办期岁之盐，岂可与别场一例派也。本场每工旧办盐二百二十斤，尚有赡窥灶二丁。今自办四百斤，又无赡灶之丁，有违旧制之例矣，此苛政之法也"，"若赋一复，则官吏有暴敛之惨，差人有扰害之端，甚至枷锁连身，饥寒交迫，又无水饭供给，纵天命未尽，无所逃矣。虽死于此，而妻子亦未免也。"他恳请朝廷"查照佥事吴廷举申请优免条例，刊刻成书，颁下盐丁备照"。[1] 总之，陈氏以控诉恢复无征带来的种种危害为由，反对陈大珊等提出的将盐田折算成丁数的做法，本质上是为了维护当地大族的利益。

由于陈志敬等的阻挠，最终"以田报丁"没有得到很好的施行。陈志敬因此举也大受凤冈陈氏家族的歌颂。当地士绅在靖康场官署旁为陈志敬及其孙陈履建立了"二贤祠"，以"两先生后先济美，悯场中役繁赋重，疏请宽蠲，得舒民困。里人德之，立祠崇祀焉"。[2] 靖康场民还为其立"拜表亭"，以纪念其"为疏请宽赋役"。[3] 陈志敬上书符合地方大族的利益要求，因此大受地方乡老敬重，而更重要的是，通过二贤祠和拜表亭等，他们重申、维护了抗争的成果。

虽然"余丁佥补"和"以田报丁"相继失败，但地方盐官并未

---

1 陈志敬：《请省赋敛以苏盐丁疏》，崇祯《东莞县志》卷6，《广东历代方志集成·广州府部》第22册，第260右下页。

2 赵伊濯：《阖场公祭陈太史昆霞老先生文》，《凤冈陈氏族谱》卷8，第12a页。

3 光绪《广州府志》卷85，《广东历代方志集成·广州府部》第8册，第1340左上页。

第三章 "以民田承灶户": 16世纪的无征灶课治理与盐场生计变迁

就此放弃。嘉靖十八年（1539）十二月，林希元由钦州知州升任广东佥事，似乎又着手进行无征的治理。嘉靖《广东通志初稿》称："嘉靖八年，佥事林希元奏请分豁无征盐课，重造册籍，奏下户部，报可。"[1] 又康熙《广东通志》载："嘉靖八年，佥事林希元又奏豁无征，查新生续长佥补，重造册籍，自是课皆实征。"[2] 但康熙《新安县志》则称："嘉靖二十一年，再造盐册。"[3] 这两种说法看似略有不同。

林希元，福建同安人，正德丁丑（1517）进士，嘉靖九年（1530）八月，升"广东按察司佥事林希元为南京大理寺右寺丞"。[4] 嘉靖十五年以大理寺丞降任钦州知州。[5] 嘉靖十八年十二月，升"广东钦州知州林希元为本省按察司佥事"。[6] 所以，林希元在嘉靖八年提出"重造册籍"之后不久就被调离。黄佐《修举盐政记》也称："盖册籍自天顺以来，多历年所，至是始克更造。林、陈二大夫向虽建白举行，然拟议未底于成，辄迁去，登载详核，实始于今。"[7] 其中的"林"应当指的是林希元。也就是说，"再造盐册"的真正实施时间应该在嘉靖二十一年。

林希元在《陈民便以答明诏疏》中称：

> 查得广东、海北二提举司盐册，自天顺六年编造，至今六十余年，不行改造。灶丁在册，已故年久者，未与开豁；新生续长者，未及收入。灶丁按册办课，灶户或人丁百余，田业

---

1 嘉靖《广东通志初稿》卷29，《广东历代方志集成·省部》第1册，第502右下页。
2 康熙《广东通志》卷10，《广东历代方志集成·省部》第8册，第539左上~539右下页。
3 康熙《新安县志》卷6，《广东历代方志集成·广州府部》第26册，第73右下页。
4 《明世宗实录》卷116，嘉靖九年八月辛巳，第2756页。
5 嘉靖《钦州志》卷4，《广东历代方志集成·廉州府部》第4册，第53左下页。
6 《明世宗实录》卷232，嘉靖十八年十二月庚午，第4765~4766页。
7 嘉靖《广东通志》卷26，《广东历代方志集成·省部》第3册，第675左上页。

数顷，名盐只纳三四引。或人只一二，家无宿粟，盐课反纳四五引。苦乐不均，皆坐于册籍不造而按册征盐也。臣愚欲将先年盐册，重新改造。灶丁已故年久者，通行开除。新生续长者，逐一清查收入。及灶田旧管、新收、开除，与民间黄册一般编造。向后务要依照黄册，十年一次更造，永为定规。[1]

由于盐场灶户是按册办课，以册额为准，因此只有重新清查，编造盐册，才能弥补无征的缺额，所谓"广东盐课，虽因灶丁之消耗，原额已损于旧，迩来生齿渐繁，食盐渐广，各处所入军饷银两，已百十倍于初，彼消此长，盖亦互补也"。林希元冀望通过清查新生灶丁，登记在册办课，来补充灶课无征被豁除的部分。那么，林希元在嘉靖二十一年（1542）的政策是否按照嘉靖八年时的建议实行的？

现存康熙《新安县志》保留了明代各个时期归德盐场的灶户户丁数和盐引额，从中可以了解到嘉靖二十一年及此后的盐册编修状况及相关数据，如表3-3所示。

表3-3 明初原额、天顺年间、嘉靖二十一年归德场户丁与盐引额

年份	明初原额	天顺年间	嘉靖二十一年
户丁、盐引	1452户，3833丁（共8418引8斤13两）	岁办盐4095引87斤6两（折小引8190引87斤6两——笔者注）	有征743户，实办丁盐人丁2263丁（共5173引83两3钱6分）
出处	康熙《新安县志》	天顺《东莞县志》	康熙《新安县志》

---

[1] 陈子龙等选辑《明经世文编》卷163，第1642页。

仅从数额的对比可以看到，嘉靖二十一年编造的盐册，在盐引额上已与天顺首次编造盐册时相差甚远。康熙《新安县志》称："嘉靖二十一年，再造盐册，始改无征为有征，照额追征，灶民受困矣。"[1]与林希元的预期相反，再造盐册似乎不但没有解决无征的问题，反而给灶户带来更多困扰。

后来的一些文献也表明，林希元通过编造盐册实现盐场管理的设想并没有取得实效。香山盐场，立于万历四十三年（1615）的《但侯德政碑记》描述当时盐场情形时称："灶民有一口而勾纳一丁二丁以至三四丁者，有故绝而悬其丁于户长排年者，即青衿隶名士籍而不免输将。斯民供设艰于蚕负，由是多易子拆骨，逃散四方，避亡军伍，琐尾流离，靡所不至。"由此碑所述可知此后的盐册并未真的按照林氏所设想的"新生续长者，逐一清查收入"进行。而香山知县但侯（但启元）"纾困救毙"，也并非从清查盐册入手，而是"手自会计，将升科粮银四十五两有奇，通请于上官以抵补丁课"，才得以"豁免九十七丁"。[2]

三　制作"一身两役"：晚明的盐场赋役与民灶的身份界定

学界常常将州县"有司差役勾扰"视为明中期灶户大量逃亡的主要原因，事实是否如此呢？本小节将回顾归德、靖康盐场赋役的情况，以重新思考这一问题，并同时考察在盐场生产陷入危机和"一身两役"之下，盐场人群如何应对以及寻求新的出路。

一般认为，赋役沉重成为明中叶以后广东盐场灶户面临困境的

1　康熙《新安县志》卷6，《广东历代方志集成·广州府部》第26册，第73右上页。
2　道光《香山县志》卷5，《广东历代方志集成·广州府部》第35册，第456右上页。

主要原因。冯志强指出，盐户所承担的封建义务是繁苛的，他们既要按定额交纳灶课，又要据灶田完纳盐税，在成化以后，灶丁还要"与民编当差役"。[1] 不过，有明一代，朝廷其实不断强调对盐场灶户进行抚恤。在明代最初的灶户立籍和盐场建置中，灶户就被规定需要一方面在盐场系统中承担灶课和灶役，另一方面在州县中承担里甲正役和田赋，对此，朝廷逐渐给予灶户许多优惠政策。[2] 徐泓认为明初的盐场在行政上独立于州县，灶丁只服从盐场官员的管理，不受州县管辖，只纳灶课不当民差，其应纳税粮仅听场官征解。[3] 刘淼归纳当时制度的规定，认为：第一，灶田税粮不免；第二，灶田免杂役；第三，每田百亩，免灶户正丁一名；第四，多余田土，照例纳粮当差。[4]

当然，不可否认，在明中期以后，盐场灶户赋役的加重会迫使一些贫弱的灶丁逐渐被剥夺生产资料，沦为灶户大族的雇佣，而灶户大族则借机广占卤地，壮大发展。[5] 但值得注意的是，这些流传下来的述说灶户困苦的文献，却大多出自大家族中的读书人。如靖康场，据当地灶户称，其自天顺以后就一直负担沉重的"一身两役""一田两税"，[6] 但这没有影响盐场大族的发展。以凤冈陈氏为

1　冯志强：《明代广东的盐户》，明清广东省社会经济研究会编《明清广东社会经济研究》，广东人民出版社，1987，第300~311页。
2　徐泓：《明代后期盐业生产组织与生产形态的变迁》，《沈刚伯先生八秩荣庆论文集》，第389~432页；王毓铨：《明朝的配户当差制》，《中国史研究》1991年第1期；刘淼：《明朝灶户的户役》，《盐业史研究》1992年第2期。
3　徐泓：《明代的盐务行政机构》，《"国立"台湾大学历史学系学报》第15期，1990年。
4　刘淼：《明朝灶户的户役》，《盐业史研究》1992年第2期。
5　参见徐泓《明代后期盐业生产组织与生产形态的变迁》，《沈刚伯先生八秩荣庆论文集》，第389~432页；刘淼《明代盐业土地关系研究》，《盐业史研究》1990年第2期。
6　陈志敬：《请省赋敛以苏盐丁疏》，崇祯《东莞县志》卷6，《广东历代方志集成·广州府部》第22册，第261右上页。

第三章 "以民田承灶户"：16世纪的无征灶课治理与盐场生计变迁　　• 189 •

例，该族自陈珪时便是"上世饶赀"，并与弟陈璋捐资修复学宾公祠，建凤冈书院。[1] 隆庆年间（1567~1572），陈志敬之子陈廷对又"展书院为祠，以奉二祖，移书院于右"。[2] 在科举上，自陈珪之后，凤冈陈氏也逐渐获得成功。据称："国朝以来，沐浴仁风，涵儒德泽，宗支日茂，文运光昌，宴鹿鸣，题雁塔，木天待诏花县，承流人物科名，为莞邑最布之家乘。"[3] 自陈履登隆庆辛未张元忭榜第三甲二百九十二名、会试二百四十二名开始，明清两代共有进士五人，另四人分别为陈似源登康熙乙丑榜进士、陈之遇登康熙戊戌榜进士、陈绍学登乾隆丙辰榜进士、陈凤池登嘉庆甲戌榜进士。举人更达二十七人之多，其中最负盛名的是嘉靖元年（1522）土贼卢苏之乱中，斩首八十级，后升广西兵备副使的陈志敬。科举的成功，使凤冈陈氏逐渐发展成靖康场内最为重要、影响力最大的家族。从以上分析来看，所谓的灶户役重，也并非真如文献中所描述的那般，但为何这种说法会流行于当时文献中呢？

　　在明代的东莞和新安二县，盐利是当地尤其是新安县地方经济的主要支柱。如康熙《新安县志》云："邑地颇辽阔，人民向称辐辏矣。乃辐辏者，皆沿海之区；财求向称饶阜矣，而其饶阜者以鱼盐，亦在沿海之区。"[4] "新安北接东莞，东临归善，壤相错也，而日用器物，仰给别邑，何欤？盖其地多高山峻岭，而邻于大海，鱼盐蜃蛤之利为便，民争趋之，是以不暇他务也。"[5] 但隆庆以后，由于广西食盐官运，加上海洋环境的影响和沿海盐场晒盐法的推广，对

1　《明承事郎琴乐公传》，《凤冈陈氏族谱》卷7，第21a页。
2　钟卿：《陈琴乐、兰圃二公祠记》，《凤冈陈氏族谱》卷8，第8页。
3　陈天人：《重修族谱序》，《凤冈陈氏族谱》卷1，第43a页。
4　康熙《新安县志》卷3，《广东历代方志集成·广州府部》第26册，第13左上页。
5　康熙《新安县志》卷3，《广东历代方志集成·广州府部》第26册，第30右下页。

于只能采用煎盐法的归德、靖康盐场来说,其在市场的竞争中已经失去了优势。市场的萎缩,加上柴薪的紧缺,增加了产盐成本。盐场所面临的危机,使当地的盐户倍感赋税的沉重。因此,盐场灶户"一身两役""一田两税"的抗争也才被推向台面。

在这里,有必要追溯文献中关于灶户"一身两役""一田两税"说法的形成过程。笔者所见,最早提及灶户"与民一般编差"的是嘉靖初广东盐法佥事林希元的《陈民便以答明诏疏》:

> 成化年间,因民间多有通同灶户诡计田粮,图免差役奸弊,及殷实盐户多买民田,全免科差。府县官遂将灶户与民一般编差,以致纷纷奏告。屡经巡盐御史等官,各先后奏行。灶户一丁办盐,准户下二丁帮贴,其余佥补逃故。盐丁户内田产,每办盐一丁,除民田一百亩不当差役,其余一体扣算当差。止令出钱雇役,不许编充民快、水马、站夫等差。夫何近来有司不知事例,辄将灶丁灶田,一概与民编当差役。[1]

林希元认为,灶户编当民差,其原因在于殷实灶户见有免差役的优恤而多买多占民田,州县官见状,遂将灶户除优免一百亩民田之外,其余全部扣算当差,但也不要求亲身服役,只令"出钱雇役"。这里的"与民一般编差"应该是指成化开始在广东施行的"均平"改革,即是"用按丁粮征收货币赋税作为地方上公费开支的办法,取代原来由甲首到官府值日,供应各种衙门不时之需的办法"。[2] 按照上引林希元的说法,以及刘志伟的研究,广东的均平

---

[1] 陈子龙等选辑《明经世文编》卷163,第1642~1643页。
[2] 参见刘志伟《在国家与社会之间——明清广东地区里甲赋役制度与乡村社会》,第99~107页。

第三章 "以民田承灶户"：16世纪的无征灶课治理与盐场生计变迁 • 191 •

法应该是在成化年间就已经开始实施，广东盐场灶户同样也在此时"与民一般科派"。这里同时提到"近来"的一个变化，即"有司不知事例"，将灶丁灶田"一概与民编当差役"。

真正提及灶户"一身两役"的是嘉靖初靖康场灶户、广西兵备副使陈志敬的《请省赋敛以苏盐丁疏》。他指出："天顺年间，奏奉勘合，将灶丁凑编入县里甲，灶田又科秋粮三升二合一勺，此灶丁重役也。盐丁逃窜，自此始矣。"[1] 如前所述，明初编户之时，灶户便已编入州县里甲之中，灶田作为灶户的事产，理所当然要科派秋粮。[2] 陈志敬或因生活年代距天顺年间已远，对制度不太熟悉。实际上，陈志敬所讲的，应当是天顺年间编造盐册之事。当时，在盐场进行栅甲编排、盐册编造，盐册成为盐场赋役征收的簿册，估计在编造盐册的时候，也将灶户的灶田进行登记，并征收秋粮三升二合一勺。因此，"盐丁一身有县、场二役，一田有盐、粮二科，身家厚者日以薄"。[3]

到万历初，靖康场人、陈志敬之孙陈履进一步撰文陈述当时灶户相较于民户的沉重负担，他在《上司蓝陈公祖书》中总结了盐场灶户的六大偏重，称：

> 某粤海编民也，籍定靖康，户悬盐课。伏自祖宗开国以逮于今，历经先朝节加优恤，年代虽远，条例具存，至于今乃有大异不然者。民田每亩以三升二合起科，灶田如之。灶田每亩

---

1 崇祯《东莞县志》卷6，《广东历代方志集成·广州府部》第22册，第260左上页。
2 有学者认为，明代为保证灶户生活资料的供给以维持生存，灶户有免役田土，但仅免杂役，却并不免除里甲正役。参见刘淼《明朝灶户的户役》，《盐业史研究》1992年第2期。
3 陈志敬：《请省赋敛以苏盐丁疏》，崇祯《东莞县志》卷6，《广东历代方志集成·广州府部》第22册，第261右上页。

科盐二斤八两，则民田无之。是彼此相较，不啻倍矣。偏重一也。民册每丁岁止量编差银五分，盐册每丁则岁办盐一引，是彼此相较，又不啻倍矣。偏重二也。民户止照丁口报册，未尝以田责丁，灶户则不论丁口几何，以田责之。每灶田一顷，责报三丁。此三丁者，岁办盐三引，民户所无也。偏重三也。黄册十年一造，民户、灶户之所同也。至于盐册，或三四年，或五六年一造，造册之费尽出于灶丁，此民户之所无也。偏重四也。民户之丁老疾病故者，听其开除，民户无虚丁也。若灶户人丁，则常据原额，即有老疾残故，不蠲豁也，民户之所无也。偏重五也。民户田产随年消长，其产退者，则其税除。灶户其始以田责丁，以丁科盐，其敝也。田去而丁不除，丁不除则田不豁，故有无田白丁之盐，在在而是，民不堪命，遂至逃移。灶甲既逃，则责贩于栅长代贩，代贩不已，则栅长亦立消乏，而逃移继之矣。其偏重六也。此六者其显然易见者也。至其间积弊之甚，尤有不可胜言者。且如民户，本县里甲轮充见役办粮，周而复始，民灶之所同也。盐场栅甲轮充见役催征，亦同而复始，则民户之所无也。[1]

陈履所归纳的六大"偏重"：第一，灶田科粮又科盐；第二，盐册每丁办盐一引，倍于民户编差银；第三，灶户以田责丁办盐；第四，盐册造册之费尽出于灶丁，且或三四年，或五六年一造；第五，灶户人丁，虽老疾病故，亦无开除之日；第六，灶户"以田责丁，以丁科盐"导致"无田白丁之盐，在在而是"，灶丁因为逃移，致使栅甲受累代贩。新安知县李玄将其归纳为：灶户"既当县役又

---

1 陈履：《悬榻斋集》卷3，第529~532页。

第三章 "以民田承灶户"：16世纪的无征灶课治理与盐场生计变迁

当场役，一身有两役之苦；灶田既纳县粮又输场税，一田有两税之病"，而且，"老疾盐丁永无开除之日，绝户虚粮竟无丈豁之时"。[1]

如若陈志敬所言不虚，灶户于明代天顺年间就被"凑编入县里甲"，且灶田又科秋粮的话，为何对此等沉重负担要到嘉靖、万历年间才被指出呢？而在林希元的奏疏中，所提及的灶户兼同民差，只是灶户多买民田的结果，而且编差的部分也只是优免的百亩之外的部分。只是到所谓的"近来"才将灶丁灶田一概与民编差。对于陈志敬所称的灶丁重役——灶田被"科秋粮三升二合一勺"，林希元则认为"灶田每亩原科民粮三升二合，又科盐二斤八两，谓之盐税，纳于盐司"。[2]在林希元看来，灶田科民粮、纳盐税，是灶户应当承担的，他所惊讶的是灶户还要与民"编徭役"、"出海守哨"，称之为"一丁而有四差"。[3]

再者，陈履总结了灶户较民户的六大"偏重"，也并没有要求豁免重役，主要是对"不分民灶，一概编佥"的抗议，其称：

> 不意今日乃有不分民灶，一概编佥之举，是不惟盐民之命有所不堪，而祖宗之制亦有所不守矣。究其所以，盖由本县庶姓，为民户者百倍于灶户，在官人役，尽皆民户，故往往遇编差之时，则隐匿明例，蒙蔽有司。有司虽有体国恤民之心，竟未知灶户偏重之若此耳。某艰苦盈于触目，而疾痛逼于切肤，艰苦彷徨，莫知底止。是以不得不备历艰苦，仰于尊严，伏乞体天地之心，遵祖宗之制，将某所言事理，批行府县有司。如

---

[1]《知县李玄条议》，康熙《新安县志》卷12，《广东历代方志集成·广州府部》第26册，第131左下~132右上页。
[2] 林希元：《陈民便以答明诏疏》，陈子龙等选辑《明经世文编》卷163，第1643页。
[3] 林希元：《陈民便以答明诏疏》，陈子龙等选辑《明经世文编》卷163，第1643上页。

果查勘不虚，乞赐垂仁矜恤，一切杂泛差役，亟赐蠲除，醝海生灵赖立命，地方幸甚。[1]

他只是希望将灶户偏重之苦告知有司，并请求将灶户"一切杂泛差役，亟赐蠲除"。从陈志敬到陈履，对于灶户"一身两役"、灶田"一田两税"，虽然陈述得十分清楚，但未见二人为灶户求免民户、民税，而只在于恳求朝廷给予灶户优恤、免差。这在某种程度上表明，灶户"一身两役"、灶田"一田两税"实际上是明代盐场的既定制度，是不可动摇的"祖制"，是灶户所应该承担的。他们所能做的，就是在这套制度之下，向上级官员说明灶户的苦难，并乞求得到上级的垂怜，给予灶户更多的优恤。

陈履上书中指出的"不意今日乃有不分民灶，一概编佥之举"，与嘉靖初林希元所称的"夫何近来有司不知事例，辄将灶丁灶田，一概与民编当差役"[2]是否同一事呢？笔者认为，两者应当不同。因为在林希元上疏之后，优免灶丁当差的请求已经得到皇帝的批准，此后数十年也进行了"以田报丁"、新造盐册等一系列改革，实际上已经对灶户赋役进行过一轮新的整顿。那为什么到万历初还会发生"不分民灶，一概编佥"的事情呢？一方面，可能是"以民田承灶户"之后，民灶界限被打破，造成在州县的赋役征收中，民灶的户籍和田地也因此难以有明确的区分，因而再次引发不分民灶，共同编差的情况。另一方面，也有明后期盐场"斥卤变桑田"，盐田与民田混淆不清的因素。如明末清初的番禺人释成鹫（1637~1719）所作的《烧畲歌》载：

---

[1] 陈履：《悬榻斋集》卷3，第533~534页。
[2] 林希元：《陈民便以答明诏疏》，陈子龙等选辑《明经世文编》卷163，第1643上页。

野人赤脚走官道，踏上盐田看监灶。灶丁烧畬不煮海，万井寒烟风浩浩。

道旁老翁知是谁，手拨畬灰归去迟。相逢举手相劳问，自言生长升平时。

寒乡旧是煮盐户，出门咫尺无旷土。自从斥卤变桑田，丁男始识农与圃。

盐场作田田有租，场中无盐仍追呼。一田二税互逼迫，十年两役纷支吾。

荒年百室如悬磬，年丰谷贱为农病。县主场官交索租，孤儿寡妇罢奔命。

今冬尽室输官仓，明年枵腹春耕忙。新丝卖尽又新谷，空拳无计完秋粮。

城中富人巧生殖，九分出钱十取息。娇儿稚女相随来，薄暮得钱朝雇役。

得钱未暖便纳官，归来入室摧心肝。人生恩爱岂不重，践土食毛良独难。

田家耕田食贵米，盐户无盐啖清水。可怜半死白头翁，回首升平如梦里。

烧畬煮灰灰作盐，持盐易米堪养廉。殷勤致语道旁客，蓼虫习苦不知甜。

我闻老翁呜咽语，咄嗟涕泣零如雨。九重天高唤不闻，老翁老翁徒自苦。[1]

这首诗形象地描述了明末清初广东灶户一田两税、十年两役的

---

[1] 释成鹫:《咸陟堂诗集》卷3,《四库禁毁书丛刊》集部第149册，第261上页。

情形，其中提到的一些原因，前文已有分析，不再赘述。

在以上的论述中，笔者通过保留下来的明代读书人的几篇文章，探讨了"一身两役""一田两税"的大致过程，但毕竟由于史料阙如，难以完整地了解其中变化及其具体原因。不过，所幸康熙《新安县志》中保留了一首题为《醝海谣》的诗，该诗歌呈现了这一制度变化的过程，可以作为论述的补充。

遐陬赤子难衣食，砍山煮海劳筋力。煎熬辛苦无奈何，徒思出作而入息。

场户逃亡代赔偿，县当里甲纳秋粮。饥寒彻骨谁怜悯，憔悴一身当县场。

夫妻劳勤生息少，形槁精耗多殇夭。聚敛惟拘足额求，催科政巧多流殍。

岂知水接东西江，则坏国初赋有常。一丁岁办二小引，户有三丁共贴帮。

条科罪犯煎盐律，役满宁家应计日。盐丁生本是平民，终日煎办无优恤。

县籍秋粮科灶田，场单据亩又税盐。灶盐两税丁重役，例免徭差杂泛编。

因穷救死常不赡，重敛横差欺莫辩。累朝恩例付空言，吏缘为奸遂成渐。

逼迫纷更损太和，忽惊地底出双鹅。奸雄相率偷生计，岁岁潢池频弄戈。

兼明赖有东湖老，援拯深恩同再造。类编恩例恤盐丁，玩法群奸尽除扫。

天假临场鲜侍御，痛察盐丁发深虑。奏将盐引减价银，焦

第三章 "以民田承灶户":16世纪的无征灶课治理与盐场生计变迁

枯重喜逢甘雨。

余生复逢林宪佥,职司盐法重垂怜。摅忠再为医民瘼,奏疏详明达席前。

聪明览奏应矜惕,轸念舆情生感激。钦承真切转醝司,务令残喘除心匿。

奈何行法遇非人,自叹盐丁生不辰。户口伪增为足额,混差民灶不相分。

重磨叠害因消索,悍差催盐如虎恶。冻雀何心恋纥干,愤飞都向生处乐。

逃移接踵嗟时变,势若千钧悬一线。比邻无复报晨鸡,荒林每见巢春燕。

严霜凛烈转阳春,玉烛春台郑父心。洞照间阎回死力,讴歌从此遏呻吟。

肺奸铭镂思公德,入觐枫宸应指日。心悬烛影逐双旌,口碑咸海千秋勒。

愿公报政早迁乔,薇垣亟返使星轺。甘霖大沛苏群槁,试采重生赤子谣。[1]

这首叙事诗的作者是江振湍。嘉庆《新安县志》写作江振湍,"父早丧,事母极孝。博通《经》《传》,放怀山水。家近云溪寺,日往憩焉。尝赋《醝海谣》,人传诵之,即江振沛"。[2] 据《沙井步涌江氏家谱》,江振湍是步涌江氏迁居步涌后的七世祖,"生于弘治庚戌年,终于隆庆庚午年六月廿二日","葬于燕村红花园"。[3]

---

1 康熙《新安县志》卷12,《广东历代方志集成·广州府部》第26册,第174下~175上页。
2 嘉庆《新安县志》卷19,《广东历代方志集成·广州府部》第26册,第416左上~416右下页。
3 《沙井步涌江氏家谱》,不分卷,时间不详。

在江振湍的诗中，先是叙述了灶户"一身当县场"，又灶田科秋粮，盐场据亩税盐，是"一田两税"。由于灶户身负两税，"例免徭差杂泛编"。但实际上"累朝恩例付空言"，灶户还是深受"重敛横差"。之后，始有"东湖老""类编恩例恤盐丁"。东湖者，即吴廷举。《大中丞东湖吴公传》称："吴献臣，字廷举，号东湖，苍梧人。"[1] 吴廷举曾于正德初任广东盐法佥事，力行清查积弊，恩恤灶户。[2] 接着，正德六年（1511）任广东监察御史的解冕，即"鲜侍御"，亲临盐场，察盐丁苦状，又"奏将盐引减价银"。不过，盐场地方上对于解冕也有不同的声音，陈士俊在《东莞场志序》中便称："御史解冕来按吾广之盐，峻令连坐，至有破无辜之家者。"[3] 嘉靖八年（1529），林希元任广东按察司佥事，即诗中"林宪佥"，又上《陈民便以答明诏疏》，陈"豁无征以苏灶户""蠲徭役以登国课"二项，得到朝廷的批准。但江诗中也称"奈何行法遇非人"，虽然有林希元为灶户求免徭役、减轻负担，但实际上并没能落实，反而是"户口伪增为足额，混差民灶不相分"。这两句诗所阐述的应当是嘉靖中期开始的新造盐册，乃至隆庆年间"以民田承灶户"后所带来的民灶不分的局面。不过，在隆庆年间，当灶户"逃移接踵嗟时变，势若千钧悬一线"的时候，却又逢"严霜凛烈转阳春，玉烛春台郑父心"。此句当是言"郑父"来任广东，给予贫苦灶户以希望。结合后文推断，《嗟海谣》当是进献给这个"郑父"的，向其哭诉灶户的困苦，并期盼其能为灶户"遏呻吟"。查嘉靖、隆庆间郑姓的广东高层官员，只有郑绅一人。郑绅，字子尚，

1　何三畏：《云间志略》卷3，《明代传记丛刊》综录类41，台北：明文书局，1991，第131页。
2　《吴廷举查复优免例》，万历《琼州府志》卷5，《广东历代方志集成·琼州府部》第2册，第155上~155右下页。
3　崇祯《东莞县志》卷7，《广东历代方志集成·广州府部》第22册，第313右上页。

号葵山，福建莆田人，嘉靖己丑（八年，1529）进士，嘉靖十六年（1537）从高州府移知广州，"悉心民隐，厘剔弊源，端务节爱，不为束湿，听讼明，允得两造之情"，嘉靖三十八年（1559）调任右副都御史总督两广军务。[1] 如果"郑父"即是郑绚，则《蹉海谣》极有可能也作于嘉靖三十八年。当然，这只是猜想，由于史料阙如，我们不知道此次事件的真实原委和最终结果如何，只是万历初陈履的《上司蹉陈公祖书》表明灶户的"一身两役""一田两税"之苦仍然沉重，并没有得到解决，反而愈演愈烈。而这种情况的出现，通过前文的分析，可知其根本原因还是在于从盐场到州县的转变过程所带来的民户与灶户之间赋役不清，加上生态环境变迁和盐业生产水平的相对下降对盐场人群经济收益的影响，由此带来灶户对赋役减免的抗争。

第三节 "以民田承灶户"与盐场生计

在应对无征的过程中，盐场灶户利用明初制度设计中盐场与州县的户籍和赋役交织不清的冲突以规避盐场赋役，却加重了盐场与州县之间的矛盾，由此将解决无征问题变成了处理盐场与州县的赋役纠纷问题。嘉靖三十一年（1552），广东以提举司与场隔远，催征困难为由，改由州县掌印官督征盐场灶课。从此，州县开始参与

---

[1] 万历《粤大记》卷9，《广东历代方志集成·省部》第26册，第165上页。

盐场赋税管理,这样一来也更方便处理盐场民灶混居所引起的赋役纠纷问题。于是隆庆年间,地方官府奏准朝廷将盐场附近民籍,愿意充当灶户者,"以民田承灶户","免充县役",每三人一丁,纳丁盐银,田分上、中、下三则,纳税盐银,并造入盐册,以此来补无征之缺额,而后废盐场私盐之禁,准民户就地食盐。"以民田承灶户"的提出,同样是为解决地方灶课无征难题的一种办法,同时既是前述盐场改革的结果,也促使盐场制度彻底走向另外一种运作模式。

一 灶课归并州县征收与"以民田承灶户"

虽然盐场与州县的行政在制度规定上有明确的界限,但在实际运作中,灶户由于田土的赋役问题,却常常夹处于盐场与州县之间。首先,明初户籍编排时,盐场灶户依法登记在州县黄册之中,编入州县都里,在州县承担里甲正役。其次,明初盐场建制,灶户原有的民田地也随着流入盐场,这些田地称为"灶田"或"赡盐田土"。[1] 明代纳粮当差是所有在籍人户的义务,灶户也不例外。[2] 况且赡盐田土本是民田,也需在州县中承担赋役。[3] 藤井宏将灶户的这种既身隶盐场又在州县当差的性质称为"灶户的两栖性"。[4] 灶户的田粮与差役课征,成了州县与盐场两个不同行政机构之间的最大矛盾,但同时也成为灶户规避赋役的重要手段。

---

[1] 王毓铨:《明朝徭役审编与土地》,《历史研究》1988年第1期;刘淼:《明朝灶户的户役》,《盐业史研究》1992年第2期;刘淼:《明朝灶丁免田制考》,《文史》总第39辑,中华书局,1994。

[2] 王毓铨:《明朝徭役审编与土地》,《历史研究》1988年第1期。

[3] 刘淼:《明代盐业经济研究》,第142~143页。

[4] 藤井宏「明代竈田考」『土地制度史学』。

第三章　"以民田承灶户"：16世纪的无征灶课治理与盐场生计变迁　　• 201 •

　　明初以来，由于灶户主要办盐纳课，生计别无所出，朝廷对灶户常常有优恤政策。[1] 如自洪武二十七年（1394）始，盐场就一直强调"优免盐丁杂泛差役"。[2] 而灶户的两栖性，使灶户可以将州县的田地规避入盐场，以此获得相应的优免。为了防止灶户的民田诡寄灶田，弘治二年，朝廷开始推行免田法（实为限田），[3]"令灶户除全课二十丁、三十丁以上，通户优免逋欠。若殷实灶户，止当灶丁数名，亦止照见当丁数贴灶，此外多余丁田，俱发有司当差"，[4] 对灶户优免进行了数量上的限制。

　　天顺到弘治间，广东盐场产盐收益不菲，尤其是在余盐允许自由售卖给来场的盐商时，灶户可能就会利用其两栖性，将灶田诡寄成民田。这样一来，灶户在盐场登记的正课就减少了，部分正课被暗地里转成可以私卖的余盐。林希元就敏锐地指出："（盐册）自天顺六年编造，至今六十余年，不行改造。灶丁在册，已故年久者，未与开豁；新生续长者，未及收入。灶丁按册办课，灶户或人丁百余，田业数顷，名盐只纳三四引。或人只一二，家无宿粟，盐课反纳四五引。"[5] 盐册本为征收灶课而立，但历年久远而不曾编造，以致灶户有机可乘。豪富灶户依借免田法广聚人丁，霸占良田多达数顷，只办盐三四引，而贫苦人家只一二人，亦无田地，反纳四五引。

　　正德年间任广东盐法佥事的吴廷举在"查复优免例"中称：

1　参见陈诗启《明代的灶户和盐的生产》，《厦门大学学报》1957年第1期；李珂《明代盐政经济的剥削机制及其形式上的演变》，《历史档案》2005年第3期。
2　万历《大明会典》卷34，《续修四库全书》第789册，第603页。
3　参见刘淼《明朝灶丁免田制考》，《文史》总第39辑。
4　万历《大明会典》卷34，《续修四库全书》第789册，第604页。
5　林希元：《陈民便以答明诏疏》，陈子龙等选辑《明经世文编》卷163，第1642页。

国朝洪武初，灶户除正里甲正役纳粮外，其余杂泛差徭科派等项，悉皆蠲免。后来州县官吏不体盐丁，日办三斤，夜办四两，无分昼夜寒暑之苦，科役增害。至正德初，盐法佥事吴廷举查申各该旨敕及抚按区处事例。自正德四年以后，灶户赋役除十年一次里甲正役，依期轮当，并甲内清出军人，照旧领解，其办盐一丁，准其二丁帮贴，每户除民田一百亩不当差役。多余人丁佥补逃亡灶丁，多余土田扣算纳银。不可编充民壮、水马、站夫、解银、大户等役。其买绝民户田粮，随其粮之多寡，编其差之大小，只令雇役出钱，不当力役，有妨煎盐。其民间豪富奸猾之徒，将田诡寄灶户户内，或将民户诡作灶户名色，或将各县灶户姓名寄庄者，多搬奸计躲避差役者，逐一清查问罪，改正。如若再有前弊者，查访得出，就便验丁收充灶户，以补逃故原额。通行各府，但有盐场灶户去处，一体施行。如此，庶几灶户不致亏损，奸弊亦可渐革。[1]

据其说法，免田的初衷是为了优恤盐丁，但具体而言，更多还是出于对民间豪富的限制。其中明确提出办盐一丁由二丁帮贴，每户（即正丁一丁，贴丁二丁）免除民田一百亩不当差役。"户"的表述较之后文献中换用成"丁"的表述更为准确，这也才会在后来演变成每丁免田三十三亩三分三厘。除三丁、一百亩以外，"多余人丁佥补逃亡灶丁，多余田土扣算纳银"，实际上也明确了灶户每户只限三丁。而且强调灶户一律不编科泛差役，以免有碍煎盐。吴廷举改革所要针对的第二种情况是灶户购买、诡寄民田以免差役。

---

[1] 万历《琼州府志》卷5，《广东历代方志集成·琼州府部》第2册，第155左上~155右下页。

第三章　"以民田承灶户"：16世纪的无征灶课治理与盐场生计变迁　　• 203 •

对于买绝民田者，需"随其粮之多寡，编其差之大小"。而且对民田诡寄灶户户内、民户诡作灶户名色、将各县灶户姓名寄庄躲避差役等，逐一进行清查。

原本灶户免田，在洪武初并不区分灶田、民田，全户免科，但至成化二丁贴一之后，改为准免民田百亩。嘉靖二十八年（1549），制度再次变更，"止免灶田，不免民田；止免正丁，不免贴丁"。[1] 这一转变的原因，应是针对当时盐场大户见灶户免田有利可图，遂多占民田以获利的情况。林希元称："成化年间，因民间多有通同灶户诡计田粮，图免差役奸弊，及殷实盐户多买民田，全免科差。"[2] 黄佐也称："经界坏于巨室，余丁役于私门"，"旧制灶丁蠲免徭役不为限，及诡寄影射之弊作，而后全课免田百亩"。[3]

广东盐场一系列的免田改革，针对的是灶课无征问题。前文已经表明，自景泰、天顺以来，广东灶课的无征情况便十分严重，地方政府想尽一切办法试图扭转无征的局面，但大多徒劳无功。其中一个缘由便是灶户免田的存在，灶户免田使部分殷实灶户可以通过一定的手段广占田地而剥削其他灶户。

灶课缺征一直难以解决的原因就在于民、灶之间的隐蔽、诡寄，民田、灶田之间的界限难以划清。为了限制殷实灶户广占田地而少纳灶课，官府想方设法通过一些措施来遏制他们。如前文的"以田报丁"，又如免田法的一再改革，通过限制免田的额度、范围来制止灶户的兼并。但诚如前文所讨论的，这些措施的效果并不明显，其中一个原因便是民灶田的问题，其不仅仅是盐场的问题，也

1　康熙《新安县志》卷6，《广东历代方志集成·广州府部》第26册，第73右下页。
2　林希元：《陈民便以答明诏疏》，陈子龙等选辑《明经世文编》卷163，第1642页。
3　黄佐：《修举盐政记》，嘉靖《广东通志》卷26，《广东历代方志集成·省部》第3册，第756左上页。

涉及州县的赋役问题。

明初的制度还规定，盐场是不隶属州县管理的，而是与州县并列的地方行政机构，[1]盐场虽在州县地域范围之内，行政上却是独立的。[2]正统时规定："灶丁拖欠盐课并盐价者，运司并分司官催征，拖欠税粮者，府县官催征，各不相干预。"[3]州县和盐场各自管辖，互不干涉。到了景泰年间仍规定："（灶户）若有盗贼重事，许令弓兵、火甲捉拿拘问，其余词讼，不许径自下场勾拘。果与军民干对者，宜从申达巡按、巡盐御史批断，及转行运司提解发问。"[4] "民、灶各不相关，县、场各自为政"，[5]灶户只"听场官征解，州县不得侵越及佥派差役"，[6]除犯人命重案，其他诉讼州县并不能参与，而需要巡抚等中央监察官员受理，或运司、分司官问断，"不许府州县衙门一概滥受，以致事体纷更，有违定制"。[7]

盐场与州县的这种行政关系，让赋役的难题更加难以得到有效解决。若要解决盐场与州县的这层交叉所带来的赋役纠纷问题，最有效的办法也许是将灶户的赋役归于一处管理。明中叶以后的一系列改革，为此提供了基础。这个基础就是灶课折银和场盐"听灶户自卖"所促成的课、盐分离。灶课用银两结算，与实际产盐并不挂钩。对于灶户来说，在盐场办课需要交纳的是银两，所产盐货则用

1　参见徐泓《明代后期盐业生产组织与生产形态的变迁》，《沈刚伯先生八秩荣庆论文集》，第389~432页；徐靖捷《盐场与州县——明代中后期泰州灶户的赋役管理》，《历史人类学学刊》第10卷第2期，2012年。
2　参见徐泓《明代的盐务行政机构》，《"国立"台湾大学历史学系学报》第15期，1990年。
3　陈仁锡：《皇明世法录》卷28，《四库禁毁书丛刊》史部第14册，第487左下页。
4　《恤灶诏》，朱廷立等：《盐政志》卷5，《四库全书存目丛书》史部第273册，第557右下页。
5　王祎：《酌议天赐场事宜疏》，万历《山东盐法志》卷4，《四库全书存目丛书》史部第274册，第32~33页。
6　嘉庆《长芦盐法志》附编，《续修四库全书》第840册，第524左上页。
7　嘉靖《两淮盐法志》卷4，《北京图书馆古籍珍本丛刊》，书目文献出版社，1988，第22页。

第三章 "以民田承灶户":16世纪的无征灶课治理与盐场生计变迁　　• 205 •

于在盐场内交易以换取银两。所以与灶课有关的,实际上是灶户的丁数和田数。而明中叶的灶户实质上只是一个赋役单位,以田报丁和重造盐册的真实目的也在于清查并确认灶户的丁田数。至于盐场的实际产量多少,朝廷并不关心,实际也不重要。盐场的课、盐分离,既是盐场制度因应开中法变化而促成,更是盐场人群活动下各种赋役流动的结果。

种种诉求和互动终于促成嘉靖三十一年的改革,万历《粤大记》记载:

> 先年,俱系提举司径自催征,因与各场隔远,中多拖欠。自嘉靖三十年为始,行各附近县分掌印官,将各辖地方场分课银督征,务在年终完足,及将二十九年以前拖欠之数,立法带征。嘉靖三十一年正月内,盐法佥事李万实呈行。[1]

盐法佥事李万实将盐课催征不前、中多拖欠的原因归结于提举司与盐场疏远,因而从嘉靖三十年(1551)起,改令盐场附近县分掌印官负责督征盐场课银。

为什么最终将赋役并于州县而不是盐场呢?要理解这一点,首先要明白明代设置盐场的目的在于管制盐业生产并防止贩私。黄仁宇认为,盐务机构从来没有成为一种公共服务机构,仅仅被当成朝廷的一种收入来源,而且长期忽视建立最低限度的财力来维持其财政机器的运作。[2] 在广东盐政的改革中,这种靠地方公费"接济"的制度越来越不牢靠。一方面,盐业市场的流动直接导致了珠江口盐

---

[1] 万历《粤大记》卷31,《广东历代方志集成·省部》第26册,第513右上页。
[2] 黄仁宇:《十六世纪明代中国之财政与税收》,第289页。

场生产积极性的下降；另一方面，盐场衙门没有自己的财政经费来购买商人"退场"后囤积在盐场的大量盐货，进而影响盐业生产的继续有效运行。盐场甩掉基层行政机构包袱的诉求越发强烈。对州县而言，灶户利用优免政策，占买民田而不承担州县赋役，导致州县税粮空虚。徐靖捷的研究表明，州县官员为保证税粮的完纳，一直想尽办法想把灶户纳入州县的赋役征收体系之内。[1]因此，在课、盐分离的前提下，加上盐场与州县双方的诉求，最终以盐场转移出赋役催征的职权而给州县收尾。

李万实是这一改革的重要促成者。据其行状，李万实于嘉靖"辛亥迁广东佥事"，任上"理盐法，清查宿弊，恤灶丁之逃亡者，名无加增，无使为贪民累"。[2]而他写给钱洞泉的信件中也指出：增课一事，"在此地则各场窘乏已极，原额逋负，不为不多，虽断筋椎髓未易完报。近日督并过严，便觉不堪，甚至有挈族逃移者。增之于灶，万无是理"。[3]李万实转而赞同"清灶丁、处余盐二议"，认为极善。由此可见，李万实在广东佥事任上，功绩之一在于处理无征问题，而他的最终处理办法即前述将催征灶课之责移交州县官。李万实的决策也许受到其乡人符遂的影响。此前李万实给符遂所写的墓表中提到，符遂在兴化知县任上，逢"巡盐御史以白驹等六场岁课逋积，奸商官灶互相影射，檄先生清查"，结果符遂以知县身份"严稽枹刷，逋课悉充"。此种情状，与李万实当时面临的广东情况十分相似，难免会有所启发。

---

[1] 徐靖捷：《盐场与州县——明代中后期泰州灶户的赋役管理》，《历史人类学学刊》第10卷第2期，2012年。
[2] 曾思孔：《明故浙江按察司副使讱庵李先生行状》，李万实：《崇质堂集》卷20，《四库全书存目丛书》集部第112册，齐鲁书社，1996，第313页左上页。
[3] 李万实：《柬钱洞泉民部》，李万实：《崇质堂集》卷16，《四库全书存目丛书》集部第112册，第244页。

第三章 "以民田承灶户"：16世纪的无征灶课治理与盐场生计变迁 • 207 •

灶课归州县催征虽没有直接解决盐场无征问题，但是走出了关键一步。无论是"以田报丁"还是重造盐册，遇到的阻力都来自灶户可以将灶田诡寄入民田，但碍于盐场与州县之间的行政隔阂，盐场并不能对此进行过多的清查。但是一旦将灶户的赋役催征移交到州县，问题就可迎刃而解。至隆庆年间，地方官以盐场丁课额缺，通过"以民田承灶户"的方式来扩大灶课额，同时也再次推行了"责丁于田"。清雍正年间靖康场人陈锡《复邑侯沈公书》中称：

> 因明隆庆年间，耙丁再逃，丁课额缺，奉例凡附近盐场民籍，愿归灶籍者，准其就地食盐，无私盐之禁，免充县役。照盐田例，每三人为一丁，纳丁盐银四钱七分三厘，每亩上则纳税盐银二厘九毫零，中则纳税银二厘六毫一丝零，下则纳税盐银二厘三丝零，抵补缺额，在县编征银每两减去三钱。小民争趋其便，愿以民田承灶户，自此苗田遂与盐田比例纳盐饷、丁饷于场，无所分别矣。然既愿就近食盐，而纳税盐丁盐之饷，又减去编征银三钱，于民未为苦累所累者。[1]

该文献虽形成于雍正年间，但所述基本符合明代嘉万年间的事实。材料指出，隆庆年间，由于丁课缺额，官府将盐场民户"愿归灶籍"者编归灶户，"以民田承灶户"，每三人一丁，纳丁盐银，田分上、中、下三则，纳税盐银。[2] 这种做法，与万历十年（1582

---

[1] 《凤冈陈氏族谱》卷11，第54~55页。
[2] "明季隆庆年间丁缺，按丁加派犹不足额，将各灶丁名下所有在县编征银米之田地山塘各税亩，派征抵补。"见两广总督鄂弥达《题为粤东各场灶斸租豁赋户丁万年春等请代题恭谢天恩事》（乾隆二年二月初九日），内阁户科题本，中国第一历史档案馆藏，档案号：02-01-04-12950-004。

再造盐册时的登记所反映出来的制度运作相同,康熙《新安县志》记载:

> (归德场)万历十年,人户六百五十一户,实办丁盐二千零一丁,丁盐四千零二引,折银九百二十两零四钱六分;灶田地山塘上、中、下则,共八百八十八顷一十五亩六分二厘二毫。税盐九百八十四引零八十六斤一十一两一钱六分八厘,折银二百二十六两四钱一分九厘七毫。丁税课银共一千二百四十六两八钱七分九厘七毫。[1]

通过简单的计算,可知万历十年登记的丁盐银、税盐银,与陈锡《复邑侯沈公书》中所提到的丁、亩的纳银额几乎相同。而且康熙《新安县志》所保留下来的万历十年以后的历次盐册登记额,均按照万历十年例,分别登记丁盐和税盐。由此可见,灶户丁、田课盐之例,当在隆庆以后得到了有效的实施。这一制度一直沿用到清初,清初吴震方所著《岭南杂记》中论及东莞县靖康场灶户所要承担的赋役时称:"东莞编户,原有军、民、灶、蛋四籍。其灶籍则分隶靖康场。灶籍之民,所居房屋则为灶地,种禾之田、种树之山,则为灶田、灶山,其间潮来斥卤之地,稍可耙煎者,则为盐田,其征粮总名曰:灶税。本场税田八百五十顷有奇,内盐田止六顷五十亩,征银七百余两,与苗田一体输纳杂项、公务、丁差,俱十年一轮。又盐田每亩办盐二斤八两,谓之税盐。税盐之外,又有丁盐。计三人共纳一引,课银四钱六分五厘。"[2] 这里较前文的讨论多出了

---

[1] 康熙《新安县志》卷6,《广东历代方志集成·广州府部》第26册,第79左下~80右上页。
[2] 吴震方:《岭南杂记》卷上,《丛书集成初编》第3129册,第28~29页。

第三章 "以民田承灶户"：16世纪的无征灶课治理与盐场生计变迁

"灶税"一项，其是州县对灶户所有田土的课税，一般不纳入盐场登记之中，故不见于前引文献也可以理解。

州县通过推行"责丁于田"，"以民田承灶户"的方式来填补灶课缺额，而灶户的伎俩此时再也无所遁形。"以民田承灶户"也再次证明盐场已经实现课与盐的分离。

灶课归并州县征收之后，盐场官员实际上只剩下监督职能。因为朝廷仍需要盐场提供的食盐来盘活税收，并限制灶户贩私与朝廷争利，所以盐场长期以来的职能之一就是"督盐丁办纳盐课"。[1] 嘉靖《香山县志》称，香山盐场课大使"掌盐丁煎盐、课引之事"。[2] 道光《两广盐法志》也指出，场大使"掌催办盐课之政令"，具体包括："督灶晒各丁，巡视厂栅，浚卤池，修灶舍，谨仓箱。相其雨旸，而促其煎晒，广积以待配运。"[3] 道光《两广盐法志》所述场大使的职掌，是康熙五十七年（1718）发帑收盐以后的情况，这时盐场灶户已经从盐斤自由贩卖改为尽数上交于官，所以有所不同，但"促其煎晒"的责任还是大同小异。

在某些盐场，这种监督职能开始变得不太重要，因而出现将盐场官员裁汰的做法。万历末年，香山盐场"场灶无盐"，纳课尚需"往别场买盐运回"，[4] 自身基本不能进行食盐生产，场官的存在已是多余，因此天启五年，经奏准，"裁汰场官，盐课并县征解"。[5] 这也充分证明，在盐课银归州县督征以后，场官的任务在于督促生产，对于不事生产的盐场，可将场官裁汰。

---

1 天顺《东莞县志》卷3，《广东历代方志集成·广州府部》第22册，第33右上页。
2 嘉靖《香山县志》卷5，《广东历代方志集成·广州府部》第34册，第66右下页。
3 道光《两广盐法志》卷30，于浩编《稀见明清经济史料丛刊》第1辑第43册，第292~293页。
4 康熙《香山县志》卷3，《广东历代方志集成·广州府部》第34册，第206左下页。
5 康熙《香山县志》卷3，《广东历代方志集成·广州府部》第34册，第206左上页。

二　困境下的盐场新生计

明中期盐业生产形态的转变多被认为是商品货币经济发展导致的灶户贫富阶层分化，并使得大部分留在盐场的贫灶或无产者，变成富灶的"家佣"，或是商人雇佣下盐的直接生产者，改变了盐场的生产形态。[1]但上述讨论也表明，生态环境和运销制度的变化会对一些盐场的经营造成巨大的冲击，其中首当其冲的则是盐场灶户，因此对明中后期盐场社会的观察，就不可忽视由此带来的灶户生计状况的变化。

由于史料阙如，我们看不到那群在盐场劳作的盐丁的直接生计状况，但透过当时文人留下的一些歌谣，还是可以窥探到一些迹象。前文讨论过的盐场灶户江振湍所作的《蹉海谣》，描述了当时盐场灶户"砍山煮海劳筋力""徒思出作而入息"的"煎熬辛苦"情形。[2]释成鹫所作的《烧畲歌》也反映了作者"踏上盐田看监灶"后的所见所闻：灶丁烧荒种田而不煮盐。究其原因，以前这里"出门咫尺无旷土"，如今"斥卤变桑田"，"丁男始识农与圃"。盐丁迫于生态变迁，从煮盐改学农耕。这种生计的转变本来有利于盐丁，奈何"场中无盐仍追呼"。虽然盐田变桑田，盐场无盐，但灶课并不能免除，而且"盐场作田田有租"，盐田改作稻田还需要在州县交纳田赋，以致"一田二税""十年两役"。"县主场官交索租"，州县与盐场齐齐逼征课税。[3]在诗的作者看来，"斥卤变桑田"

1　徐泓:《明代后期盐业生产组织与生产形态的变迁》,《沈刚伯先生八秩荣庆论文集》, 第389~432页。
2　康熙《新安县志》卷12,《广东历代方志集成·广州府部》第26册, 第174下~175上页。
3　释成鹫:《咸陟堂诗集》卷3,《四库禁毁书丛刊》集部第149册, 第261上页。

第三章 "以民田承灶户"：16世纪的无征灶课治理与盐场生计变迁 • 211 •

之后，虽然灶户生计从业盐转向耕稼，但给盐丁带来的负担却更甚于前。

对于归德、靖康盐场的灶户来说，环境变迁和制度调整不仅导致产盐成本越来越高，产量越来越少，而且还要一边面对食盐堆积无处销售，另一边面对盐场的灶课催征，寻求生计的改变是其必然的出路。

在归德场，养蚝逐渐成为这一地区补贴生计的重要副业。养蚝最晚在宋代已经成为当地的一种产业。康熙《新安县志》收录了据说是北宋诗人梅尧臣写的《食蚝》诗，诗中所描述的就是这一地区。《元一统志》中更是明确指出蚝产于东莞靖康场。[1] 养蚝、收蚝之法在元代就已经非常成熟，《醒世一斑录》对此有详细的描述。[2] 不过，宋元时期的养蚝业主要集中在靖康场，并且只是作为当地妇女的日常副业，"渔姑疍妇咸出"，是"其地妇女之乐事"。[3] 但如前文所述，明中叶以后，蚝的生产环境移动到了归德场附近。嘉庆《新安县志》载："蚝出合澜海中及白鹤滩，土人分地种之，曰蚝田。"合澜海和白鹤滩靠近归德盐场，实际上嘉庆时期蚝的生产地点要比县志描述的地点更靠南，延伸到今天深圳南头的后海村一带，[4] 之后继续南扩至深圳蛇口。到1949年前后，北到东莞、深圳交界的茅洲河口，南到深圳宝安西乡一带，都是成片的蚝田。[5]

养蚝何时在归德场兴盛起来，由于史料阙如，不得而知，但

---

1 孛兰盼等：《元一统志》卷9，第669页。
2 郑光祖：《醒世一斑录》杂述卷3，《续修四库全书》第1140册，上海古籍出版社，2002，第129左下页。
3 郑光祖：《醒世一斑录》杂述卷3，《续修四库全书》第1140册，第129左下页。
4 《蒙杨大老爷示禁碑》（乾隆三十七年），谭棣华、曹腾騑、冼剑民编《广东碑刻集》，广东高等教育出版社，2001，第164~165页。
5 参见赖为杰主编《沙井记忆》。

当地流传的一个民间传说可能会有所启发。当地以前有一个蚝仙神台，供奉的是一只三尺见方的大蚝壳。这只大蚝壳，传说是万历年间当地一位江老伯在沙井附近海面捕鱼时发现的。捕获大蚝壳之后，江老伯当晚就梦见蚝壳幻化出一位仙女，向海面飞去。当地人以为蚝仙显灵，就在村口筑立神坛，安放大蚝壳，举行拜祭。第二年，村民发现沙井附近海域长满了鲜蚝，怎么采也采不完。从此，蚝仙神台香火不断，而沙井附近的人也开始以蚝为生。[1] 海水环境的变迁，带来了归德盐场地区养蚝业的兴盛。盐场附近海面业已被养蚝家族划界分疆。"人蚝成田，各有疆界，尺寸不逾，逾则争。蚝本无田，田在海水中，以生蚝之所，谓之田。"[2] 从事养蚝的家族后来逐渐成为地方权力的主要力量，如步涌江氏、沙井义德堂陈氏，在当地人的口头传说中，这些家族许多原本是归德盐场的灶户，在明末清初逐渐发展成盐场的养蚝大族。

靖康场由于受海洋环境的影响，失去了养蚝这个副业，但其作为海上船只进入广州的必经之道以及独特的港口地理优势，在明中期兴盛起来的海外贸易中受益。东南亚与珠江口沿海的贸易往来，自成化以来时有发生。成化十七年（1481），暹罗"贡使还，至中途窃买子女，且多载私盐"。[3] 正德十二年（1517），由于佛朗机（明时对葡萄牙、西班牙的称谓）以朝贡为名，"突入东莞县，大铳迅烈，震骇远迩，残掠甚至炙食小儿"，广州海道"奉命诛逐"，将其驱逐出境，并自此"海舶悉行禁止"，"例应入贡诸蕃亦鲜有至者"。两广巡抚都御史林富见状，奏准重通番舶，自此"湾泊有定

1　2010年笔者在沙井乡村的田野访谈中得知，该大蚝壳于20世纪80年代仍然存在于当地神台，当时广州某博物馆见该物具有文物价值，将其带走保管，今不知所终。
2　屈大均：《广东新语》卷23，《清代史料笔记丛刊》，第576~577页。
3　梁廷枏总纂，袁钟仁校注《粤海关志校注本》卷4，广东人民出版社，2002，第49页。

第三章 "以民田承灶户"：16世纪的无征灶课治理与盐场生计变迁 • 213 •

所，抽分有定例"。嘉靖中，又将市舶内臣革去，只遣"知县有廉干者，往船抽盘"。[1] 东莞在这一贸易线上处于关键地位，甚至常常作为交易的地点。[2] 东莞现存的两块明代嘉靖、万历年间的碑刻，也证明了明中期东莞与东南亚贸易的存在。这两块碑分别是嘉靖二十年（1541）立、万历二十四年（1596）重修的《却金坊记》和嘉靖二十一年（1542）立的《却金亭碑记》。所记之事为嘉靖十七年（1538），"暹罗国人柰治鸦看等到港，有国王文引，自以货物亲赴中国而求贸易"，[3] 番禺知县李恺被派往东莞"抽分番舶"，因其"丝毫不染，夷人请于藩司，于邑（东莞）教场建却金亭"。[4] 当时"各国夷船或湾泊新宁广海、望峒，或新会奇潭，香山浪白、蚝镜、十字门，或东莞鸡栖、屯门、虎头门等处海滨，湾泊不一"。[5] 嘉靖九年（1530），东莞人王希文也指出："番舶一节，东南地控夷邦，而暹罗、占城、琉球、爪哇、渤泥五国贡献，道经于东莞。"[6] 靖康盐场附近的虎门，是外来商船进入广州的必经之道，更经常被作为船只停泊和商品交易的场所，盐场某些人群被卷入海外贸易也在情理之中。笔者尚未找到记载灶户参与海外贸易的直接材料，但据《凤冈陈氏族谱》，万历八年（1580），靖康场人陈履的弟弟陈益曾随"客

---

1 顾炎武：《天下郡国利病书》第33册，《续修四库全书》第597册，第590左下页。
2 明中期东莞海外贸易的情形，参见袁丁《东莞却金亭碑小考》，《东莞文史》第30期，政协东莞市文史资料委员会，1999，第1~11页；吴建华、杨晓东《从两方却金碑解读明代东莞商贸经济》，东莞市博物馆编《东莞市博物馆藏碑刻》，文物出版社，2009；黎丽明《试从"却金"碑析明代广州与暹罗外贸往来》，冼庆彬主编《广州：海上丝绸之路发祥地》，中国评论学术出版社，2007。
3 《却金亭碑记》(1542年)，碑现存东莞市区光明路。
4 民国《东莞县志》卷31，《广东历代方志集成·广州府部》第24册，第334右上页。并参见《却金坊记》(1541年)，碑现存东莞市区光明路。
5 嘉靖《广东通志》卷66，《广东历代方志集成·省部》第3册，第1947左下~1948右上页。
6 崇祯《东莞县志》卷6，《广东历代方志集成·广州府部》第22册，第258上页。

有泛舟之安南者"出海,"比至,酋长延礼宾馆",在当地留居两年,并见番薯味甘美,遂贿得其种,于万历壬午年(1582)返回抵家。[1] 此外,明中叶以后,归德盐场南部的南头逐渐"成为私商贸易的渊薮,形成与广州相配合的运作机制"(即李庆新所称之"南头体制"),南头成为在澳门开埠以前广州与西方商人进行私下贸易的重要地区之一。[2]

生长于含盐度较低的咸水海域的水草也逐渐成为靖康场的辅助生计来源。民国《东莞县志》记载:"自双冈,历沙头,出咸西,接新安,迤逦数十里皆海岸。其利鱼盐蜃蛤,其产卤草,其民捕鱼之外,日采莞以为生。"[3] 盐业以外,一是捕鱼,一是采莞。卤草,亦即莞草。金武祥《粟香二笔》载:"东莞莞草出近海诸乡,潮田所种,土人以织席或染作五色。"[4] 到清代,靖康的莞草业更加发达,围绕莞草,织草席、编麦辫,织草帽、制绒伞。清中叶以后,在太平墟出现如"昌隆"等专门从事加工的大型草织作坊,国外也多来此采购。[5] 现今虎门一带的一些沿海小村落,便多是在这一阶段发展起来的。如虎门东风各自然村,据说旧时为洲渚滩涂,是渔民停泊聚集之地,清初形成了广济墟,嘉庆间缺口巡检司衙署还移建于此。又虎门宴岗一带原为水中岛屿,靠近靖康场海南栅,潮涨为海,潮退为滩,元明时期逐渐成为渔民停泊聚集的地方。在博涌村内现今仍

---

[1] 《素讷公小传》,《凤冈陈氏族谱》卷7,第38页。

[2] 李庆新:《明代屯门地区海防与贸易》,氏著《濒海之地——南海贸易与中外关系史研究》,中华书局,2010,第203~219页;李庆新:《海外贸易与珠江三角洲经济社会变迁(1550~1640年)》,叶显恩等主编《"泛珠三角"与南海贸易》,香港出版社,2009,第139~173页。

[3] 民国《东莞县志》卷9,《广东历代方志集成·广州府部》第24册,第148右下页。

[4] 金武祥:《粟香二笔》卷7,《续修四库全书》第1183册,第476页。

[5] 参见东莞展览馆、中山大学历史系编《珠江三角洲盐业史料汇编——盐业、城市与地方社会发展》,广东人民出版社,2012,第495~508页。

多存明末清初风格的民居。地处江、海交汇之域的白沙乡,明末建墟立市,成为靖康一带最重要的商品集散地,乡内尚存建于崇祯年间的寨堡"逆水流龟",规模庞大,外有护城河环绕。[1]这些传说和遗迹从侧面呈现了明中叶以后盐场社区盐业以外的发展情况,即渔业、商贸为主的聚落得到了发展。

三 "乡约"与"乡社":16世纪末盐场地方社会的变化

明中叶以后,盐场基层组织较明初有很大变化。已有研究认为,在灶课货币化之后,灶户开始出现贫富分化,富灶兼并田地,导致灶户丧失生产工具而又加重灶课、徭役等负担,从而出现贫灶的大量逃亡。灶户的大量逃亡,进而动摇了原有的灶户组织,形成商人与灶户间的雇佣关系。[2]最终以灶户家庭个体生产形式取代"聚团公煎"的生产组织。[3]这大致是从淮浙盐区总结出来的经验,而且徐泓等认为这种变化的根本原因在于明代后期商品经济的高度发展,商业资本进入盐场。[4]但是,这种经验概括是否适合全国盐场的情况呢?相对于两淮在万历以后才出现的灶课改折,广东盐区早在天顺年间就已经实现,但商专卖制度却要到清代中期才在广东实行,整个盐法变迁过程与两淮有着很大区别。而且,历来的研究更多地关注灶户组织崩溃的原因,却未曾关注灶户组织崩溃以后盐场地方的基层社会结构是怎样一种情形。

---

1 《东莞市虎门镇志》,第83~115页。
2 徐泓:《明代的盐法》第三章第三节"灶户的阶层分化与盐业生产形态的变迁"。
3 郭正忠编《中国盐业史》(古代编),第516页。万历四十五年实行商专卖以后,盐不再入官仓,而由商人自行买补,同时盘铁铸造制度也废除,煎盐工具改由商人出资鼓铸,且由盘铁改为锅撤。见徐泓《清代两淮盐场的研究》第一章第一节"明代团总组织的破坏"。
4 徐泓:《明代的盐法》,第100页。

就靖康等盐场而言，虽然明后期已经出现由现役灶甲出钱雇佣来的场当代替栅长征收灶课，但栅长一职一直被保留下来，并变成灶户的负担。陈履《上司嵯陈公祖书》中称："无田白丁之盐，在在而是，民不堪命，遂至逃移。灶甲既逃，则责赔于栅长代赔。"[1] 至康熙年间仍见"靖康灶民以栅甲为累"。[2]

前文已经表明，栅甲制度在靖康等盐场的实际效用相当有限，地方上仍然以宗族为主导。但如靖康盐场，地方以六栅为基层组织的局面却在隆庆前后开始发生变化。据陈履《明故处士狮江何公墓志铭》：

> 隆庆间濒海弗靖，先君子偕八乡长者讲约修睦，一方赖之。孔学时在约中，尤负众望。[3]

崇祯《东莞县志》记载："（隆庆二年）海寇曾一本攻广州南海卫指挥。"可惜该文字后缺漏若干文字，不得其实。民国《东莞县志》则称："隆庆元年海贼曾一本入寇，官军追捕，至雷州港守备李茂材死之。"[4] 并按："入寇东莞之南头沿海。"[5] 曾一本是嘉、隆年间广东沿海一带的海寇，《明史·李锡传》称："（时）海寇曾一本横行闽广间。"又称："时广寇惟（曾）一本最强，（李）锡、（俞）大猷、（郭）成共平之，而（李）锡功最巨。"《明史·俞大猷传》亦称："隆庆二年，（曾）一本犯广州，寻犯福建。（俞）大猷合郭成、李锡军

1　陈履：《悬榻斋集》卷3，第532页。
2　民国《东莞县志》卷67，《广东历代方志集成·广州府部》第25册，第753右上页。
3　陈履：《悬榻斋集》卷4，第644页。
4　民国《东莞县志》卷31，《广东历代方志集成·广州府部》第24册，第335左下页。
5　民国《东莞县志》卷31，《广东历代方志集成·广州府部》第24册，第335左下页。
6　《明史》卷212，第5622页。

擒灭之。"[1] 由此可见，所谓"隆庆间濒海弗靖"，当与此有关。此外，也与隆庆以后广东食盐运销制度的变化所导致的盐场沿海的动荡有关。[2] 陈履《与吴军门》中提到："去年以来，民情大变。鸠集党类，造为舟船，倡言盗珠，公行无忌。有司知而不一禁，乡里惧而不敢言，遂至转相效尤，不可胜计。"[3] 东莞人陈一教指出：盐路塞而致"载盐之船千艘"，"无用而停泊于内河"，"聚众而出海盗珠"，"乌合而奔投番舶"。"后盐渐不行，乌艚等船亦因以废，致海贼许朝光、曾一本等相继为乱，岭海骚动二十余年。"[4]

据北栅陈世珍《明诰赠奉政大夫直隶苏州府海防同知加赠按察使司副使双溪公传》：

> 隆庆间濒海弗靖，何八、曾一本纠党猖獗间阎，（双溪）公集八乡长者，勒里中子弟捍御，讲约修睦，贼戒不敢犯，一方赖之。[5]

双溪公即陈廷对，凤冈陈志敬之长子，陈履之父。结合语境，当时应是陈廷对等集合沿海八乡创置乡约，目的在于"捍御"海贼，兼之"讲约修睦"。

乡约作为地方社会组织，始于北宋，盛于明清，历代影响力较大的有北宋蓝田吕氏乡约、明太祖的亭制和《六谕》、王守仁的《南

---

1 《明史》卷212，第5607页。
2 隆庆以后广东食盐运销制度的变化详见本章第一节的讨论。
3 陈履：《悬榻斋集》卷3，第504~505页。
4 陈一教：《复通盐路疏》，崇祯《东莞县志》卷6，《广东历代方志集成·广州府部》第22册，第270~271页。
5 《凤冈陈氏族谱》卷7，第31页。

赣乡约》等。[1] 明代嘉靖、隆庆、万历时期，朝廷更是极力在全国各地推行乡约。嘉靖八年（1529），在全国推行义仓和宣讲乡约。嘉靖十九年（1540），令"立乡约以厚风俗"。隆庆元年（1567），"令郡邑各立乡约"。万历元年（1573），兵部下令推行保甲乡约。万历十五年（1587），令各地督学与地方官宣讲圣谕六言、推行乡约。[2]

嘉靖以前，广东已有不少地方出现乡约的组织。正德十三年（1518），时任南赣巡抚的王阳明便制定、推行了《南赣乡约》，到嘉靖五年（1526）兼任两广巡抚的时候，他又将乡约推行到广东地区。王阳明的乡约设想，是通过依靠老人与民约的形式来维持乡里社会秩序，同时集社学、老人、乡约、保甲等来治理乡村社会。[3] 广东提学副使魏校在毁淫祠、兴社学以正风俗中，也"立社以行乡约"。其《为风化事当职巡历东莞［莞］》载：

> 一委（东莞县）教谕刘兰，训导舒清、方辂亲诣在城并各乡通查，一应淫祠尽数折毁变卖，基地收贮，材料量兴社学以教子弟，立社以行乡约，毋得纵容豪右减价承买，奸顽集众阻留。其各坊巷乡村教子者，委官悉心查访，仍会里中父老推举资行端谨者留之，浮薄轻贱干求为师、坏人子弟者，即行罢遣。[4]

魏校任广东提学副使的时间在正德十六年（1521）八月至嘉

---

1 杨开道：《中国乡约制度》，山东省乡村服务人员训练处，1937；参见朱鸿林《二十世纪的明清乡约研究》，《历史人类学学刊》第 2 卷第 1 期，2004 年。

2 参见常建华《明代宗族研究》第五章第三节"嘉靖以后乡约的发展"，上海人民出版社，2005。

3 参见常建华《明代宗族研究》第五章第二节"明中叶乡约教化的实践：以王阳明的《南赣乡约》为中心"。

4 魏校：《庄渠遗书》卷 9，《景印文渊阁四库全书》第 1267 册，第 876 页。

第三章 "以民田承灶户":16世纪的无征灶课治理与盐场生计变迁　　• 219 •

靖二年(1523)六月,[1]则《为风化事当职巡历东筦[莞]》也应该在该时间内。魏校在兴社学教化乡村子弟的同时,也强调了乡约的重要性,不过并没有进一步阐述他的乡约理念。在珠江三角洲地区,在霍韬和湛若水的倡导下,也有不少实行乡约的实例。嘉靖九年(1530),黄佐作《泰泉乡礼》推行乡礼;嘉靖十四年(1535),"广东右布政使李中举行四礼,札对府州县严立乡约、乡校、乡社、社仓、保伍,各具约长、约副姓名以闻"。[2] 在具体实行中,尤以沙堤乡约为著,其是嘉靖二十三年(1544)湛若水在家乡增城县沙贝村主持成立的。其理想是,"透过宗族父老对子弟的训诲以及透过包括缙绅乡老在内的乡约主持人对保甲组织人户的督察,体现以明太祖《六谕》为纲领的善俗"。[3]

嘉靖后期任广东岭南分守参政的郭应聘提出《乡约保甲议》,将乡约与保甲合一,其既有维护治安又有宣讲的职责,并拟在番禺、三水等县施行。[4] 其称:"该县掌印官务要留心亲理,责令各图甲长,通将各乡如一百家以上择一人为约长,二人为约副。其所谓约副,二百家以上择二人为约长、约副。不问乡官、举贡生员,凡有恒产而行义为一乡信服者,皆可推举,县官以礼而敦请之。约长、约副既得其人,即令将本乡居民每十家编为一甲,其零户不成甲者,入于末甲之后。一甲又推有身家者一人为甲长……如阳明公

1　任建敏:《从"理学名山"到"文翰樵山"——16世纪西樵山历史变迁研究》,广西师范大学出版社,2012,第25页。
2　嘉靖《广东通志》卷40,《广东历代方志集成·省部》第3册,第1011右上页。并参见井上彻「黄佐『泰泉郷礼』の世界——郷約保甲制に関連して」『東洋学報』第67巻第3、4期、1986年。
3　朱鸿林:《二十世纪的明清乡约研究》,《历史人类学学刊》第2卷第1期,2004年,第187页。另参见朱鸿林《明代嘉靖年间的增城沙堤乡约》,《燕京学报》新第8期,2008年。
4　参见常建华《明代宗族研究》第五章第三节"嘉靖以后乡约的发展",第250页。

行于赣州,牌示付之里长送县。"[1]因此,"有司行乡约","必谨乡校、立社仓,则预教与养,秩里社、联保甲,则重祀与戎"。[2]

东莞地区也见有乡约实行。如章村墟,"(万历间)独章村长老诚行之"。[3]隆庆癸酉东莞县饥,有张九德者,"出粟于约,以为好义首倡"。[4]

靖康八乡的乡约更像是集保甲和教化于一体,保障一方的基层组织。郭应聘的《乡约保甲议》中,"约"以乡为单位,"一百家以上择一人为约长","二百家以上择二人为约长、约副"。不过,靖康盐场的"约",似乎是包括整个盐场的,据载:

> (陈)隆,字瑞生,才行为士林翘楚。晚居族长,型俗有方。时六册推主约正,判断曲直,人服其公。[5]

陈隆,陈弘谋之孙,乐潮公之五世孙,论辈分较陈履低一辈。这里指明"约正"是为六册推出的,则六册似乎应为同一乡约。至清初,北栅陈肇鼎"主靖康约正",[6]大宁谭必诏"主靖康约正"。[7]由此处"六册""靖康"字眼可见,靖康盐场的"乡约"应该是由六册组成的。而现存于东莞虎门大坑村医灵古庙的《重修六册大坑医灵古庙碑文志》亦称:

> 古无靖康社学,凡莲溪地方,分为六册,若有关于众事

1　郭应聘:《郭襄靖公遗集》卷12,《续修四库全书》第1349册,第264~265页。
2　嘉靖《广东通志》卷40,《广东历代方志集成·省部》第3册,第994左上页。
3　叶春及:《章村墟记》,《石洞集》卷15,《景印文渊阁四库全书》第1286册,第693页。
4　崇祯《东莞县志》卷5,《广东历代方志集成·广州府部》第22册,第234左上页。
5　《凤冈陈氏族谱》卷7,第36a页。
6　《凤冈陈氏族谱》卷7,第89a页。
7　《十七世岁进士罗定州西宁县训导蠡楼公传》,《大宁谭氏族谱》不分卷,民国重修本。

第三章 "以民田承灶户"：16世纪的无征灶课治理与盐场生计变迁

者，必齐集斯庙咸议焉。考究六册名目来由，缘为赋纳丁盐设立，凡人成丁者，递年各皆输纳。

此碑立于乾嘉之际，其中说原由"赋纳丁盐设立"的六册，取大坑医灵古庙作为议事场所，所议之事亦"有关于众事者"。医灵古庙作为议事场所很有可能是隆庆立乡约后的事情。[1]魏校称在东莞"立社以行乡约"，社即社学，不过在靖康盐场，并不见社学的兴建。一则在崇祯《东莞县志》所载"社学"项下并不见靖康盐场建有社学；二则靖康盐场早在天顺前后就已经建造了不少书院，如永乐年间蔡克恭建的象冈书院、天顺年间陈珪建的凤冈书院、天顺年间卢能建的宁溪书院等，实无再建社学的必要。[2]同时，崇祯志还称："（社学）近废殆尽，其所存者，亦民间之乡约所而已。"[3]因此，靖康约选医灵古庙作为议事场所也就可以理解了。六册能够形成乡约，除了其同属于一个盐场，也与嘉靖以后盐场的地方管理职能逐渐弱化并终归于州县有关，并与六册内宗族间通过几代的联姻逐渐形成密切的交际圈有关。[4]

---

[1] 嘉庆《新安县志》收录的宋人曾宋珍《魁星阁上梁文》中称："靖康之境，名胜所居。昔建医帝堂，乃欲医文人之俗；今增魁星阁，必有魁天下之才。"（嘉庆《新安县志》卷24，《广东历代方志集成·广州府部》第26册，第479页）此处"医帝堂"疑即医灵古庙，但是否该庙的影响力自宋代已有，有待进一步考证。
[2] 崇祯《东莞县志》卷3，《广东历代方志集成·广州府部》第22册，第122~123页。
[3] 崇祯《东莞县志》卷3，《广东历代方志集成·广州府部》第22册，第122右下页。
[4] 笔者在检阅陈履的《悬榻斋集》、罗亨信《觉非集》和同治本《凤冈陈氏族谱》等文献时发现，以凤冈陈氏为中心，靖康盐场家族以及盐场周边地区的家族之间，通过姻亲建立了密切的联系。如陈履的祖姑丈为鳌台王西川（嘉靖二年户部尚书王缜的同宗），怀德邓某娶陈履从父陈廷简之女，赤岗何孔学、村头卢尧典等为陈履的莫逆之交，陈履之女嫁于靖康蔡某，南栅蒋一兰是陈履之弟陈益的祖岳丈，北栅陈坚与罗亨信为连襟，晚明张家玉也是凤冈陈氏家的女婿，另外如北栅钟氏、大宁谭氏、龙眼张氏等，也多与北栅凤冈陈氏为姻亲。由于部分家族的文献尚藏于莞城图书馆，秘不示人，笔者唯有期待于来日收集更多文献，以揭示这一复杂的地域网络关系。

既然该乡约出自原靖康场六册，那何故文献中又有"八乡"之说呢？同治《广东图说》载：

> （东莞县）第七都，城南一百一十里，内有小村八，属缺口（巡检）司者六，曰金洲，曰小捷，曰大宁，曰龙眼，曰南海栅（疑应该海南栅——笔者注），曰涌头。[1]

如前述，第七都即靖康盐场六栅之所在，此处称"内有小村八"，且列"属缺口（巡检）司者六"，实际上，这六个村子可能就是靖康场六册。其余两个村子，据同治《广东图说》，应是属京山巡检司的沙莆尾，[2] 属县丞的金菊岭。[3] 但查崇祯《东莞县志》，沙莆尾、金菊岭，均不在第七都。笔者试以崇祯《东莞县志》校正同治《广东图说》，发现属第七都的应该是被划入第九都缺口司管的北栅和被划入第四都属县丞管的赤冈。

至此，八村分别为金洲、小捷、大宁、龙眼、海南栅、涌头、北栅和赤冈。至于为何会从里甲、栅甲演变成村，或称"乡"，洪穆霁称："盖自往者军兴，征发旁午，徭役皆按乡派取。故或数小乡并为一乡，或易乡名，附入势力之乡。"[4] 而同治《广东图说》在编纂过程中仿照《元丰九域志》，"具载乡名"，"惟各厅州县所属小村甚多，其中或数村有一大乡总名，或数十村、数百村有一大乡总名。大乡总名或曰都图堡甲，或曰围约社铺。每一州判、县丞、主簿、吏目、巡检、典史，或分属大乡数处，或数十处，各以方位道里为

1　同治《广东图说》卷4，《广东历代方志集成·省部》第28册，第69右上页。
2　同治《广东图说》卷4，《广东历代方志集成·省部》第28册，第67右下页。
3　同治《广东图说》卷4，《广东历代方志集成·省部》第28册，第67左上页。
4　民国《东莞县志》卷3，《广东历代方志集成·广州府部》第24册，第102右下页。

次，分别于各官之下"。[1]

乡约之外还有"乡社"。嘉靖《广东通志》记载：

> 既行四礼，有司乃酌五事，以综各乡之政化教养，及祀与戎，而遥制之。一曰乡约以司乡之政事，二曰乡校以司乡之教事，三曰社仓以司乡之养事，四曰乡社以司乡之祀事，五曰保甲以司乡之戎事。乡约之众编为保甲，乡校之后立为社仓，其左为乡社，各择学行者为乡校教读，备礼聘之。月朔教读申明乡约于乡校，违约者罚于社，入谷于仓。约正、约副则乡人自推聪明诚信为众所服者为之，有司不与。[2]

乡约与乡校、社仓、乡社、保甲五位一体，构成完备的地方组织。但有些地方，并不能如此完善地具备此若干内容，而其中以乡社最能浓缩乡约的主要内容。乡社，主要在于礼神。"社用仲春，报用仲秋。黄历内社日，社坛北向，围四丈，高二尺，坛下通广三丈。春秋里老自备牲醴，以祀五土五谷之神。"[3]"以六号事神"，称：

> 一曰告，二曰誓，三曰会，四曰罚，五曰祷，六曰禳。有事则告，事谓立乡约，开乡社，编保甲，建社仓之类；有疑则誓，疑谓善恶隐情，如财货交易不明之类；有庆则会，庆谓岁始元夕，岁终饮蜡之类；有罪则罚，罪谓犯约过失，三犯不改之类；有求则祷，求谓雨久求晴，晴久求雨，疾病求愈，官讼

---

[1] 同治《广东图说》凡例，《广东历代方志集成·省部》第28册，第6左上页。
[2] 嘉靖《广东通志》卷40，《广东历代方志集成·省部》第3册，第999左上页。
[3] 嘉靖《广东通志》卷40，《广东历代方志集成·省部》第3册，第1002上页。

求息之类；有患则禳，患谓火灾大疫之类。[1]

可以说，乡约所主张的教化，通过乡社同样可以实现。或者可以认为乡社是乡约的一个重要内容，甚至在某些时候，乡约仅仅表现为乡社的形态。这在归德盐场地区就十分明显。归德场明初称十三栅，至明中期逐渐形成新桥、大步涌、岗头、涌口、附场、大田、信堡、后亭、涌头、仁堡、义堡、礼堡、智堡、鼎堡、涌新和伏涌等十六社。"原管辖一十三社，续增设三社，今共一十六社。"[2] 关于增加三社的过程，现尚不见于历史文献的记载，但笔者在今深圳沙井地区听到一个地方传说：本来的十三社中，仁堡、义堡、礼堡、智堡是合为一栅，皆属文姓，为文天祥的后代，后来文氏分成仁、义、礼、智四房，遂改立仁堡、义堡、礼堡、智堡四社。[3] 就连负责催征灶课的场当，也曾在"原设一十三名"的基础上裁革五名，保留八名，但后来由于"盐课难征"，而增"复一十六名"。[4] 与靖康场不同，归德场极有可能只是建立了乡社，而社也逐渐成为地方的组织。

不过，需要说明的是，即使在北栅、大宁这些宗族势力强大的地方，也并非一姓独大。虽然盐场的栅、社中多是以某一大姓为主导，如龙眼栅的凤冈陈氏、大宁谭氏等，但龙眼栅中，张姓、钟姓也是非常重要的，如北栅钟昌，便是与陈履的同榜进士；大宁赵向震，系崇祯三年（1630）举人，十三年（1640）进士。

从前文的讨论也可知，"约"和"社"并非盐场的特有组织，而

1　嘉靖《广东通志》卷40，《广东历代方志集成·省部》第3册，第1002下页。
2　康熙《新安县志》卷6，《广东历代方志集成·广州府部》第26册，第79左上页。
3　据2009年8月笔者在深圳松岗地区的访谈。
4　康熙《新安县志》卷6，《广东历代方志集成·广州府部》第26册，第79右下页。

第三章 "以民田承灶户"：16世纪的无征灶课治理与盐场生计变迁

是明中后期地方基层社会的基本组织，在珠江三角洲地区尤为普遍。[1] 总之，在盐场逐渐州县化的过程中，原来的栅甲制度已经不复存在，除了职能上出现被雇佣的场当外，在地方基层组织上，逐渐呼应明中叶州县系统中乡村社会的变化趋势，也采用乡约作为社区组织模式。

小　结

15世纪的盐场改革所引致的一系列问题在16世纪开始发酵。灶课折银和灶户卖盐常态化之后，盐场机构不仅由监管灶户的生产转向实现灶课的完纳，更重要的是希望促进盐场余盐的流通以获得更多的收入。而这些收入，主要是以余盐抽银的方式，将源源不断的盐利以另外一种税收形式流入地方军饷。而其带来的结果是折银的正盐课额缴纳持续不足（即"无征"）。正德之初，中央的财政策略转变，针对盐政衰落现象开始对各地进行整顿，朝廷派出御史赴各地整理盐法，加强对地方盐政的干预。

15世纪中叶以后，珠江口盐场进入一个短暂的经济辉煌时期，在相对市场化的环境中，盐业生产和地方社会经济得到了较快发展。这种经济发展是建立在"制造"盐场"无征"灶课的基础上。

---

1 参见田仲一成《中国的宗族与戏剧》，上海古籍出版社，1992，第116、120~124页；并参见李晓龙《清代珠三角的里社与乡村组织——以桑园围为例》，《中山大学研究生学刊》2012年第2期。

明中叶以来，珠三角的沙田开发引起珠江口附近咸淡水交界线的外移，导致盐场附近海水含盐度下降，产盐地日少，盐产量日减；附近森林砍伐、山林开发则进一步增加了熟盐场的生产成本，归德等场陷入产量减少、成本提高的困境。但由于有着珠江水运等优势，珠江口的这些盐场依然可以对采用晒盐技术的生盐场保持市场竞争优势。而另外一个重要的原因是，盐场灶户通过制造"逃户"的办法隐瞒大量正额灶课，由此减少上交的课额并偷偷转为余盐出售，以降低成本。

但是，随着王朝对盐业政策的收紧，不仅朝廷将余盐抽银的大部分收归户部，而且两淮加入了对广盐市场的挤压，税收政策的改变又促使地方不得不加紧对余盐私卖的限制，从而使灶课无征问题和盐场与州县的矛盾白热化。尤其是广东监察御史解冕等除了对运销上搭销余盐的严格限定外，还进一步试图通过治理盐场无征灶课来配合运销上的整顿。解冕及其继任者先后推行了余丁佥补、以田报丁和重造盐册等措施。嘉、万年间两广运销制度的调整，则使陷入困境的归德等场雪上加霜。原来归广东商人运销的湖南、江西、广西等盐业市场大量失去，这些商人不乏东莞一带的盐商，这样一来，盐场的食盐销路就成了问题。而广西官运的食盐更多地倾向于采用新制盐法的生盐场地区，这不仅是因为生盐适合山区民食，想必也有成本低、价格廉的缘故。而归德等场，受到海水含盐度的影响，无法实现技术革新，逐渐在盐业市场竞争中失去地位。

然而，解冕等解决无征问题的初衷却没有在他的继任者那里得到延续，更何况盐场的既得利益者并不愿意看到这些改革真的实行。而嘉靖以后两淮余盐政策实施后对广盐越境的制度挤压，使广东盐的市场规模被迫缩减。在以田报丁和重造盐册等盐场改革中，因地方盐场家族的抗争，应对无征逐渐变成了解决灶课缺征，并演

第三章 "以民田承灶户"：16世纪的无征灶课治理与盐场生计变迁

变成州县与盐场的矛盾，且愈演愈烈。

斥卤变桑田和销盐市场的失去，使以盐为生的盐场生计模式难以维持，盐场跨界州县，盐田改作稻田或发展其他相应的滨海产业，便成为当地生计模式转变的趋势。结合盐政制度的调整，环境和市场共同"导演"的盐区生产、运销的经济变迁，成为明中期以后盐场社会转型的一个重要因素。而无征问题最后变成了处理盐场与州县的赋役问题，并以盐场的课、盐分离，灶课转移到州县督征为结果。为了解决州县与盐场等的赋役矛盾，盐场的灶课直接转移到州县督征。而州县为了应对灶课无征，进而采取了"以民田承灶户"的做法。没有催课负担的盐场变成了监督机构，只负责督促灶户的生产，防止私盐流动。

还需要说明的是，"以民田承灶户"和灶课归并州县征收等系列改革，已经改变了前述盐场栅甲制的赋役原则。一是"灶户"作为盐场"人户"赋役对象（尽管它在地方上可能从来没有真正落实过）的历史彻底结束了，盐场灶课更多通过"田"进行计算（之后必然涉及需将哪些"田"计算进来的问题）。二是原来通过盐场管理栅甲的赋役体制也转变成以县为单位，州县有司被带入盐场的连带责任角色中。与盐场被设计成主要处理盐务的机构不同，州县的事务更加复杂，盐务只是诸多事务中的一项。更重要的是，州县相较于盐场，对盐场人群的税收和管理方式可能拥有更多的灵活性。"以民田承灶户"恰恰就是这种灵活性的体现。而且这种灵活性还可能是双向的，盐场人群也可以进一步利用这种税收关系重构社会结构。我们将在17世纪的历史中看到这一精彩过程。

第四章 "灶户"脱离盐场：17世纪的盐场赋役加增与地方策略

16世纪广东盐场的一系列改革最终通过"以民田承灶户"实现了盐场制度的转型。其中固然有当时全国各地盐场课税从户丁向荡地转变的制度趋势，但也与珠三角盐场长期以来没有荡地供给，柴薪主要从外地购买有些关联。不管怎样，"以民田承灶户"所带来的结果之一就是食盐与灶课的彻底分离，也即所谓的"盐归盐、税归税"。之后，课的征收归附近州县掌管，盐场主要负责盐的环节。

16世纪盐场改革的另一个结果是珠江口盐场的衰落，更直接地说，就是盐场产盐无利可图。但与此同时，盐场灶户的赋役并没有减免，反而通过"以民田承灶户"等政策，转移到试图借用民田躲避灶役的人群身上。无论是盐场赋役，还是地方生计，都陷入了困境。怎么走出这种困境，成为盐场人群面临的最棘手的问题。

　　17世纪的盐场官私文献中，充满着"一田两税""一身两役"的字样，过去常常将此解读为晚明灶户赋役沉重的表现。实际上，如果放入前述历史背景下重新思考，便很容易明白其真实的状况。再者，17世纪中期的大规模迁海活动，与其说是该过程对盐场造成严重的破坏，不如说是其在上述盐场赋役沉重的话语下的产物。破坏盐场也许不是迁海带来的主要后果，反而是迁海给了盐场社会寻求改变的历史机遇。

　　以上种种，给清朝地方盐政的重建带来了重重困难。是恢复明代的盐场制度，还是重新设定新的规则，这是个问题。而另一个问题是，无论哪一种选择，到底谁说了才算数。由于盐场社会的复杂性，已经不是简单地推倒重来就可以，而是要选择如何在既定的棋局上重新落子部署。地方大员、州县官和灶户宗族，都各执一词，互不退让。17世纪的盐场便是在这样的复杂环境中逐渐走出明代体制的。

第一节　晚明的灶户赋役负担与地方经济形态

　　前文已经表明，明中叶以后，随着海洋环境变迁和制盐技术从煎到晒的改革，粤东地区的招收、东界等盐场，在生产方式和生产规模上已经逐渐超过宋代以来一直作为广东产盐中心的珠江三角洲盐场。在自然环境方面，珠三角地区由于沙田开发等因素导致了近海咸淡水交界线向外推移，影响了盐场的生产活动；在制盐技术方面，近海海水变淡严重影响了盐场的生产技术、生产成本和生产规模。而粤东盐场主要采用晒盐法。与珠三角地区的煎盐法相比，晒盐不但免去了柴薪的成本开销，而且不用受到海水含盐度和制盐工具的限制，成本低而产量高，相较于煎盐更具有市场竞争力。

正德年间的追补无征灶课，结果在运销，导致商人"无利则散"，[1]在盐场，早先投入盐司的民户、疍户也"仍旧逃归本籍"。[2]追补无征的做法让受到海水含盐度的限制只能采用煎盐法的珠三角盐场，过去用逃税方式争取来的市场优势由此丧失。此外，粤东盐场以及韩江流域盐业市场的发展，已经严重挤压了珠江口盐场的生存空间。

崇祯年间的新安知县李玄便在一篇条议中称当地盐场"灶丁之困已甚，冗场之设宜厘"，同时说明了晚明东莞等盐场所面临的种种困境。

> 本县有归德、东莞二场，除归德场去县颇远而场近茅洲，商船鳞集，煎出盐斤立可发卖。惟东莞场濒临边海，波涛汹涌，商船罕至，而宦棍射利之徒告承饷埠，勒价贱买，压使低银，百般揸害，民困益甚，国课难完。而灶户既当县役又当场役，一身有两役之苦；灶田既纳县粮又输场税，一田有两税之病。老疾盐丁永无开除之日，绝户虚粮竟无丈豁之时。然此固课额所关，难于请豁。而灶丁原与民丁粮内派当在官人役，而本场有场当之役，又于课外科派者也，兼之堂食、引头等费，

---

1 陈金：《复旧规以益军饷疏》，刘尧海：《苍梧总督军门志》卷23，第249页。
2 林希元：《陈民便以答明诏疏》，陈子龙等选辑《明经世文编》卷163，第1642页。

下情、纸札等需，犹未易缕指。察其岁征课银一千三百三十三两零有奇，而杂费过之，是皆多此一场之扰耳。何如裁革东莞场，其盐课盐税附县带征，将外县奸商告承之引，归还土民，听其纳引，自便运往发卖。其于原田原亩原税，务取足于原额一千三百三十两零者如故，而灶民赴盐法道纳饷发引销引者如故，惟省其场当杂费之苦，免其引头、下情等需，庶于贫灶微有瘳色乎？且省一官亦省一官之气廪，革诸役亦除各役之弊端，而新安之一隅小邑，终日坐闲，不难兼盐税而并理者也。[1]

李玄的这篇条议充分反映了万历中到崇祯这一时期，东莞等盐场所面临的赋役负担情况，以及官府与地方宗族所共同努力寻求的改革方向，即灶户的"一身两役"和寻求控制地方销盐权利的诉求。李玄，康熙《新安县志》写作"李铉"，因避康熙帝讳，"字伯铧，福建漳平人，崇祯八年由进士知（新安）县事"。在任期间，以"除外地之寇，恤灶丁之艰，详立盐埠，申免经纪杂饷，以豁重庋"，为县民所重，其任未久，便改调海丰。后人以其德政，入四侯祠祭祀。[2]

李玄在上述条议中指出了当时东莞盐场的几个困境。一是盐场销路困难，"国课难完"。归德场稍好，"煎出盐斤立可发卖"，而东莞场因为过于临海"波涛汹涌"，以致买盐的"商船罕至"，盐无销路而贱卖"宦棍射利之徒"。二是灶户困顿，一身两役，一田两税。三是灶户课外兼有科派场当等役。不难看出条议所述，重点在于说明灶课归县征收之后地方有司承担盐场赋役的困扰。因此，李玄提

---

[1] 康熙《新安县志》卷12，《广东历代方志集成·广州府部》第26册，第131~132页。
[2] 嘉庆《新安县志》卷14，《广东历代方志集成·广州府部》第26册，第366下页。

出的解决方案无疑也是从减轻知县负担的角度出发的。首先，提议裁革盐场，将灶课盐税附县带征。其次，为保证州县能收到税，要将"外县奸商告承之引"归还盐场土民，"听其纳引，自便运往发卖"。将埠引归入州县，以便"土民"完纳盐税。再者，场当、杂费等也由此得以取消。

李玄的条议可以总结为灶户"一身两役"、州县立盐埠和请革场当之役，而这三项也正与晚明盐场盐户的赋役密切相关。"一身两役"继续被盐场灶户用来陈述这一时期的盐场困境。李玄指出"一身两役"等"固课额所关，难于请豁"。万历十四年任新安知县的丘体乾也曾在当时灶丁每丁免田"三十三亩三分三厘，折该米一石零七升"，"不编（徭）差、均平、水夫、民壮"的基础上，提议"灶丁无田者免丁补田"，但最终未得实现。[1] 州县官和盐场人户所能做的，就是在这套制度之下，向上级官员表明灶户的苦难，并请求给予灶户更多的优恤，如可以蠲免一切杂泛差役。在这些差役里头，首推李玄特别指出的"场当"之役。

"场当"是由栅甲制演变而来。随着16世纪的盐场制度改革，灶课征收方式也逐渐发生了变化。原来依赖栅甲的灶课催征制度，逐渐转向出银雇役的形式。限于材料，具体过程我们不得而知，但至少在明末以前就已经存在。李玄指出："灶丁原与民丁粮内派当在官人役，而本场有场当之役，又于课外科派者也。"[2] 场当者，"每名工食银七两二钱，每年计银五十七两六钱，系各社见役灶甲出银募当。续因盐课难征，设复一十六名"。[3] 由此可见，场当便是由见役灶甲"出银募当"以催征灶课的，也即是将原本栅长、灶甲的差役

1　康熙《新安县志》卷6，《广东历代方志集成·广州府部》第26册，第73下页。
2　康熙《新安县志》卷12，《广东历代方志集成·广州府部》第26册，第132右上页。
3　康熙《新安县志》卷6，《广东历代方志集成·广州府部》第26册，第79右下页。

第四章 "灶户"脱离盐场：17世纪的盐场赋役加增与地方策略　• 233 •

折银雇人当差。值得注意的是，至迟到清初，盐场地方宗族对于从事公役已经非常反对。嘉庆《新安县志》称："邑中旧族，祠有祭田，岁或一祭、二祭。……惟子孙犯规，及为公役者，不得入祠。"[1] 这一项也确实多见于当地宗族族规记载。如北栅同治《凤冈陈氏族谱》有"禁充县场差役"的规定："其已经充县差场役者，宜即禀辞，庶免革胙。如敢藐族，并其子孙永远不得入祠。又五服之内有两人当差者，连家长革胙，多至三人者，革去房长加胙，不得入祠拜祖。"[2] 厚街乾隆《鳌台王氏族谱》"禁充役"称："吾族相传，素称诗礼，岂容有此丑类，以玷家声。……敢有藐族面充贱役，如此无耻之辈，定行革胙之条。"[3]

在"一身两役"无从豁除的情况下，州县官与地方宗族唯有退而求其次，这就是李玄提到的"将外县奸商告承之引，归还土民，听其纳引，自便运往发卖"。土民无疑是指盐场灶户。州县官与地方灶户宗族再次合谋，通过推动土民纳引卖盐来促使他们保证完纳"一身两役"的灶课。

在万历二十一年，新安知县喻烛就提出允许灶户装盐赴港口发卖。

> 本县查得，沿海居民类多煎晒盐斤为活，出境有禁，商贩畏盘不来，致盐堆积无以聊生。许运至茅洲内港埠头，兑与水客。此通商通灶，不可以私论也。往被哨守官兵以巡缉为繇，妄捉局骗，灶苦阻滞之害久矣。江一德等具呈本县，实切痛心，即行条议，责令灶民以后自煎盐斤，装内港发卖，许在该

1　嘉庆《新安县志》卷2，《广东历代方志集成·广州府部》第26册，第232右上页。
2　《凤冈陈氏族谱》卷3，第11a页。
3　《鳌台王氏族谱》卷3，乾隆五十九年刻本，第4b页，香港大学图书馆藏。

> 场告领照票，哨守官兵给票放行，不许妄捉骗害，亦不许越入港内搔扰，则盐利可通，而灶丁之害可免。[1]

"出境有禁"应指的是正德裁革商引之后，对盐场卖盐的禁令。喻烛指出，这一禁令导致了盐场食盐堆积，灶户无以聊生，因此提出允许灶户自行运盐到"茅洲内港埠头"发卖，并由盐场出给"照票"，让哨守官兵验票放行。这相当于给盐场灶户卖盐开了一道口子。因此，前引李玄条议中提到的归德场"去县颇远而场近茅洲，商船鳞集，煎出盐斤立可发卖"指的便是此事。江一德系归德场灶户，茅洲港也在归德场附近。李玄的条议也说明了喻烛的政策一直推行到崇祯初年仍然有效。

崇祯初年，知县李玄面临的东莞场的问题是"商船罕至"，那么盐场灶户自然就不如归德场那般有渠道获利，因此"民困益甚，国课难完"。在这个过程中，就出现了有"外县奸商"告承引目来县卖盐。李玄任上的另一重要举措，就是试图把这些告承的引目改拨给盐场灶户进行经销。李玄所指告承引目的就是后来设立的白石埠。康熙《新安县志》记载：

> 白石南头埠，向来异棍影借固戍饷额，越境开埠，局害鱼蛋。崇祯七年，士民建言，知县乌文明详请割饷加引。八年，知县李铉[玄]通详两院，加引二十道，创立南头白石埠。[2]

材料表明，白石原本没有盐埠，出现伊始是因为"异棍"借固

---

1 康熙《新安县志》卷12,《广东历代方志集成·广州府部》第26册，第131页。
2 康熙《新安县志》卷6,《广东历代方志集成·广州府部》第26册，第85右下页。

第四章 "灶户"脱离盐场：17世纪的盐场赋役加增与地方策略

成饷额之名，越境开设的。崇祯七年（1634），虽有知县乌文明请"割饷加引"，大概由于事未完结而人已迁转，所以这件事便落到了继任的知县李玄身上。李玄请加引二十道，得到批准，并创立白石埠。

在此之前，明代以盐场附近州县食用场盐为便，并未设有盐埠。明朝要求天下食盐人户，均须缴纳盐粮或盐钞，以代盐价。永乐二年（1404），户口盐钞法始行于广东，"大口岁食盐十二斤，小口半之，每斤纳钞三百文，于近场支纳为宜"。[1] 而盐场灶户，虽亲躬制盐，但仍需买食官盐。至迟在元代，就已成定例。盐场附近十里之内设盐局卖盐，"取现实有口数，责令买食官盐"。[2] 明初"洪武二年……（灶户）给工本钞，每引钞二贯。其盐上官仓，听民以口给，纳钞在官，户口盐钞始此"。[3] 黄国信的研究表明，洪武年间的户口盐钞制度实际上只施行于灶户。[4] 也就是说，明初灶户食盐，虽不如元代一般赴盐局买食，但仍需如后来的户口食盐法，"听民以口给"。这种局面，在明末的归德、靖康场却有所变化。康熙《东莞县志》便称："明洪武初……（灶户）其盐上官仓，听民以口给，纳钞在官，户口盐钞始此。按明之初制如此。其后虽额数渐加，规模渐密，然户口亦止输纳盐钞而已。至州县行盐，增加引目，悉听商人随地所销告承。查核丁口以为定额，自国朝始。"[5] 雍正《东莞县志》又称："至州县行盐，增加引目，悉听商人随地所销告承，无定额也。迨按埠地之丁口增配饷引，遂著为额课，则督醝使者，综核

1　《明太宗实录》卷28，永乐二年二月戊子，第509页。
2　《新降盐法事理》，《大元圣政国朝典章》卷22，《续修四库全书》第787册，第251右下页。
3　雍正《广东通志》卷25,《广东历代方志集成·省部》第12册，第651右下页。
4　黄国信：《明清两广盐区的食盐专卖与盐商》，《盐业史研究》1999年第4期。
5　康熙《东莞县志》卷5,《广东历代方志集成·广州府部》第22册，第437上页。

益周矣。"[1] 按照这种说法，似乎明代州县行盐并无定额，只是由商人"随地所销"而已，论丁口配引要到清代了。而上述白石埠之设实际上反映的就是从"悉听商人随地所销告承"到"定额"的过程。

康熙《新安县志》记载：

> 西乡之六十九道引，原名"庞成埠"。盖明季海上采捕鱼虾，船只甚众；异棍假借名色，承引开埠，载运盐斤往海上，以网其利也。[2]

由此可见，庞成埠的设立，本系由于海上采捕鱼虾用盐之需，因有利可图，于是有异棍"假借名色，承引开埠"牟利。这里所讲的"庞成埠"，亦即西乡埠，应该是包括前述新建的白石埠。康熙《广东通志》称："（康熙十二年）新安县西乡固戍埠引四十九道，饷银五十四两四分七厘，加场饷银一十九两六钱。新增白石埠引二十道，饷银二十二两六分，加场饷银八两。"[3] 可见，起初西乡埠只有盐引四十九道，后来新增白石埠引二十道，才有了"西乡之六十九道"之说，则白石、西乡均属庞成埠无疑。而且，白石埠的经营权应当是归属灶户所有，康熙《新安县志》称：

> （创立白石埠）后异棍李日成假冒本邑灶籍，预饷挽夺。崇祯十四年，士民力陈疾苦，及局害情事。知县周希曜屡文申请两院盐台，始革去埠商李日成，召复土著，约保金结；以陆

1　雍正《东莞县志》卷5，《广东历代方志集成·广州府部》第23册，第72右下页。
2　康熙《新安县志》卷6，《广东历代方志集成·广州府部》第26册，第86右上页。
3　康熙《广东通志》卷10，《广东历代方志集成·省部》第8册，第546右下页。

第四章 "灶户"脱离盐场：17世纪的盐场赋役加增与地方策略 • 237 •

和石承额行盐，其岁输引饷，照旧两乡公派。[1]

从李日成想要"预饷揽夺"也需通过"假冒本邑灶籍"可知，白石埠的经营权应该属于新安县的灶籍人户，换句话说，也就是由盐场内部经营。也因此才有之后崇祯十四年新任新安知县周希曜将李日成革去，仍"召复土著，约保金结"来承额行盐。关于这一过程，周希曜的奏文云：

> 照得新安灶、蛋各事本业，相济为生。南头白石一埠，乃灶民、渔蛋贸易之区，向为奸商垄断，民遭剥削。于是灶、蛋等告承生盐引二十道，输课充饷，以杜侵牟，往牒可按。近因课纳不前，棍徒乘夺。有李日成者，顺德民也，诈冒新安李姓之籍，未经盐司县结，突尔预饷承埠，以致商民不调，公私非便。矧预饷者，一时之告承课埠者，永世之定额。以隔邑而占新埠，以民户而夺灶醝，万一攘利脱逃，岁课有亏，再征渔蛋，贫民难堪。卑县洞知其弊，欲为长久计，合无请乞照旧复金土著殷实灶民，按其领掣完课，不许隔邑无籍棍徒冒乘攘夺，庶地方安业而引饷有禆。[2]

白石埠是灶民、渔蛋的贸易之区，后来灶、蛋告承生盐引二十道创立了白石埠。通过知县周希曜的奏请，仍"照旧复金土著殷实灶民，按其领掣完课"。相似的在盐场州县设埠由灶户承担行盐的例子还有东莞县的白沙埠。白沙邻近靖康盐场，明初为巡检司，天

---

1 康熙《新安县志》卷6，《广东历代方志集成·广州府部》第26册，第85右下页。
2 康熙《新安县志》卷12，《广东历代方志集成·广州府部》第26册，第134上页。

顺《东莞县志》记载:"白沙巡检司,去县三十五里,在十五都。"[1]同时也是东莞的急递铺,"走递文书"。[2]但至明后期,白沙已经变成了盐场附近的盐埠——白沙埠,崇祯《东莞县志》称:"白沙埠原额引一百二十三道,续增……(泰)昌元年减引一十三道,实引一百三十,(饷银)一百四十六两六钱九分九厘。崇祯……奉文每引加饷银一分三厘六毫,商人径……盐课提举司承纳。"[3]在泰昌元年(1620)以前,白沙埠已经设引行盐。

上述李玄条议中提议裁革东莞场,实际最终并未实行。但江对岸的香山盐场,在万历末年就开始出现"场灶无盐",当然其中缘故可能和上述分析相似,即盐场产盐无利,因此灶户纳课往往"往别场买盐运回",[4]自身基本不进行食盐生产。天启五年,香山盐场也经奏准,"裁汰场官,盐课并县征解"。[5]在灶课银归州县督征以后,场官的任务在于督促生产,对于不事生产的盐场,可将场官裁汰。

总之,产盐州县设埠告引行盐,本不是明初计口食盐下的制度,它的出现很有可能是在广西食盐官运以后,广东盐区开拓新市场要求下的一种结果。这种在产盐区设埠行盐的做法,给之后州县的食盐销售带来许多麻烦。产盐区本来就是斥卤之地,海水煎晒既能成盐,实在没有买食盐斤的必要。到清初这就反映在这些州县的盐课难完、有司坐害参罚上,并因而引发一系列的盐政改革。

1　天顺《东莞县志》卷3,《广东历代方志集成·广州府部》第22册,第32左下页。
2　天顺《东莞县志》卷3,《广东历代方志集成·广州府部》第22册,第41上页。
3　崇祯《东莞县志》卷2,《广东历代方志集成·广州府部》第22册,第114上页。
4　康熙《香山县志》卷3,《广东历代方志集成·广州府部》第34册,第206左下页。
5　康熙《香山县志》卷3,《广东历代方志集成·广州府部》第34册,第206左上页。

第四章 "灶户"脱离盐场：17世纪的盐场赋役加增与地方策略　• 239 •

第二节　地方宗族对清初迁海破坏盐场的故事建构

学界的研究一般认为清初康熙年间的迁海给沿海盐场带来了巨大的破坏，展界之后，盐场灶课不足、灶丁缺额的原因也应该归结于迁海对盐场社会和人群结构的破坏，并且由于回迁灶户甚少，其他移民新势力乘机侵入，盐场社会格局发生结构性的转变。

李龙潜指出，迁海严重破坏了沿海的盐业生产，并与其他影响一起，造成清初广东社会经济发展缓慢。[1] 林修合对福建晋江地区的研究认为，迁海主要造成地方宗族势力的兴衰交替。[2] 叶锦花考察晋江浔美盐场的个案，强调迁海的影响还要结合复界后沿海的各种赋役改革来综合考察，认为迁界、复界促成盐场地方权力格局、组织结构和仪式系统的变化。[3] 毋庸置疑，沿海盐场在迁海中受到巨大的影响，但若就官方文献记载的"盐课缺征""丁绝田荒"情形，就断定迁界造成盐场人群和地方势力的兴衰更替，似乎不太妥当。

归德、靖康等盐场家族的主要成员在迁海中更多的只是迁移

1　李龙潜:《清初广东"迁海"的经过及其对社会经济的影响》，氏著《明清广东社会经济研究》，上海古籍出版社，2006，第230~263页。
2　林修合:《从迁界到复界：清初晋江的宗族与国家》，硕士学位论文，台湾大学，2005。
3　叶锦花:《迁界、复界与地方社会权力结构的变化——以福建晋江浔美盐场为例》，《福建论坛》2012年第5期。

到县城居住,并且广东迁海只有短短八年,归德、靖康等盐场的迁离时间更短,由此并不足以造成盐场家族在展界之后发生大范围的置换。同时,由于明中叶以后海洋生态环境变迁导致的盐场生产衰退和灶户赋役日益加重,从事盐业生产不仅无利可图,而且负担沉重,因此在展界过程中,盐场家族有意识地利用迁界机遇和制度漏洞,逃避灶课,隐匿盐田,借恢复祖先祭祀、清理家族田产的机会,多将盐田改报民田。这才是在官方文献和盐场簿册中呈现出来的"盐课缺征""丁绝田荒"的最主要原因。

一 迁海中的盐场与家族的动向

清朝初年,"因江南、浙江、福建、广东濒海地方,逼近贼巢,海逆不时侵犯,以致生民不获宁宇,故尽令迁移内地"。[1] 广东从康熙元年(1662)开始的长达八年的迁界给沿海地方人民和社会经济带来诸多伤害、破坏。[2]

康熙元年二月,清廷命科尔坤、介山二人,"亲行边徼,令滨海民悉徙内地五十里,以绝接济台湾之患"。第二年,又命"再迁其

---

1 《清圣祖实录》卷4,顺治十八年闰七月己未,《清实录》第4册,中华书局影印本,1985,第84页。

2 参见顾诚《清初的迁海》,《北京师范大学学报》1983年第3期;谢国桢《清初东南沿海迁界考》,氏著《明清之际党社运动考》,辽宁教育出版社,1998,第199~226页;谢国桢《清初东南沿海迁界补考》,氏著《明清之际党社运动考》,第227~233页。关于广东迁海及其影响,参见麦应荣《广州五县迁海事略》,《广东文物》总第6卷,1939年;郑德华《清初广东沿海迁徙及其对社会的影响》,《九州学刊》第2卷第4期,1988年;李东珠《清初广东"迁海"的经过及其对社会经济的影响——清初广东"迁海"考实》,《中国社会经济史研究》1995年第1期;陈春声《从"倭乱"到"迁海"——明末清初潮州地方动乱与乡村社会变迁》,《明清论丛》第2辑,紫禁城出版社,2001,第73~106页;鲍炜《迁界与明清之际广东地方社会》,博士学位论文,中山大学,2003。

第四章 "灶户"脱离盐场：17世纪的盐场赋役加增与地方策略   • 241 •

民"。先是"尽夷其地，空其人民"，进而"毁屋庐以作长城，掘坟茔而为深堑。五里一墩，十里一台，东起大虎门，西迄防城，地方三千余里，以为大界"，"民有阑出咫尺者，执而诛戮"。[1] 康熙三年（1664）五月，清廷又以"迁民窃出渔盐，恐其仍通海舶"，[2] 再内迁三十里。对于沿海之祸，时人屈大均感叹道："自有粤东以来，生灵之祸莫惨于此。"[3]

　　归德、靖康等盐场位于珠江东入海口附近，其地分属广州府东莞、新安二县。嘉庆《新安县志》记载，"顺治十八年因海氛未靖，将议迁民以避害，总镇张沿海看界"。"康熙元年二月，大宪巡边立界，邑地迁三分之二。三月，差总镇曹、总统马，督同营兵析界，驱民迁入五十里内地。""康熙二年八月，大宪伊、石再看粤疆，拟续立界，邑地将尽迁焉。督卢以邑地初迁，人民困苦，会疏乞免尽迁，止迁东西二路，共二十四乡。"康熙三年三月，"城守蒋宏闰、知县张璞，逐东、西二路二十四乡入界，以后每年大宪四季巡界"。[4] 新安县几乎全部迁入界内，及至康熙六年（1667），经新安知县张璞奏准，朝廷将新安县撤销，并入东莞县。是时，"插旗定界，拆房屋，驱民迁归界内。设墩台、凿界埂，置兵禁守，杜民出入。越界者解官处死，归界者粮空绝生。祖孙相承之世业，一旦摈之而猿啼；死生世守之墓宅，一朝舍之而鹤唳。家家宿露，在在鸠形，初移一次尚有余粟，再移之后曾几晏然"。[5] 归德、靖康等盐场均在界外，灶户尽数迁离，盐场荒废。如新安一县，盐丁额从顺治年间的3818

1　屈大均：《广东新语》卷2，《清代史料笔记丛刊》，第57页。
2　民国《开平县志》卷20，《中国方志丛书·华南地方》第6号，第157下页。
3　屈大均：《广东新语》卷2，《清代史料笔记丛刊》，第57页。
4　以上俱引自嘉庆《新安县志》卷13，《广东历代方志集成·广州府部》第26册，第362左下页。
5　香港新界龙耀头《邓氏族谱》，香港大学图书馆藏。

丁减少到康熙三年的127丁。[1]清初抄本《盐法考》称："康熙元年、三年禁海，（东莞、归德、靖康、香山四场）缺征银三千八百五十七两一钱二分一厘七丝一忽一微三尘，尚该存征银四百一十七两三钱四分七毫三丝五忽四微。"仅归德、靖康二场，归德场"迁去灶丁一千五百二十五丁"，"尚存征银五十九两二钱七分三毫六丝一忽"；靖康场"迁去灶丁二千三百九丁"，"尚存征银一十两六钱九分五厘"。至于迁界造成的缺征灶课，原系"摊派于见在各场征解"，康熙三年五月广东巡抚卢兴祖奏称："场课一项，系借灶丁煎盐办纳，今则丁迁灶徙，场属丘墟，煎办无人，灶户流散，此场课之缺额万难派征。"嗣后准将"广州等府州县所辖十六场迁徙无征银七万一百一十五两零免其摊派"。[2]

盐场既迁，广东食盐供应遂成问题。为此，清王朝曾允准广东沿海部分盐场的灶户可以出界煎晒盐斤，《盐法考》载：

> 熬盐之事，先因国课系乎军需，民生不便淡食，勘海公疏议定出入熬盐口子，通省仅得四处，惟广州之茅洲墟，潮州之达濠墟、惠、廉两府之盐田村耳。非此四处，不许出界熬盐。[3]

珠江三角洲的盐场中只有茅洲墟一处可出界外熬盐。茅洲墟即归德盐场之所在。康熙四年（1665），广东总督卢崇峻虽题请"不必拘于四处口子"，"许令随地煎盐"，但朝廷以"随地俱可煎盐，恐

---

1 康熙《新安县志》卷6，《广东历代方志集成·广州府部》第26册，第76左上、81左下页。并参见刘均雄：《清初禁海迁界前后的新安县》，《明清海防研究论丛》第2辑，广东人民出版社，2008。该文利用地方志梳理了新安一县的迁界政策和迁界前后的大致变化。
2 佚名：《盐法考》卷16《广东事例》，清抄本，不分页，中国国家图书馆藏。
3 卢崇峻：《为迁民失业堪怜仰祈轸恤疏》（康熙四年六月），佚名：《盐法考》卷17《广东事例》，不分页。

第四章 "灶户"脱离盐场：17世纪的盐场赋役加增与地方策略　　● 243 ●

通海生事，亦未可知"而驳回。卢崇峻的题本中还阐述了四处口子的情形，称："以四处延袤之广，欲迁民并聚于四处则不可，欲各地散居之民，千里赴口而出办则不能，是皇上之恩允煎盐，以为国课民生计者，仅便于原附四处之居民耳。"[1] 不过，盐场当地的说法与此有所不同，康熙《新安县志》载：

> 陈隽蕙，字仲芝，号瑶芊，以《诗经》顺治甲午中式，辛丑登马世俊榜。性潇洒，磊落不羁，轻财好施。生平布衣之交，贵而弥笃。候选于家，适值迁移，居民失业，恻然不忍，率父老力恳上台，特设立归德场口子灶丁腰牌，使得出界晒煎，存活一方。[2]

据此说法，归德场盐丁携腰牌出界熬盐，得益于陈隽蕙的争取。陈隽蕙，归德场衙边人。据当地人介绍，衙边乡即明代归德场辖下的附场社，清代改设衙边乡盐灶。陈隽蕙于顺治辛丑登马世俊榜第三甲进士。康熙元年（1662）迁海时，陈隽蕙刚好候选在家，于是"率父老力恳上台"，请准设立归德场口子。卢崇峻所称"勘海公疏议定出入熬盐口子"是否与此有关联，不得而知。总之，归德场最终得到朝廷的批准，得获出界外熬盐。卢崇峻还提到当时"熬盐之令，止许单身往煎，则盐从外入，米无内出"。[3] 可见，虽然灶户有腰牌可以出界熬盐，但只能只身前往，"朝出暮归"，不能携

1　卢崇峻:《为迁民失业堪怜仰祈轸恤题》（康熙四年六月），佚名:《盐法考》卷17《广东事例》，不分页。
2　康熙《新安县志》卷10，《广东历代方志集成·广州府部》第26册，第117左上页。
3　卢崇峻:《为迁民失业堪怜仰祈轸恤题》（康熙四年六月），佚名:《盐法考》卷17《广东事例》，不分页。

带家眷，不能逗留界外。由此可知当时出界熬盐之大致情形。

是否所有归德场的灶户都可以出界熬盐，由于史料阙如，不得而知。但在当地的访谈中，笔者了解到当时只有陈隽蕙一族能够出界熬盐，而非归德场的所有灶户都有这样的权利。陈隽蕙一族即归德雍睦堂陈氏，据说是南宋同知枢密院事陈俊卿的后代，陈俊卿之孙、南宋理宗朝驸马陈梦龙时始迁归德。据《沙井雍睦堂陈氏族谱》，陈梦龙的三个孙子后来分成三纲：第一纲发展成衙边乡陈氏；第二纲又分四纪，第一纪除迁周家村外均出继第一纲，第二纪迁灶下和壆岗两乡，[1] 第三纪迁后亭乡，第四纪迁石桥头；第三纲历六世而绝。在归德场，自称是陈梦龙后代的有衙边、灶下、壆岗、后亭、石桥头和周家村等支派，也即包含了归德场的岗头、附场、后亭三社。笔者还了解到，这几个村落基本是陈氏的单姓村。陈隽蕙即系陈梦龙的十四世孙。结合前文，归德场于康熙三年只剩下127丁，则当地传闻获得出界熬盐的只有雍睦堂陈氏一族或许不是空穴来风。

虽然朝廷预留四处口子供灶户出界煎盐，但似乎也并未能恢复这若干盐场的食盐生产。康熙九年（1670），广东巡抚刘秉权在回溯时称：

> 合浦场虽奉题留口子，因边界隔远，不能朝出暮归，向未开煎。归德场界外山塘田地，因奉禁不许耕种，尽属荒废。二处缺额实无可征，各官结报，委非支饰，合请敕部议豁。[2]

---

[1] 明代陈宗顺迁居壆岗时，当地已有黎、费、冼三姓，后来随着陈姓的强大，壆岗成为陈氏的单姓村落，并于乾隆甲寅年（1794）在当地黎姓宗祠的基础上修建了陈氏大宗祠。参见程建《归德雍睦堂陈氏》，赖为杰主编《沙井记忆》，第21~23页。

[2] 佚名：《盐法考》卷16《广东事例》，不分页。

第四章 "灶户"脱离盐场：17世纪的盐场赋役加增与地方策略　　　　　　　　• 245 •

　　虽然刘秉权旨在请求豁除迁界期间合浦场[1]、归德场的缺征课额，但从中也透露出迁界中所留口子的运作情况：合浦场虽留口子而未开煎，归德场界外田地则奉禁不许耕种。由此可知，广东大部分盐场的灶户还是被迁入内地，停止食盐的生产。以往的研究由于缺乏史料很少注意这些灶户的去向，而这对于了解展界之后盐场的恢复情况却十分重要。通过后来的方志和民间编修的族谱，还是能够窥探当时一些人群的迁移情况。据《凤冈陈氏族谱》：

　　　　先生讳龙驺，字非熊，号梅峰。恂谨嗜学，年十七，为诸生有声，邑、族雅重之。少遭鼎革，祠墓毁于兵燹，先生手自修复。继历迁移，复绘祖墓，及携祖主、尝册而行。寓居邑城，常痛不身亲拜扫，每岁时辄以絮酒白笺，南望而泣奠焉。展界后哀鸿初集，即愀然祀事为念，建祠置产，历历维持。[2]

　　陈龙驺是靖康场凤冈陈氏中的一员。凤冈陈氏是靖康盐场中最大的宗族，明代以来一直在盐场的地方事务和日常运作中扮演着重要的角色。[3] 其祖陈履自称"籍定靖康，户悬盐课"，[4] 是为盐场灶户。迁海之时，陈龙驺绘祖墓并携带祖先神主牌位、蒸尝册簿，寓居东莞县城。虽历迁移，但绘祖墓、携尝册的举动，表明已做好他日回迁的准备。即使客居异乡，岁时仍不忘祭祀祖先，奈何"不身亲拜扫"，只能"南望而泣"。从另一个角度看，像陈龙驺这样"邑、族

---

[1] 即前引廉州府盐田村口子所在盐场。
[2] 姚梦鲤：《文学梅峰陈先生传》，《凤冈陈氏族谱》卷7，第71页。
[3] 参见李晓龙《灶户家族与明清盐场的运作——广东靖康盐场凤冈陈氏的个案研究》，《中山大学学报》2013年第3期。
[4] 陈履：《上司馐陈公祖书》，氏著《悬榻斋集》卷3，第529页。

雅重"的人，迁海之中只是搬移到县城里居住，所思不是生计、居所问题，而是岁时祭祖无望的感伤，看起来生活并没有因为迁海而受影响。

迁海中，凤冈陈氏的成员多是前往东莞县城寄住，如："时奉迁移边海村庄，（陈燕彦）侨居邑城"；[1] "因迁移，（陈匡泰）挈朱孺人，流寓城西"；[2] "国初地方弗靖，（陈赵）孺人逃难莞城"；[3] "岁在癸卯，边海迁移，予（陈济）假馆城西，侄环冈寄寓"。[4] 也有移居省城广州以贸易为生的，如："时值沧桑，遭兵燹，艰苦万状。甫弱冠，奉旨迁移。田庐废弃，（陈桐英）与兄桥英公奉母邓孺人暨孀姊麦氏，侨居羊城，俯逐商贩度活。"[5] 靖康场的另一个家族大宁谭氏，则有投奔同宗者："（谭尚桂）值国初移村之令，复徙眷，溯石龙，度铁岗，向同宗之桔头乡居焉。"[6]

这些离乡背井、侨居内地的滨海人群，日常思虑的是祖坟无扫、祭祀无处。也许我们会怀疑许多后来回忆的文献不太真实，那么写在迁海期间或得知展界之时的诗句，则多少能反映当时人的心态，如：

> 是谁饮水不思源，霜露人家走子孙。独使孤坟无化蝶，已经三载只啼猿。悠悠旻昊胡为尔，漠漠山川不可言。遥向风前浇一滴，为劳吹送到云峦。[7]

---

1 陈湘舟：《明庠士翘公叔祖传》，《凤冈陈氏族谱》卷7，第54页。
2 陈世珍：《冠带寿官凤山公小传》，《凤冈陈氏族谱》卷7，第84页。
3 陈旭区：《贞烈赵氏孺人传》，《凤冈陈氏族谱》卷7，第116页。
4 《凤冈陈氏族谱》卷8，第10a页。
5 翟张极：《寿官蓼斋陈公传》，《凤冈陈氏族谱》卷7，第92a页。
6 《十五世文学宗禹公传》，《大宁谭氏族谱》，第51页。
7 《霜降后痛界外祖茔不得瞻扫》，《凤冈陈氏族谱》卷12，第65a页。

第四章 "灶户"脱离盐场：17世纪的盐场赋役加增与地方策略

春愁春病两难支，一枕闲窗睡起迟。恩诏喜逢开界日，孝思徒负上坟时。松楸望去心偏远，猿鹤声来意独痴。感慨不须怜往日，十年前事几人知。[1]

综上，清初迁海，珠三角的归德、靖康等盐场除少数盐户之外，尽数内迁，盐场灶课也随之裁减、免征。盐场上的房屋、祠堂等建筑多数在迁界中遭到拆除和毁坏，甚至"族人留散哀嚎"，[2] "井湮屋圮，满目菁篁"。[3] 但也需注意盐场大族的主要成员在这一过程中并没有太受其害，大多只是移居内地寄住，而且急盼归乡，甚至迁移之日就已做好回迁的准备。

二 展界后盐场的宗族活动与灶课缺征

康熙八年（1669），广东展界之后，地方官即着手恢复地方社会经济。归德场所在的新安县，原"为村将五百所，虽烟户之多寡不同，大都近山者晨星，而滨海者毂击"，[4] 但展界之初，新任新安知县李可成，"下车伊始，见迁民未归者尚众，其一二新复残黎，亦无庐舍栖止，唏嘘久之"，[5] "虽幸而展复，毕竟毂击者亦转而晨星"。[6] 滨海地区毂击转而晨星，结果"鱼盐失利，货用艰运"。[7] 再如东

---

[1] 《二亲墓远属荒边，七载迁移，松楸冷落，乙酉春幸逢展界，满意清明恭谒而期值病志感》，《凤冈陈氏族谱》卷12，第74a页。
[2] 《十五世文学宁庵公传》，《大宁谭氏族谱》，第29页。
[3] 《十五世钦唐公传》，《大宁谭氏族谱》，第46页。
[4] 康熙《新安县志》卷3，《广东历代方志集成·广州府部》第26册，第19左上页。
[5] 康熙《新安县志》卷11，《广东历代方志集成·广州府部》第26册，第129左下页。
[6] 康熙《新安县志》卷3，《广东历代方志集成·广州府部》第26册，第19左上页。
[7] 康熙《新安县志》卷11，《广东历代方志集成·广州府部》第26册，第130右上页。

莞县，崇祯五年（1632）全县民、灶、匠、僧、疍等共13768户85730口，到康熙二十八年（1689）修志时，全县民、灶、匠、僧、疍等仅8674户41198口，[1]减少将半。

盐场的展复同样困难重重。对于盐场来说，展界之后最急切于招回灶丁、垦复灶田。对比官方的前后统计数据可以发现，盐场的盐田在展界之初，较迁海之前有大幅度减少。据清《盐法考》，康熙十年（1671），靖康场尚缺征银715.25两，归德场尚缺征银156.62两。[2]可见，展界之初，盐场灶课缺额甚多。就盐场灶田地而言，如表4-1所示，归德场要到康熙二十七年（1688）才逐渐恢复接近清初原额，康熙十年的灶田数仅是原额的68.3%。而凤冈陈氏所在的靖康场，缺额更大。据称，"靖康出盐之田不满四顷，而但属灶籍概做盐田并苗田二百顷"。[3]清初靖康场的盐田数量又是多少呢？清《盐法考》记载："康熙元、二年迁弃灶田地一千八十七顷四亩八分八厘七毫九丝一忽。"[4]由此，展界以后靖康场的盐田不及原来的1%，即使按照200顷计算，也仅占原额的18.3%。那是否存在文献记载失误的可能？据乾隆《两广盐法志》："归德场灶丁原额一千五百九十丁……实在灶丁……共一千四百一十三丁。……靖康场灶丁原额二千三百三十二丁……实在……一千二百四十三丁。"[5]又制盐场地盐塥，"归德一千八百五十三塥，竹锅四十八座，铁锅四座；靖康一百九十五塥，铁锅四十四座"。[6]乾隆《两广盐法志》中

---

1 康熙《东莞县志》卷4,《广东历代方志集成·广州府部》第22册，第430下页。
2 佚名：《盐法考》卷16《广东事例》，不分页。
3 据靖康场陈之遇所言，见雍正《东莞县志》卷5,《广东历代方志集成·广州府部》第23册，第76右上页。
4 佚名：《盐法考》卷16《广东事例》，不分页。
5 乾隆《两广盐法志》卷17,于浩编《稀见明清经济史料丛刊》第1辑第37册，第390~403页。
6 乾隆《两广盐法志》卷18,于浩编《稀见明清经济史料丛刊》第1辑第37册，第498页。

第四章 "灶户"脱离盐场：17世纪的盐场赋役加增与地方策略

表 4-1 迁海前后归德场灶丁、灶田数

	天启二年	崇祯五年	清初原额	迁海中	康熙八年	康熙九年	康熙十年	康熙十一年	康熙二十年	康熙二十七年
灶丁（丁）	1853	1736	1590	65	1125	1396	1408	1410	1412	1414
灶田（顷）	888.1321	888.1303	855.582	79.18	239.836	533.105	584.099	601.104	746.694	830.355
丁、田折银（两）	1147.99	1133.3	1114.8	59.2	715.31	953.1	974.31	980.43	1025.32	2705.57

资料来源：康熙《新安县志》卷 6，《广东历代方志集成·广州府部》第 26 册；佚名《盐法考》卷 16《广东事例》，不分页。

归德、靖康场迁界前后的数据对比与之前盐田计算的结果基本吻合。由此可知,清初展界之后的盐场,食盐生产发生了很大变化,至少在灶课征收上确实如此,而以靖康场的减少最剧。

短短几年间,靖康盐场的灶田从1000多顷减少到200顷,为什么会出现这么大的缺额呢?为什么盐场灶户的招复如此之难?不少学者倾向于将原因归结为迁海带来的破坏,盐场妻离子散,受害极重,乃至回迁无几。[1] 为解释这一现象,需要对展界后盐场家族的回迁做一分析。

迁海在广东持续了八年,就归德、靖康盐场来说,则是康熙三年到八年的五年时间。自康熙六年(1667),广东巡抚王来任就开始上疏请求展界,继任的两广总督德升、广东巡抚刘秉权继续痛陈迁界之害,终得朝廷允准,于康熙八年(1669)允准广东康熙三年(1664)迁界的百姓回迁原籍,并复置新安县,但仍不许渔民出海。至康熙二十一年(1682),广东全面复界,"令船只捕取鱼虾如旧"。[2] 在这五年光景里,盐场家族的成员,或暂时寄居县城,或寻亲访友暂为居住,待迁海之禁稍一松弛,即返回家园。这些迁居县城的人家多在盐场拥有田地资产,其返回故里,重拾生计,也是理所当然,纵不能放弃家业而寄居城寓,流落他乡。

前述徙眷投奔同宗的谭尚桂,"晚归,与长兄钦唐公益敦同气,维持祖业,爱护宗亲,训孙若子"。[3] 又谭会典,"移家八年乃还故里","与族属胥宇旧基,绳枢荜门,仅蔽风雨而已"。[4] 当然,笔者并不否认会有不少贫苦盐户借机逃往他处谋生而不复迁回,这会给

---

1 如刘均雄《清初禁海迁界前后的新安县》,《明清海防研究论丛》第2辑。
2 康熙《新安县志》卷11,《广东历代方志集成·广州府部》第26册,第130左上页。
3 《十五世文学宗禹公传》,《大宁谭氏族谱》,第51页。
4 《十五世钦唐公传》,《大宁谭氏族谱》,第46页。

第四章 "灶户"脱离盐场：17世纪的盐场赋役加增与地方策略 • 251 •

地方社会带来一定的影响，但不足以造成盐场社会的巨大转变。在靖康场，回迁的凤冈陈氏成员依然主导着盐场事务。康熙年间，靖康场大使吴璧因盐场灶课难完，尚需致信陈履的曾孙、庶吉士陈似源商量办法，请其出面劝谕。[1] 在归德场，雍睦堂陈氏依旧控制着盐场内盐业交易场所茅洲墟。

由于迁海时盐场大部分的祠堂、祖坟受到毁坏，展界之后，修复祠堂、祖坟便成为宗族的头等大事，如凤冈陈氏称：

> 族经迁移，世祖南宁公祠鞠为茂草，（陈文振）倡伯叔营度修复。副使公履原厝东派屿，从伯彩君深为水蚁患，与之极力绸缪，改扦[迁]南宁公墓两处。[2]
> 世祖司马莲峰公祠塌于迁移，（陈熙）倡伯叔修复。[3]

修复祠堂是为了更好地进行家族的祭祀活动，祭祀则需有祭产，因此，紧接着祠堂的复建，便是祖先蒸尝的恢复。恢复祖尝，成了展界以后灶户宗族的首务，据称：

> 国初奉迁沿海居民，伯（陈光瑜）恐先茔芜废，误于鱼鲁，自一世祖下，图绘墓形，什袭藏之。迨展界后阡陌沧桑，侵影踵弊，祖业存者仅什之五六。时伯齿高一族，与族弟孝廉燕明公极力稽察，复各租[祖]尝祖[租]百石有奇。祖祠倾圮，倡率修复。今世代灵爽式凭，永享禴祀，伯之力也。[4]

---

1 陈似源：《复靖康场大使吴璧书》，《凤冈陈氏族谱》卷11，第53页。
2 陈世珍：《儒望公传》，《凤冈陈氏族谱》卷7，第97b页。
3 陈仁：《郡文学汲懋公暨处士逸斋公合传》，《凤冈陈氏族谱》卷7，第81b页。
4 陈维岳：《文学飞泉公传》，《凤冈陈氏族谱》卷7，第62页。

此乡经迁徙，祖尝多被贪饕影占，叔（陈燕明）与族兄庠士光瑜极力查核追复，始祖尝租八十余石，三世祖尝租十余石，五世、六世、七世各祖尝租，或十石，或数石者，不可计。[1]

可见，迁界前后，家族最为注重的是祖墓和祀产。在珠江三角洲，族产和祭产往往是宗族建构地方权力的基础，并以经营田产为主。[2] 迁海时，陈光瑜"自一世祖下，图绘墓形，什袭藏之"，陈龙驷"继历迁移，复绘祖墓，及携祖主、尝册而行"。[3] 因此展界之后，在凤冈陈氏的祖尝田地被侵占大半之时，陈光瑜还能够与族弟陈燕明致力于查核追复。相信其中一些田地的追回，与祖先蒸尝册簿的保留相关。据《凤冈陈氏族谱》，陈燕明"痛念列祖尝租因乡经迁移被吞占者百余亩，悉为查核追复，以供祀事"。[4] 展界之后，沿海许多地方荒废，无人耕耘，到乾隆九年（1744），广东布政使讬庸仍称"粤省沿海地方，从前迁界，荒芜税亩。自海氛既靖，之后数十年来陆续呈报垦复之外，尚有未尽垦复者甚多"。[5] "阡陌沧桑，侵影踵弊"便透露出展界之后，由于田主不明，多有侵占土地的情

---

[1] 陈应中：《完县尹画庐先生行状》，《凤冈陈氏族谱》卷8，第8页。

[2] 参见叶显恩《明清珠江三角洲土地制度、宗族与商业化》，《中国文化研究所学报》1997年第6期；刘志伟《宗族与沙田开发——番禺沙湾何族的个案研究》，《中国农史》1992年第4期；叶显恩、谭棣华《论珠江三角洲的族田》，广东历史学会编《明清广东社会经济形态研究》，广东人民出版社，1985，第22~64页；科大卫《明清珠江三角洲家族制度发展的初步研究》，《清史研究通讯》1988年第1期；科大卫《作为公司的宗族——中国商业发展中的庇护关系与法律》，氏著《近代中国商业的发展》，第79~104页。

[3] 姚梦鲤：《文学梅峰陈先生传》，《凤冈陈氏族谱》卷7，第71页。

[4] 尹宁璧：《文林郎画庐陈公墓志》，《凤冈陈氏族谱》卷7，第95b页。

[5] 鄂弥达、张廷玉：《题为遵议广东布政使讬庸条奏粤东荒芜税亩令穷民携眷垦复酌给口粮牛种一折事》（乾隆九年三月二十三日），内阁户科题本，中国第一历史档案馆藏，档案号：02-01-04-13756-008。

第四章 "灶户"脱离盐场：17世纪的盐场赋役加增与地方策略　　　　　　　　• 253 •

形。而陈光瑜、陈燕明的行为，则表明这些盐场家族在极力垦复田地。

在凤冈陈氏的文献中，我们看到的是他们如何"正当"地恢复被"侵影踵弊""贪饕影占"的祖尝。而与凤冈陈氏所在的北栅乡相邻的大宁乡，则提供了另外一种观察当时土地变动的视角，《大宁谭氏族谱》记载：

> 会迁移边海诸乡，族人流散哀嗷，或借口变大宗上下私盐三槎等田，以润枯涸。议已定，嘱其长老签书。公厉色拒之，事乃寝。[1]

> 时有借松隐公祭田投献于豪门，以行己私者，公曰：此蒸尝所供也，若隐忍弗言，祖宗其不血食矣。只身径造豪门，辨折再三，始服义掷还。[2]

在迁海和展界中，大宁谭氏有变卖或投献祖产给"豪门"的举动，虽然最终没有成功，但这也提醒我们，可能还有其他的类似事情发生。我们无法证明大宁谭氏与凤冈陈氏在土地纠纷上有什么关联，但至少在展界之后地方家族恢复族产的过程中，未必如文献所描述的那般"名正言顺"，在其他地区也有不少这种借助宗族力量以恢复族产的名义而占有田地的情形。[3]

1　《十五世文学宁庵公传》，《大宁谭氏族谱》，第29页。
2　《十四世廪庠挺寰公传》，《大宁谭氏族谱》，第89页。
3　参见蔡志祥《明末清初香山县的功名与宗族重建》，罗炳绵、刘健明主编《明末清初华南地区历史人物功业研讨会论文集》，香港中文大学出版社，1993，第65~72页；鲍炜《复界后的宗族重建——澄海林氏宗族的个案研究》，《潮学研究》第12辑，文化创造出版社，2005；黄挺《清初迁海事件中的潮州宗族》，《社会科学》2007年第3期；井上彻《明末珠江三角洲的乡绅与宗族》，《中国社会历史评论》第10卷，天津古籍出版社，2009，第65~83页。

在族谱之类的民间文献记载中，我们已经清楚地看到灶户宗族为了恢复祀典而极力垦复田产、恢复生产的情形。笔者不否认这些人有祭祖缅怀尽孝之心，但科大卫、刘志伟关于华南宗族的研究提示我们，宗族的许多活动背后往往伴随着权力和利益的重新分配。[1] 我们有必要弄清楚宗族垦复祖尝田地与盐场灶课缺征、回迁灶丁额少之间存在何种联系。

一般来说，在可以选择的情况下，百姓会倾向于登入赋役轻的户籍，耕种赋税轻的田地。而明后期以来珠江三角洲一带盐场盐业的衰退和灶户赋役的加重，使得盐田成为盐场百姓规避的土地。一方面，明中叶以来珠三角由于沙田的开发等因素近海海洋环境发生改变，尤其是咸淡水交界线的外移，严重限制了盐场的生产技术和生产规模，而惠州、潮州等处盐场因采用晒盐法而生产日丰，最终造成归德、靖康等盐场盐商不来，盐斤壅积难销。另一方面，盐场民灶杂混，灶户多买民田，以致逐渐形成灶户一身两役——"在县既当里甲，在场又当栅甲"，[2] 灶田一田两税——"既纳县粮又输场税"。[3] 明代万历年间，靖康场灶户陈履便已申诉灶户赋役较民户有六大偏重——灶田科粮又科盐；灶户每丁课盐银倍于民户；灶田一顷尚需折报灶户三丁；盐册造册之费尽出于灶丁；灶户虚丁不蠲豁；灶丁逃移，同栅代贻。[4] 明后期以来，归德等盐场的灶户逃亡已经十分严重。新任新安知县也指出：旧时"其地多高山峻岭，而邻于大海，鱼盐蜃蛤之利为便，民争趋之，是以不

---

1 参见刘志伟《宗族与沙田开发——番禺沙湾何族的个案研究》，《中国农史》1992年第4期；科大卫《国家与礼仪：宋至清中叶珠江三角洲地方社会的国家认同》，《中山大学学报》1999年第5期。
2 康熙《新安县志》卷6，《广东历代方志集成·广州府部》第26册，第83左下页。
3 康熙《新安县志》卷12，《广东历代方志集成·广州府部》第26册，第132右上页。
4 陈履：《上司饉陈公祖书》，氏著《悬榻斋集》卷3，第529～532页。

第四章 "灶户"脱离盐场：17世纪的盐场赋役加增与地方策略　　• 255 •

暇他务也"，但明末以来，这一情况已经发生很大改变，"行盐之路日塞而贱售矣，贱售无门而称贷矣，有力者擅其利，而灶于是乎病矣"。[1]

可以想见，在这种情况下，盐场家族肯定情愿将垦复的田地报为民田，但是制度如何能够允许他们这样做呢？一方面，展界以后，沿海田地多荒芜。新安县，崇祯十五年（1642）通县田地山萌海坦湖塘溪坡共 4060 多顷，康熙三年（1664）界内只剩田 1013 多顷。展界之后，康熙八年垦复 196 多顷，康熙九年垦复 413 多顷，康熙十年垦复 671 多顷。[2] 到康熙十年，合计原有及垦复田地 2290 多顷，仅是崇祯十五年的一半多一点，而这乃得益于知县李可成的勤勉劝垦。李可成也清楚地知道展界之初垦复田地的困难："久迁乍复，田土荒芜，辟耕匪易。自析分，界外民居拆毁，兹归来者必先谋栖址，方议耕凿。"所以，对"民间耕获所及，不论则壤高下，朔望报单，汇核转缴"，"得寸则寸，得尺则尺"。[3] 至乾隆初年，广州等府尚有可耕种稻田"未复迁移税六千二百七十五顷"，荒芜水旱田地"未垦复税一万三千六百二十顷"。官府为鼓励开荒，定"垦荒定例，水田六年起科，旱田十年起科"，甚至每户还给搭房牛种银 20~40 两。[4] 另一方面，迁海时盐场场署遭到破坏，导致展界之后盐场"场册无稽，止据县中灶籍"。[5] 盐场登记灶户丁课田税的盐册没有保留下来，以致对此无从稽核，能凭借的只有州县册籍中登

1　康熙《新安县志》卷 3，《广东历代方志集成·广州府部》第 26 册，第 30 右下页。
2　康熙《新安县志》卷 6，《广东历代方志集成·广州府部》第 26 册，第 54~55 页。
3　康熙《新安县志》卷 12，《广东历代方志集成·广州府部》第 26 册，第 140 上页。
4　鄂弥达、张廷玉：《题为遵议广东布政使讬庸条奏粤东荒芜税亩令穷民携眷垦复酌给口粮牛种一折事》（乾隆九年三月二十三日），内阁户科题本，中国第一历史档案馆藏，档案号：02-01-04-13756-008。
5　康熙《新安县志》卷 6，《广东历代方志集成·广州府部》第 26 册，第 83 左下页。

记的灶户情况，但州县并不登记盐场盐田，这就给盐场家族规避盐田、谎报民田提供了机会。而且，明中叶以后，珠三角的许多盐田逐渐转化成民田。万历时，香山盐场就已"苗田多而斥卤少，盐之地日削"。[1] 东莞人陈伯陶也称东莞、新安二县盐场"河流日远，沙滩日积，滨海之地悉成稻田"。[2] 盐场家族将垦复的田地报为民田，当在情理之中。而展界之后盐场出现盐田数额锐减也就不足为奇。康熙二十年（1681）出任广东巡抚的李士桢实际上也了解到这一情况，因此才提出将灶户所有田地"一概俱作盐田"征课加增的盐政改革策略。[3]

还需说明的是，展界之后，广东仍处于尚可喜、尚之信父子的实际控制之下，以往有些学者认为尚藩霸占盐场、把持生产，以致盐场备受其害，笔者则认为这种情况对靖康等盐场的影响并不大。的确，如广东巡抚李士桢所述，"自逆藩入广，伙党倚势，将产盐田场踞为奇货"，[4] "霸为己业，灶丁反雇为佣工，煎晒盐粒，惟听藩党货卖，独擅其利"。[5] 但康熙后期曾到过东莞县的吴震方在《岭南杂记》中很明确地说明了三藩时期靖康盐场的情形：盐场"盐田，近海其民买薪为煤，织竹为锅，辛苦煎煮，仅足糊口，非商贾贩卖之处，故向无藩占"。[6] 至于被尚藩霸占的盐场，吴震方称："自逆藩僭窃之时，淡水等场及平山等处多有藩孽土棍霸占盐田，贱买贵卖，

---

1 康熙《香山县志》卷5，《广东历代方志集成·广州府部》第34册，第227左下~228右上页。
2 民国《东莞县志》卷33，《广东历代方志集成·广州府部》第24册，第359下页。
3 参见李晓龙《灶户家族与明清盐场的运作——广东靖康盐场凤冈陈氏的个案研究》，《中山大学学报》2013年第3期。
4 李士桢：《抚粤政略》卷3，第274页。
5 李士桢：《抚粤政略》卷7，第821页。
6 吴震方：《岭南杂记》卷上，《丛书集成初编》第3129册，第29页。

乱行私盐。"[1] 明中叶以后兴盛起来的淡水等晒盐场才是尚藩乐于抢占的地方，靖康等煎盐场本身经营就困难，"其地受东西二江之流，吸三门海潮之沫，斥卤者少，且春夏江流盛大，咸潮无力，不能耙晒，必秋末隆冬时候，天色晴朗，方得朔望两收"，"实与惠（州）、潮（州）扬水晒生，一日一收者，获利迥别"，"此尚藩所以略之不占"。[2]

综上，迁海无疑给明中叶以来由于环境变迁而盐业衰退和盐田变稻田的盐场地区带来一次转机。展界之后盐场田地无册籍可查，全凭个人报垦，而盐场家族在重新"找回"家族田产之时，更愿意将其登记为民田而非灶田。这样一来，也就导致盐场"虽展界多年"而"丁绝田荒，埕坉决陷"，"骤难按照原额征复"。[3] 即便李士桢于康熙二十年出任广东巡抚后，令"各府县印官、场官逐一严查某场原额盐田若干，灶田若干，向被兖棍霸占若干"，[4] 也并没有取得多少成效。而东莞、新安地区的移民高潮要到雍正以后才出现，并且新移民主要集中在远离滨海的丘陵一带。[5]

1　吴震方：《岭南杂记》卷上，《丛书集成初编》第 3129 册，第 10 页。
2　陈锡：《复邑侯沈公书》，《凤冈陈氏族谱》卷 11，第 54 页。
3　李士桢：《抚粤政略》卷 2，第 133 页。
4　李士桢：《抚粤政略》卷 3，第 284 页。
5　参见刘丽川《深圳客家宗族派衍与传统村落拓展——以龙岗坑梓黄氏为例》，《汕头大学学报》2002 年第 3 期；曾祥委《清初新安迁海复界后的客家移民潮》，《客家研究辑刊》2011 年第 1 期。

第三节 "盐田加增"的立与废：地方宗族与清初盐场的赋役制度重建

灶课在清政府的财政税收中仍然占有重要的比例，[1]广东自然需要着力恢复食盐的生产。清朝对广东盐场的有效管理，要到平定"三藩之乱"以后才逐渐恢复，并且基本上是沿袭明中期灶课折银以后的做法。[2]这一阶段，主要在于恢复政府对盐场的有效控制，尤其是消除三藩残余势力的影响。但是效果并不明显，盐场回迁灶户甚少，远不足额，虽然历经官府招垦，仍不复原额。因此，广东盐政官员的工作核心也就在于招复并保证灶丁的数额，并加强盐场的管理。

广东展界之后，地方官员也开始恢复两广盐政，其工作核心在于恢复盐税的征收。但实际上，清初"自逆藩僭窃之时，淡水等场及平山等处多有藩孽土棍霸占盐田，贱买贵卖，乱行私盐"，[3]其时"粤省盐政，当大弊坏极"。[4]藩王时期，广东盐政混乱至极，广东盐业生产由三藩控制，并以其家臣、家仆为主形成了一支"王

---

1 参见百濑弘《清朝的财政经济政策》，郑永昌译，"中研院"近代史研究所社会经济史组编印《财政与近代历史论文集》，1999，第817~819页。
2 温春来：《清代广东盐场的灶户和灶丁》，《盐业史研究》1997年第3期。
3 吴震方：《岭南杂记》卷上，《丛书集成初编》第3129册，第10页。
4 李士桢：《抚粤政略》卷7，第832页。

第四章 "灶户"脱离盐场：17世纪的盐场赋役加增与地方策略　　•259•

商"队伍。[1] 尚之信经营两广盐政之时，"继以沈上达假威踵恶，藩商遍地，虐焰弥天，于是有恃势侵凌之弊，而豪猾占窝，百姓怨咨矣，有私盐横行之弊，而引壅课滞矣"。[2] 与此同时，回迁的大部分家族通过各种手段，或将原先占有的盐田诡寄成民田，或摒弃盐田不占，达到减少灶课的目的，重建的盐场因而面临灶课缺征的难题。

一　盐场重建与灶丁编审

广东盐法在康熙中叶以前并未完全恢复过来，尚藩镇粤严重影响了两广盐政的正常运转。"自尚之信作俑售奸以来，继以沈上达假威踵恶，藩商遍地，虐焰弥天"，[3] 导致私盐横行，引壅课滞。[4] 康熙二十年（1681），三藩之乱平定。是年十二月，刚刚由浙江布政使升任江西巡抚不到半年的李士桢，奉旨调任广东巡抚，[5] 并以巡抚之职统理蹉政。李士桢以盐官步入仕途，顺治四年（1647）授长芦盐运判官，后又历任河东运副、两淮运同，对盐政颇有心得，这些经历对他整顿两广盐务影响深远。

李士桢莅任之初，广东盐政混乱不堪，虽展界多年，盐场灶课依旧缺征严重。据《各府县场展界未复课饷俟垦复册报疏》：

> 其余应征课银五千五百余两，臣查此系原奉迁移除展界节

---

[1] 黄国信：《藩王时期的两广盐商》，《盐业史研究》1999年第1期。
[2] 李士桢：《抚粤政略》卷5，第541~542页。
[3] 李士桢：《抚粤政略》卷5，第541页。
[4] 参见黄国信《藩王时期的两广盐商》，《盐业史研究》1999年第1期。
[5] 王利器：《李士桢李煦父子年谱——〈红楼梦〉与清初史料钩玄》，北京出版社，1983，第115页。

年报垦之外尚未全征之数。今虽展界多年，实因丁绝田荒，埝塌决陷，所以骤难按照原额征复，似应一面饬行各官极力招垦，俟有征复按年册报，期于足额可也。除海岛无征原迁展复界址册揭送部查核外，再照此案，计逾限十一日未及一月合并声明。[1]

李士桢认为，广东盐法混乱主要就是藩王时期藩党异棍对盐场和盐埠的把持所导致的。[2] "自逆藩入广，伙党倚势，将产盐田场踞为奇货。或逼勒灶丁，领银为佃，私煎货卖，以致私贩横行，官盐壅滞……今逆藩既已消灭，各处盐田，自应归还原业，煎晒办课。近据各灶告灶词纷纷，仍是藩党异棍，公然霸占，侵夺民灶之利，窝囤贩私，阻扰官盐之法，坏乱盐政，莫此为甚。"[3] 所以，李氏便于康熙二十一年（1682）六月连续颁布六道符檄，整饬盐政，清理盐法，分别为 "察灶田之霸占" 归还原业、"清察水客之积弊"、"定商灶买卖之规则" 以禁私贩、"定盘验秤掣之规则" 以遏私盐、"议关厂盘验之官" 以实力奉行、"议巡缉河道船只之奸宄" 以裕饷绝私。[4] 此六议将 "场灶、客商、官役往日一切锢弊" 尽数酌改。虽然李士桢十分用心于清除三藩积弊，但灶户迁移，田塌荒弃，灶课缺征仍十分严重。

在盐场，李士桢出文告曰："首严灶户不许多煎越卖。"[5] 灶户制盐仍然有严格的管理，令 "各府县印官、场官逐一严查某场原额盐

1　李士桢：《抚粤政略》卷 2，第 133~134 页。
2　黄国信：《藩王时期的两广盐商》，《盐业史研究》1999 年第 1 期。
3　李士桢：《抚粤政略》卷 3，第 274~275 页。
4　李士桢：《抚粤政略》卷 3，第 273~298 页。
5　李士桢：《抚粤政略》卷 5，第 542 页。

第四章 "灶户"脱离盐场：17世纪的盐场赋役加增与地方策略 • 261 •

田若干，灶田若干，向被究棍霸占若干"，然后"逐一退还民灶管业，遵照定例煎办盐斤"。"灶户煎晒盐斤，须要着令场官，不时巡察。各灶煎晒盐斤，按数具报场官查考。"[1] 各盐场也都被要求严格清查灶田灶丁数额，登记在案。如香山县香山场"康熙十二年展复，香山场灶丁原额六百三十二丁，内除优免三十四丁，每丁照例编盐课银四钱六分五厘，实在原存灶丁及展界招复共丁五百九十八丁，共征银二百七十八两七分。实在原存灶税及展界垦复，共税一百一十八顷三十七亩九分四厘六毫一丝，每亩照例编征盐课银二厘三毫九丝六忽六微七金，共征盐课银二十八两三钱七分一厘六毫五丝二微七金九沙四尘八埃七渺"。[2] 阳江县双恩场"康熙九年，招复灶丁三百零二丁，征课银一百三十八两九钱二分。垦复灶田九十五顷一十七亩二分零八毫，征田课银二十七两三钱六分一厘九毫七丝三忽。丁田共征课银一百六十六两二钱八分一厘九毫零，尚逃亡无征银二百一十两五钱八分六厘零"。[3]

由此确立的广东灶丁编审制度，"五年一次，附入民户编审丁口案内造送"。[4] 至乾隆元年（1736）仍在进行，五年一编盐场灶丁细数册结，"发塘传递送部"。广东乾隆元年"编审盐场灶丁总册一本，各府州县场总册三十本"。[5] 但实际上，到乾隆二十六年（1761），盐场"迁移灶丁荒弃田塌缺征银"仍有三千八百四十五

---

[1] 李士桢：《抚粤政略》卷3，第284页。
[2] 光绪《香山县志》卷7《经政·盐法》，《广东历代方志集成·广州府部》第36册，第112页。
[3] 道光《阳江县志》卷3《盐课》，《广东历代方志集成·肇庆府部》第28册，第81下页。
[4] 广东巡抚王謩：《题为广东编审各场新增垦复灶丁事》（乾隆三年五月三十日），内阁户科题本，中国第一历史档案馆藏，档案号：02-01-04-13038-008。
[5] 广东巡抚王謩：《题为进呈广东盐场灶丁总册事》（乾隆三年五月三十日），内阁户科题本，中国第一历史档案馆藏，档案号：02-01-04-13038-008。

两八钱六分二厘。[1]

尽管盐场已经破坏严重，但展界不久，灶课便照常征收。"本邑（指新安县）迁复之后，场册无稽，止据县中灶籍。凡一切田地山塘税亩一概加增，是一田而数税也。"清初吴震方所著《岭南杂记》中论及东莞县靖康场灶户所要承担的赋役时称：

> 东莞编户，原有军、民、灶、蛋四籍。其灶籍则分隶靖康场。灶籍之民，所居房屋则为灶地，种禾之田、种树之山，则为灶田、灶山，其间潮来斥卤之地，稍可耙煎者，则为盐田，其征粮总名曰：灶税。本场税田八百五十顷有奇，内盐田止六顷五十亩，征银七百余两，与苗田一体输纳杂项、公务、丁差，俱十年一轮。又盐田每亩办盐二斤八两，谓之税盐。税盐之外，又有丁盐。计三人共纳一引，课银四钱六分五厘。十年又一当场役。[2]

材料表明，灶籍归盐场管理，对于灶户所要承担的各种赋役规定得也十分清楚。清初靖康场灶户所要承担的赋税包括对灶户所有田土征收的灶税、对灶户盐田办盐征收的税盐（即塌课），以及对灶丁征收的丁盐（即丁课）三部分，此外还要负担灶田等所对应的杂项、公务、丁差和在盐场承担的场役。明确灶户的赋役承担，是清初朝廷恢复盐业生产的一大重点，清初保留灶籍便表明了朝廷对

---

[1] 两广总督苏昌：《题报乾隆二十六年份广东各府州县灶迁移灶丁田塌仍缺征银数目事》（乾隆二十七年十二月二十日），内阁户科题本，中国第一历史档案馆藏，档案号：02-01-04-15451-003。在乾隆二十年（1755），广东盐场的缺征银也达3845.8两。杨应琚：《题报乾隆二十年份广东盐田池塌荒弃缺征银两事》（乾隆二十一年十二月十二日），内阁户科题本，中国第一历史档案馆藏，档案号：02-01-04-14970-017。

[2] 吴震方：《岭南杂记》卷上，《丛书集成初编》第3129册，第28~29页。

第四章 "灶户"脱离盐场：17世纪的盐场赋役加增与地方策略 • 263 •

食盐生产的特别控制。由明入清之后，顺治皇帝连颁政令限制灶户的逃亡，并将招复灶丁的多寡作为考核盐官的一项内容。[1] 这一切都是因为食盐的生产关系到民食与盐课的输纳，更关乎"军国要需"。

以上讨论，从官方的制度规定上，呈现了地方大员对于清除迁海至于三藩时期所留下盐政积弊的情况，但实际上，这些制度中所显示的地方盐政长官对于盐场的严格管理，与实际盐场的运作有一定的距离。从凤冈陈似源《复靖康场大使吴璧书》中，可以窥探盐场实际运作的另一面，该信函记载：

> 都中握别，倏经三载，疏候为歉。昨接瑶函，远承存注。小儿兼荷，厚情谢谢。敝里经迁徙之后，重以加增之税，县场两役，供办繁难。是以灶户比民户为苦，而场课比县课难征。且有无粮白丁与虚粮绝户，株连赔累，更堪怜恤。兹幸老父母洞悉民瘼，催科之中不忘抚字。贫民畏威戴德，俱已输将。即敝族子姓，无不遵依恐后。其中未完一二，多属孤儿寡妇困穷无靠之家。弟虽有字回劝谕，亦难代为措办。在老父母以国课为重，不妨行所当行也。兹因小儿旋里便泐附候。余言不尽。[2]

吴璧于康熙四十九年（1710）至雍正五年（1727）任靖康场大使。该文献记载，吴璧任上遇到靖康场灶课缺征难完，致信陈似源商量此事，遂有陈氏之回函。陈似源，"字昆霞，北栅人"，"康熙戊子乡荐，己丑成进士"，"选庶吉士，辛卯授编修纂修一统志"。陈似源一生虽多在外为官，却也一直留心靖康场的情况，曾以"靖康灶

---

1 参见陈锋《清代盐政与盐税》第一章 "清初盐业的恢复与盐务的行政管理"，中州古籍出版社，1988；郭正忠编《中国盐业史》（古代编）第六章 "清代盐业"。
2 《凤冈陈氏族谱》卷11，第53页。

民以栅甲为累","设法白于官,均其役","场丁德之"。¹ 在上述回信中,陈似源先是阐述了一番靖康场里民遭受"加增之税"与"县场两役",供办繁难之后,亦客气地告诉吴璧,"在老父母以国课为重,不妨行所当行也"。吴璧虽身为盐场之最高长官,在处理盐场事务之时,却不得不先同盐场内具有声望的士人商量。由此,可以猜想,吴璧在场大使任上对于盐场地方的管理,大多时候也一定要兼顾到这些盐场灶户家族的利益。而和这些家族打好交道,便是他在当地为官的重要任务。除了和陈似源有书信往来外,吴璧与凤冈陈氏在当地的士绅关系也融洽。在他离任的时候,就有北栅地方文人陈先桂为其赋诗送别。²

不只作为盐场长官的场大使没有在盐场当地实现他的权力,就连场大使的办公地点——盐课司署,也迟迟不见重建。据称,清初归德场盐课司署因迁界而被破坏,仅留下土地祠。展界之后,归德场大使赵锡翰到任,不得已只能自己捐俸禄在周家村买了几间房屋暂住。到乾隆二十一年(1756),归德场大使被裁,设归靖场委员署,又迁到了黄松岗。³ 与此同时,地方巡检司则更多地负责起了盐场社区的日常管理。靖康场境内,乾隆六年(1741),广东按察使潘思榘奏请将雍正十三年(1735)被改为"寻常中缺"的东莞县缺口司重新改回"最要缺",⁴ 乾隆九年(1744),又将缺口巡检司衙署从周家村迁于镇口村,据称便是因为盐场内北栅和怀德等处"民

---

1 民国《东莞县志》卷67,《广东历代方志集成·广州府部》第25册,第752左下~753右上页。
2 陈先桂:《送场父母吴大使》,《凤冈陈氏族谱》卷12,第92b页。
3 彭全民:《深圳掌故》,转引自刘红瑛主编《沙井历史资料汇编》,深圳市宝安区沙井镇人民政府,2000,第46页。
4 广东按察使潘思榘:《奏请敕部定议东莞县之缺口司仍列入最要缺并博罗县石湾司列为次要缺事》(乾隆六年二月二十五日),宫中档,中国第一历史档案馆藏,档案号:04-01-12-0022-004。

第四章 "灶户"脱离盐场：17世纪的盐场赋役加增与地方策略　• 265 •

图4-1　康熙《东莞县志》缺口司（靖康场）

资料来源：康熙《东莞县志》卷1，《广东历代方志集成·广州府部》第22册，第405页。

顽强悍"，周家村"相距辽远，弹压不及"，故迁回旧址予以管理。[1] 原本明初以来，盐场独立于州县之外，灶户不受州县管辖。[2] 正统时规定："灶丁拖欠盐课并盐价者，运司并分司官催征，拖欠税粮者，

1　民国《东莞县志》卷16，《广东历代方志集成·广州府部》第24册，第202左上页。
2　徐泓:《明代后期盐业生产组织与生产形态的变迁》,《沈刚伯先生八秩荣庆论文集》，第389~432页。

府县官催征,各不相干预。"[1] 州县和盐场各自管辖,互不干涉。到了景泰年间仍规定:"(灶户)若有盗贼重事,许令弓兵、火甲捉拿拘问,其余词讼,不许径自下场勾拘。果与军民干对者,宜从申达巡按、巡盐御史批断,及转行运司提解发问。"[2] 灶户由盐场专管十分明显。然而至于清初,盐场官员已无力管理盐场地方,反而更多倚重巡检司。

相比于盐场场官管理权力的削弱,盐场内部的地方组织越显重要。六栅原本是盐场为便于盐场大使管理地方、征收灶课而设立。乾隆后期,靖康场遭受丁盐输纳之苦,便有南栅绅士王文冕等集合六册父老,"爰集斯庙酌议,联名禀官,求免丁盐"。[3] 以凤冈陈氏家族为主的龙眼栅,便是六册中至为重要的一册。盐场地方事务,更多的是由当地大族自行磋商解决。

二 "盐田加增"与地方宗族的抗争

迁界之后的灶课缺额成为清初广东盐场面临的重要问题。一直到乾隆初,"灶丁迁逃,盐田池塌荒弃",缺征银两仍有三千八百余两之多。[4] 自明后期以来,广东地区逐渐推行"丁随粮办",将丁银合并到地税之中。[5] 在这种趋势下,康熙初,地方盐政官员也试图扩大盐田课税的范围,将逃亡灶丁的缺征课额转移到盐田之中。

前文已经表明,清初靖康场灶户所要承担的主要赋税包括对灶

---

1 陈仁锡:《皇明世法录》卷28,《四库禁毁书丛刊》史部第14册,第487左下页。
2 《恤灶诏》,朱廷立等:《盐政志》卷5,《四库全书存目丛刊》史部第273册,第557右下页。
3 《重修六坑大坑医灵古庙碑文志》,碑现存虎门大坑村医灵古庙内。
4 杨应琚:《题为核明广东各府州县上年灶丁迁移田塌荒缺征银两数目事》(乾隆十九年十二月二十日),内阁户科题本,中国第一历史档案馆藏,档案号:02-01-04-14803-011。
5 刘志伟:《在国家与社会之间——明清广东地区里甲赋役制度与乡村社会》,第179~185页。

第四章 "灶户"脱离盐场：17世纪的盐场赋役加增与地方策略　　• 267 •

户所有田土征收的灶税、对灶户盐田办盐征收的税盐（即场课），以及对灶丁征收的丁盐（即丁课）三部分，此外还要负担灶田等所对应的杂项、公务、丁差和在盐场承担的场役。[1] 在重整盐场的过程中，为弥补灶课的不足，朝廷试图从土地上做文章，最主要体现在盐田课税范围的扩大上。康熙二十一年（1682），在灶丁缺额、田地为地方大族占有的情况下，为解决盐场缺征，李士桢奏请朝廷"将灶丁名下原报垦复田塘等项，一概俱作盐田计算，每亩加增银二分至五分不等"。[2] 原本明初编佥灶户，给予一定的"赡盐田土"，如广东"除一百亩准其赡灶"，优免每丁一百亩不当差役的灶籍田土。[3] 如今则将灶户原有田地，"凡一切田地山塘税亩一概加增"。[4] 这里最大的变化在于，原来灶户在盐场服役当差科税，只是以出产盐斤的盐田来计算，而此次加增银的征收对象却是灶户名下所有的田地。前引《岭南杂记》文中，尚将灶户之田地分为灶地、灶田、灶山，而只有"其间潮来斥卤之地，稍可耙煎者"才算是盐田。

"将灶丁名下原报垦复田塘等项，一概俱作盐田计算"，对于盐场来说，固然增加了灶课收入。如靖康场，"出盐之田不满四顷，而但属灶籍概作盐田并苗田二百顷，亦概派纳加增"。[5] 又如新安县归德、东莞二场，"计两场旧额仅二千零，而新加税亩四千有奇"。但在增加灶课的同时，却也加重了盐场灶户的负担。东莞县靖康场民陈之遇就称："（该场）凡一切田地山塘税亩一概加增，是一田

---

[1] 参见李晓龙《盐政运作与户籍制度的演变——以清代广东盐场灶户为中心》，《广东社会科学》2013年第2期；并参见吴震方《岭南杂记》卷上，《丛书集成初编》第3129册，第28~29页。
[2] 《清高宗实录》卷28，乾隆元年十月甲子，《清实录》第9册，第598页。
[3] 刘淼：《明代盐业经济研究》，第141~142页。
[4] 康熙《新安县志》卷6，《广东历代方志集成·广州府部》第26册，第83页。
[5] 东莞《凤冈陈氏族谱》卷11，第47页。

而数役也。"¹ 此一加增，相较于之前，确实增加了灶户的不少负担，尤其是拥有大量田地的盐场家族。因此，制度实行伊始就引来盐场大族的反对，在靖康场则以凤冈陈氏表现最为激烈。

陈似源之子、康熙五十七年（1718）进士陈之遇作《邑志靖康场加增议》进行抗争。陈似源认为，加增之派，是源于时任广东巡抚李士桢的一时失误。李士桢莅粤以后，见原来被藩商占领的盐田已一律归还灶户，以为"边海之区，晒水成盐，得利颇厚"，获利良多，故要求盐田一体加增。然而这些田地本就属灶户，李士桢"但知既夺之田为藩业，不思未夺之先固民田"，并同时将"未经藩夺者，亦概加增"。靖康盐场之灶户拥有的盐田本来较少，总额"不满四顷"，而盐田和苗田则达二百顷，此加增之法，不分盐田、苗田一概加增，严重增加了灶户的赋役承担，以致灶户一田而两属，既属州县又归盐场，在州县纳正供色米、服里甲正役，又于盐场征正盐、丁盐、加增，服场役。²

税盐、丁盐作为灶户应完课引，是由场员负责征收的，而对灶户的盐田与苗田一并征收的灶税则归县征收。即是说，"盐场灶晒各丁所有应完课、引银两，俱系场员征收"，而"各丁名下所有近场之田地土塘等项，则系在县按则编征银米"。³ 灶户虽隶属盐场，但一方面在盐场交纳丁盐、税盐、承担场役，另一方面还要在州县交纳灶税，"照民籍输充值年"。⁴ 如康熙《新安县志》称："灶户在县既当里甲，在场又当栅甲，是一身而两役也。……灶田在县既纳粮差，在场又纳税盐。"此外，灶户以灶籍而兼当民、灶二役，也可窥见

1　康熙《新安县志》卷6，《广东历代方志集成·广州府部》第26册，第83页。
2　陈之遇：《邑志靖康场加增议》，《凤冈陈氏族谱》卷11，第47页。
3　张茂炯等编《清盐法志》卷233《两广二十·征榷门》，盐务署铅印本，1918，第2a页。
4　雍正《东莞县志》卷5《盐政》，《广东历代方志集成·广州府部》第23册，第76右上页。

第四章 "灶户"脱离盐场：17世纪的盐场赋役加增与地方策略

民、灶户籍界限变化之端倪。

由于地方的极力反对，朝廷也不得不做出一些妥协，于康熙三十二年（1693）"将前项加增银两豁免一半"。[1] 但将灶户所有田塘俱作盐田对待的做法却没有改变，这意味着如果盐场灶户再度开垦田地，照例仍需当作盐田缴纳加增银。对此，凤冈陈氏的另一地方士绅陈锡又有一番辩论。雍正十年（1732）十一月，广东盐宪体察民情，行查到场后，陈锡便借给东莞知县沈曾同回信之机，控诉盐场民、灶田不分的由来和灶课加增的弊端。陈锡称，明代隆庆年间，由于"耙丁再逃，丁课额缺"，盐场便"奉例凡附近盐场民籍，愿归灶籍者，准其就地食盐"，将盐场附近民户迁补灶籍。于是"小民争趋其便，愿以民田而承灶户，自此苗田遂与盐田比例纳盐饷、丁饷于场，无所分别矣"。也即是说，由于盐场中部分灶户其实是由民户迁补进来，他们本身还拥有数量不少的民田，这些民田亦以"每亩上则纳税盐银二厘九毫零，中则纳税银二厘六毫一丝零，下则纳税盐银二厘三丝零，抵补缺额"。但到康熙二十二年（1683），广东巡抚李士桢以"晒生盐田利厚，一旦尽归之民，按亩应加其饷"，因而奏请"灶籍遂一概按亩加增饷银二分"，"凡灶籍皆加饷"，而未区分盐田、苗田之别。康熙三十二年恩准"免去加增一半"，靖康场"每亩尚留征银一分"，共"加增银八百五十两六钱九分三厘九毫，名曰单加增"。而"康熙三十三年后，陆续共报垦复税一百六十顷二十一亩四分零，无人提揭免半二字，仍每亩加增银二分，计加增银三百二十两四钱二分八厘，名曰双加增"。陈锡最后称"靖康场通计垦复盐、苗田一千零二十顷九十亩八分，而盐田仅八顷四亩四分，此外尽是苗田"，经如此单双加增，"靖康场灶

---

[1] 《清盐法志》卷233《两广二十·征榷门》，第2a页。

民有一田数税,一身两役之苦",恳请盐宪等能"因时变通,以除民病"。[1]

地方士绅与广东盐运使的交流,也得到其支持和回应。时任广东盐运使陈泓熙上报云:

> 广州府属海晏、矬峒、东莞、归德、靖康、香山等场灶丁万年春、李长治等呈前事,称:万年春等生居海滨,籍尽灶户,原例每丁征盐二引,每引折银二钱三分。明季隆庆年间丁缺,按丁加派,犹不足额,将各灶丁名下所有在县编征银米之田地山塘各税亩,派征抵补。至康熙二十一年间,奉准部文,将原报及征复田塘等项,一概俱作盐田计算,每亩加增银二分三厘至五分不等,汇回课引一例征收。各丁在县既纳税亩银米,在场除充丁课之外,又纳加增银两,不胜艰难之苦。康熙三十二年三月,钦奉上谕豁免一半,尚存一半,赔纳多年。[2]

这则材料中的内容与前面讨论的北栅陈锡的《复邑侯沈公书》有许多相似之处。虽然不能判定这两者之间存在必然的联系,但《复邑侯沈公书》确有提到"广东盐宪"曾亲临盐场行查,询问事由,则广东盐运使陈泓熙详文的写成,或多或少也是参考了像陈锡这样的盐场灶户所提供的证据和陈述,因而最终能够得到两广总督鄂弥达的支持。乾隆元年(1736),两广总督鄂弥达奏请将盐场盐田加增银"全行豁除",[3]称:"从前灶丁煎盐自卖,有利可图。后经

---

1 陈锡:《复邑侯沈公书》,《凤冈陈氏族谱》卷11,第54a~57b页。
2 两广总督鄂弥达:《题为粤东各场灶蠲租豁赋户丁万年春等请代题恭谢天恩事》(乾隆二年二月初九日),内阁户科题本,中国第一历史档案馆藏,档案号:02-01-04-12950-004。
3 《清高宗实录》卷28,乾隆元年十月甲子,《清实录》第9册,第598页。

发帑官收，止领帑价资生，实无余利可觅，并灶丁又有逃亡事。故摊派分赔，是在场既饬纳丁课，在县复纳正征银米。若再纳加增银两，甚属苦累"，故将"现征一半加增银八千六百余两一概豁除，只将应纳场课正供照旧完解"，并"嗣后各州县凡有新垦升科、招复灶税，亦照例止输正课，其加增银两概行免征"。[1]

"盐田加增"原本是地方官府为了弥补灶课征收的缺额而实行的，但这项制度改革触及了地方大族的利益，遭到了像凤冈陈氏这样的灶户家族的抗议和抵触，最终诉诸州县和盐宪，并于乾隆元年由两广总督鄂弥达奏请全行豁除。[2]发生在盐场的这一系列改变，展示出盐场地方大族的势力和权力操作。盐场地方势力在制度变革中始终扮演着重要的角色，影响着盐场的运作。

第四节 "盐入粮丁"与东莞县的场盐流通

东莞县历来不设盐埠，县境内有靖康盐场，邻近州县又有归德、东莞、香山三大盐场，本来就是斥卤之地，海水煎晒即能成盐，百姓日常并不需要购买盐斤。迨自明末，才开始"按埠地之丁口增配饷引，遂著为额课"。[3]但如何行销盐引、完纳盐课，一直都

---

1 广东巡抚王謩：《题为广东编审各场新增垦复灶丁事》（乾隆三年五月三十日），内阁户科题本，中国第一历史档案馆藏，档案号：02-01-04-13038-008。
2 《清高宗实录》卷28，乾隆元年十月甲子，《清实录》第9册，第598页。
3 雍正《东莞县志》卷5，《广东历代方志集成·广州府部》第23册，第72右下页。

是地方上的难题。与此同时，如前一章的讨论，靖康等盐场这一时期已经面临生计危机，出产的食盐由于失去市场竞争力而无法在湘粤赣交界地区与粤东的食盐形成竞争。

上一节已经讨论过，平定三藩之乱后的广东地方盐政，包括李士桢及其继任者，仍然将精力放在了恢复珠江口盐场的生产和管理上。那么，地方盐政的下一步理所当然就应该是设法打开当地的食盐市场。在附近的东莞县等地方实现食盐的销售进入了主政者的视野，事实上也确实如此。东莞县先后经历了盐引从"按丁勒派"到"量地拨引"，最终在地方多方力量的博弈下促成"盐入粮丁"的改革。而"盐入粮丁"对于盐场来说，所带来的就是盐场食盐合法地进入东莞县内，而不受盐引额的限制。

一 从"按丁勒派""派诸田亩"到"量地拨引"

清初，广东除了尚可喜据粤期间"令其部人，私充盐商，据津口立总店"[1]的"王商"外，还有康熙元年（1662）朝廷在两广盐区推行的"排商"，即从里排中签点盐商，规定每商承办一年，[2]凡里排中人轮流充值。[3]推行排商是两广盐区的特殊做法。平定三藩之乱后，更加强调"排商"政策，旨在避免"豪强将资强占要地关津，不容商民贸易，欺压诈害"。[4]但事实上，排商之法的实施困难重重。一

1　《清圣祖实录》卷94，康熙二十年正月甲午，《清实录》第4册，第1190页。
2　康熙十三年，以埠商一年一换过于频繁，改为三年一换。参见王小荷《清代两广盐商及其特点》，《盐业史研究》1986年第1辑。
3　参见王小荷《清代两广盐商及其特点》，《盐业史研究》1986年第1辑；黄国信《藩王时期的两广盐商》，《盐业史研究》1999年第1期。
4　光绪《两广盐法志》卷53，转引自黄国信《藩王时期的两广盐商》，《盐业史研究》1999年第1期。

第四章　"灶户"脱离盐场：17世纪的盐场赋役加增与地方策略

方面，"棍徒百计豢求，负本既重，所以到埠恣意横行，盐价一倍增至数倍"，"民人无力买盐，宁甘淡食"。[1]另一方面，根据排商之法，每人都要充商，而大多数人是"资本无措"，"一经签点，恸哭载途"，[2]纵是强令充商，也是盐课难完，"官引壅积不销"。为完课饷，地方官只好"按丁勒派，代为追比"。[3]

地方官"按丁勒派"也是出于无奈。朱弘祚就认为，地方官"按丁勒派"，实系"迫于考成"。[4]清朝以盐课为军国急需，对于征课考成特别重视，自顺治初开始逐渐完善盐法考成制度，至康熙三年（1664），臻于完备。[5]清代盐法对兼管盐务的州县官的考成十分严格，规定："兼管盐务之知县、知州、知府、布政使各道，欠不及一分者，停其升转，欠一分以上者，降俸一级，欠二分三分者，降职一级，欠四分五分者，降职三级，欠六分七分者，降职四级……缺八分以上者，革职。"[6]有清一代，地方官经常迫于考成，想尽各种办法来完纳盐课。[7]

康熙二十五年（1686），举人袁兆祥、王义淳、陈之琰、叶光龙、赵瑛等"赴抚院痛陈"东莞县"藩孽钻充埠商，借额饷之名，

1　朱弘祚：《整理盐政》，《清忠堂抚粤奏疏》卷2，《四库存目丛书》史部第66册，第637下页。
2　光绪《平乐县志》卷3，《中国方志丛书·华南地方》第18号，第83页。
3　朱弘祚：《整理盐政》，《清忠堂抚粤奏疏》卷2，《四库存目丛书》史部第66册，第637下～638上页。
4　朱弘祚：《整理盐政》，《清忠堂抚粤奏疏》卷2，《四库存目丛书》史部第66册，第637下页。
5　关于清代盐法考成的制度规定及其演变，参见陈锋《清代盐法考成述论——清代盐业管理研究之一》，《盐业史研究》1996年第1期。
6　乾隆《钦定大清会典则例》卷18《考功清吏司·盐法》，《景印文渊阁四库全书》第620册，台北：台湾商务印书馆，1986，第379页。
7　参见黄国信《盐法变迁与地方社会的盐政观念——康熙年间赣州盐法所见之市场、考成与盐政关系》，《清史研究》2004年第3期；黄国信《盐法考成与盐区边界之关系研究——以康熙初年江西吉安府"改粤入淮"事件为例》，《中山大学学报》2005年第1期；李晓龙《乾隆年间裁撤东莞、香山、归靖三盐场考论》，《盐业史研究》2008年第4期。

剥害地方，民不堪命"。[1]这在后来的一些民间族谱中也有所反映。东莞靖康场《凤冈陈氏族谱》称：时"藩孽汪其钻充埠商，借额饷不敷〔之〕名，压派丁盐，为地方累。公（陈肇原）挺身与孝廉袁兆祥等联名上敕，寻获免，阖邑德之。"[2]《东莞张氏如见堂族谱》也载："邑旧有盐埠，令民食官盐。公（张用宾）白当道，使归粮，以便贫民。各大宪即具题，奉旨敕部覆议，后果依之。"[3]当是时，埠商汪其钻因为额饷难完，遂压派于丁，试想，此举如果没有地方官的支持，如何能够实行？然而"按丁勒派"，于民不善。为此，广东巡抚李士桢亲临东莞县，"集邑文武官及绅衿里民千余人于庭，连日公同议定"，最后议定"生、熟引免其赴省买运，商盐惟照额课二千四百四十九两四钱六分，责成里排照例保举商人办纳"，"撤去埠商，止设排商二人，料理京山、白沙二埠盐务"。[4]李士桢与地方绅衿集议的结果是，同意东莞县买食场盐，而将盐课"责成里排照例保举商人办纳"，并撤销埠商。这里的商人仍旧是排商，尚未改行长商，所以称"责成里排"。

李士桢的决策，是由其作为广东巡抚的职责所决定的。当时，广东的盐务由广东巡抚兼管。据叶显恩的研究，清初三藩之乱后的广东，尚藩余孽犹存，前几任巡抚王来任、金俊，总督卢兴祖等又多贪污，使广东吏治败坏，官商勾结，垄利害民，因此，康熙二十一年（1682）李士桢莅粤之后，"恤商裕课"便是其治粤政略的重点。[5]盐税作为当时国课军需的重要来源，清除尚藩时期的种种弊

---

1 康熙《东莞县志》卷5，《广东历代方志集成·广州府部》第22册，第437左下页。
2 《凤冈陈氏族谱》卷7，第85a页。
3 《东莞张氏如见堂族谱》卷26，1922年铅印本，第38a页。
4 康熙《东莞县志》卷5，《广东历代方志集成·广州府部》第22册，第437左下页。
5 叶显恩：《清初李士桢抚粤政略与广东社会经济复苏》，氏著《徽州与粤海论稿》，安徽大学出版社，2004，第350~371页。

端,恢复税收和清理商路自然也成为李士桢治粤举措的重要内容。李士桢担任过长芦运判、河东运副,前后有过六年的治盐经验,对盐政颇有心得,莅粤之后遂颁布16条施政纲领,厘盐法即是其中重要一条。

对于清初广东的排商之法,李士桢也颇有微词。康熙二十一年八月,李士桢上疏称:"承买一县之盐,大必需本二三万两,小亦需本一万余两。各里排中安得皆有数万身家之人,即有资本,又安得皆是历练诚实之人。所以往有借贷紾利之弊,或滋营私赚课之奸,名为行盐而不能充扩也。今宜仿照淮浙事例,渐次招商,不拘里排,不分水埠,不限年岁,总以急公销引,办课者久远充商。"[1]但是朝廷认为"广东省向系里民排甲报充商人,行盐销引成例已久,历年课银亦俱全完。今若不论土著外籍,概令承充,恐有豪强恃资强占要地,关津不容商民贸易,欺压作害,亦不可定。应将该抚题请招商之处无庸议"。[2]既然排商之法无法改变,那就只能便宜行事。面对"东莞逼近盐场"的情况,李士桢从王朝财政收入和地方实际运作之中寻求均衡点,从而提出了盐饷"应从民便,俱准食场盐"[3]、"派诸田亩"[4]的对策。

这一政策,实际上也得到了当时有识之士的认可。除了以上提到的广东士人袁兆祥等人,以及参与"共同议定"的东莞文武官及绅衿里民外,屈大均对此亦大为赞同,他指出:"凡邑近盐场者,其盐引之饷,宜均派之粮丁,听民自便买食场盐。其邑引多者,按之

---

[1] 李士桢:《抚粤政略》卷7,第826~827页。

[2] 朱弘祚:《革除三年换埠》,《清忠堂抚粤奏疏》卷2,《四库存目丛书》史部第66册,第644下页。

[3] 康熙《东莞县志》卷5,《广东历代方志集成·广州府部》第22册,第437左下页。

[4] 朱弘祚:《清忠堂抚粤奏疏》卷2,《四库存目丛书》史部第66册,第644上页。

钱粮,不过十五而加一,引少者,不过三十而加一。民易办,县亦易征,责成本县解饷,而领引埠商,可以汰去矣。"¹屈大均的主张针对的主要就是东莞县。²由于东莞仍设埠商,以致有"冒称拆引行盐,高取数倍之价,专勒渔船"等,屈大均主张将盐饷派入粮丁,这样一来,上无缺饷,下无私盐,食盐"听民自行买卖"。

不巧"派诸田亩"提出后不久,李士桢便离开广东。据说,当时东莞百姓对这种做法十分称道,"民甚便之,通邑踊跃,乞请立碑,许之,寻以去任未行"。³继任广东巡抚的朱弘祚似乎并不认同李士桢的做法。康熙二十七年(1688)四月二十五日,朱弘祚抵达广州接任广东巡抚,八月遂上书请整顿广东盐法,称:"粤东盐政,弊坏已极,亟宜立法整理","粤东行盐未尝无利,若行之得法,国课民生均有裨益"。⁴对于课饷"派诸田亩"完纳,朱弘祚有自己的见解:"废埠商,课饷派诸田亩完纳,名虽似公,而实有偏私","盖正赋科于田地,盐课出自户口,若将盐课概于田亩派征,则有田者代出多饷,而无地亩者将终身竟无蹉税矣"。⁵朝廷也支持朱氏的看法:"行令该抚查明原拨引数,招商行运。"⁶不过,朱弘祚也和李士桢一样,认为"排商"之法确有弊端,称:"粤省认埠行盐,三年一换,视商埠为传舍,官私夹运,惟恐利之不尽,所以远近地方并受其害。今酌量大埠招商二名,小埠招商一名,商人公平贸易,与

---

1 屈大均:《广东新语》卷14,《清代史料笔记丛刊》,第400页。
2 屈大均居家期间,与东莞官员士人关系甚好。他与东莞知县高维栻常有诗文相赠,与尹源进等人关系密切,甚至于康熙九年后曾移居东莞数年。参见陈泽泓《屈大均与岭外人士的交往及对其创作与思想的影响》,氏著《羊城钩沉:广州历史研究文集》,广东人民出版社,2018年,第263~291页。
3 康熙《东莞县志》卷5,《广东历代方志集成·广州府部》第22册,第437左下页。
4 朱弘祚:《清忠堂抚粤奏疏》卷2,《四库存目丛书》史部第66册,第637页。
5 朱弘祚:《清忠堂抚粤奏疏》卷2,《四库存目丛书》史部第66册,第644上页。
6 乾隆《两广盐法志》卷3,于浩编《稀见明清经济史料丛刊》第1辑第35册,第244~246页。

第四章 "灶户"脱离盐场：17世纪的盐场赋役加增与地方策略 • 277 •

地方相安者径令永远承充。"但朝廷以同样的理由否定了朱的建议，"亦无庸议"。[1] 朱弘祚进而再上一疏，针对"粤省盐引多有壅积不完，当酌量疏销"，退一步提出新的方案，即："州县原有额定引数，例应照额疏销。然粤省则有不同，如东莞、增城等县，虽称大县，贴近沿海，无地非盐，小民就便取食，所以官引多积。更有县属虽小，食盐者众，官引常致不敷"，"请通加查酌某某州县可以量增，某某州县当行量减，挹彼注此，积盐既疏，商人自愿行销"。[2] 随后，东莞县的盐饷由康熙十九年（1680）的774道9分减至574道9分。东莞京山埠，"二十八年三月奉文量地拨引，题奉俞旨允行减引八十道，实存额引一百七十七道"；白沙埠，"二十八年三月奉文量地拨引，题奉俞旨允行减引一百二十道，实存额引三百九十七道九分"，其中省引、场引各半。[3]

要言之，康熙前中期，由于迁海初复，加之广东沿海一带地方盐政被尚藩搅乱，即李士桢所谓"粤东边海遐荒，盐法久未整饬"，[4] 当政者更注重于恢复秩序，"除疲陋之弊窦，去其不善而规于善"，因此在制度和运作上，以极力维持原有盐政为重。即便有李士桢、朱弘祚不同程度地寻求改变，但终究没有展开。地方州县官和士绅干预盐政的尝试，虽然得到地方大员一时的支持，但最终在朝廷的保守政策之下，难以得到立法。这场博弈的结果，在遵循朝廷意旨的前提下，以最符合各方利益的"量地拨引"政策的实行而告一段落。

1　朱弘祚：《清忠堂抚粤奏疏》卷2，《四库存目丛书》史部第66册，第644页。
2　朱弘祚：《清忠堂抚粤奏疏》卷2，《四库存目丛书》史部第66册，第644上页。
3　康熙《东莞县志》卷5，《广东历代方志集成·广州府部》第22册，第437右下页。
4　李士桢：《抚粤政略》卷7，第822页。

二　从"责商拆引行盐"到"盐入粮丁"

　　李士桢、朱弘祚抚粤期间，施政目的主要还是恢复明末清初以来被破坏的盐政，而地方官出于考成，地方士绅也为了平摊盐饷，免于轮值之苦，经过博弈，终以东莞"量地拨引"而调和各方的利益。但随着广东盐政的恢复，中央开始进一步介入广东的盐税征收。康熙三十年（1691）始派遣巡盐御史主持两广盐政，试图增加广东的盐税收入。盐课的增加给地方盐政带来了新一轮的压力，尤其对于州县运作来说，原先确立的机制已经无法继续运转。

　　康熙三十年，兵科给事中卞三畏奏准闽粤特差巡盐御史，由满洲各部衙门三品以下点差。太常寺少卿沙拜被委派为御史，巡视两广盐课。巡盐御史，系户部差遣至各盐区的最高盐务专官，"掌理盐政而纠其属吏征收督催之不如法者，以时审其价而酌剂之。凡盐赋之奏课与盐法之宜更者以闻"。[1] 沙拜莅任广东之后，于康熙三十一年（1692）八月，奏准将粤盐"照淮例行盐"，"一引改作十引，每引计盐二百三十六斤四两为一包，分为十分，随引纳课"。[2] 十二月，沙拜又疏言："广东各商向系里排承充，三年一换，伊等均非殷实良商。今将现在商人着令永远充商，除去排商名色"，[3] "将排商之费一万一千余两，归入正课，举报殷实之户，充为长商"。[4] 康熙三十二年（1693）四月，又以递年所产之盐，"除配引之外，余盐尽为势棍贩卖，以致商困灶穷"，"议择商人接收场盐，以养灶丁"，以

1　《钦定皇朝通典》卷35，《景印文渊阁四库全书》第642册，第421页。
2　乾隆《两广盐法志》卷3，于浩编《稀见明清经济史料丛刊》第1辑第35册，第247~248页。
3　乾隆《两广盐法志》卷3，于浩编《稀见明清经济史料丛刊》第1辑第35册，第249页。
4　王守基：《盐法议略》，《滂喜斋丛书》第2函04，第48a页。

第四章 "灶户"脱离盐场：17世纪的盐场赋役加增与地方策略

杜绝余盐在场之害。[1]

"照淮例行盐"之法增加的九倍盐引，需要重新摊派到各行盐州县去。如康熙三十一年十二月奏准连州、乐昌、仁化三埠增引一千道。[2] 康熙三十二年四月增潮州府属七县盐引十二万多道。[3] 东莞也增加到七千五百三十余道，课饷二千五百三十余两，并令地方官"责商拆引行盐"。[4] 东莞知县"出示另召商人办课拆引"，却"旷缺数月，无人敢承"。东莞知县杜珣称，康熙三十五年四月，"奉盐法道押着商人马成德行盐到埠"，但"通县烟户仍不赴埠买食颗粒"。杜珣虽"再三勉谕，为其设法缉私疏引"，但终是康熙"三十三年之残引，屡催未据呈缴"，"三十四、五之引目尚无片纸拆销"，商人马成德也"情愿力求告退"。这种情形，对于杜珣来说，无疑是害处甚大。知县的职责本在"缉私疏引"，保证盐课收入，但东莞县盐引难销的问题在于"莞邑乃产盐之地，勺水束蒿，便可淋煎成盐而食"，正如杜珣所言——"巡丁止能巡于水陆之外，而不能巡于家户之内"，故绝非缉私所能解决。杜珣感叹"引壅课绌，无策疏销，卑职惟有束手静听参罚"，呈递文书，"恳乞宪台俯鉴前由，应否照因地制宜之旧额，将新增引目请题核减。或念课饷既系土人办纳，其引盐作何疏销。务期商民两便，永远遵行"。[5] 杜珣希求免于考成责罚之心跃然纸上。在该详文中，杜珣提到"康熙二十五年，奉前任抚宪李，委粮驿道杨亲临到县，传集通县绅衿里民，公议情愿饷归粮丁办纳，听民买食场盐，免其拆运引盐，止举排商料理盐务，

1　乾隆《两广盐法志》卷3，于浩编《稀见明清经济史料丛刊》第1辑第35册，第251~252页。
2　乾隆《两广盐法志》卷3，于浩编《稀见明清经济史料丛刊》第1辑第35册，第250页。
3　乾隆《两广盐法志》卷3，于浩编《稀见明清经济史料丛刊》第1辑第35册，第251页。
4　嘉庆《东莞县志》卷12，《广东历代方志集成·广州府部》第23册，第462右上页。
5　嘉庆《东莞县志》卷12，《广东历代方志集成·广州府部》第23册，第461~462页。

蒙前宪俯允历任遵行"。[1] 不难想见，虽然详文没有明确提出相应策略，但处处暗含欲仿行李士桢"派诸田亩"的想法。

杜珣急于解决"引壅课绌"的问题，是为了应对清朝盐法对州县官员的盐政考课。而对于省级盐政官员来说，沙拜奏准的加增盐引也带来了莫大的压力。广东的盐引加增是伴随着由排商向长商转变的盐政改革进行的，这一过程，内中夹杂着种种博弈与争斗。广东盐政向以巡抚兼理，"闽粤盐课旧以巡抚兼理之"，至命沙拜"巡视广东、广西盐课"，"至是始专差朝官"。[2] 沙拜上任之后，于康熙三十二年（1693）正月又上疏，称："臣蒙皇上特恩简用，所属之员自应照例改设，将驿盐道改为运司"；"府吏目裁去，改设盐运司知事，提举司广盈库大使改为运司库大使，批验所大使改为运司批验所大使"；又"广州府有归德等场，惠州府有淡水等场，为盐斤出产之所，课饷之源，必须设立分司催征巡缉"。[3] 由此造成了巡盐察院与广东巡抚两套班子之间的矛盾。沙拜与江有良的互参，正是这一矛盾激化的体现。时任广东巡抚的江有良与沙拜不和，处处阻碍其盐政实施。他还向朝廷参了沙拜一本，称其"诬参布政使张建绩，得解费银一万四千余两"擅入私囊。而沙拜也不甘示弱，参江有良接受贿赂，阻坏盐法。[4]

沙拜从中央的角度出发，以整顿盐法，增加中央财政收入为目的，因此需要在广东增引加课。但在地方财政方面，清前期的财政制度设计造成了各省和地方行政部门没有足够的收入来源，地方为

1　嘉庆《东莞县志》卷12，《广东历代方志集成·广州府部》第23册，第461左下~462右上页。
2　王士禛：《居易录》卷13，《景印文渊阁四库全书》第869册，第467页。
3　《清圣祖实录》卷158，康熙三十二年正月乙卯，《清实录》第5册，第743~744页。
4　《清圣祖实录》卷161，康熙三十二年十二月壬申，《清实录》第5册，第766页。

第四章 "灶户"脱离盐场：17世纪的盐场赋役加增与地方策略 • 281 •

弥补这一财政缺口，不得不依赖下级管理机构通过非正常经费体系所转送的经费，除了由属下呈送各种不同的陋规外，省内大员衙门开支相当大的部分由辖区内关差和盐政的捐献所弥补。[1] 作为一方巡抚的江有良因此需要更多地考虑地方政府和官员日常开支的资金保障，他并不希望看到引目增加，而且甚至还可能面临被大范围剥夺地方的盐政自主权，阻碍盐法是迫于地方利益情形。

对于二人互参的激化，朝廷不得不派两江总督傅拉塔、闽浙总督朱弘祚会审。[2] 最终经吏部奏准，两人均被革职，[3] 并由安徽巡抚高承爵改任广东巡抚，巴哈布任巡盐御史。从现有的文献来看，高承爵莅粤之后不再参与地方盐政事务，而由巡盐御史负责。而新任盐政长官同样也面临如何有效销引的难题。

虽然盐区的盐政权掌握在巡盐御史手中，但具体的运作多由州县官来完成。州县在巡盐察院和抚院之间处于一个奇妙的位置。督抚对州县官有题补、题调、委署的权力，也可奏请将州县官撤任、调任，州县正印官的考绩，最终也要由督抚决定。[4] 州县官同时又要接受巡盐御史的监督，若州县官行盐不力，巡盐御史同样要受处分。[5] 这种两难的局面，由于巡盐察院和抚院之间矛盾的存在，反而使得州县的运作更富灵活性。康熙三十五年东莞知县杜洵"具详（东莞）照粮丁均食销引"，很有可能就是看到了这种灵活运作的可能。广东的地方州县官，似乎与督抚的联系更为紧密。如康熙

---

1 曾小萍：《州县官的银两——18世纪中国的合理化财政改革》，董建中译，中国人民大学出版社，2005。
2 《清圣祖实录》卷161，康熙三十二年十二月壬申，《清实录》第5册，第765页。
3 《清圣祖实录》卷161，康熙三十二年十二月壬申，《清实录》第5册，第766页。
4 魏光奇：《有法与无法——清代的州县制度及其运作》，商务印书馆，2010，第22~24、65~66页。
5 乾隆《两广盐法志》卷2，于浩编《稀见明清经济史料丛刊》第1辑第35册，第217页。

五十七年（1718），广东巡盐御史昌保（又作常保，康熙五十六年任）在上疏请辞中称："今臣力不行于州县，钱粮必致有误。请将臣撤回，盐务令督抚专理。"[1] 言外之意，巡盐御史在广东的实际职权有限，命令不能达州县，地方督抚才是政令的下达者。那么，当地方州县主动向巡盐察院和盐法道提出有助于解决盐税收入的方案，巡盐察院自然十分欢迎，巡盐御史戴纳、盐法道杨茂祖批准了东莞知县的请求。此时的广东巡抚高承爵是江有良案后被调任广东的，想必朝廷任用高氏的时候也考虑到了地方矛盾的尖锐，所以大概高氏对于巡盐御史的阻碍不会太大。

此后，巡盐察院与广东巡抚之间的矛盾一直没有得到解决。康熙四十六年（1707）十一月，兼理盐政的广东巡抚范时崇便上疏弹劾原任巡盐御史鄂罗，称其任上包庇盐运使陆曾亏空库银并捏报为商欠。[2] 至康熙五十七年（1718）正月，两广巡盐御史昌保提出辞呈。朝廷准了昌保所奏，着"盐务交与巡抚法海专理，准昌保回京"。[3] 广东盐政暂归广东巡抚专理。随后不久，朝廷以两广盐课"先完新饷，旧欠五年带销"，再次差昌保为广东巡盐御史清查督理。昌保于康熙五十八年（1719）三月到任。昌保到任后，查得"旧欠全未清完，因截住旧盐，饬完新饷，不但旧欠屡催罔应，新饷又复拖欠，且场盐缺少、私盐横行"，业已有"历年积欠九十一万余两"，于是再次以"臣力不能任，请将臣撤回，交督抚管理"上请，朝廷只得将昌保调回，并"将两广盐务，并新旧钱粮，交与广东广西总督杨琳专理"。[4] 自此之后，两广盐务"改归督院衙门专管，至今为

1　《清圣祖实录》卷277，康熙五十七年正月庚寅，《清实录》第6册，第717页。
2　《清圣祖实录》卷231，康熙四十六年十一月壬申，《清实录》第6册，第312页。
3　《清圣祖实录》卷277，康熙五十七年正月庚寅，《清实录》第6册，第718页。
4　《清圣祖实录》卷287，康熙五十九年正月壬辰，《清实录》第6册，第796页。

第四章 "灶户"脱离盐场：17世纪的盐场赋役加增与地方策略

例",[1]矛盾才得以解决。

在盐政权力归于地方之后，广东巡抚（后改两广总督）就着手进行改革。康熙五十七年（1718），经两广总督杨琳奏准，在广东推行发帑收盐，"裁去场商，由运库先后筹出帑本银三十六万余两，分交场员、灶户，产盐颗粒皆官为收买"，并雇船"运回东关、潮桥存仓候配"，埠商在"在（东）关、在（潮）桥配盐，按包纳价"。[2]与此同时，为了配合销盐，必须重新分配各州县盐引，这就会再次打破州县销盐的既有局面。东莞县也被要求"课饷照旧完纳"，合计共引五封，"着令领支帑盐发卖"。但如前所述，东莞"地处海滨，河咸水结，稻草化煎，皆能成盐，兼之枕近归、靖、东、淡四场，引难销售"。至雍正元年（1723），据东莞知县于梓称，"康熙五十八年分熟引二封，五十九年分熟引一封，迄今尚未销售完结"。[3]

此时的广东盐政，由于发帑收盐，贷借帑本过多，为了确保资金回笼，省级盐政官员需要保证盐课的正常征收。随着盐产日多，盐斤不断壅积，"积欠累累，前发帑本，全归悬宕，倒革各商，至五十余埠之多"，[4]未革退的盐商也因盐多价贱，销售不出，以致资本经年耽搁，不能转输。资金入不敷出，已经成为这一时期广东盐政所遇到的重大难题。两广总督为收回帑本，甚至允许盐户将抛荒盐田改作稻田升科，又极力劝勉新垦盐田。[5]换种说法，回收足够的资

---

[1] 雍正《东莞县志》卷5，《广东历代方志集成·广州府部》第23册，第75下页。
[2] 王守基：《盐法议略》，《漭喜斋丛书》第2函04，第48页。
[3] 嘉庆《东莞县志》卷12，《广东历代方志集成·广州府部》第23册，第462~483页；民国《东莞县志》卷23，《广东历代方志集成·广州府部》第24册，第265左上页。
[4] 邹琳编《粤鹾纪要》第1编，台北：文海出版社，1973，第5页。
[5] 参见李晓龙《盐政运作与户籍制度的演变——以清代广东盐场灶户为中心》，《广东社会科学》2013年第2期。

金成了此时盐政衙门的头等大事。

对此,于梓自称:"若不循例开销,则递年额饷督销之官,惟有坐受处分","引课不完,上下考成,均干参罚"。于梓以商人不敢承埠,盐引无计疏销为由,并附上东莞县人赵存德等"恳循例按照粮丁办课""情愿乐捐"的建议,"转详抚宪",提出了"熟引听从民便买食,饷如督宪饬议照旧完纳,课饷借早完解,官商免累"的建议。[1] 与杜珣不同的是,于梓的详文是呈给广东巡抚的。雍正元年(1723),"以两广总督杨琳专管广东总督事务,升广西巡抚孔毓珣为广西总督,仍兼巡抚事务",[2] 盐政事务暂由两广总督改归广东总督负责。

于梓的建议,符合了当时省级盐政官员的需求,其被批准也在情理之中。修成于雍正八年(1730)的《东莞县志》东莞人翟张极的按语也证实了这一判断。据称:"今各省引盐有招商设埠者,有官运官销者,有随乡分派者,而东莞独从粮办,此前宪所以恤莞人,因俗制宜,达民隐而变通之者也。"[3] 当时担任广东盐法道的是孔兴琏,道光《广东通志》也记载其任盐法道期间,一方面继承前任程大毕的"引七帑三之例",另一方面实施"其额引积滞者则于户粮兼派",[4] 足证于梓"循例按照粮丁办课"的建议确实得到了上级的肯定。

康熙中期以后,随着盐政和地方经济的恢复,朝廷盐政的重心已经转移到增加财政收入上,广东巡盐御史的派遣便是最集中的表现。作为中央代表的巡盐察院,与地方督抚的行政班子之间,却酿

---

1 嘉庆《东莞县志》卷12,《广东历代方志集成·广州府部》第23册,第463左上~463右下页。
2 《清世宗实录》卷10,雍正元年八月戊午,《清实录》第7册,第184页。
3 雍正《东莞县志》卷5,《广东历代方志集成·广州府部》第23册,第75左下页。
4 道光《广东通志》卷256,《续修四库全书》第674册,上海古籍出版社,1996,第363页。

第四章 "灶户"脱离盐场：17世纪的盐场赋役加增与地方策略　　　　　　　• 285 •

就了一场财税与考成的斗争。这一对矛盾的出现，给州县盐政运作留下了调整的空间。而矛盾的解决——裁撤御史、盐归督抚，则更加赋予了地方运作的灵活性，保证盐课银的征收成为这一时期盐政运作的主要目的。"盐入粮丁"既达成了广东盐政回收帑本的目标，又满足了地方官完成考成的需求。在这一机制的驱动下，施行地方州县最行之有效的"盐入粮丁"政策便顺理成章。

从州县官的视角来看，虽然"盐入粮丁"满足了盐政官员和地方官的利益要求，但也带来了私盐泛滥的问题。要知道，东莞县境及附近还有几大盐场存在。"熟引听从民便买食"似乎意味着这些盐场的盐可以自由进入东莞。东莞"盐入粮丁"之后，"饷银派入民粮征解，并无盐包运销"，[1]靖康盐场的食盐大部分供应东莞一县，盐场的灶课也从清初的原额盐斤92万余斤，减至乾隆初的12万余斤。[2]这意味着至少约有80万斤的食盐在东莞县内自由流通，而且尚不包括灶户多煎的盐斤和私盐的流入。清代成年人年均消耗食盐约10.8斤，[3]按康熙五十年（1711）东莞县赋役丁口41400人计算，消耗食盐总量约44.7万斤；乾隆六年（1741）丁口50267人，消耗食盐总量约54.3万斤。这与流通盐斤80万斤差距较大，况且东莞百姓多不买食场盐，这就意味着东莞县的食盐可能流失到周边其他州县，变成私盐。与此同时，盐场管理机构却在缩减。乾隆三年（1738）将靖康场和归德场合并成归靖场，"将靖康场大使裁汰"。[4]

1　乾隆《两广盐法志》卷16，于浩编《稀见明清经济史料丛刊》第1辑第37册，第218页。
2　根据《盐法考》卷16和乾隆《两广盐法志》卷18（于浩编《稀见明清经济史料丛刊》第1辑第37册，第493页）记载的盐丁、盐包数计算得来。
3　在明代，"大口岁食盐十二斤，小口半之"（《明太宗实录》卷28，永乐二年二月戊子，第509页），清代情况与明代相差不大。参见方志远《明清湘鄂赣地区的"淮界"与私盐》，《中国经济史研究》2006年第3期。
4　《清盐法志》卷237，第14b页。

乾隆二十一年（1756），又将归靖场改为委缺。[1] 东莞县由此逐渐成为周边私盐的滋生地。私盐泛滥逐渐成为东莞县"盐入粮丁"之后的重要问题。

小　结

晚明到清初从"以民田承灶户"到"盐田加增"的历史，不仅是盐场制度上赋役征收对象的转变，更重要的是，它生动地展现了盐场社会与制度变迁长期互动的过程。

随着珠三角盐业市场的衰退，加之相应的盐场改革导致灶户赋役负担增加，17世纪的东莞沿海人群几乎都在想方设法地应对由于明初制度所形成的盐场赋役。灶丁受困、盐场无处销盐的文本表述，不能只视为这一时期盐场陷入困境的事实反映，更重要的是，它表达的是来自盐场地方的声音。这种声音的背后，是灶户脱离盐场的诉求。对于灶户来说，"一身两役"继续成为他们最重要的说辞。明清之际的政治和社会变局，尤其是清初实行的迁海政策，无疑给晚明以来当地盐场盐业衰退和盐田变稻田的新情况带来了一次转机。所以在展界过程中，盐场家族有意识地利用迁海机遇和制度漏洞，隐匿盐田，逃避灶课，借恢复祖先祭祀、清理家族田产之机，多将盐田改报民田，由此也导致官方数据中出现灶课缺征、丁

---

[1] 《清盐法志》卷237，第15a页。

第四章 "灶户"脱离盐场：17世纪的盐场赋役加增与地方策略

绝田荒。

之后的地方官员为了改变灶课缺征的局面，提出了"盐田加增"的政策。以灶户为对象，将其名下的所有田土，不论民田盐田，一律改作盐田加增银两以符合税额，试图将逃亡灶丁的缺征课额转移到盐田之中。但在实际的运作中，盐田加增遭到了灶户家族的抗议和抵触，他们最终诉诸州县和盐宪，盐田加增逐渐得到豁除。盐场地方大族的势力和权力操作，在盐场制度变革中始终扮演着重要的角色，影响着盐场的运作。与此同时，对于和盐课捆绑在一起并受累于税收征收的州县官来说，更希望将盐场裁革，而在裁革无望的情况下，则进一步想方设法为盐场寻找食盐销路。在原本并不销盐的盐场附近州县开始设立盐埠就是地方官这一诉求的体现。但是盐埠的设立最初并未能解决销盐问题，反而给州县官带来了更多的麻烦。在康乾时期"盐入粮丁"政策的推行下，东莞才实现将州县盐引摊入民粮、盐听民自由买食，其结果是促成了盐场私盐贸易的合法化，但也为盐场的制度重构埋下了伏笔。

总之，这一时期，课盐分离已然成为事实，并得到官府的承认，在此基础上，盐场管理和簿册登记开始转向以盐田为主。盐场逐渐依靠盐田进行生产组织管理，开始出现由商人和场官负责管理，他们关心的是盐场的产盐量，户籍逐渐被"遗忘"。灶籍与食盐生产、赋税征收之间已经不存在直接的联系。

第五章 "场商养灶"及其变体：18世纪的发帑收盐与盐场秩序

　　明代以来的历史表明，在盐的市场活动中，朝廷政策和官府干预是影响盐场制度的重要因素之一。清代朝廷控制资源的手段中，市场和商人的作用变得越来越重要。盐业也有着类似的变迁路径。清代盐场制度就是在"商专卖"制度下，由清廷基于财税收入考量做出的产销政策所导引和不断演变的。如果说前文论述的明代中后期珠江口盐场制度变迁所体现的是一种从"盐场"体制到"州县"体制的趋势，那么清代前期所呈现的就是盐场市场化管理的最终确立过程。清代在节源开流体制和盐斤入垣制度下，盐场商人成为盐

第五章 "场商养灶"及其变体：18世纪的发帑收盐与盐场秩序 • 289 •

业生产与管理的核心力量。[1]

部分学者，如李三谋指出清代灶户"面对场商，为场商负责"，而不像前代为场官负责；[2]何炳棣认为"盐业生产背后真正在变动的灵魂是场商"，"后来一些场商也变成了盐场实质的拥有者，同时也是大规模生产者"。[3]这些学者注意到清代盐场市场化的现象，也强调了"场商"这个核心角色的重要性，但是，在清代盐场的重构过程中，场商制度的确立与盐场的管理方式之间究竟存在什么样的联系，以及场商具体是怎样一个角色，这些问题还有待于进一步讨论。

明前期以栅甲制为核心的盐场管理体制，在清代逐渐转变成以盐业生产场所为基本单位，由此需要一系列新的基层秩序和赋役征收办法。这对于盐场确立起商人治场的体制非常关键。灶户不再是盐业生产户籍人群，而食盐更不是主要由灶户提供。与此同时，在盐场市场化管理过程中，广东盐政进行了"发帑收盐"的改革，表面看似撤销场商，由官府直接介入盐场收购食盐，但实际上并没有因此结束商人控制盐场的事实局面。

"发帑收盐"是清朝借用官方资本运营地方盐务的一种表现形式。广东是发帑收盐最早实践和推行时间较长的地区之一。发帑收盐是指由官府发放帑本，委员在盐场尽数收买出产的食盐，然后再由官府负责运送给商人进行行销。广东发帑收盐长期以来被视为官府在盐场缺乏商业资本的情况下的制度变通，实际上它更长远的影响在于承认了清代广东盐场的组织模式。发帑收盐的运作过程很好地展现了盐场市场化管理的制度逻辑。我们可以在发帑收盐的具体

---

1 李晓龙、徐靖捷：《清代盐政的"节源开流"与盐场管理制度演变》，《清史研究》2019年第4期。
2 李三谋：《清代灶户、场商及其相互关系》，《盐业史研究》2000年第2期。
3 何炳棣：《扬州盐商：十八世纪中国商业资本的研究》，巫仁恕译，《中国社会经济史研究》1999年第2期。

运行过程中重觅场商的身影。在这一过程中，原有的盐场赋役制度被地方加以利用，成为地方宗族进行盐业商贸合法性的工具。在制度与市场的互动中，盐场社会形成宗族即盐商的结构模式。

乾隆五十四年（1789）珠江口盐场的裁撤，既是地方政治博弈的结果，也是发帑收盐制失败后盐场商人资本受到挑战的集体反应使然。本章通过裁场的故事，更在于说明盐场的制度重构是受到多重因素的综合影响，裁撤盐场便是市场、政治和环境多方作用的结果。

第一节　生产场所成为盐场基层管理单位

明中叶以后，随着商品经济的发展，明代确立的以灶户户役为核心的盐场制度的管理有效性几乎丧失。[1] 而清代中央王朝盐政的重心在于运销，[2] 对盐场的管理不如明代那般严格，这就给了地方更多运作上的灵活性，同时也给地方带来了新的难题。如何有效地管理盐场，一直困扰着清代地方州县和盐场官员。本节拟就综合制度、技术与盐业发展之间的互动关系，侧重于从制度变迁的层面，厘清清代前中期广东盐政的若干改革对盐场制度变迁的影响，并梳理清

1　徐泓：《明代后期盐业生产组织与生产形态的变迁》，《沈刚伯先生八秩荣庆论文集》，第389~432页。
2　杨久谊：《清代盐专卖制之特点———个制度面的剖析》，《"中央研究院"近代史研究所集刊》第47期，2005年。

代广东地方盐场基层管理演变的合理性和内在逻辑。回答这一问题，需要特别注意两个方面，一是盐政制度的调整对盐场赋役和盐业生产关系的影响，二是官府盐场管理的目的和重心变化，这些是以往研究较少关注的。

一 盐灶等与清代广东盐业的生产技术

盐场的重要任务之一就是进行盐业生产。自明中叶以来，随着海洋环境的变迁和盐业生产技术的改进，广东沿海盐业生产逐渐从煎盐法向晒盐法转变。清中期广东盐课提举司辖下的24个场栅，除广州府的上川、归靖、香山、海矬四场仍用煎盐法外，其余肇庆、惠州、高州、潮州四府的19个场栅和广州府的东莞场均已采用晒盐法。[1] 民国初年，"遗存盐灶者，仅三场耳"。[2] 在这两种生产方式中，盐灶和盐埔分别是煎盐法和晒盐法的重要生产场所，即《粤鹾纪要》所称："盐田制盐，有晒有煎，晒者为盐埔，煎者为盐灶。"[3]

《粤鹾纪要》系民国初年两广盐运使秘书邹琳所编。邹琳对于当时的两广盐法及地方情形甚熟，整理甚详，又多能涉及底层的情况，《粤鹾纪要》可补其他文献记载之不足。据《粤鹾纪要》，盐灶是煮盐的场所。"盐灶之建筑，先以砖石筑成长形，约长三尺余，高约一尺余，再用腐草合泥土涂使坚固，上架盐锅五六个、七八个不等。灶内皆引通火气，使之齐燃。"[4] "每灶建茅寮一，积

---

[1] 参见道光《两广盐法志》卷4，于浩编《稀见明清经济史料丛刊》第1辑第39册，第492-493页。
[2] 邹琳编《粤鹾纪要》第3编，第43页。
[3] 邹琳编《粤鹾纪要》第3编，第10页。
[4] 邹琳编《粤鹾纪要》第3编，第27页。

贮卤水池一，沙幅一或二……沙幅之旁，设塌一条，长四尺。"[1] 盐塌是晒盐的场所。"盐塌之构成，有晒水、晒沙之别。晒水需水塘、盐池、水池；晒沙需沙幅、卤塌、盐池。"[2]

煎盐法是明代中期以前广东各盐场普遍采用的制盐法。道光《两广盐法志》记载："上川司系产熟盐，并无盐池，每灶一座，建茅寮一间，寮内作灶一座，用牛二，铁锅三口，挖卤池一口，积贮卤水。沙田之傍，设塌一条，长一丈一二尺，深阔俱一尺二寸，塌旁塌底用竹木镶成。"[3]其生产过程大致可以归纳为：晒沙；沥卤；贮卤水；试卤；煎煮成盐。[4]首先是耙晒，乾隆《两广盐法志》称归德、靖康二盐场，"盐田全在内港之中，多淡少咸"，"当三、四、五、六、七月，雨水连绵，虽竭力耙晒，不能成卤"。[5] 耙晒即是在沙田中，多次"放水晒田"，用二牛耙沙，使沙"饱吸盐分"。其次是沥卤，又称"收沙上塌"，取得盐卤。此塌与前晒盐之盐塌不同，"用木制成日形，底编以竹，经纬如筛眼样，置沙于中，灌水沥卤"，亦即香山场所称"归塌以水淋沙滴卤"。经过水淋，"沙面盐分即融解于水，由塌底流出塌外，即为卤水"。[6]其后，存储盐卤于盐池，"挖卤池一口，积贮卤水"。贮藏卤水的目的是进行试卤，同时也是等待官方定时开煎。试卤则是检验盐卤的浓度，目的是保证盐卤的浓度达到煎煮的

---

[1] 邹琳编《粤嵯纪要》第 3 编，第 11 页。
[2] 邹琳编《粤嵯纪要》第 3 编，第 10 页。
[3] 道光《两广盐法志》卷 23，于浩编《稀见明清经济史料丛刊》第 1 辑第 42 册，第 237 页。
[4] 刘淼将制盐过程概括为晒灰取卤、淋卤、试卤和煎晒成盐四道工序，本书为更详细地和生产工具结合起来，改为五道工序，实与刘淼所述过程相同。参见刘淼《明代盐业经济研究》，第 23 页。
[5] 乾隆《两广盐法志》卷 18，于浩编《稀见明清经济史料丛刊》第 1 辑第 37 册，第 498~499 页。
[6] 邹琳编《粤嵯纪要》第 3 编，第 37 页。

第五章 "场商养灶"及其变体：18世纪的发帑收盐与盐场秩序 • 293 •

要求，降低成本。最后是买办柴薪，将盐卤置于锅内，架灶煎煮成盐。灶置寮中，或用铁锅，或用竹锅。乾隆《两广盐法志》记载：靖康等场，"所用竹锅，以薄篾编成，锅口阔六七尺，或八九尺不等，以黄泥炼坚，架垄作灶"。[1]建茅寮的目的是"以避风雨"，一般"每灶一间，并建茅寮一间"。[2]"每灶一座，需用铁锅三口。"盐寮，即"晒丁暂避风雨，收藏器具，看守盐斤之所"。[3]盐寮所收藏的器具，包括灶一座、牛两头、铁锅三口、卤池一口。

煎盐法中"煎煮成盐"之前的其他工序，在生产场所上往往相对比较分散，也没有固定时间，尤其某些沙田与盐场的距离并不近。甚至有些地方会在沙田旁边作埠一条，如前述上川司，又如海矬场"沙田之傍，设埠一条，长一丈一二尺，深阔俱一尺二寸，埠傍埠底用竹木镶成……缘沙田零星，离灶颇远，挑沙维艰，故就田设埠"。[4]就田设埠，完成沥卤后，用肩挑、牛拉等办法将卤水运至盐寮贮存。盐寮、盐灶则非一般盐丁所能拥有。笔者在东莞的访谈中了解到，过去盐灶多为大地主所有，盐民只能从事晒沙淋卤的事情，之后将盐卤卖与拥有盐灶的大户人家进行熬盐。茅寮是大户人家的盐灶所在，盐民晒沙得盐卤之后，运到盐寮的卤池内，再由这些大户人家雇人进行煎烧成盐。盐寮现今仍存在于当地的某些地名中。[5]盐场食盐的生产实际主要掌握在这些拥有盐灶的大户人家手里。通过对灶、锅的管理，便能掌握盐场生产的情况。盐法志中对煎盐场的登记即以盐灶、盐锅

1　乾隆《两广盐法志》卷18，于浩编《稀见明清经济史料丛刊》第1辑第37册，第499页。
2　邹琳编《粤嵯纪要》第3编，第27页。
3　邹琳编《粤嵯纪要》第3编，第24页。
4　乾隆《两广盐法志》卷18，于浩编《稀见明清经济史料丛刊》第1辑第37册，第501页。
5　据笔者2009年8月10~11日与沙井镇宣传部部长程植、沙井义德堂陈氏后人陈灿森等人的访谈。

的数量为主，如东莞场"熟盐沙田六百六十七塪,竹锅二十六口，铁锅三百二十二口"，香山场"盐田一十三顷九十九亩三分,塪八百二十口"，海㯊场"通计沙田寮灶六百三十五座，系产熟盐,并无晒池"。[1]

晒盐法最晚在元末就已经在福建盐区形成规模，但广东普遍采用要到明中叶前后。[2] 晒盐法可分为晒水法和晒沙法，"晒盐之场所谓之盐塪"。[3] 晒水法即是对海水反复提纯的过程：于蓄水池中屯蓄海水，转入晒水池中暴晒，后再转入咸水田，渐成卤液，最后将卤液引入石仔田暴晒成盐。这个过程的生产要素包括蓄水池、晒水池、咸水田和石仔田。蓄水池又称水塘，一般为当地最高的水池，它的作用在于潮涨之时屯蓄海水，"开闸引水入围，再启分闸听细流由支沟入池"，海水入蓄水池中开始蒸发。晒水池为第二水池，从蓄水池引入蒸发到一定浓度的咸水，继续蒸发，使之凝结。咸水田，即盐池，为第三水池，以泥为底，"自晒水池引水入田，经风日吹曝，海水暂成卤液"，即"至卤浓至起首结卤之点，然后放入盐池"。石仔田，又称正盐池，"池底砌以碎石，辗至坚实，使水不渗漏，故有是名"，"每塪分十二丘，每三丘为一角，向例每丘面积丁方四丈二尺"。正盐池从咸水田导入卤液，"曝之成颗粒"。晒盐的过程，天气是最关键的因素，"当天气晴和时，在晨间放卤液入田，旁晚即可收

---

1 乾隆《两广盐法志》卷18，于浩编《稀见明清经济史料丛刊》第1辑第37册，第497~500页。
2 参见郑志章《板晒海盐技术的发明与传播》，《中国社会经济史研究》1984年第3期；白广美《中国古代海盐生产考》，《盐业史研究》1988年第1期；刘淼《明代海盐制法考》，《盐业史研究》1988年第4期；张荣生《从煮海熬波到风吹日晒——淮南盐区制盐科技史话》，《苏盐科技》1995年第3期。
3 陈祖同：《乌石盐场纪略》，《国家图书馆藏民国税收税务档案史料汇编》第31册，全国图书馆文献缩微复制中心，2008，第15036页。

第五章 "场商养灶"及其变体：18世纪的发帑收盐与盐场秩序　　● 295 ●

盐，设遇暴雨袭至则全功因之尽弃"。[1]

晒沙法取卤的过程与煎盐法类似，即放水晒田，收沙上坦，沥卤于池，最后暴晒成盐。如东莞场"生盐沙田一千一百零五坦，池五千七百二十口……生盐之法，先将沙田用牛犁转咸水泡浸数日，放水晒田数日，复用牛将沙耙匀晒干，收沙上坦，沥卤于池，曝晒一二日可成生盐"。池"用白石子砌成，周围用泥土作塍"。"收沙上坦"的办法与煎盐法相同。如淡水场"盐坦八百八十三口，池一万四千四百六十六格"，"每遇晴汛，各晒丁在田将沙耙松，用沟水泼咸晒干，复晒二三日，置诸坦中，用杓汲沟水淋坦，流在卤缸，又在卤缸汲卤，流在池格，滩晒成盐"。招收场"河东各栅分为青蓝、埭头、葛园三厂催收，列栅二十四座，晒埕八百二十九坦，每栅各筑围堡，边岸设立涵洞、斗口，疏通潮水，以备出纳收塞"。隆井场"盐埕六百五十坦五分，盐坦用竹篾片作底，晒盐池格用碎石沙铺埕，砌筑坚固"。得到卤水之后，即于天气晴朗之日，置卤水于晒盐池格中暴晒成盐。[2]

乾隆《两广盐法志》用"池坦锅灶"概括了这些生产要素，并称"广东诸场大略相同"。[3] 煎、晒两种制盐法，收沙的过程大致相似，主要的区别在于收沙淋卤之后，是采用盐灶煎煮，还是采用盐池暴晒。在以往煎盐的生产方式下，盐场的管理相对简单，即加强对主要生产工具盐锅的管理。两淮盐场的团灶组织即是基于煎盐工具盘铁，煎盐之时"众灶户纠合团聚，共用此盘铁

---

[1] 以上参见陈祖同《乌石盐场纪略》第八章，《国家图书馆藏民国税收税务档案史料汇编》第 31 册，第 15036~15037 页；邹琳编《粤鹾纪要》第 3 编，第 35~37 页。
[2] 以上参见乾隆《两广盐法志》卷 18，于浩编《稀见明清经济史料丛刊》第 1 辑第 37 册，第 513 页；并见邹琳编《粤鹾纪要》第 3 编，第 37~38 页。
[3] 乾隆《两广盐法志》卷 18，于浩编《稀见明清经济史料丛刊》第 1 辑第 37 册，第 498 页。

轮煎"。[1]但晒盐法没有特定的工具，场地又相对散乱，管理变得困难。

二 清初广东盐政与盐场课役

一般认为，清代盐法沿袭明制，但在如何具体沿袭的问题上常常模糊不清。一般将两淮盐法视为全国盐法的基础，有"两淮盐法定而天下盐法可次第而理"的说法。清代，两淮盐场食盐生产组织有"仓团灶"之说，两浙盐场则被称为"扇团灶"组织。[2]因此以往的观点倾向于以两淮来衡量全国其他盐区的情况，但实际上，盐区盐法各有不同，其施行的基础也不尽一致，不能一概而论。因此有必要在综合盐区盐政变迁过程的基础上来理解盐场制度和基层管理。关于这一过程，历来说法不一，[3]在时间节点上稍有错乱，在此一并订正之。

清初两淮沿袭明制，编定各场灶籍户口，一场分为数总，一总分为数甲，灶丁户口立有四柱清册，丁口增减，随时编改版籍。[4]但其间沿海动乱，尤其迁海事件对沿海盐场破坏甚重，直到雍正五年（1727），两淮盐场才确立起"火伏法"，在场大使、灶长、灶头、巡商、巡役、磨对、走役的严密控制下，既稽查灶户的生产工具，又核定每一火伏的煎盐数额。[5]"火伏法"不仅有特定的施行场域，

1　徐泓：《明代的盐法》，第46页。
2　施沛杉：《清代两浙盐业的生产与运销》。
3　参见王小荷《清代两广盐商及其特点》，《盐业史研究》1986年第1辑；龚红月《清代前中期广东榷盐的两个问题》，《明清广东社会经济研究》，第312~318页；冼剑民《清代广东的制盐业》，《盐业史研究》1990年第3期；等等。
4　张荣生：《古代淮南通州盐区的劳动力（灶籍）管理》，《盐业史研究》1994年第4期。
5　郭正忠编《中国盐业史》（古代编），第690页。

第五章 "场商养灶"及其变体：18世纪的发帑收盐与盐场秩序　　• 297 •

而且制度形成时间较晚，在此之前，广东盐政实际上经历了一个较长的调整时期，尤其在盐场制度上。而且，两淮场务和盐场管理办法实施的基础是纲商制度的推行，但广东与之不同，真正的食盐运销包商制要到乾隆五十四年（1789）"改埠归纲"实施以后才形成。[1]

尚藩镇粤严重影响了两广盐政的正常运转，广东盐法在康熙中叶以前并未完全恢复。康熙中期，广东盐政上发生了一次重要变化，即改排商为长商，"裁去水客，设场商出资本养灶"。[2] 这次变化的时间一般依据阮元《广东通志》的记载，认为发生在康熙三十七年（1698）。[3] 但吴震方在《岭南杂记》中指出："因粤抚李讳士桢题里民以包赔请豁，渐次招商，不分水（客）、埠（商），总以能销引办课者永远充商"，"先纳课一半，往场买盐，到省过关验放，至各埠销卖"。[4] 李士桢任期在康熙二十年（1681）至康熙二十六年（1687），则与康熙三十七年说法不符。事实上，这次变化是经历了较长时间的讨论才最终确立的。

康熙二十一年（1682）八月，李士桢上疏称："承买一县之盐，大必需本二三万两，小亦需本一万余两。各里排中安得皆有数万身家之人，即有资本，又安得皆是历练诚实之人。所以往有借贷紊利之弊，或滋营私赚课之奸，名为行盐而不能充扩也。今宜仿照淮浙事例，渐次招商，不拘里排，不分水埠，不限年岁，总以急公销

1　参见龚红月《清代前中期广东榷盐的两个问题》，《明清广东社会经济研究》，第312~328页。
2　道光《广东通志》卷165，《续修四库全书》第672册，第538页。
3　参见龚红月《清代前中期广东榷盐的两个问题》，《明清广东社会经济研究》，第314页。王小荷则认为发生在康熙二十七年，参见王小荷《清代两广盐商及其特点》，《盐业史研究》1986年第1辑。
4　吴震方：《岭南杂记》，《丛书集成初编》第3129册，第10页。

引,办课者久远充商。"[1]但是朝廷认为"广东省向系里民排甲报充商人,行盐销引成例已久,历年课银亦俱全完。今若不论土著外籍,概令承充,恐有豪强恃资强占要地,关津不容商民贸易,欺压作害,亦不可定。应将该抚题请招商之处无庸议"。[2]康熙二十七年(1688),继任的广东巡抚朱弘祚也和李士桢一样,认为"排商"之法确有弊端,他称:"粤省认埠行盐,三年一换,视商埠为传舍,官私夹运,惟恐利之不尽,所以远近地方并受其害。今酌量大埠招商二名,小埠招商一名,商人公平贸易,与地方相安者径令永远承充。"但朝廷以同样的理由否定了朱的建议。[3]

康熙三十年(1691),朝廷以"盐政督理贵得专员",命广东"查照芦、河、淮、浙四盐差之例,特差专员巡视",并差巡视两广盐课御史沙拜督广东盐政。[4]沙拜到任之后,于康熙三十一年(1692)十二月奏准:"广东各商向系里排承充,三年一换,伊等均非殷实良商。今将现在商人着令永远充商,除去排商名色",[5]"将排商之费一万一千余两,归入正课,举报殷实之户,充为长商"。[6]康熙三十二年(1693)四月,又以递年所产之盐,"除配引之外,余盐尽为势棍贩卖,以致商困灶穷","议择商人接收场盐,以养灶丁",以杜绝余盐在场之害。[7]

---

1 李士桢:《抚粤政略》卷7,第826~827页。
2 朱弘祚:《革除三年换埠》,《清忠堂抚粤奏疏》卷2,《四库存目丛书》史部第66册,第644下页。
3 朱弘祚:《革除三年换埠》,《清忠堂抚粤奏疏》卷2,《四库存目丛书》史部第66册,第644页。
4 原文时间作"康熙二十年",应有误。见雍正《东莞县志》卷5,《广东历代方志集成·广州府部》第23册,第75右下页,并参见道光《广东通志》卷165,《续修四库全书》第672册,第529页。
5 乾隆《两广盐法志》卷3,于浩编《稀见明清经济史料丛刊》第1辑第35册,第249页。
6 王守基:《盐法议略》,《滂喜斋丛书》第2函04,第48a页。
7 乾隆《两广盐法志》卷3,于浩编《稀见明清经济史料丛刊》第1辑第35册,第251~252页。

第五章 "场商养灶"及其变体：18世纪的发帑收盐与盐场秩序

可见，在道光《广东通志》中混为一谈的裁水客和设场商养灶，应是经历了一个时期的调整才最终确定的。先是康熙二十一年李士桢首次建议仿照淮浙，不分水客埠商，改排商为长商，但未得到朝廷的允许。直到康熙三十一年广东设置盐政之后，新任盐政沙拜推行一系列改革才将排商除去，以殷实之户充为长商，同时择商人接收场盐，设置了场商。

细究这场改革的经过，还要从康熙中期的盐政状况说起。经过李士桢及后几任巡抚的整顿，广东盐业已有起色，但广东盐业历来无巨商，财力不够充分，难以承担盐课。[1] 盐院设立之后，虽经历了一番政策的调整，但盐政问题依然严峻。吴震方在《岭南杂记》中指出："两广自盐院盐道分司以来，将以尽革逆藩占据之弊，通商裕国，法良意美矣。然不数年而盐课缺额至二十余万。"[2] 若真是法良意美，又何至于缺课如此之多呢？缺课的问题出在哪里？吴震方认为当时之盐业，系"凡商人之业皆官之业，凡为商之人皆官之人，各据盐埠，那库作本，斥逐旧商，遍布亲戚内丁，以罔市利"。[3] 盐商和官商的关系问题并由此引发的盐饷缺课，是康熙中期以后广东盐政面临的两大难题。而盐院设置之后，沙拜仿照淮浙盐区推行的一些改革，更是加剧了广东盐课的负担。康熙三十一年（1692）八月，沙拜奏准将粤盐"照淮例行盐"，"一引改作十引，每引计盐二百三十六斤四两为一包，分为十分，随引纳课"。[4] 同时设立"总商"，"康熙三十年科臣卞三畏题准，照江浙例，创设巡盐御史，募立总商，行盐办饷"，"其课饷完欠考成皆出总商之手，县官无从过

---

1 参见王小荷《清代两广盐商及其特点》，《盐业史研究》1986年第1辑。
2 吴震方：《岭南杂记》，《丛书集成初编》第3129册，第10~11页。
3 吴震方：《岭南杂记》，《丛书集成初编》第3129册，第11页。
4 乾隆《两广盐法志》卷3，于浩编《稀见明清经济史料丛刊》第1辑第35册，第247~248页。

问"。[1] 康熙三十二年（1693）又完善了广东盐政管理机构，奏准"所属之员自应照例改设"，内容包括：广东驿盐道改为广东盐运司；"潮州一府……得专员管理，应将提举裁去，改设运同"；"府吏目裁去，改设盐运司知事，提举司广盈库大使改为运司库大使，批验所大使改为运司批验所大使"；又"广州府有归德等场，惠州府有淡水等场，为盐斤出产之所，课饷之源，必须设立分司催征巡缉"。[2] 至康熙四十五年（1706）十月，有上谕称"广东鹾政废坏，课饷日亏"。[3]

场商的设立，改变了盐场原有的运作模式，场商在盐场的权力远远超过水客。据称，"广东生、熟各盐场，向系场商自备资本，雇养灶晒各丁，所收盐斤交与场商"，"倘遇阴雨不能收盐之外，或风潮冲决围堡，亦系场商发银培养、修筑"。[4] 场商在场收盐，有些盐场还由场商认增灶课。如新安县归德场场商认增课银五百两余，费银一十八两余；归善县淡水场场商认增课银一千五百两余，费银五十五两余。[5] 场商收盐之后，运盐至省河或潮桥盐仓候埠商领运；灶户则从场商处用盐换得银两完课。甚至在某些地方，灶户的缺额灶课是由场商承担的。与此同时，因为盐场的收盐和灶课都是由场商一手包办，原本的场当，如归德、东莞等场，即于康熙中期已"奉革"。[6]

但场商的设置并没能解决广东盐政缺课的问题。康熙三十七年（1698）十一月广东巡抚萧永藻疏，"言：两广盐政沈恺曾一年差

1　雍正《江西通志》卷37，《景印文渊阁四库全书》第514册，第267页。
2　《清圣祖实录》卷158，康熙三十二年二月乙卯，《清实录》第5册，第743~744页。
3　雍正《江西通志》卷37，《景印文渊阁四库全书》第514册，第267下页。
4　《乾隆元年八月户部议准两广总督鄂弥达疏为遵旨密议具奏一疏》，乾隆《两广盐法志》卷4，于浩编《稀见明清经济史料丛刊》第1辑第35册，第367~368页。
5　乾隆《两广盐法志》卷17，于浩编《稀见明清经济史料丛刊》第1辑第37册，第490~491页。
6　康熙《新安县志》卷6，《广东历代方志集成·广州府部》第26册，第73左下、79右下页。

满，请展限一年，俾清理积年未完课银五十余万两，未销盐引一百余万道。部议并从所请"。[1] 康熙五十七年（1718），杨琳称："自康熙四十年起，至五十五年止，旧饷积欠至九十一万余两，五十六年新饷，常保、法海共收过十七万余两，尚未完二十八万余两，新旧合算共一百二十万两。"[2] 康熙朝的这一系列改革并没有让两广盐政好转，到康熙五十六年（1717），两广盐课"累年亏空至一百八十余万"，[3] 两广盐课亏欠已经到了非常严重的地步，"且场盐缺少，私盐横行"。[4] 商本贫乏和盐场私盐充斥一直是康熙中期以后广东盐政的两大难题，如何有效解决成为盐政改革亟须面对的问题。

三 发帑收盐、盐仓设置与栅长名色的革除

康熙末期广东推行了发帑收盐改革，食盐运销方式从原来的"商运商销"转变成"官运商销"，盐场出产的盐斤直接经由官府监收监运，官府较大程度地干预盐场的管理。在盐场，盐仓的设置是这一制度转变的关键和重要体现所在。

发帑收盐的做法最早可能是范时崇于康熙四十五年（1706）提出来的。他认识到"两广场商无力养灶"，曾提议"将运使库银借给三万两，每府委佐贰贤员，将灶丁所晒盐尽行收买"。[5] 后来帑本逐渐增加到七万两。到康熙四十八年（1709），却遭"部议速归

---

[1] 《八旗通志》卷202，《景印文渊阁四库全书》第667册，第705下页。
[2] 《两广总督杨琳奏报接管盐务设法整顿并请展限奏销折》（康熙五十七年六月二十八日），中国第一历史档案馆编《康熙朝汉文朱批奏折汇编》第8册，档案出版社，1985，第200页。
[3] 《清圣祖实录》卷271，康熙五十六年正月甲子，《清实录》第6册，第662页。
[4] 《清圣祖实录》卷287，康熙五十九年正月壬辰，《清实录》第6册，第796页。
[5] 《八旗通志》卷192，《景印文渊阁四库全书》第667册，第497下页。

帑本，另募场商"。[1] 短暂的发帑官收因而中断。为清完积欠，康熙五十六年（1717），御史昌保因盐课积欠太多，将积欠九十一万余两归结于"场商无力养灶，不能收盐，埠商无盐可运，不能完饷"，[2] 再次题请发帑收盐，"动帑银六万两收买灶盐"。[3] 同时还题请了"土商外商并用"。[4] 康熙五十七年（1718）正月，昌保上疏请辞，称："臣力不行于州县，钱粮必致有误。请将臣撤回，盐务令督抚专理。"朝廷准奏，着"盐务交与巡抚法海专理，准昌保回京"。[5] 康熙五十七年五月，因法海查勘海道，将盐政交予两广总督杨琳临时接管。杨琳称："沿海盐斤全在冬季晴明，场盐广收以供一年配兑。向因场商无力养灶，不能收盐，经常保奏请发帑官收。奈规制未定，灶丁无心耙晒，上年冬季盐斤所收不及十分之二三。今年春夏阴雨日多，场盐无出，虽劝谕各商勉力输课而无盐配兑"。[6] 按照杨琳的说法，昌保在康熙五十六年发帑收盐的方案中就已经提出了"场盐颗粒归官"的建议。但此后不久，"法海奏广东盐务紧要，不可无专辖之员，请仍派御史会抚臣督征"。[7] 昌保于康熙五十八年三月再次到任。康熙五十九年正月，昌保以"臣力不能任，请将臣撤回，交督抚管理"为由，被允准调回，朝廷遂"将两广盐务，并新旧钱粮，交与广东广西总督杨琳专理"。[8] 杨琳接管之后，"计接征

---

1 《广东巡抚范时崇奏明溢银溢盐缘由并请辞盐政兼差折》（康熙四十八年八月），中国第一历史档案馆编《康熙朝汉文朱批奏折汇编》第2册，第622~623页。
2 《清盐法志》卷216《广东三·场产门》，第1b页。
3 《清盐法志》卷216《广东三·场产门》，第1a页。
4 《翰林院庶吉士馆陈奏陈粤东商籍宜革海珠围墙宜毁折》（雍正元年四月），中国第一历史档案馆编《雍正朝汉文朱批奏折汇编》第1册，江苏古籍出版社，1989，第325页。
5 《清圣祖实录》卷277，康熙五十七年正月庚寅，《清实录》第6册，第717~718页。
6 《两广总督杨琳奏报接管盐务设法整顿并请展限奏销折》（康熙五十七年六月二十八日），《康熙朝汉文朱批奏折汇编》第8册，第200页。
7 《八旗通志》卷141，《景印文渊阁四库全书》第666册，第283上页。
8 《清圣祖实录》卷287，康熙五十九年正月壬辰，《清实录》第6册，第796页。

五十六、七两年及督征五十八九、六十年额课，历年全完，其旧欠九十一万余两已完过七十五万余两，止未完十七万余两"，并于雍正元年再发帑本六万两收盐。[1] 清理积欠颇见成效。

雍正元年（1723）九月十八日，将军管源忠赴粤传奉上谕："盐政应否交于地方官，不用商人，行得行不得，着督抚商量。"[2] 十一月十六日，广东总督杨琳与广东巡抚年希尧合奏予以回复。杨琳认为，"福建新定盐法，将盐院衙门各官及商人尽行裁革，盐课均摊各场，交于州县官照数收纳。每场遴选佐贰官一员监管，平买平卖。此课银全在场上收卖取齐，殊觉简捷"，但此种做法只"地窄课少之福建地方能行之，恐两淮、两浙、长芦未必能行"，广东也同样不适用，主要原因有以下几项：第一，"广东与福建相较，地方远近，课饷多寡，大相悬殊"；第二，"若着各地方官赴场纳课运盐，州县官初登仕籍，不谙盐务，必委之家人衙役。而家人衙役未临其事者茫然不知，即中途得免疏失，盐到地头，非一任家人衙役设铺分卖，中饱花消，即分发里地，按户勒派"；第三，"州县官纳课运盐，不能自备资本，势必那动地丁钱粮。盐斤之销售难定，州县官之事故交代不一，恐盐课未必能完，而地丁之亏空日多"。杨琳指

---

1 《两广总督杨琳奏陈盐务始末情由折》(雍正元年三月八日)，《雍正朝汉文朱批奏折汇编》第1册，第145页。
2 《广东总督杨琳等奏覆粤东盐政折》(雍正元年十一月十六日)，《雍正朝汉文朱批奏折汇编》第2册，第273页。王庆云将杨琳的奏折认为是对雍正"二年，广西总督孔毓珣请官运官销，可减盐价，并得盈余充地方公用"（王庆云：《石渠余纪》卷5《纪盐法》，北京古籍出版社，1985，第463页）的直接回应，似有不妥。况且，孔毓珣的奏折亦不在雍正二年，而是在雍正元年九月二十八日。孔毓珣称："臣View四思维，欲求便民裕课又不累官，惟有官运官销一法，以买盐运盐之事，责之盐道，而销盐完课之事责之州县。"[《广西总督孔毓珣奏酌筹粤西盐务折》（雍正元年九月二十八日），《雍正朝汉文朱批奏折汇编》第2册，第39页]《清盐法志》亦作雍正二年，依据是"按《会典事例》以此为雍正元年事，而旧志及清《通典》《通志》《文献通考》皆作雍正二年，今从之"（《清盐法志》卷216《两广三·场产门》，第1b页）。

出,广东盐务"课饷不缺,全在收盐充足",以往课饷难完,关键在于"听场商收盐,资本不继,必难多收",所以"应将场商停设,仍发帑委官监收,埠商仍留,听其完课运盐","内有课饷难完,无人充商之地则着落地方官领盐运销"。[1]

杨琳关于继续发帑收盐、裁撤场商的建议,得到朝廷的采纳。自此,广东"裁撤场商,发帑委官收买场盐",[2]即由运库出帑本银交给场员,发给灶户,灶户产盐均由官府收买,只留埠商完课运盐。"东省各埠配兑引盐,向系盐运司给发船户水脚,赴场运至省河转兑各埠……各埠商完纳饷价,后给发水程,运盐至埠。"[3]

盐场官收官运的政策直接催生了盐仓的建立。发帑收盐之前,盐场上并不需要官置盐仓,或由灶户将食盐卖与水客,转运至省城,或由场商出资养灶,盐斤尽归场商收卖。但发帑收盐之后,盐斤"颗粒皆官为收买",[4]官府介入盐斤的监收。这直接带来了盐场的变化:第一,官府"俱按照场地产盐多寡,工本轻重,定为等次,给发灶丁每包自七分六厘零以至二钱九分七厘零不等",灶户领取灶价之后,必须将煎晒所得盐斤尽数交给官府;第二,官府雇佣船户运盐至省仓,"海运船户亦按场地远近,雇价每包自三分以至一钱四分不等"。[5]以上两点要求官府在盐场必须有一个固定的囤放盐斤

---

1 《广东总督杨琳等奏覆粤东盐政折》(雍正元年十一月十六日),《雍正朝汉文朱批奏折汇编》第2册,第273~276页。此文另见《皇朝经世文编》(杨琳:《陈粤省盐法疏》,贺长龄辑《皇朝经世文编》卷50,台北:文海出版社,1972,第1829~1830页),但文字删减较多,表达略有不同。另,关于福建官运官销的问题,参见叶锦花《雍正、乾隆年间福建食盐运销制度变革研究》,《四川理工学院学报》2013年第3期。

2 《清盐法志》卷216《两广三·场门》,第1a页。

3 《乾隆元年十月户部议复两广总督鄂弥达请》,道光《两广盐法志》卷23,于浩编《稀见明清经济史料丛刊》第1辑第42册,第261~262页。并参见龚红月《清代前中期广东榷盐的两个问题》,《明清广东社会经济研究》,第312~328页。

4 邹琳编《粤鹾纪要》第1编,第5页。

5 《清盐法志》卷216《两广三·场产门》,第2b页。

第五章 "场商养灶"及其变体：18世纪的发帑收盐与盐场秩序　● 305 ●

的场所，盐仓应运而生。盐仓的设置，是发帑收盐在盐场地方落到实处的必然。

官置盐仓是清代全国的普遍现象。在两淮盐场，"往制，各场原有铁盘，灶户皆系官丁，立有团煎之法。今灶户已输折价，不纳丁盐，官煎之法已废，所以多寡听其自煎，官私由其自卖，弊孔百出。为今之计，莫如令各盐场设立官垣，责令场官专司启闭"。[1] 又如福建盐场的"总仓"，"令各团晒丁将所晒之盐，统归一处封锁，则稽查自易，且免雨湿水淹之患"。[2] 将盐集中于仓，不仅方便对盐斤的管理，禁绝私盐，而且也便于船户对食盐的运输。广东盐法，运销各地的食盐，历来都需要商人从省城东汇关（省河）或潮州广济桥（潮桥）盐仓配运，经东汇关、潮桥掣验，而后运往各府州县销售。发帑收盐之后，各盐场的盐斤由场商运输改由官府雇佣船户运至省仓存储，备埠商领运。即是说，盐仓实际上是发帑收盐后，官为运盐而在盐场设置的囤盐场所。

以往有研究将康熙五十六年（1717）以后各地盐仓的建立视作盐业储备量增长的表现，并以此说明清中期广东盐业有了较大的发展，则很有可能是对这一政策的误读。[3] 乾隆《两广盐法志》表明，绝大多数盐仓建于康熙五十六年至乾隆二、三年，尤以雍正年间最多。[4] 只有省城的河南盐仓，"旧仓八十五间，顺治十八年建"，"新仓一百四十四间，系雍正十二年建"。[5] 至乾隆七年（1742），因各场露天堆囤盐数日增，盐场有"未建仓厫，及虽有仓厫，不敷堆贮"，

1　嘉庆《两淮盐法志》卷31，同治九年扬州书局丛刊本，第8b页，复旦大学图书馆藏。
2　《清朝文献通考》卷28，商务印书馆，1935，第5105页。
3　冼剑民：《清代广东的制盐业》，《盐业史研究》1990年第3期。
4　乾隆《两广盐法志》卷18，于浩编《稀见明清经济史料丛刊》第1辑第37册，第526~536页。
5　乾隆《两广盐法志》卷18，于浩编《稀见明清经济史料丛刊》第1辑第37册，第526页。

署理两广总督庆复又奏请"动支帑项建仓"。[1]

但并非所有盐场都建置了盐仓,据乾隆《两广盐法志》按语:

> 香山、淡水、大洲场栅,墩白、白沙、石桥、海甲、小靖、招收、河西、东界、海山隆澳等场栅,俱未建有盐仓,其收贮盐斤,择就近田塥高阜处围塈,覆以茅草。[2]

可见,它们收贮盐斤的办法是就近择高阜处围放,并覆盖上茅草。当然,这在广义上也可以称为盐仓——在当时绘制的地图上也确实如此称呼,但它与前面提到的盐仓确有区别。以归靖场为例,据载:

> 归靖场盐仓,内归德场北厂盐仓五间,盐亭、巡丁房各一间,在场署前。南厂盐仓十八间,盐亭、书房、神厅、巡丁房各一间,在茅洲,离场署五里。俱康熙五十六年建。又靖康场盐仓五间,在靖康场左,亦康熙五十六年建。[3]

乾隆三年(1738),归德场与靖康场合并为归靖场,但仍享有独立的机构。其中提到归德场有南、北二厂,每厂有盐仓若干间,另外与盐仓配套的还有盐亭、书房、神厅、巡丁房等,总称为"厂"。"厂",据《康熙字典》的解释,即"屋无壁也"。陶澍也曾提到"盐厂",称:"无官无私,必须无课无税而后可。业经有课有

---

[1] 《乾隆七年户部覆署理两广总督庆复奏》,道光《两广盐法志》卷23,于浩编《稀见明清经济史料丛刊》第1辑第42册,第271~273页。

[2] 乾隆《两广盐法志》卷18,于浩编《稀见明清经济史料丛刊》第1辑第37册,第536页。

[3] 乾隆《两广盐法志》卷18,于浩编《稀见明清经济史料丛刊》第1辑第37册,第528页。

第五章 "场商养灶"及其变体：18世纪的发帑收盐与盐场秩序 · 307 ·

税，即属有官有私。如谓一归场灶，一设盐厂，即可上裕国帑，而化枭为良。窃恐有所未能。"[1] 又嘉庆年间阮元在《议南沙收盐章程疏》中指出："盐厫宜就近建设也。查南沙有河庄山、党山两处，为该处适中之地，拟各设盐厫一所。其一切收发盐斤事宜，派商二名随同委员经理。所需建厫工料银两，于帑本内垫发。工竣造册，由委员核实报销。其垫用银两，俟收有帑息划还归款。"[2] 盐厫与盐厂所指相同。

设置盐仓之后，为了实现对其的管理，盐场另一组织——盐厂（又作盐厫）诞生。笔者统计了乾隆《两广盐法志》卷首《绘图》所绘各盐场图标示的盐厂名，制成表5-1。

表5-1 清代盐场基层组织名称统计

单位：个

图示组织	盐场	数量
厂	东莞、归靖、海矬、淡水、碧甲、大洲、墩白、白沙、石桥、海甲、小靖、河西、招收*	13
厫	双恩东平、白石东西、蚕村洞楼、电茂、博茂、武郎、丹兜、茂晖	8
围	隆井、惠来	2
栅	香山、海山隆澳	2
灶	新兴	1
无	东界	1

注：*图中招收场只绘制若干乡，但据乾隆《两广盐法志》卷18，招收场下应设厂。

资料来源：乾隆《两广盐法志》卷首，于浩编《稀见明清经济史料丛刊》第1辑第35册，第51~137页。

---

1 陶澍：《覆奏条陈盐务请仍守成法折子》（道光十一年十二月初八），《陶澍全集》第2册，岳麓书社，2010，第482页。
2 《皇清奏议》续奏3，《续修四库全书》第473册，第621页。

表 5-1 反映的是清代广东盐场基层的大致情况。可见，厂和廒实际上成为盐场场署外的重要组织。文献的记载同样支持这一结论。雍正元年（1723）两广总督杨琳的奏折中曾提到："每年除给发灶丁及水陆运脚，仓廒篷厂司事、巡丁工食。"[1] 又如大洲场"分管天、地、三洲、下坑、小漠五厂"。墩白场"所管墩下原设香洲、东涌、潮前三厂"。丹兜场，"盐仓共十座，分设下洋、东村、菉地、南山、官寨五廒"。[2]

其余六个盐场，香山、海山隆澳、东界和新兴等场俱未见建置盐仓，隆井和惠来二场栅，则称"围"。如惠来栅盐仓，共一百零六间，"内赤州围仓六间，田中围仓一十一间，华房围仓七间，东围仓一十六间，华埔围仓一十间，金东围仓三间，文昌围仓一十九间，靖海围仓一十一间，盐寮围仓三间，红鹅坂围仓六间，林尾围仓一十四间"。[3] 但更多情况下，"围"是厂以下的组织。成立于民国初年的乌石场，下设三教、北海仔、那澳、英岭、苞西、流沙六厂，厂下又设围，如三教厂下设鸡口围、添土围等二十围。[4]

与围相似的另一种组织是"栅"。招收场"河东各栅分为青蓝、埭头、葛园三厂催收，列栅二十四座，晒埕八百二十九塥，每栅各筑围墼，边岸设立涵洞、斗口，疏通潮水，以备出纳收塞"；"河西栅地分为马窖、洋背、南山三厂催收，中列三十栅，埕一千一百一十四塥，每栅各筑围墼"。[5]"围"与"栅"的相通之处在

---

[1] 《两广总督杨琳奏陈盐务始末情由折》（雍正元年三月八日），《雍正朝汉文朱批奏折汇编》第1册，第145页。

[2] 乾隆《两广盐法志》卷18，于浩编《稀见明清经济史料丛刊》第1辑第37册，第503、506、533页。

[3] 乾隆《两广盐法志》卷18，于浩编《稀见明清经济史料丛刊》第1辑第37册，第531页。

[4] 附录《乌石场盐塥一览表》，陈祖同：《乌石盐场纪略》，《国家图书馆藏民国税收税务档案史料汇编》第31册，第15075~15098页

[5] 乾隆《两广盐法志》卷18，于浩编《稀见明清经济史料丛刊》第1辑第37册，第511~512页。

第五章 "场商养灶"及其变体：18世纪的发帑收盐与盐场秩序 • 309 •

于，"每栅（或围）各筑围堡"。围长也是盐场的一个重要角色。如据墩白场盐大使卢世纶的交代，其因"想要告休回籍，因乏盘费，与管总司事徐进商量，将各场围长缴到盐包，每包扣下数十包"。[1]

明代盐场的管理主要依靠栅甲制下的栅长、灶甲，他们负责催征灶课。如"靖康场分设六栅，每栅各分十甲，既又立有栅长、灶甲名役"。[2]栅长、灶甲是栅甲制下盐场催征盐课的主要人员，虽然明后期演化成出钱雇场当代役，但仍一直存在。在发帑收盐之后，盐斤上交盐仓，盐户直接与官府交涉，栅甲已经没有存在的必要。于是，雍正四年（1726），"饬照民粮事例，一体均粮均役，革除栅长名色，及场内各陋规剔厘一清"。[3]源于明代的栅甲制终被废除，这也同时给盐场基层管理留下了空白，盐场制度亟待重建。

四 盐灶等成为基层管理单位

杜绝私盐是实行发帑收盐的初衷之一，因而必须加强对盐场生产的管理和控制。事实上，自李士桢抚粤以后，历任巡抚、盐政，无不绞尽脑汁杜绝盐场贸私。从李士桢要求进行灶户的户丁登记，再到盐政创设场商养灶收盐，都没有取得很好的效果。发帑收盐之后，设置盐仓，灶户产盐颗粒归官，也是出于杜绝私盐的目的。但如何能够实现"颗粒归官"，在明代的盐场栅甲制度已经失效并废除之后，需要好好探索一番。

发帑收盐推行之后，官府对盐场工作的核心之一便是禁私盐。

---

1 《广东巡抚德保奏》（乾隆四十年闰十月二十六日），刑科题本，中国第一历史档案馆藏。转引自周琍《清代广东盐业与地方社会》，第182页。
2 雍正《东莞县志》卷6，《广东历代方志集成·广州府部》第23册，第96右下页。
3 雍正《东莞县志》卷6，《广东历代方志集成·广州府部》第23册，第96右下页。

乾隆元年（1736），署理两广总督庆复称"东粤沿海各场地方辽阔，灶丁耙塭淋卤，煎晒生熟盐斤，每遇秋冬晴汛，出产甚广。发帑收盐必须场员实心经理，平日巡查周到，约束有方"，"若稍有疏忽及发价稽延，则灶丁待哺情殷，势必偷卖私枭"，需要场大使、场员殷实能干，"始能用心整饬"。庆复向朝廷奏请拣发人员来粤，"现需分遣稽查，厘剔整顿，首在得人以收指臂之助，伏乞皇上俯念盐场委任员缺紧要，整理需人，敕部在于候补、候选知县以下官员内拣发十五员来粤"。[1] 拣发"人员陆续到粤"之后，乾隆七年（1742），庆复又以"广、肇、惠、潮、高、雷、廉一带，地俱滨海，肇、惠、潮一带尤为私枭充斥之区，各路可通。每场设官一员，与各灶相离窵远。场员耳目难周，鞭长莫及。止凭一二客长、灶头查察，每多私卖济枭之事"，请于"各栅添委协办，严饬稽查灶丁煎晒，盐斤尽数交官，给价，毋许颗粒走漏，以杜私贩之源"。[2] 对于干练熟悉场务的官员，地方官员也十分重视、珍惜。如乾隆十二年（1747）归靖场大使解深以失察私盐遭参革，后经审明确与之无关，"开复在案"。按例，解深应当回京候命等待新的任用，但两广总督策楞以"粤东盐场发帑收晒，经司出入，皆属场员，正需熟悉盐务之人以资差遣之用"，又"解深在场效力已及二十年，颇能洁己奉公，人亦老成干练"，奏请"将大使解深仍留粤东"，"俟有场员缺出酌量题补"。[3]

但是稽查灶丁煎晒，在清初盐场制度缺位的情况下，要落实

---

[1] 署理两广总督庆复：《奏请拣发人员以资广东盐场委任之用事》（乾隆元年十一月十一日），宫中档，中国第一历史档案馆藏，档案号：04-01-35-0446-038。

[2] 署理两广总督庆复：《奏报广东分委各场栅人员稽察杜私情由事》（乾隆七年十二月二十日），宫中档，中国第一历史档案馆藏，档案号：04-01-35-1388-053。

[3] 两广总督策楞：《奏请原任归靖场解深仍留粤东酌量题补事》（乾隆十二年三月十五日），宫中档，中国第一历史档案馆藏，档案号：04-01-12-0053-088。

第五章 "场商养灶"及其变体：18世纪的发帑收盐与盐场秩序

到实处相当困难。在发帑收盐下，盐场不仅要对灶丁进行编审，而且还要防止灶户私煎。但如前所述，清初以来，原有的盐场基层管理已经无法继续维持下去，究其原因，即在于盐场课役中"丁"的性质的变化。灶丁数实际上已经只存在赋税登记意义。在这里，笔者通过乾隆十四年（1749）新安县发生的一宗刑事案件做一简要说明，据称：

> 一名陶亚上，年四十二岁，系广州府新安县人。状招亚上赋性愚卤，罔知法纪，与被伊殴伤身死之鲁亚清素无嫌怨。缘亚上有祖尝土名塥下沙盐田一丘，递年与堂叔陶定法轮管。乾隆十三年八月内轮值定法管理，定法批与亚清耙沙晒盐。至乾隆十三年八月内，轮该陶亚上承管。二十四日早，亚清偕定法往向亚上求批，亚上欲留田自晒，不允批给。亚清出言不逊，致相争角。……[1]

陶亚上等系广州新安县人，且采用的制盐法为"耙沙晒盐"，由此可以推断，其盐田当在东莞场内。该案件就盐业生产方面的信息，至少可以说明两点。第一，其盐田是祖上遗留下来，且在陶定法与陶亚上叔侄之间轮管，但陶定法叔侄是否灶户已不得而知。第二，盐田的经营，或是如陶定法轮管时，批与别人晒盐，也可以如陶亚上"留田自晒"，盐田的日常耕作与盐丁的户籍身份之间已经没有太多必然的联系。以往通过控制盐丁来管理盐业生产的方式显然已经不合时宜。清中期以后，广东盐政对盐场的管理重心实际上

---

[1] 来保、阿克敦：《题为会审广东新安县民陶亚上因批盐未允争角伤毙鲁亚清案依律拟绞监候请旨事》（乾隆十四年六月二十一日），内阁刑科题本土地债务、贪污、违禁类，中国第一历史档案馆藏，档案号：02-01-07-04958-017。

由灶丁转移到了盐田。更确切地说，应该是从灶丁转移到盐的生产要素上。

既然在盐的生产中灶户的户籍已经不具有人身控制的作用，那么建立在户籍上的稽查也就没有意义。盐场登记的灶丁不是具体的人，盐场对灶丁的管理起不到管理实际生产的作用。而随着盐业技术的改变，盐灶和盐墢成为盐业生产中至关重要的因素。

乾隆二十四年（1759），户部议覆两广总督李侍尧咨中称：

> 场产盐斤，颗粒均应归官，应请责令场员每遇潮汛，亲往各栅廠，将各丁所收沙卤验明记数，立饬起煎。凡起火之日，向场官领签，煎毕缴签。该场员即亲身前往验明，立时督令将煎出之盐，秤明斤数，尽行交官收买。如灶丁不行领签，擅自起火，及缴签后仍复私煎，一经察出，即以私盐治罪。[1]

可见，场官对煎盐场的管理内容至少包括登记沙卤数、收发起火签给灶户和登记煎出盐斤数。这种做法有些类似雍正年间两淮盐场推行的火伏法。雍正五年（1727），两淮盐场由于团煎法的败坏，灶户自行煎烧，原来的团总组织已经无法有效控制盐场，因而官府另立火伏法，设置灶头、灶长以管辖盐场煎烧，清查盘铁、锅撇之口数并规定煎盐的日期，实行灶头长制以稽查火伏。[2]

广东煎盐虽不如两淮盐场煎盐以计算一火伏每盘撇得盐若干以为定额，并根据天时地利，总计一年生产总日期，以酌定盐户年交盐量，[3] 但也以潮汛为期，场员亲临登记所收沙卤数量；煎盐之时领

---

1 道光《两广盐法志》卷21，于浩编《稀见明清经济史料丛刊》第1辑第42册，第27~28页。
2 徐泓：《清代两淮盐场的研究》，第35页。
3 徐泓：《清代两淮盐场的研究》，第35~36页。

第五章 "场商养灶"及其变体：18世纪的发帑收盐与盐场秩序 • 313 •

签才得起火，煎完则必须交回签并由场员亲自前往验明登记称量收买。而且，场员对于盐场内的盐塯、盐锅要进行详细的登记。[1] 两淮地区将这种集合盐户共同生产的组织称为"灶"，灶头、灶长即由"灶"中产生，[2] 归德场所谓"盐灶"也大致此类，只是归德场更显著的特点是以乡为聚。前文材料曾经提到，盐场"止凭一二客长、灶头查察"，[3] 可知广东也有类似灶头、灶长的设置。不仅有场员、灶头等，归靖盐场还有巡丁若干，"日则督催煎晒，夜则看守仓盐"。[4] 这种督查制度，需要地方官府能够抓住出产盐斤的关键。因此，盐灶、盐塯成为官府能够直接控制和掌握盐场盐斤产出的核心。

以盐灶、盐塯作为盐场掌控基层生产的单位，也更方便官府对盐场产盐情况进行管理和掌握。首先，它们与盐的生产紧密相连，既能控制生产的过程，又便于计算盐斤的产出，这在前文讨论盐业生产技术的时候已经表明；其次，它们具有集中管理的优势。虽然官府反复要求场员下场督查生产，但这在实际操作中并非易事，不仅因为盐场分布松散，而且场员人数有限，各地煎晒又多集中一时，根本无法实现一一督查。唯一的办法就是通过可量化的数目字的管理方式，具体而言，即从盐灶和盐塯入手。淋卤收沙的时间较长，一般每月两收，如武郎场"每月收沙二次"，香山场"每月分两旬耙晒"，海矬场"取卤煎盐，每月分上下二汛"，但"若风雨后则晒丁重新开沙整池"。煎晒的过程可在一两日之内完成，东莞场

---

[1] 参见乾隆《两广盐法志》卷18，于浩编《稀见明清经济史料丛刊》第1辑第37册，第497~526页。
[2] 徐泓：《清代两淮盐场的研究》，第36页。
[3] 署理两广总督庆复：《奏报广东分委各场栅人员稽察杜私情由事》（乾隆七年十二月二十日），宫中档，中国第一历史档案馆藏，档案号：04-01-35-1388-053。
[4] 乾隆《两广盐法志》卷20，于浩编《稀见明清经济史料丛刊》第1辑第37册，第597~598页。

"曝晒一二日可成生盐","煎煮五六时可成熟盐";淡水场晒盐,"夏间一日一收为抢晒,春秋二日、三日一收,冬则四五日一收为长汛"。因而,对于煎盐场,常常采用的办法是"分别锅之大小,定收盐之多寡"。[1] 进而论之,一个煎盐场的产盐量,只需知道盐灶的多少和盐锅的大小,即可大致推断得出。对于晒盐场,则只要知道盐塥的数量即可,透过盐塥即可以推断卤水的数量和成盐多少。

虽然盐场在实际运作中逐渐把盐灶、盐塥作为基层管理的单位,但并未见其从制度上予以确认。尽管如此,灶头和塥户依然成了基层管理的重要角色。如《乌石盐场纪略》记载:"本场无晒沙盐塥,亦无盐灶。但据调查,附近雷州分销总处设有盐灶四户,在博立村、岭头村、英灵村、盐庭村等处。"[2] 又该书的附录部分,是以盐塥、塥主作为登记单位。在乾隆《两广盐法志》所绘制的归靖盐场图中,归德场从明初的十三栅到后来改成十六社,清代则完全变成"盐灶"。

塥户是生盐场对盐田业主比较普遍的称谓。成书于道光年间的《粤东成案初编》收录了嘉庆十七年(1812)一个关于塥户与场大使互讦的案件,据称:

> 黎侍清籍隶电白县,系黎侍舜胞弟,黎吴氏、黎陈氏系黎侍舜等庶母,黎侍清系捐纳守备所千总职衔,充当电茂场塥户。曹煃系选授电茂场大使。嘉庆十七年五月内,黎侍清与塥户区世平等,写单传知各塥户赴电茂场请领晒价,该大使□□因黎侍清集众领价后,以致各埠赴场配盐日少,即以黎侍

---

1 乾隆《两广盐法志》卷 18,于浩编《稀见明清经济史料丛刊》第 1 辑第 37 册,第 522、500、501、497、502、523 页。
2 陈祖同:《乌石盐场纪略》,《国家档案馆藏民国税收税务档案史料汇编》第 31 册,第 15038 页。

第五章　"场商养灶"及其变体：18世纪的发帑收盐与盐场秩序

清走私抗配具禀讦控，黎侍清以该大使匿锞苛拉，私卖春盐，赴院司控告。[1]

在这里，塌户已经成为盐场的一种身份。晒价，又作晒本，是盐缴官后，"俟由场配埠船"，"照定价发给晒户"。[2]邹琳解释称："出资收益之人，名曰塌户，或曰灶户。出力为工之人，名曰灶丁，或曰晒丁。"[3]此处的塌户、灶户与传统的灶户是不同的概念，这里应该专指业主，即盐塌、盐灶的拥有者。正如前述东莞场的陶亚上一案一样，盐场更主要的是体现一种雇佣关系。仿照徐泓等对两淮"仓团灶"的说法，或者可以将清代广东这种组织架构称为"仓围塌（灶）"。

第二节　发帑收盐的地方运作与灶户宗族

发帑收盐实施前后，广东盐场灶户户籍情况已经发生变动，由此引发盐场基层管理从属人模式向属地模式转变，盐业生产场所成为盐场的基层管理单位。发帑收盐在盐场基层的实践自然也与盐场管理的这一转变趋势不可分。官为发帑是官府介入盐业产运销过程的重要新政策，但在具体的运作中却十分复杂。广东发帑收盐是对

---

[1] 朱耘：《粤东成案初编》卷29，清道光壬辰刊本，第25页，广东省立中山图书馆藏。
[2] 林振翰：《盐政辞典》，商务印书馆，1928，亥字第5页。
[3] 邹琳编《粤蓰纪要》第3编，第13页。

场商养灶政策的替代，但政策替代并不代表实际运作便立即发生转变。如何将发帑收盐落实下去成为地方盐政的关键。发帑收盐在盐场的具体运作，同时也不可能完全脱离当时盐场社会的背景，那么，晚明以来形成的盐场地方宗族势力与发帑收盐发生联系后又会形成怎样的新秩序？本节将通过解读《凤冈陈氏族谱》[1]的相关文献记载，厘清灶户宗族和发帑收盐的基层运作之间的复杂联系，并在此前关于盐场户籍和管理模式讨论的基础上，进一步深化对清代盐场制度与社会的了解。

一 课盐分离与清代灶户宗族的赋役完纳

发帑收盐实施的基础是盐场的课盐分离，课盐分离是明清之际盐场制度最大的变化。李三谋指出，由于明中后期盐场盐田等的兼并、私有严重化，官府不得不将本色灶课（盐）改为折色征银，使得盐与课分离。清代普遍实行盐田纳银税，食盐和灶课的分离程度更为彻底，盐与课完全成为两个范畴。为了加强对专卖的管理，在整个盐业经济活动中，朝廷力图把食盐的流通限制在官商（包括引商和场商）活动的渠道之内。[2] 盐场的课盐分离不仅影响了盐场的社会结构，而且也必然造就一套新的盐场管理方式。

广东盐场的课盐分离在明中叶就已经发生。隆庆年间，广东盐场"丁缺，按丁加派犹不足额，将各灶丁名下所有在县编征银米之

---

[1] 广东东莞靖康盐场《凤冈陈氏族谱》是一部反映清前期盐场家族日常状况的文献，其中保存了大量与盐场相关的重要记载。现存的《凤冈陈氏族谱》虽是同治八年（1869）的刻本，但其底本主要依据乾隆十九年（1754）编修本的内容而有所增益，因此保留了大量广东发帑收盐时期盐场的相关信息。

[2] 李三谋：《清代灶户、场商及其相互关系》，《盐业史研究》2000年第2期；并参见何炳棣《扬州盐商：十八世纪中国商业资本的研究》，巫仁恕译，《中国社会经济史研究》1999年第2期。

第五章 "场商养灶"及其变体：18世纪的发帑收盐与盐场秩序　　• 317 •

田地山塘各税亩，派征抵补"。[1]盐场民户有"愿归灶籍"者编归灶户，以民田"照盐田例，每三人为一丁，纳丁盐银"，"自此苗田遂与盐田比例纳盐饷、丁饷于场，无所分别矣"。[2]这意味着盐场民、灶之间的户籍界限被打破。明代设立灶籍的本意就是希望通过人丁的人身控制，掌控盐业的生产动态。但自明初以后，盐场"丁"的性质逐渐发生改变，不再是具体的人。加之清代广东盐场由于近海海洋环境变迁的影响，常常将盐田改为稻田，或新开垦荒田为盐田，盐户的田不再一定是盐田，而民户也可以获得盐田的经营权。盐场产盐的人群结构发生变动，形成某些灶户只纳丁课而不再从事食盐生产，[3]即"民户煎盐，民户承贩，灶户止办纳丁课"[4]的局面。

广东的某些盐场还出现了以田税抵补丁课的做法。乾隆四十七年（1782），海晏场灶户罗成章等垦筑灶税三十三顷八十亩六分，"将缺征未复银一十三两七钱二分零全数征复补足外，尚余税一十顷七十七亩二分零"。因该场还有迁逃灶丁八百四丁，缺征银六百五十五两五钱五分三厘，新宁县知县钟光哲、海矬场大使漆浥美于是题请"将前项余税移抵丁课，照海晏场丁课则例，每丁征复课银八钱一分五厘零，计抵缺丁八丁三分"。[5]这种做法此后逐渐被援为成例，在丁课缺征严重的盐场展开。未进行田税抵补丁课的盐场，又或将丁课归县征收。如乾隆二十一年（1756），总督杨应琚

1　鄂弥达：《题为粤东各场灶蠲租豁赋户丁万年春等请代题恭谢天恩事》（乾隆二年二月初九日），内阁户科题本，中国第一历史档案馆藏，档案号：02-01-04-12950-004。
2　陈锡：《复邑侯沈公书》，《凤冈陈氏族谱》卷11，第55页。
3　李晓龙：《盐政运作与户籍制度的演变——以清代广东盐场灶户为中心》，《广东社会科学》2013年第2期。
4　乾隆《香山县志》卷3，《广东历代方志集成·广州府部》第35册，第77左下页。
5　《清盐法志》卷233《两广二十·征榷门》，第4a页。

以香山、归靖等场收盐无多,"委员尽堪经理,无容专设场员",请求将"香山场原额丁课仍归香山县征解,归德场原额丁课仍归新安县暨东莞场大使征收,靖康场丁课归东莞县征解"。[1]其他如双恩场则"原额丁课仍归阳江县征解",[2]墩白、电茂、博茂、大洲、小靖等场"改为程船配盐时代缴",并"仍于埠户应得盐价内照数扣还,名为程船代缴丁课"。[3]盐场的灶课承纳者与盐田的作业者发生了分离。

东莞靖康盐场《凤冈陈氏族谱》中的相关记载就说明了这种课盐分离后的盐场赋役状况。结合族谱整体的内容记载,卷二《尝产》所反映的应该是乾隆三年(1738)至乾隆十九年(1754)的宗族情况。该卷登载凤冈陈氏历代各祖尝产税亩的明细、分寄各户情形等,是了解当时灶户宗族运作和赋役承纳的重要史料。该族谱《七世祖琴乐公尝产》开列:

县粮:七都十三图九甲户长陈嗣昌。

税四顷六十九亩五分二厘三毫八丝,沙坦税不入内;民米五斗四升三合五勺六抄六撮;灶米一十石零四斗六升七合九勺;征银八两零七分;色米五石七斗九升九合七勺;盐(饷)八分。

计开的名:

琴祖供银四两九钱五分九厘,内扣灶丁一丁,银一钱三分六厘,盐(饷)一分;色米三石五斗九升,盐(饷)一分;

南祖供银二两零四分三厘,色米一石五斗七升八合;

拙祖供银一两零四分,色米六斗七升,盐(饷)七分;

---

[1] 乾隆《广州府志》卷15,《广东历代方志集成·广州府部》第5册,第336页。
[2] 民国《阳江志》卷14,《中国方志丛书·华南地方》第190号,第704页。
[3] 邹琳编《粤嵯纪要》第5编,第46页。

第五章 "场商养灶"及其变体：18世纪的发帑收盐与盐场秩序 • 319 •

美忠，（由）渭贤支理，供银二分八厘，色米二升一合……
场课：龙眼栅十甲陈嗣昌的名琴乐，丁盐一十九丁，征银九两四钱零五厘八毫。[1]

上引材料表明，县粮登记在州县的图甲户中，包括了民米、灶米和色米。民米即对盐户耕作民田所科的田税，灶米即对盐户灶田所科的田税。色米是对苗田科的田税，北栅人陈锡称："其高垅可耕种者为苗田，盐田则盐饷丁饷于场，供引盐于埠，苗田则供正供色米，当差于县。"[2] 盐饷银是雍正年间东莞县"盐入粮丁"之后对民粮派征的饷银。[3] 场课即盐场灶户计丁办课所交纳的盐课，又称为丁盐、正丁盐课，登记在盐场的栅甲户下。这种情况被称为一身两役——"在县照民籍轮充值年，有田始有役；场役则按丁按粮，无田亦须干办"。[4]

表5-2整理的是《凤冈陈氏族谱》中涉及的家族户籍登记信息。编于州县和编于盐场的"户"使用的是同一个"户名"。该表也说明虽然同一个户名既编入盐场又编入州县，但在图甲中户的编次并不一定与盐场栅甲完全对应。州县的甲户长与盐场的甲户长往往也不会由同一户担任，如七都十三图九甲户长陈嗣昌担任的是龙眼栅十甲户长，又七都十三图十甲户长陈祚昌同时担任龙眼栅九甲户长，七都十三图六甲户长陈科只是龙眼栅十甲中的一户。

---

1 《凤冈陈氏族谱》卷2，第32b~34b页。
2 陈锡：《复邑侯沈公书》，《凤冈陈氏族谱》卷11，第54页。
3 参见李晓龙《康乾时期东莞县"盐入粮丁"与州县盐政的运作》，《清史研究》2015年第3期。
4 陈之遇：《邑志靖康场加增议》，《凤冈陈氏族谱》卷11，第47b页。

表 5-2　凤冈陈氏的县、场户籍登记对照情况

县粮	户名（七都十三图）	灶课	户名（龙眼栅）
一甲	陈白云户、陈蜚声户、陈士驹户、陈浩襄户（户长）、陈祚昌户	一甲	陈祚昌户
二甲	陈儆明户	二甲	陈儆明户
三甲	陈秋宴户	三甲	
四甲		四甲	
五甲		五甲	
六甲	陈科户（户长）、陈实卿户、陈尧户	六甲	陈成户、陈尧户、陈壮立户
七甲		七甲	
八甲	陈成户、陈豪若户、陈壮立户、的名学宾	八甲	陈实卿户、的名学宾
九甲	陈超凡户、陈嗣昌户（户长）	九甲	陈祚昌户（户长）
十甲	陈荆玉户、陈茂申户、陈梅赏户、陈全锡户、陈仲震户、陈祚昌户（户长）*	十甲	陈白云户、陈超凡户、陈蜚声户、陈豪若户、陈荆玉户、陈科户、陈茂申户、陈梅赏户、陈秋宴户、陈全锡户、陈士驹户、陈嗣昌户（户长）、陈仲震户、陈祚昌户

注：*后引《四世祖永从公尝产分寄各户》中陈祚昌户编入县一甲场一甲，而此处则为县十甲场十甲。其中是否由于笔误所造成，不得而知。

资料来源：《凤冈陈氏族谱》卷2。

"一身两役"使凤冈陈氏家族祭产的赋税缴纳被分成两部分：县粮和灶课。清初的广东，灶户仍然是盐场灶课的承担者，其赋役包括对灶户所有田土征收的灶税、对灶户盐田办盐征收的税盐（即埠课），以及对灶丁征收的丁盐（即丁课）三部分。根据吴震方《岭南杂记》，靖康场灶户"灶税"征收的对象不仅包括所居房屋、种禾之田、种树之山，还包括耙煎盐斤的盐田。灶税之外，盐田还

第五章 "场商养灶"及其变体：18世纪的发帑收盐与盐场秩序 • 321 •

要与苗田一起输纳杂项、公务、丁差等。盐田按亩办盐，"每亩办盐二斤八两"，灶户则要计丁办引，"计三人共纳一引，课银四钱六分五厘"，并需轮当场役。[1]

尽管凤冈陈氏在州县图甲和盐场栅甲的登记上有一身两役的情况，但实际上，盐场灶课却并非所有登记在栅甲中的户均需承担。在凤冈陈氏的族产登载中，与民户"户"内承纳县粮会从房的祭产中分出一部分用于承担户下的赋役不同，盐场灶课不是每个"户"（房）都需要承担。即县粮一般会分寄到该族派下的房支分担，灶课则不同，仅由宗族中的某些房支包纳。凤冈陈氏的灶课主要集中在陈祚昌户和陈嗣昌户这两户。

除了上引的《七世祖琴乐公尝产》，另据族谱《七世祖兰轩公尝产、八世祖仰兰公尝产》：

兰、仰二祖县米寄各户列后：
一寄七都十三图十甲户长陈祚昌，灶米二石八斗，新收土名花栽田下税四亩在内；
一寄七都十三图一甲户长陈浩襄，灶米一石四斗。
兰、仰二祖场盐寄各户列后：
一寄龙眼栅九甲户长陈祚昌长房，该税盐二钱零五厘；
一寄龙眼栅九甲户长陈祚昌二房，该税盐二钱零五厘；
一寄龙眼栅九甲户长陈祚昌三房，该税盐二钱零五厘。[2]

陈祚昌户是兰轩公派下三房共同使用的户名。兰轩公即陈璋，

---

1 吴震方：《岭南杂记》卷上，《丛书集成初编》第3129册，第28~29页。
2 《凤冈陈氏族谱》卷2，第39页。

陈璋本生四子，其中有一子仰兰公陈纹无后，故只分成三房，亦即药圃公房、贞轩公房、乐潮公房。对于场盐银的办纳，便是分由这三房承担。原本编排到户是州县和盐场官员为了保证灶课征收而推行的制度，而实际运作中，盐场各"户"自有一套应对的策略。前引《七世祖琴乐公尝产》开列，陈嗣昌户内赋税的承担，分成琴祖、南祖、拙祖、美忠四份。陈嗣昌即琴乐公房的户名。琴乐公即陈珪，生有四子，唯陈绍无后，故分三房。南祖即南园陈绺，拙祖即拙庵陈绚，而由渭贤支理的美忠，疑为南池陈缧的后人。该材料中提到的"的名"应该是清代赋役分寄承纳制度的新产物。据嘉庆《新安县志》："查新邑钱粮，向系按户征收。户内株累，疲敝难堪。迨康熙四十六年（1707），县令金（启贞）设法编立各人的名，俾户内兄弟叔侄，无相混累，至今民称尽善焉。"[1] 金启贞"编定甲户，分立的名"的做法，[2] 更表明"户"已经不再代表某一家庭，而是家族或者家族的某个分支，这是为了应对"户"内赋役分担不清而采取的一种办法。有意思的是，陈嗣昌户下有四个"的名"，不仅每房都设有"的名"，作为"户主"的琴乐公也同样设立"的名"，而且承担额明显较三个房更多。不过，与县粮分由四个"的名"分摊不同，陈嗣昌户的灶课则独由"的名琴乐"承纳。

除了以上陈嗣昌、陈祚昌二户外，还有一户是陈科，其县粮场课情形如下：

县粮：七都十三图六甲户长陈科。

民米三斗三升。灶米二石零二升，征银一两五钱六分，内

1　嘉庆《新安县志》卷8,《广东历代方志集成·广州府部》第26册，第318左上页。
2　嘉庆《新安县志》卷14,《广东历代方志集成·广州府部》第26册，第365左下~366右上页。

第五章 "场商养灶"及其变体：18世纪的发帑收盐与盐场秩序　　• 323 •

扣灶丁一丁，银一钱三分六厘。色米一石二斗三升九合。盐（饷）三分。

场课：盐银七分。[1]

陈科户除了民米、灶米、色米外，还承担了灶课盐银七分。该户是六世祖养浩公房的户名，被编在县六甲、场十甲。养浩公即琴乐公和兰轩公的父亲。换句话说，凤冈陈氏中承纳灶课的户，主要是养浩公及其两个儿子这一房支。关于这几房的关系，《凤冈陈氏族谱》"七世祖琴、兰二公祠"中有这样的说法："琴乐公四子，长南园公缙，次绍，公早卒，附祀，次拙庵公绚，次南池公缥，是为长三房。兰轩公四子，长药圃公经，次贞轩公纶，次仰兰公纹，亦早卒，附祀，次乐潮公繡，是为次三房。又称六房祠云。"[2] 养浩公的两个儿子，琴乐公和兰轩公的后代中，形成了长三房和次三房，即南园公房、拙庵公房、南池公房、药圃公房、贞轩公房、乐潮公房。联结长三房和次三房的，在谱系上是养浩公，在实体上即是"六房祠"。

《凤冈陈氏族谱》所反映的正是清代课盐分离之后盐场赋役的情况。清代盐生产者已经不受灶籍身份的限制，盐场既然控制不了生产者，则需通过控制销售者来管理盐的流通。清代广东盐场从场商养灶到发帑收盐便是在这一逻辑下展开的。清初，两广盐区的盐产运销制度基本上继承了晚明的办法："大抵灶丁卖盐于水客，水客卖盐于商人，商人散盐于各埠。"[3] 康熙二十一年（1682），广东巡抚李士桢首次建议仿照淮浙，不分水客埠商，改排商为长商，但未

---

[1] 《凤冈陈氏族谱》卷2，第26页。
[2] 《凤冈陈氏族谱》卷1，第64页。
[3] 道光《两广盐法志》卷3，于浩编《稀见明清经济史料丛刊》第1辑第39册，第441页。

得到朝廷的允许。直到康熙三十一年（1692），广东设立盐政之后，首任盐政沙拜推行系列改革，才将排商除去，用殷实之户充为长商，并"裁去水客，设场商出资本养灶"。[1]场商的出现，改变了广东盐场原有的治理模式，场商成为清代官府借以控制盐场生产环节的重要角色。盐场的收盐和灶课都被场商一手包办，场商制度实际上成为清代盐、课分离状态下一种新的盐场管理办法。在全国很多盐区，场商和灶户是分离的，他们之间更像是雇佣或者借贷关系。朱轼称："凡灶户资本，多称贷于商人，至买盐给价，则权衡子母，加倍扣除，又勒令短价。"[2]这样导致的结果是"灶户之盐，不乐售于商，而售于私"。[3]灶户雇佣煎丁煎晒盐斤，卖于场商，故有"灶户苦于场商，煎丁又苦于灶户"[4]的说法。

二 发帑收盐与清代的盐场栅甲

与全国大部分盐区不同，场商制度在广东并没有维持多久。康熙五十七年（1718），两广总督杨琳等关于发帑收盐、裁撤场商的建议被朝廷采纳。自此，广东"裁撤场商，发帑委官收买场盐"。[5]由运库出帑本银交给场员，发给灶户，灶户产盐均由官府收买并雇佣船户运送，只留埠商完课运盐。广东裁撤场商，据说是因为"场商无力养灶"。[6]这种说法值得深究，不过从场商到官为发帑的转变，

---

1 道光《广东通志》卷165，《续修四库全书》第672册，第538页。
2 朱轼：《请定盐法疏》，贺长龄辑《皇朝经世文编》卷50，第1801页。
3 王赠芳：《谨陈补救淮盐积弊疏》，盛康辑《皇朝经世文编续编》卷51，台北：文海出版社，1973，第5550页。
4 《清盐法志》卷107，第9b页。
5 《清盐法志》卷216《两广三·场产门》，第1a页。
6 《两广总督杨琳奏报接管盐务设法整顿并请展限奏销折》（康熙五十七年六月二十八日），《康熙朝汉文朱批奏折汇编》第8册，第200页。

第五章 "场商养灶"及其变体：18世纪的发帑收盐与盐场秩序　　● 325 ●

不仅是官商之间资本或者利益的问题，还在于这种变化带来的是官府被迫需要更多地掌握盐场地方的情况。这里想要讨论的是，这一运作是如何在盐场实现的。

发帑后强调盐场盐斤"颗粒皆官为收买"。[1] 雍正二年，两广总督孔毓珣表述了具体的操作，即："广东发帑收盐，俱按照场地产盐多寡，工本轻重，定为等次，给发灶丁每包自七分六厘零以至二钱九分七厘零不等。"[2] 在这一改革下，广东盐场出产的食盐只能通过官府收买的形式进入盐业运销体系，不再能自行交易。

盐斤"颗粒皆官为收买"看似简单，但在上述所呈现的盐场社会状况下并不容易落实。一方面，清代盐场课、盐分离之下，产盐者不再受盐场管理和食盐生产的束缚。新垦的盐田也只需"俟垦成之日，官给执照，计田纳课，永为世业"。[3] 在这种情况下，乾隆三十七年（1772），朝廷甚至停止灶丁的编审，"归原籍州县汇入民数案内开报"。[4] 也就是说，灶户灶丁并不能成为盐场官员实现"官为收买"的依据对象。换句话说，清代并不存在一群以灶户为户籍的专业产盐人群。

另一方面，盐场并不具备管束盐场产盐者的人员和购买食盐的资金。广东沿海盐场由于地域辽阔，海边尽可制盐，加上盐场员弁数量极其有限，在生产管理上常常顾此失彼。场员和帑本不足成了广东盐场管理的困扰，二者都将导致"近场私壅，官引阻滞，有碍引课"。究其原因，妨碍食盐专卖制度实施的是私盐的存在，而

1　邹琳编《粤鹾纪要》第1编，第5页。
2　乾隆《两广盐法志》卷4，于浩编《稀见明清经济史料丛刊》第1辑第35册，第330页。
3　《清盐法志》卷215《两广二·场产门》，第3a页。
4　周庆云：《盐法通志》卷42，第4b页。

场私更是专卖制度最大的隐患。[1]康熙三十五年（1696），东莞知县杜珣一针见血地指出了盐场的问题："莞邑乃产盐之地……虽有巡丁之设，而巡丁止能巡于水陆之外，而不能巡于家户之内。"[2]盐场之地，缉私最大的阻碍在家户内私盐的流通。官府一直致力于在生产源头遏制走私，这也是明王朝置盐场、设灶籍的初衷。乾隆元年（1736），署理两广总督庆复概述广东盐场面临的问题时称："东粤沿海各场地方辽阔，灶丁耙塥淋卤，煎晒生熟盐斤，每遇秋冬晴汛，出产甚广。发帑收盐必须场员实心经理，平日巡查周到，约束有方"，"若稍有疏忽及发价稽延，则灶丁待哺情殷，势必偷卖私枭"，需要场大使、场员殷实能干，"始能用心整饬"。[3]

在场商养灶的时期，盐场管理尚能依赖场商自行筹划的组织。据称，"惠州淡、石二场，向系商人安设司事、巡丁协收，每包场配给该商工火银二分八厘，运省给工火五分，浮冒甚多，急宜裁革。请专归大使督收管理，听该员妥设人役，每包给工火银一分五厘"。[4]但显然这种盐场"妥设人役"的效果并不理想。据乾隆十年（1745）那苏图的奏报："广东一省地处海滨，逼近场灶，自发帑收盐以来，官商运销者不过十之一二，奸徒兴贩者约计十之七八。且贩私不止枭徒，凡商人船户俱夹带余盐沿途发卖，透漏者亦不止灶

---

[1] 关于两广私盐问题，参见王小荷《清代两广盐区私盐初探》，《历史档案》1986年第4期；黄启臣、黄国信《清代两广盐区私盐贩运方式及其特点》，《盐业史研究》1994年第1期；黄国信《清代两广盐区私盐盛行现象初探》，《盐业史研究》1995年第2期；黄国信《乾嘉时期珠江三角洲的私盐问题——中国第一历史档案馆一则关于东莞盐务档案的解读》，《盐业史研究》2010年第4期。

[2] 嘉庆《东莞县志》卷12，《广东历代方志集成·广州府部》第23册，第462上页。

[3] 署理两广总督庆复：《奏请拣发人员以资广东盐场委任之用事》（乾隆元年十一月十一日），宫中档，中国第一历史档案馆藏，档案号：04-01-35-0446-038。

[4] 乾隆《两广盐法志》卷4，于浩编《稀见明清经济史料丛刊》第1辑第35册，第337~338页。

第五章 "场商养灶"及其变体：18世纪的发帑收盐与盐场秩序

丁，在场委员弁皆密地售私，其赃入己。"[1] 由此可见，广东改场商养灶为发帑收盐，显然是在基层实践上给地方盐场出了一道难题。

前一节已经指出，随着清代广东盐政对盐场的管理重心由灶丁转移到盐田上，在盐场的实际运作中，盐灶、盐塥等作为盐场的生产场所，由于和食盐生产直接相关，又便于官府对盐斤产量的掌控，因此逐渐变成了估算盐场产量和实现盐场管理的基层单位。不过，这尚未满足保证盐斤颗粒归官的制度要求。明初以来，广东盐场设置了一套称之为栅甲的组织制度来进行管理。而在雍正四年（1726），作为栅甲制重要角色的栅长被革除。雍正《东莞县志》载：

> 靖康场分设六栅，每栅各分十甲，既又立有栅长、灶甲名役，得因缘为奸。雍正四年，督、抚两台暨转运使可邑侯请，饬照民粮事例，一体均粮均役，革除栅长名色及场内各陋规，剔厘一清，弊无所滋，灶丁大安赖之。勒石县、场为记。[2]

栅长、灶甲本来是栅甲制之下盐场催征灶课的主要人员，虽然后来演变成出钱雇场当代役，但仍一直存在，直到康熙中期，归德、东莞等场的场当才"奉革"。[3] 靖康场的栅长、灶甲名役则于雍正四年经两广总督、广东巡抚等呈请，"照民粮事例，一体均粮均役"。

---

1 那苏图：《奏报委员盘验广东盐包以杜私贩事》（乾隆十年三月十二日），宫中档，中国第一历史档案馆藏，档案号：04-01-35-0449-043。
2 雍正《东莞县志》卷6，《广东历代方志集成·广州府部》第23册，第96右下页。
3 康熙《新安县志》卷6，《广东历代方志集成·广州府部》第26册，第73左下、79右下页。

栅甲制作为实现灶课完纳的税收工具，[1] 在清代已经不复存在，但乾隆十九年（1754）编修的《凤冈陈氏族谱》却依然明确记载了该族在盐场栅甲的编户情况。凤冈陈氏《四世祖永从公尝产分寄各户》记载：

四世祖永从公尝产分寄各户
陈　尧户：县六甲场六甲
陈嗣昌户：县九甲场十甲
陈超凡户：县九甲场十甲
陈儶明户：县二甲场二甲
陈祚昌户：县一甲场一甲
陈全锡户：县十甲场十甲
陈仲震户：县十甲场十甲
陈豪若户：县八甲场十甲
陈　科户：县六甲场十甲
陈蜚声户：县一甲场十甲
陈梅赏户：县十甲场十甲[2]

上述材料所反映的户籍登记说明，盐场的一个户名同时被编入盐场和州县。如其中的陈尧户既编入东莞县七都十三图六甲，同时也编入靖康盐场龙眼栅六甲。盐场栅甲的编户状况依然清晰。

清代的"户"一般不再代表生活中的某个家庭，而是作为田产税额的登记单位，有权支配和使用某个"户"的必须是特定的社

1　李晓龙：《生产组织还是税收工具：明中期广东盐场的盐册与栅甲制新论》,《盐业史研究》2018 年第 4 期。
2　参见《凤冈陈氏族谱》卷 2，第 20b~21a 页。

第五章 "场商养灶"及其变体：18世纪的发帑收盐与盐场秩序

会集团中的成员。因而"户"通常被用于指称某一宗族或族内的房系，族内各房也多分别有自己的户籍。[1] 在清代的盐场户籍登记中，同样也是此"身"非彼"身"，即"户"不是指向具体的人，而更多地由某个房支所支配。凤冈陈氏大部分的房支有自己的"户"。"尝产分寄各户"，就是将祖先的祭产所要承担的县粮、灶课等赋税分别由派下的房支来分担。如三世祖祖舜公尝米分寄"壮立（户）米八斗八升二合四勺，县八甲场六甲"，即意味着编入县八甲场六甲的陈壮立户要承担八斗八升二合四勺的县米赋税。这里的陈壮立户不是指具体的人，而是凤冈陈氏上椰房所使用的"户"，即上椰房要承担八斗多的祖舜公尝的赋税缴纳。

更有意思的是，凤冈陈氏的族规里明确禁止族人充任场役："其已经充县差场役者，宜即禀辞，庶免革胙。如敢藐族，并其子孙永远不得入祠。"[2] 所以，这里登记栅甲情况显然不是承担场役的需要。这是在盐场革除栅长等役，即栅甲制度已经失去明代管理盐场地方赋税征收职能之后的情况。这说明栅甲制度在清代仍然有其存在的必要性。

对于这一时期栅甲制的理解需要回到广东盐政由场商养灶转向发帑收盐的制度变化过程中。在场商制度下，"广东生、熟各盐场，向系场商自备资本，雇养灶晒各丁，所收盐斤交与场商"，"倘遇阴雨不能收盐，或风潮冲决围垒，亦系场商发银培养、修筑"。[3] 场商在场收盐之外，有些盐场还由场商认增灶课。如新安县归德场场商认增课银五百两余，费银一十八两余；归善县淡水场场商认增课银

1　刘志伟：《明清珠江三角洲地区里甲制中"户"的衍变》，《中山大学学报》1988年第3期。
2　《凤冈陈氏族谱》卷3，第11a页。
3　《乾隆元年八月户部议准两广总督鄂弥达题为遵旨密议具奏一疏》，乾隆《两广盐法志》卷4，于浩编《稀见明清经济史料丛刊》第1辑第35册，第367~368页。

一千五百两余，费银五十五两余。[1] 可见场商是在清初代替盐场官员管理盐场生产和运销的重要角色。但实行发帑收盐之后，官府明令取消场商，在这样的状况下，盐场的基层管理又该如何维系呢？是场商制度发生了变形，还是出现新的制度来代替？

盐场家族与"水客""场商"有着极深的渊源。盐场家族在其中扮演着重要的角色，甚至直接担任水客、场商。水客运盐的传统由来已久。明中后期，广东盐业运销的途径是先由水客赴场买盐，商人接买水客之盐转售盐埠。[2] 水客是哪些人？万历年间淮盐夺取粤盐市场后，陈一教曾称："臣见载盐之船千艘，若无用而停泊于内河，驾船之夫数万人，皆无靠而流离于外海。其势非聚众而出海盗珠，则乌合而奔投番舶，将有啸众聚党，据险弄兵。"[3] 这帮载盐、驾船的水客、船户，因为运盐事业的终结，竟至"聚众而出海盗珠"。同时期的靖康场灶户陈履也称："某与海滨之民，乐观升平，讴歌鼓舞"，"奈何去年以来，民情大变。鸠集党类，造为舟船，倡言盗珠，公行无忌。有司知而不一禁，乡里惧而不敢言"。[4] 综合二人所言，运盐之人可能即是海滨之民、盐场乡邻。

发帑官收的本意是希望由官府代替资本微薄的场商，但实际运作中并不可能仅仅依赖盐场盐丁的自觉将盐交给官府换取工本。实际上，当时的官员也认识到了这一点。"查盐场各灶额价原轻，今虽准部咨行，每包加价一分五厘，亦仅足敷灶晒工本，灶丁偷盐私卖尚可多得价值。即以廉场而论，官价不过一厘六毫零；若以私卖，每斤可

---

1 乾隆《两广盐法志》卷17，于浩编《稀见明清经济史料丛刊》第1辑第37册，第490~491页。
2 参见黄国信《明清两广盐区的食盐专卖与盐商》，《盐业史研究》1999年第4期。
3 陈一教：《复通盐路疏》，崇祯《东莞县志》卷6，《广东历代方志集成·广州府部》第22册，第270~271页。
4 陈履：《悬榻斋集》卷3，第504~505页。

第五章 "场商养灶"及其变体：18世纪的发帑收盐与盐场秩序　　• 331 •

得银三厘。至官埠引盐，则将课饷、运脚各费并入定价，虽近场至贱之埠，亦系每斤五厘。晒丁若偷盐私卖，每斤可多得一厘三四毫。"[1]

发帑收盐中如何发放帑本，帑本发给谁，依据是什么，这些都是发帑收盐在实际运作中碰到的难题。盐司衙门为了缉私，也需要监查盐斤的来源，这就要求盐场盐斤输出要追究到户。乾隆《两广盐法志》明确规定："凡拿获私贩，务须逐加究讯，买自何地，卖自何人。严缉窝顿之家，将该犯及窝顿之人，一并照兴贩私盐例治罪。若私盐买自场灶，即将该管场使，并沿途失察各官题参议处。其不行首报之灶丁，均照贩私例治罪。"[2] 为了完成这种追责，盐场就必须由特定的户来承担供应盐斤的职责，他们同时也因此需要承担部分打击场私的责任。

综合以上的讨论就会发现，课、盐分离之后的广东盐场依然保留并不需要承担灶课的栅甲，根本原因在于发帑收盐需要盐场继续保持落实到户的政策。前文在讨论盐场基层管理转向以生产场所为单位的过程中，已经指出盐灶是其中一种重要的方式。据乾隆《两广盐法志》所绘制的归靖盐场图（见图5-1），原来归德场的十六社，并不如从前名称，而改称盐灶，如田乡盐灶、西联乡盐灶、大步涌乡盐灶、涌村盐灶、衙边乡盐灶、邓家萠盐灶、沙园乡盐灶、岗村盐灶、壆乡盐灶、上乡盐灶、茅洲村盐灶、莆尾乡盐灶、新村乡盐灶等。通过实地调查和访谈，还原从明代的归德场十三栅到后来的十六社，乃至乾隆朝的十三乡盐灶的关系，可以发现，大部分盐灶是从原来的十三栅、十六社演变而来的。也就是说，至少归靖场的盐灶很大程度上是继承了明代栅甲制的框架。这

1　乾隆《两广盐法志》卷4，于浩编《稀见明清经济史料丛刊》第1辑第35册，第345~346页。
2　乾隆《两广盐法志》卷2，于浩编《稀见明清经济史料丛刊》第1辑第35册，第197页。

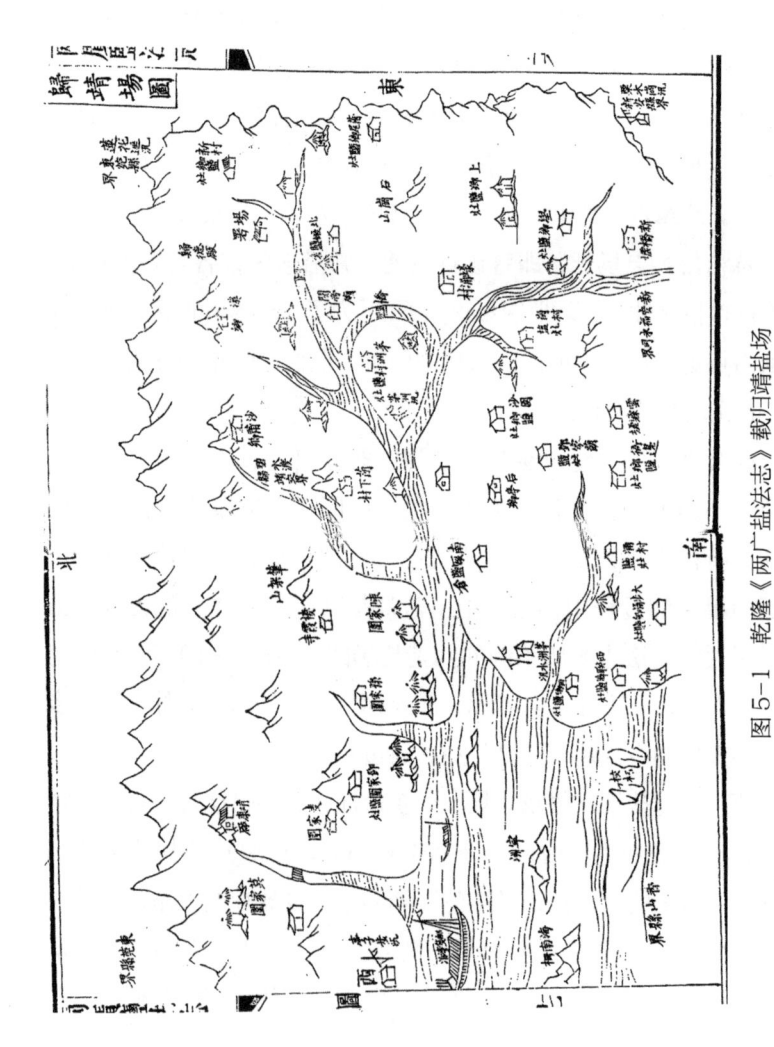

• 332 • 　　　　　　　　　重构制度：明清珠江口盐场的灶课、市场与秩序

图 5-1　乾隆《两广盐法志》载归靖盐场

资料来源：乾隆《两广盐法志》卷首，于浩编《稀见明清经济史料丛刊》第 1 辑第 35 册，第 82~83 页。

第五章 "场商养灶"及其变体：18世纪的发帑收盐与盐场秩序　　●333●

也就可以理解为何在明代栅甲制度崩溃之后，凤冈陈氏的家族记载中却依然保留着栅甲制的登记方式。

三　船户运盐政策与地方权力格局

上述的讨论回答了发帑收盐之下，盐场如何发帑、向谁收盐的问题，但仍然存在另一重要问题，即盐场如何买运食盐。发帑收盐改革中除了盐场的盐斤颗粒官为收买外，官府还要负责雇佣船户运盐，即运送盐斤的部分。监查盐户的生产，监督船户在盐场的买卖，都要委之场官。但裁汰场商之后，除了在盐场设置盐仓之外，盐场管理上并没有制定新的措施。盐场如何进行食盐买运，以及盐仓的位置设在哪里，都是关系盐场地方利益的问题。

我们可以从盐法志中了解到一些船户运盐的相关制度。雍正二年两广总督孔毓珣关于发帑收盐的阐述中，也包括了对运盐船户的规定："海运船户亦按场地远近，雇价每包自三分以至一钱四分不等。"[1]即盐场收盐由场员发帑于盐户，并"俟海运船户到场领装，场员即亲督配兑，一经兑足，立即盖印，押令开行"。[2]从制度上讲，发帑收盐即是由官府雇佣特定船户到盐场盐仓所在地转运食盐，然后运赴省城省河卖与埠商。

乾隆五十一年的一份船户档案，可以为我们展示运盐船户的运作过程，据载：

谭华瑞籍隶东莞县，驾船度活。先于乾隆四十九年二月内

1　乾隆《两广盐法志》卷4，于浩编《稀见明清经济史料丛刊》第1辑第35册，第330页。
2　乾隆《两广盐法志》卷9，于浩编《稀见明清经济史料丛刊》第1辑第36册，第170页。

呈县置造商船一只,船名谭有利。领有东莞县牌照,向来受雇神安郴永乐各埠,赴场运盐,俱经交卸清楚。乾隆五十一年正月初八日,郴永乐埠司事谈冼又雇该船往电茂场运盐,言定水脚花边银二百四十圆,先交二十圆余,俟运盐回日找给。谭华瑞船上原有舵工李祥吉、何耀学,水手麦日华、陈锦华、梁占奎、麦亚贵、谭茂兰、陈亚有、周亚始、麦昌贤、袁迪祥、谭作彦即谭爵燕、王亚胜、王五和、尹亚兴、王亚祐、刘成禄并雇工人李进喜共十九人,李祥吉又另雇封亚保煮饭,一共二十人。谭华瑞因米饭不敷,向麦日华借出番银二十二圆,买备酒米,言明运盐回日加利给还。二月十四日自泊船之太平墟开行,由三门汛挂号出口。[1]

"谭有利"船建于乾隆四十九年(1784),"领有东莞县牌照",并且"泊船(靖康盐场)之太平墟"。该船向来是受雇于粤北"神安郴永乐各埠",赴场运盐。运盐过程中,先商定水脚花边银若干,并先预付定金,"俟运盐回日找给"。运盐船由谭华瑞在官府登记,领有牌照,其他舵工、水手、工人、煮饭人等均由谭华瑞雇请。这则材料更重要的地方还在于,它表明了船户在买盐中的制度灵活性。

无论水客、场商运盐还是发帑收盐,清代盐场的工作重心始终是实现对食盐运出盐场的监督管理。二者之间的差异在于赴盐场买盐人的身份不同,共同点则是需要一个集中的、供买卖双方交易的场所。盐户卖盐与场商,需要一个集中的地点,而这个地点必须同

---

[1] 两广总督孙士毅、两广巡抚图萨布:《奏为严审外洋行劫盗犯谭华瑞等及租卖军火外委赵承恩兵丁吴有亮从重定拟等事》(乾隆五十一年闰七月二十八日),朱批奏折,中国第一历史档案馆藏,档案号:04-01-08-0072-005。

第五章 "场商养灶"及其变体：18世纪的发帑收盐与盐场秩序

时兼备水陆便利的特点，因为场商还需雇船将盐运往省城。墟市无疑成为地方经济贸易中的重要资源。场商在场收盐，是对盐场民、灶不分状况的承认，所以卖盐者自然不必具有灶籍身份。朝廷对盐场盐斤流通的管理，只要掌管场商及其运盐船即可。康熙末期，广东盐政竟将场商裁汰，改由发帑官运，用官府代替场商的角色。不变的是，发帑收盐之后，官府通过船户运送盐斤，仍需墟市作为交易场所。况且墟市是盐斤装船的最后环节，便于集中管理。对于官府来说，控制了盐场主要的墟市，再加以水道缉私，便能有效地管理食盐在盐场的流通。

嘉庆十六年（1811），两广总督松筠、广东巡抚韩崶"奏为拿获广东东莞县袁果等私自贩盐一案事"则直接涉及东莞盐场地区船户贩私的情况，据称：

> 访闻东莞地方有私贩出没等情，当即檄饬严密查拿。随据东莞县知县钟祥禀报，会同署游击陈国宝督带兵役亲往麻涌地方查拿私盐。船户人等闻风逃散，当时拿获陈达行、袁复检、袁亚六、袁广载、莫亚波等五名，私盐三船共六百零四包，计重一十二万斤。[1]

陈达行等人，"籍隶东莞，贸易营生"，袁孚选则"向在麻涌地方开张杂货店生理"。陈达行等因与袁孚选熟识，"嘉庆十六年四月二十日，袁孚选至陈达行家探望陈达行。道及生理清苦，闻大奋村各处有船户带卖私盐，价钱甚贱，袁孚选店内易于销售，起意贩买私盐交袁孚选出卖，获利分用，袁孚选应允"。陈达行等的私盐来

---

[1] 两广总督松筠、广东巡抚韩崶：《奏为拿获广东东莞县袁果等私自贩盐一案事》（嘉庆十六年八月初五日），军机处录副，中国第一历史档案馆藏，档案号：03-238-020。

源之一,即他"在广济墟用价银四百一十四两,向船户陈辉泰买得私盐十二万斤"。[1] 其中广济墟即在虎门附近,是靖康盐场内的主要河道广济河上的重要集市。广济墟于乾隆年间逐渐兴盛,成为当地重要的商贸集市。

上述材料还表明地方墟市与食盐贸易之间竟有如此紧密的联系。更有趣的是,在从场商养灶到发帑收盐的这段时间里,凤冈陈氏也在不断与邻族争夺盐场当地墟市的主导权。康乾年间,靖康盐场中北栅凤冈陈氏与邻乡大宁谭氏不断因为墟市问题而斗殴乃至争讼。

自康熙二十三年(1684)前后到乾隆四十年(1775),因凤冈陈氏新建仁和墟,强邻斥其争夺墟期,双方大兴斗讼,僵持将近百年。北栅本无墟市,贸易皆往邻乡,声称"为异域抽剥所苦",之后陈氏族人陈禄"集合十约长者,兑割税地为场",新辟"仁和墟","招徕安集"。[2] "异域"即指邻乡同属靖康盐场的大宁栅,往时北栅贸易则需往大宁墟。族谱称,陈禄"以大宁墟故,里人屡遭横辱,众请另辟集场,招徕市贩"。[3] 仁和墟的开辟引起了大宁墟的经营者大宁谭氏的不满,"强邻指为搀夺墟期,大兴斗讼,欲以奇祸中之"。这件事闹到了广东巡抚李士桢那里,但李氏以"公前代科目"而置之不理。所谓"前代科目"是指陈禄"中式隆武乙酉科",[4] 即陈禄为前朝士人。在大宁谭氏一方,"八世祖观澜公有尝产顷零,因族与邻姓拘讼,典卖殆尽"。[5] 争墟(或称为对市场的争夺)愈演愈烈,至康熙三十九年(1700)、四十年(1701),更有族人因致伤

---

1 两广总督松筠、广东巡抚韩崶:《奏为拿获广东东莞县袁果等私自贩盐一案事》(嘉庆十六年八月初五日),军机处录副,中国第一历史档案馆藏,档案号:03-238-020。
2 《明经忧峙公传》,《凤冈陈氏族谱》卷7,第85页。
3 《处士慎余公传》,《凤冈陈氏族谱》卷7,第79b页。
4 《处士慎余公传》,《凤冈陈氏族谱》卷7,第79a页。
5 《赐进士武德郎晋赠文林郎先大人逸轨公传略》,《大宁谭氏族谱》,第79页。

第五章　"场商养灶"及其变体：18世纪的发帑收盐与盐场秩序　　　• 337 •

人命而入狱。"康熙庚辰（1700），（仁和墟）几为强邻所夺。"[1] "辛巳岁（1701），族仁和墟被强邻抢夺，祸伤一命，大兴雀角。"[2] "为邻人骚扰，阛阓震惊，公（陈肇原）率众御侮，寻被拘讼。"[3]乾隆四十年（1775），双方争斗又致伤人命，多人入狱。随后，陈维岳"白其事"，[4]陈仕章"力捍卫，备尝艰苦，见直当道"。[5]陈维岳等直接控诉到广东巡抚彭鹏那里，终于彭鹏给示，释放拘拿的陈家子弟，并"任民自便，舆情大快，至今市肆安堵，商贾麟集，人咸德焉"。[6]近百年的墟市之争才得以告终。

对当地墟市的争夺看似是两族之间的矛盾，实则是对当地盐业市场控制权的争夺。这要结合当地水路交通环境来看（见图5-2）。凤冈陈氏建立墟市与该族修改水道有着密切的联系。康熙二十三年（1684），凤冈陈氏以风水不佳为由，修改村前水道。据称，原本北栅乡风水极好，阳宅"左则有青龙之水，右则有玄武之水"，"前面则有大江朝宗，作为川字三支入怀"，因此"吾乡（北栅）自宋以来，代接书香，科名蔚起"，但展界以后"仕路终艰，财源就窘，老成凋谢，俊杰淹终"，察其原因，盖因"青龙之水忽改从河潭冈侧斜飞而去，不得入怀，致泄旺气"。所以需将水道改复原道，又寻得"沙涌尾所在即原日入怀水道接续处"，遂"将六房祖尝田均兑。至须工费，则随屋与丁派"，鸠工修复。[7]所谓修复水道，实际上是希望另辟水道将北栅乡从水路上连接到广济河。广济河是靖康场内的主要河流，水域

1　《明经履庄公传》，《凤冈陈氏族谱》卷7，第96a页。
2　《文学崧山公小传》，《凤冈陈氏族谱》卷7，第75b页。
3　《明经忧峙公传》，《凤冈陈氏族谱》卷7，第85页。
4　《文学崧山公小传》，《凤冈陈氏族谱》卷7，第75b页。
5　《明经履庄公传》，《凤冈陈氏族谱》卷7，第96a页。
6　《处士慎余公传》，《凤冈陈氏族谱》卷7，第79b页。
7　陈龙驹：《修复村前故水道序》，《凤冈陈氏族谱》卷11，第26a~27a页。

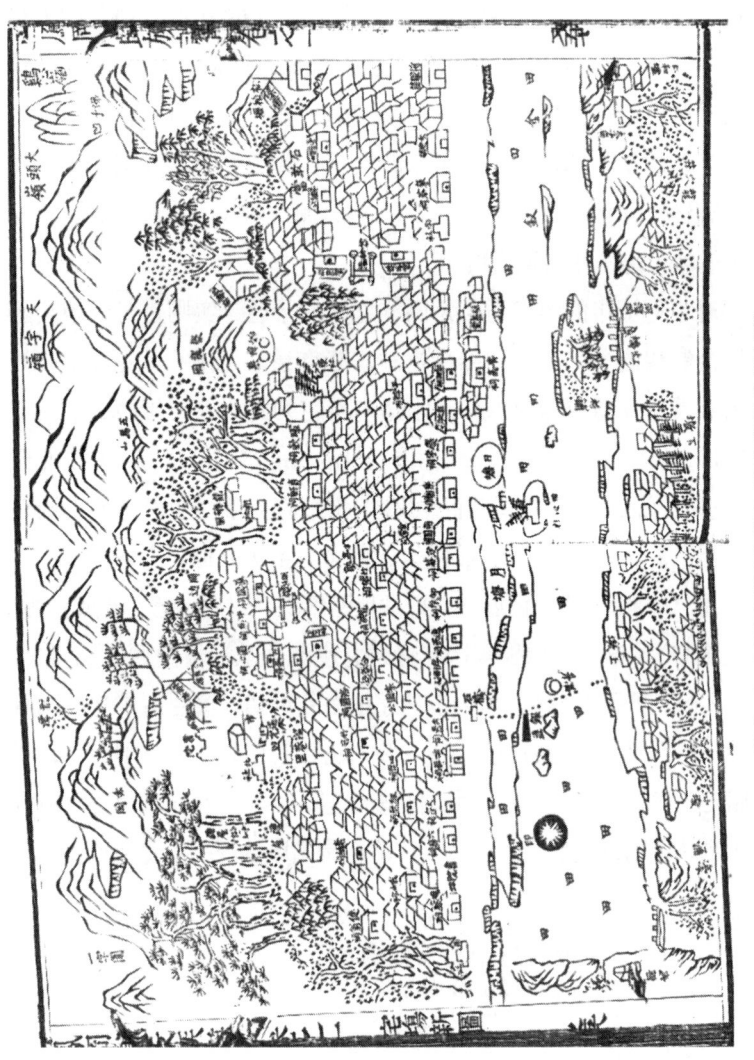

图 5-2 《凤冈陈氏族谱》载清康熙场北栅村落

辽阔，春夏疏排东江及莲溪诸淡水，秋冬自磨碟口涨入咸潮，终年水量丰富，咸淡水交汇。在盐场境内，主要有三个支流，一则从怀德村后上庙坳，经树田，沿羊湾尾水步，下博头涌，经大宁乡东南、金洲入广济河；二则自北栅诸村，经虹桥涌（即上文河潭冈处）出亭步，汇广济河；三则自北栅村经龙眼村，过郭武桥，接广济河。旧时的大宁墟位于虹桥涌的下游（今大宁村关帝庙附近），而凤冈陈氏创立的仁和墟则在博头涌的上游（今大坑村附近）。为风水改水道的背后，实际上是凤冈陈氏摆脱大宁墟对水路的控制，而另辟一条通道以接广济河，建立新墟市挤兑市场的竞争对手。

盐场中类似仁和墟这样的墟市还有附近归德盐场的义和墟和茅洲墟等。[1] 这些都是关系盐场地方盐业市场兴衰的墟市。在珠三角，墟市常常与宗族结合，形成一套交织着地方权力格局的有效管理机制。[2] 广东盐场历来也有依赖地方势力维系基层管理的做法，宗族在盐场的日常运作中常常具有举足轻重的地位。

在上述争墟事件中，创建仁和墟的陈禄，与邻争讼的陈肇原、陈仕章、陈维岳均属前文所说的六房祠后人，创建墟市的资金也来自"六房祖尝田"。开辟水道的是"六房"，参与建立仁和墟和与强邻争夺墟期的主导者也都是这六房。这说明，尽管康乾年间广东盐业政策有所调整，但以"六房"为主的凤冈陈氏家族却始终在盐场地方社会中发挥重要作用。在课、盐分离后，凤冈陈氏中独承该族灶课的也是这六房。

---

[1] 参见《建立义和墟厅房记》（乾隆三十二年），谭棣华、曹腾騑、冼剑民编《广东碑刻集》，第788~790页；佚名《盐法考》卷17《广东事例》，不分页。
[2] 参见李龙潜《明清时期广东墟市的类型及其特点》，《学术研究》1982年第6期；李龙潜《明清时期广东墟市的盛衰、营运和租税的征收——明清广东墟市研究之二》，纪宗安、汤开建主编《暨南史学》第4辑，暨南大学出版社，2005，第248~269页。

更为重要的是，若结合乾隆《两广盐法志》的记载可以发现，归靖场（即归德场和靖康场）图中，靖康场盐厂的大概位置即是在北栅的仁和墟。再结合东莞当地民谚"先仁和后镇口，有广济无镇口"，可以看到清代地方盐业政策变化在市场上的映射。根据老一辈的回忆，民谚说的是盐场地方市场中心的转移过程。清初盐场秩序的重建伴随着北栅仁和墟的兴起；饷归丁粮以后，镇口、白沙也逐渐成为重要的贸易中心；乾隆末年盐场裁撤之后，广济墟由于交通便利逐渐成为商贸和私盐交易的地点。这些墟市在清代食盐贸易中是非常重要的，如上述嘉庆十六年（1811）查处的私盐案，就交代了其"买得私盐十二万斤"的情况。

由此可见，场商养灶尤其是发帑收盐之后所确立的船户运盐政策，使得盐场靠近便利水路的墟市的经济地位骤升，因为它更方便于船户的买运盐斤。因此，为了抓住这一利好，灶户宗族展开了墟市的争夺，并不惜代价改变盐场地方的水路状况。控制墟市成为灶户宗族重塑地方权力格局的重要手段。

四 乡约、宗族与地方秩序

虽然康熙末年广东全面推行了发帑收盐，盐场产盐官为收买，盐灶成为盐场新的基层组织形式，但在地方社会中，明后期以来盐场"州县化"的趋势却有增无减。具体来讲，盐场基层社会的日常运作，并非盐灶这样的组织发挥作用，而仍主要依靠宗族主持日常生活，并在新时期新政策的形势下与乡约结合起来。

在上文盐场争墟的论述中，有几个关键的词语需要进一步考释，如"十约""六房祖"等。在与强邻的对抗中，凤冈陈氏的"六约"是主要参与人群，如康熙四十年（1701）的命案中，"六约中独公（陈维岳）挺身控理，白其事"。[1] 陈维岳，字峻于，据《凤冈陈氏族谱》，系祖舜公派兰轩公三房裔。再考参与仁和墟创建、争夺的人，也均是祖舜公派下。实际上，北栅的陈姓大部分属于祖舜公派。在凤冈陈氏中，"约"似乎是一种重要的基层组织，据《文学崧山公小传》：

> 岁甲戌（康熙三十三年，1694），族务纷冗，分六约襄理，众推首公（陈维岳）。时邑侯重公直，颁上谕十六条，命训乡人，主约政十年余。外则赞助公庭，内则约饬子姓，有柱石功。辛巳岁（康熙四十年，1701），族仁和墟被强邻抢夺，祸伤一命，大兴雀角，绖累袗士数人。六约中独公挺身控理，白其事，寻荷彭抚台（彭鹏）煎拔得释。[2]

材料表明，凤冈陈氏内由于"族务纷冗"，内分"六约"，而推陈维岳为首。陈维岳，生于顺治十五年（1658），卒于雍正六年（1728）。材料中称陈维岳受到知县重视，颁给上谕十六条，命主约政达十余年。陈维岳是何时担任约正的呢？清代该地的乡约制度又是怎么样的呢？

前文已经讨论了隆庆年间归德、靖康盐场地区开始推行乡约，但乡约制度似乎到清初便在盐场中断了。迨至雍正年间，才在东莞知县周天成的推动下重新组织起来，据称：

> 雍正庚戌，（谭必诏）以《戴记》岁荐明经。时奉例举设乡

---

1 《文学崧山公小传》，《凤冈陈氏族谱》卷7，第75b页。
2 《文学崧山公小传》，《凤冈陈氏族谱》卷7，第75b页。

约,邑令周侯以供齿望优崇,委主靖康约正。一时薰其德者,三年弗讼于庭。[1]

雍正庚戌年即雍正八年(1730),谭必诏被委主靖康约正,也当是在雍正八年。文中称"时奉例举设乡约",即是指雍正七年(1729)令于大乡大村设约正:"雍正七年,复于大乡大村,设约正一人,值月三四人。置德业可劝者为一籍,过失宜规者为一籍。于此乡内有善者众推之,有过者值月纠之。每月约正询实状,值月填簿籍。岁终考校其善过,汇册报牧令,设为劝勉。"[2] 常建华将这一过程与雍正四年(1726)推行的族正制结合起来,认为地方宗族自从步入了"保甲乡约化"的进程,并称"宗族保甲乡约化是清代宗族的特征,族正制是这一特征最好的体现"。[3] 按照当时的制度规定,是于每一大乡大村设一约正,而如材料所述,靖康场实际上只设一约正,在这里,似乎将靖康场仅视为一乡处理。

据常建华研究,乡约是配合着族正制来组织乡村的。广东于雍正二年(1724)便有顺德知县王念臣"奏请立族正,因议州、县有巨堡大村,聚族满百人以上保甲不能编者,宜选族中品行刚方之人,立为族正,以察族之不肖、徇隐者治罪"。[4] 至乾隆六年(1741),广东按察使潘思榘奏"请仿范仲淹义田法,令地方有司晓谕,每族公举老成公正二人为族正、副……如有仍为讼费者,究处族正、副"。[5] 乾隆十五年(1750)再由广东巡抚、总督先后批行《设立族

---

1 《十七世岁进士罗定州西宁县训导扆楼公传》,《大宁谭氏族谱》,第37页。
2 王士俊:《吏治学古编》卷下,清雍正十二年刊。
3 常建华:《清代宗族"保甲乡约化"的开端——雍正朝族正制出现过程新考》,《河北学刊》2008年第6期。
4 雍正《广东通志》卷7,《广东历代方志集成·省部》第11册,第220左下页。
5 《清高宗实录》卷137,乾隆六年二月乙丑,《清实录》第10册,第981页。

第五章 "场商养灶"及其变体：18世纪的发帑收盐与盐场秩序　　• 343 •

正副约束子弟总理尝租》，"村庄聚族满百人以上者，选立族正，比有匪类，令其举报"。[1] 不过，常建华认为，广东一带的族正制更多是为了解决械斗的现实问题，保甲的属性较乡约色彩更为强烈。[2] 在靖康场的文献中并不见保甲制的推行，但约正之设却似乎带有教化地方、息事化民的目的，《大宁谭氏族谱》记载：

> 里经兵燹，俗嚣凌，当事廉时之有德望者举为一里约正，期以息事而化民。公（谭应明）与焉，辞再四不已，则与陈明经梅臣分任。梅臣称干办才，公年高品重，更坐镇从容，绰有余裕也。[3]

结合上则材料，这里的"里"应该指的是靖康场。举约正，目的在于应对兵燹以后"俗嚣凌"的情况，希望能以此"息事而化民"。

乾隆二年（1737），两广总督鄂弥达也曾奏请"各州县设立村长以劝导地方而厚风俗"，其目的也在于息事化民。他认为"现今设立乡约正、副，朔望宣讲圣谕，未将命盗律条详明讲解，而派举之乡约正、副，类皆循名失实，不得其人，无以属一乡之表率"，因此"令各州县按照甲册，凡所属大村人众者，无论绅衿士庶，必择其人品端正，素属村人推服者公举二人，中等村分公举一人，小村或二三村公举一人为村长"，"省司即将律例内人命□□强窃盗犯

---

[1] 《设立族正副约束子弟总理尝租》，广东清代档案录。转引自常建华《清代宗族"保甲乡约化"的开端——雍正朝族正制出现过程新考》，《河北学刊》2008年第6期。

[2] 常建华：《清代宗族"保甲乡约化"的开端——雍正朝族正制出现过程新考》，《河北学刊》2008年第6期。并参见刘永华《明清时期闽西四保的乡约》，《历史人类学学刊》第1卷第2期，2003年。

[3] 《十四世邑文庠生公焕传》，《大宁谭氏族谱》，第91页。

赌博等项，折其简明易晓者，并和睦乡里之上谕，汇刊成册，多刷装订。每村发给二本，交于现在举报之绅士收执，设立公所。或朔望日期岁时伏腊，乡民聚会之日，明白讲解，务令人各周知"。最重要的是，鄂弥达此请还详明了奖惩办法："一年内本村无命盗案者，州县查明申报，该府给与匾额奖励；二年内无命盗案者，口接给与匾额衣帽以示奖励；三年内无命案者，查明申题，庶民准给八品顶带，生员准贡，如候补候选者，准其即用，贡生准补教职即用。"而"不能化导者详革另举"。[1] 虽然鄂弥达此奏是否得以施行不得而知，乾隆帝只批"九卿议奏"而后文不详，但其直接反映了督抚对于地方社会的认识，设立约正、村长，都是为了借助这一力量来劝导地方，减少、制止命案盗案的发生。但乾隆十五年（1750）《设立族正副约束子弟总理尝租》的批行大致表明鄂弥达关于设立村长的想法可能还是没能得以实施，地方还是偏向于使用约正，进而严申族正的推行。

比约正在靖康场的推行更早的是地方宗族内乡约的建立。常建华指出，随着明代乡约的推行，宗族在明嘉、万年间逐渐组织化，且主动采取乡约化的形式，并认为宗族的乡约化是宋以后中国宗族组织化的关键。[2] 他的"宗族乡约化"，是指"在宗族内部直接推行乡约或依据乡约的理念制定宗族规范、设立宗族管理人员约束族人"，它"可能是地方官推行乡约的结果，也可能由宗族自我实践产生"。[3] 常建华的研究主要关注安徽、江苏、浙江一带。而笔者在广东东莞一带，并不见明代有这一过程的发生。不过，在清初的靖

---

[1] 两广总督鄂弥达：《奏请各州县设立村长以劝导地方而厚风俗由》（乾隆二年九月初十日），军机处录副，中国第一历史档案馆藏，档案号：03-0057-013。
[2] 常建华：《明代宗族研究》，第258~306页。
[3] 常建华：《明代宗族研究》，第258页。

第五章 "场商养灶"及其变体：18世纪的发帑收盐与盐场秩序　　• 345 •

康盐场，宗族内部出现了"分约襄理"的情况。

雍正年间知县周天成在东莞推行乡约以前，靖康场实际上已有类似的组织。如陈光瑜"主约政，画一质成者，立分泾渭，顽悍惮之"，[1] 陈光瑜生于万历三十年（1602），卒于康熙二十六年（1687）。当然，这里的"约政"可能与明中后期的"六约"和雍正以后的靖康约正有所不同，更多是运作在宗族内部。同时期的还有陈燕规"晚居族长几二十年"，[2] 陈燕归生于万历二十四年（1596），卒于顺治五年（1648）。陈匡泰"秉族政四载"，[3] 他生于崇祯七年（1634），卒于康熙三十一年（1692）。陈六艺"为家长数十年"，[4] 他卒于康熙五十二年（1713）。这里的"族长""族政""家长"等，均系围绕着宗族展开的。[5]

此处无意对盐场族长制度多费笔墨，据笔者所见文献，盐场的宗族发展与珠江三角洲的总体趋势差别不大，而且前文也已多处勾勒明初以后灶户宗族的面貌。不过，值得注意的是，迁海之后的地方社会重建过程中，宗族内部是如何运作以应对内外事务的。这并不是发生在雍正七年（1729）乡约的重建之后，而是长期以来，宗族内部便有一套自己的运作机制以应对。

雍正七年东莞知县周天成奉例在东莞推行乡约，之前东莞是否已有乡约，不得而知。前引《文学崧山公小传》是陈维岳之孙陈邦教所撰，文中是否将雍正七年之后的某些历史事实叠加在陈维岳身上，也难以考究，不过此时宗族内部"分约襄理"确有其事。那

1　《文学飞泉公传》，《凤冈陈氏族谱》卷7，第62a页。
2　《凤冈陈氏族谱》卷7，第49b页。
3　《文学柱夏公小传》，《凤冈陈氏族谱》卷7，第83b页。
4　《凤冈陈氏族谱》卷7，第82b页。
5　有关华南宗族族长的研究，参见谭棣华《清代珠江三角洲的沙田》，第185~193页；刘志伟《清代广东地区图甲制中的"总户"与"子户"》，《中国社会经济史研究》1992年第2期。

么,"六约"究竟指的是什么呢?它与"六房祖"又是什么关系?在《凤冈陈氏族谱》"七世祖琴、兰二公祠"中有这样的说法,云:

> 琴乐公四子,长南园公缙,次绺,公早卒,附祀,次拙庵公绚,次南池公繻,是为长三房。兰轩公四子,长药圃公经,次贞轩公纶,次仰兰公纹,亦早卒,附祀,次乐潮公繡,是为次三房。又称六房祠云。[1]

由此可知,所谓"六房"指的就是琴乐、兰轩二公的六个儿子形成的六房。从参与仁和墟创建的主要人群是这六房,并结合《修复村前故水道序》中开辟水道的是"六房",与强邻争夺的是"六约",可以猜想,"六约"实际上就是南园公房、拙庵公房、南池公房、药圃公房、贞轩公房、乐潮公房等六房。至于"十约",笔者只能猜测,可能与北栅陈氏的房支有关。除了以上祖舜公派下的六房外,族谱记载中,北栅尚有祖实公派下的园心房和孔麟房,祖舜公派下的宗明房和宗仁房等,是否加上这四大房而成"十约"呢?

市场的争夺,最终因地方大员的介入而结束。[2] 前述乾隆四十年(1775)的争斗致伤人命,多人入狱,随后,陈维岳"白其事",[3] 陈仕章[4]"力捍卫,备尝艰苦,见直当道"。[5] 因而,"督宪给示,任民自

---

1 《凤冈陈氏族谱》卷1,第64页。
2 刘永华的研究表明,墟市的形成和发展也可能是政治力量介入甚至制造出来的结果,当地的社会结构和地方政治与此有着密切的联系。参见刘永华《墟市、宗族与地方政治——以明代至民国时期闽西四保为中心》,《中国社会科学》2004年第6期。
3 《文学崧山公小传》,《凤冈陈氏族谱》卷7,第75b页。
4 雪园公(陈禩杰)第六子,陈似源之弟。
5 《明经履庄公传》,《凤冈陈氏族谱》卷7,第96a页。

便,舆情大快,至今市肆安堵,商贾麟集,人咸德焉"。[1] 结合"六约中独公挺身控理,白其事,寻荷彭抚台煎拔得释"[2] 可知此处"督宪"即彭抚台,亦即广东巡抚彭鹏。最终,彭鹏给示,释放拘拿的陈家子弟,并"任民自便",从中也可以看出凤冈陈氏在这次争夺中最终占据了上风,而仁和墟事件似乎也就到此为止。

不过,此后族内分约的情况仍然存在,如"戊子(康熙四十七年,1708)前族务冗剥,分约勷理,先生与焉。凡判断是非,绝不少徇,解纷排难,水炭寝释,一乡德之"。[3] 先生谓藻思,生于顺治十六年(1659),卒于雍正八年(1730)。而在雍正七年(1729)知县周天成行乡约时,更是兼顾凤冈陈氏和大宁谭氏在当地的势力,先后委派陈肇鼎、谭必诏担任靖康约正。"己酉(雍正七年,1729),邑侯周公天成以先生(陈肇鼎)志行端洁,委主靖康约正,梓里服其公平。"[4]

总之,在处理盐场当地日常事务中,乡约这种组织变得更为重要,并逐渐影响到宗族内部。族人主持乡约的记载,屡见不鲜。陈桂苑"居乡约,诸事处决如流,人无问,然尤肫肫敦宗睦族"。[5] 公生于康熙九年(1670),卒于乾隆二年(1737)。"(陈昌槐)尝与族叔进士南田公(陈绍学)同主乡约,和睦族党。"[6] 公谓昌槐,陈似源季子。"(陈昌祖)主约正十余年,颂祝声啧啧弗辍。"[7] 公即陈仕章之子。在大宁谭氏,也有类似的有关约正的记载,如"族推(谭逸

---

[1]《处士慎余公传》,《凤冈陈氏族谱》卷7,第79b页。
[2]《文学崧山公小传》,《凤冈陈氏族谱》卷7,第75b页。
[3]《英园陈夫子传》,《凤冈陈氏族谱》卷7,第87页。
[4]《拔贡生品峰陈先生传》,《凤冈陈氏族谱》卷7,第89a页。
[5]《寿官木轩陈先生暨配王氏孺人合传》,《凤冈陈氏族谱》卷7,第77b页。
[6]《凤冈陈氏族谱》卷7,第112页。
[7]《凤冈陈氏族谱》卷7,第113页。

躭）为约正，有不法者，以理斥之"。[1] "（谭纶）偶主约政，执正秉公，里敌服而畏之。"[2]

从根本上看，发帑收盐并未触发盐场基层运作的改革，而是形成"官为收买"的运作模式，实际运作和场商养灶并无二致。唯一不同的是在场商之上增加了官府的资本介入。在发帑官运之下，基层运作只是改变了场商的名目，盐场家族进而替代场商成为官府在盐场的代理人。作为墟市实际控权者的凤冈陈氏的"六房"，便是这样一个角色，通过创建墟市以争夺市场，通过管理墟市来实现其权力和获取收益。

第三节　裁撤盐场：制度运作中的地方政治博弈与地缘经济

乾隆五十四年（1789），地方大员和盐政官员为打击沿海私盐、逃避盐政考成的责罚，试图通过裁撤珠江口盐场来解决官盐壅积、官引难销的问题，经两广总督福康安奏准，将位于珠江口的东莞、归靖、香山等盐场全部裁撤。据笔者所见，归靖等场裁撤之后，并没有形成地方官员所预想的在东莞等县打开销盐市场的局面。原盐场地方仍旧听民自煎自食。以往学者对这一过程的关注，集中于探

---

[1] 《赐进士武德郎晋赠文林郎先大人逸躭公传略》，《大宁谭氏族谱》，第71页。
[2] 《十九世增广生秋兰公传》，《大宁谭氏族谱》，第116页。

第五章 "场商养灶"及其变体：18世纪的发帑收盐与盐场秩序　　• 349 •

讨盐场衰落的原因，将盐场的最终裁撤归结于：清初康熙年间迁海所带来地方社会被破坏的后果；[1]明清以来自然环境的变化与珠江三角洲成陆所导致的；[2]或与当时广东过多人口从事盐业生产，粮食受到冲击有关。[3]本节试图在前人研究成果的基础上，通过文献还原裁场事件的真相，并对这一制度改变的深层原因做一探讨。

晚明以来珠江口盐场的食盐生产逐渐衰落，但碍于盐课所关，盐场建制仍一直保留。清初的地方大员如李士桢等也一直竭力通过各种赋役改革来完纳灶课，但盐场食盐外销的市场状况和盐场人群自身的能动性，正在不断改变盐场的传统和秩序。随着发帑收盐制中帑本危机的加重，以及盐业市场的变化等，盐业生产逐渐变成当地滨海人群的负担而非生计。这种负担还不断叠加到地方各级官员的考成压力上。裁场便是在这样的地方社会环境中开始的。

一　私盐泛滥与地方官的考课压力

明中叶以降，归德、靖康盐场附近的海洋环境发生变化，海洋淡咸水的界线在清初继续南移。嘉庆《新安县志》记载："蚝出合澜海中及白鹤滩，土人分地种之，曰蚝田。"[4]此时，养蚝区已经南移到合澜海并延伸到白鹤滩一带。"合澜海大致位于步涌、新桥、茅洲墟、碧头墟之间及以西的海域上，这里有茅洲河和碧头河的淡水注入，大量的微生物浮游生物汇集于此，是长蚝的理想水域。

1　参见林天蔚、萧国健《清代迁界前后香港之社会变迁》，《香港前代史论集》，台北：台湾商务印书馆，1977，第219~222页。
2　参见张建军《珠海地区盐业的变迁及相关历史地理问题》，《岭南考古研究》第3辑；张建军《历史上香山场的盐业经济及其变迁》，《香山设县850年》，第113~119页。
3　参见冼剑民《清代广东的制盐业》，《盐业史研究》1990年第3期。
4　嘉庆《新安县志》卷3，《广东历代方志集成·广州府部》第26册，第256右上页。

白鹤滩在今天的福永河口至鹤洲一带，有七八条小溪水注入这一带海域，加上咸水受到上游影响而淡化，同样是养蚝的理想水域。"[1]乾隆三十七年（1772）新安县的《蒙杨大老爷示禁碑》中记载："切蚁等居住后海小村，枕边海傍，人多地少，靠海养生。自立县迄今，不许裁放蚝田，大碍贫民下滩采拾鱼虾、螺蚬等物度日……乡村小艇得返湾泊，一时遇风，必被蚝壳割断绳索。船人难保将来贫民落海，祸患无穷，流离失所。"[2]后海村，在今深圳蛇口一带。可见，到乾隆年间，珠江口的淡咸水界线已经逐渐移出归德场地域。

虽然海水淡化是影响盐场食盐生产的重要因素，但这一时期，东莞地区面临的最大问题不是缺盐，而是私盐盛行。[3]清代两广盐区，私盐现象一直非常严重，邻私枭私内外充斥。[4]两广食盐走私既有规模又有组织。乾隆二十三年（1758），两广总督陈弘谋叙述当时两广盐区的食盐走私情况，称："滨海私枭竟有土豪发给资本，纠合游民各处贩私，数至数百包及百十包之多。陆路有寄顿之窝家，水路有接运之小艇。"[5]有清一代，两广盐区的盐课完纳情况一直很不理想，具体情况如表5-3所示。

---

1 郭培源、程建：《千年传奇沙井蚝》，海潮出版社，2006，第56~57页。
2 《蒙杨大老爷示禁碑》（乾隆三十七年），谭棣华、曹腾騑、冼剑民编《广东碑刻集》，第164~165页。
3 关于私盐盛行的原因，参见黄国信《清代两广盐区私盐盛行现象初探》，《盐业史研究》1995年第2期；黄国信《乾嘉时期珠江三角洲的私盐问题——中国第一历史档案馆一则关于东莞盐务档案的解读》，《盐业史研究》2010年第4期。
4 参见黄国信《清代两广盐区私盐盛行现象初探》，《盐业史研究》1995年第2期。关于广东私盐的研究还可参见王小荷《清代两广盐区私盐初探》，《历史档案》1986年第4期；黄启臣、黄国信《清代两广盐区私盐贩运方式及其特点》，《盐业史研究》1994年第1期；黄国信《食盐专卖与盐枭略论》，《历史教学问题》2001年第5期；周琍《清代广东盐业与地方社会》。
5 周庆云：《盐法通志》卷85，第16页。

第五章 "场商养灶"及其变体：18世纪的发帑收盐与盐场秩序 · 351 ·

表5-3 1702-1819年粤盐行盐区欠课情况统计

单位：两

时间	正课未完	杂课未完	资料来源
康熙四十一年（1702）	910000+		《宫中档雍正朝奏折》第1辑，第123页
康熙五十六年（1717）	168000+		道光《两广盐法志》卷30
康熙五十七年（1718）	120000+		道光《两广盐法志》卷30
雍正元年（1723）	2140+		《宫中档雍正朝奏折》第6辑，第77~79页
雍正二年（1724）	239000+		《宫中档雍正朝奏折》第6辑，第77~79页
乾隆四十八年（1783）	38530		王小荷《清代两广盐商及其特点》
乾隆五十年（1785）	69869		道光《两广盐法志》卷30
乾隆五十一年（1786）	83630		王小荷《清代两广盐商及其特点》
乾隆五十二年（1787）	85457		王小荷《清代两广盐商及其特点》
乾隆五十三年（1788）	61313		王小荷《清代两广盐商及其特点》
嘉庆八年（1803）	47003		王小荷《清代两广盐商及其特点》
嘉庆十一年（1806）		181096+	道光《两广盐法志》卷30
嘉庆十七年（1812）		294985+	道光《两广盐法志》卷30
嘉庆二十四年（1819）		269218+	道光《两广盐法志》卷30

资料来源：黄国信《清代两广盐区私盐盛行现象初探》，《盐业史研究》1995年第2期。

两广盐区盐课积欠的严重程度由表5-3可见。"整个两广行盐区，雍正元年至四年（1723~1726），雍正十一至十三年（1733~1735），乾隆四年至二十二年（1739~1757），乾隆四十七年至五十三年（1782~1788），年年积欠引目，有时几乎达到额引的二分之一。"[1]

---

[1] 黄国信：《清代两广盐区私盐盛行现象初探》，《盐业史研究》1995年第2期，第28页。

据称，广东私盐出没的地方主要是"虎门、紫门厂、桅甲门、焦门四处……惠属之苦竹派，高属之梅菉镇，廉属之平塘江口……私贩乘隙走漏亦所不免"，[1] 此外"番禺县之南牌、沙湾、菱塘口子，香山县之大榄、小榄，顺德县之马宁、江尾，新会之江门，东莞之缆尾、鱼珠，三水县口子，及三水、四会、高要交界之贤溶，肇庆之峡口，再则惠州之浮桥，增城县之新塘，皆沿途贩私之路"。[2] 材料中提到的地方，大多位于省河沿岸附近，又以东莞、新安、香山三县及其邻邑为多。邹琳《粤鹾纪要》记载：

> 香（山）、（新）安两属，地临海滨，毗邻港、澳。轮船随处可行，私枭出没无常。洋私最易浸灌之处则为涌口门。该处枕近洋面，与塔山相鼎峙。港口宽深，波涛汹涌，缉私船只不能寄锭，往往疏于防范。私贩因利乘便，港、澳之私多由此而入。其次则横门、前山、盐田等处，洋私亦易侵灌，东路之南朗，北路之张溪，则为囤私渊薮。其大帮囤积、公然贩卖者，尤以白蕉及斗门之小濠为最著。余如黄圃、古镇、潭洲、茅州各处，亦常有邻私洒灌，固戍则为渔盐浸灌。[3]

由于地理位置，珠江口的私盐尤为严重，省河一带的盐埠受到私盐的冲击，官盐壅积也就在所难免了。珠三角地区的私盐猖獗与省河各岸多靠近盐场，灶户售私有着密切的关系。清盐法有这样的规定：民间"肩挑背负四十斤以下者，准其易米度日，不得借端查

1　道光《两广盐法志》卷20，于浩编《稀见明清经济史料丛刊》第1辑第41册，第641~642页。
2　李士桢：《抚粤政略》卷7，第829~830页。
3　邹琳编《粤鹾纪要》第6编，第43页。

第五章 "场商养灶"及其变体：18世纪的发帑收盐与盐场秩序

究滋事，有扰穷民"。[1] 这样便使得产盐区的缉私变得十分困难。乾隆元年（1736），就有广东"强壮奸徒""借口贫民，公然贩私，成群结党，目无法纪"。[2]

私盐的猖獗严重影响了官盐的销售，尤其是康熙五十六年（1717）两广盐务改行官发帑本收盐，实行官收官运商销制度以后，由于帑本数少，盐产量多，帑本不足收盐，灶丁偷漏渐渐多起来。"场灶盐斤，官买者十之三，售私者十之七。"[3]

私盐的泛滥给这些地区承引的商人和负责督课的州县官员带来了很大的麻烦。"埠商运盐，多系先盐后价，且素非殷实，行之日久，积欠累累，以致前发帑本，全归悬宕，倒革各商，至五十余埠之多。"[4] 未革退的盐商也因"本微饷重"、"盐多价贱"，销售不出，以致资本经年耽搁，不能转输，"商力愈困"。众盐商"竟视盐务为畏途"，千方百计逃避招商，"非绳之以法不肯认办"，就是已领盐务的商人也是无所用心，不肯尽力经办。[5] 光绪《钦定大清会典事例》云：

> （乾隆四年）又题准，广东省存积盐包，几及二十万包，折耗堪虞。各商于应销引盐，及正额余盐之外，又能领销额外余盐者，其应纳羡银，准其八折交收，以疏壅积。……又覆准，广东省各场产盐日多，必须帑本宽裕，再于积存场羡银内拨给十三万两。……十二年覆准，广东省商力困乏，将八折余盐埠

---

1 《清朝文献通考》卷29，商务印书馆，1936，第5111页。
2 《清高宗实录》卷18，乾隆元年五月戊戌，《清实录》第9册，第456页。
3 王小荷：《清代两广盐区私盐初探》，《历史档案》1986年第4期。
4 王守基：《盐法议略》，《滂喜斋丛书》第2函04，第48b页。
5 参见龚红月《清代前中期广东榷盐的两个问题》，《明清广东社会经济研究》，第312~328页。

再减一成,以七折交官。[1]

可见,乾隆年间,这种现象更加严重。乾隆二十四年(1759),两广总督李侍尧曾指出广东"充商者甚属寥寥,细察根原,实缘粤东各属多半附处海滨,左右毗邻场灶,即粤西亦有接壤州县,水陆路径错杂。无籍匪徒贪利,冒险贩运私盐到处冲赚,里民贪贱买食,地方牧令既不实力缉私,又不劝民买食引盐,任听额引积压不销……以致商力日就疲乏,课饷不能输将,悬欠累累……因而人人视充商为畏途"。[2]

盐课销售不前的结果,便是地方州县官员坐听参罚。根据清朝的盐法,州县在地方盐课督销上负有很大的责任:

> 雍正元年覆准:裁去广东省场商,令总督发帑六万两,委官监收,责埠商运盐纳课。其有课饷难完、无人充商之地,着落地方官领盐运销。如引多壅积,听各地方官通融销售。[3]

> 雍正四年正月,户部等衙门议覆大理寺少卿王廷扬奏,言:……臣请嗣后凡遇拿获兴贩之徒,必究其盐买于何地,卖自何人,确指姓名,无论商人、灶户,即以私贩之罪罪之,其地方官亦照失察之例议处。[4]

"其有课饷难完、无人充商之地,着落地方官领盐运销",而"拿获兴贩之徒","其地方官亦照失察之例议处",这就将广东的地方官与销引、缉私联系在了一起。清朝对征课考成和销引考成十分

---

1 光绪《钦定大清会典事例》卷227《户部·盐法》,《续修四库全书》第801册,第665上页。
2 道光《两广盐法志》卷21,于浩编《稀见明清经济史料丛刊》第1辑第42册,第37~38页。
3 光绪《钦定大清会典事例》卷227《户部·盐法》,《续修四库全书》第801册,第663下页。
4 道光《两广盐法志》卷21,于浩编《稀见明清经济史料丛刊》第1辑第42册,第4~5页。

第五章 "场商养灶"及其变体：18世纪的发帑收盐与盐场秩序

重视，对于销引不力和拖欠盐课的官员，制定有严厉的惩罚制度。[1]

清代盐课分灶课、引课、杂项三大类。灶课是对食盐生产者的课税，引课是对食盐销售者的课税，杂项则是各种名目的杂款累积。在两广，清政府认为对地方官员在招商以行粤盐方面，"不可不设立考成，以示惩劝"。具体的考成办法是，以"府州县派定岁行盐包数目以为定额"，并"查照各省考成则例"，而于每年"年终分别完欠，造报职名，照例议处，以示惩劝"。[2] 道光《两广盐法志》也载："以后管盐各官，多课银者著以称职，从优议叙，课额不足亏欠者以溺职，从重治罪。"[3] 对于盐务官员，政府以其收纳盐税钱银的多寡作为评定是否称职的标准。盐法规定："兼管盐务之知县、知州、知府、布政使各道，欠不及一分者，停其升转，欠一分以上者，降俸一级，欠二分三分者，降职一级，欠四分五分者，降职三级，欠六分七分者，降职四级……缺八分以上者，革职。"[4]

康熙三十五年（1696），东莞知县杜珣称，东莞"私盐与他处不同"，"勺水束蒿，便可淋煎成盐而食"，使得"民无销售"，"引盐壅积"，商人"旷缺数月，无人敢承"，即使勉强勒令商人马成德"行盐到埠"，却是"通县烟户仍不赴埠买食颗粒"，不得已"力求告退"。地方官员"为其设法缉私疏引"也毫无起色，竟只能"束手静听参罚"。[5] 雍正元年（1723），东莞知县于梓也有类似的说

---

1 关于清代产盐考成、征课考成、疏引考成、缉私考成等的系统梳理，参见陈锋《清代盐法考成述论——清代盐业管理研究之一》，《盐业史研究》1996年第1期。
2 参见林永匡《清初的两广运司盐政》，《华南师范大学学报》1984年第4期。
3 道光《两广盐法志》卷3，于浩编《稀见明清经济史料丛刊》第1辑第39册，第244页。
4 乾隆《钦定大清会典则例》卷18《考功清吏司·盐法》，《景印文渊阁四库全书》第620册，第379页。
5 《康熙三十五年知县杜珣详文》，嘉庆《东莞县志》卷12，《广东历代方志集成·广州府部》第23册，第461~462页。

法，称："卑职查看得，莞邑地处海滨，河咸水结，稻草化煎，皆能成盐，兼之枕近归、靖、东、淡四场，引难销售。……繁饷重，商无敢承，递年引饷累官累商，害无底止。……康熙五十八年……五十九年……迄今尚未销售完结……"[1]于梓说得很明白，由于处在产盐区，"引难销售"，"商无敢承"，而"递年引饷"更是"累官累商，害无底止"，官、商对于东莞等地的销盐可谓甚畏矣。

虽然经过于梓等人的努力，雍正以后，东莞的盐课已经摊入丁粮之中，但文献显示，私盐泛滥对东莞销盐的影响，到乾隆后期仍十分严重，如乾隆五十二年（1787），东莞知县吴沂便因盐课未完而"停其升转，戴罪督征"。[2]这就需要回顾"饷归丁粮"以后东莞食盐运销制度的变化。总之，对于东莞的地方有司和盐商来说，解决东莞沿海私盐问题，无疑是他们所殷切希望的。

二 "饷归丁粮"以后东莞食盐市场的变化

前文提到，康熙末年，东莞县境内已经基本实现"饷归丁粮"、听民买食场盐的局面，而盐斤的自由买食，自然会带来食盐的垄断和私盐的流通。至乾隆年间，已有官员认识到这一点。乾隆二十五年（1760），广东盐运司梁国治便称："东莞县熟引饷银派入民粮，由县征解，熟盐自应听民赴场买食"，但是也要区分对待，对于"附近厂灶小民，零星自赴买食者，应听其便"，而对于"离厂灶

---

[1]《雍正元年知县于梓详文》，嘉庆《东莞县志》卷12，《广东历代方志集成·广州府部》第23册，第462~463页。

[2] 和珅：《题两广总督题报东莞县未完乾隆五十二年盐课银两续完吴沂等经征各官请开复事》（乾隆五十四年十月二十五日），内阁户科题本，中国第一历史档案馆藏，档案号：02-01-04-17522-014。

第五章 "场商养灶"及其变体：18世纪的发帑收盐与盐场秩序　　• 357 •

稍远，买运盐斤经由水路"者，则需"立法稽查，保无越境贩私之弊"。[1] 在此之前，两广总督策楞和广东盐运司朱介圭已于乾隆十一年（1746）出台命令，云：

> 嗣后居民赴场买食熟盐者，归靖场大使发给照票，填注姓名、盐数、地方远近、开行日期，盖印于盐数之上，以杜私增删改之弊。其运由白石至合连头，属新香县界，无论盐斤多寡，即系私贩越境，虽有照票，应听营汛查拿。由白石汛海滨至虎门二十里抵镇口，仍属莞界，责成现改驻镇口之缺口司巡检稽查。除盐与照票不符，及五百斤以上无票照者拿解治罪外，其未及五百斤者，免其给照。如果盐照相符，经由营汛及进口，该巡检验明截去照角，俱即放行，不许留滞。[2]

乾隆十一年的规定主要有三个方面。第一是针对东莞县居民赴场买食熟盐的，由归靖场大使"发给照票"，填注姓名、盐数、地方远近等，并盖印于盐数之上，而后听其买食。第二是针对经由白石至合连头一带者，因该地属于新安、香山县界，已经超出了东莞县的范围，因此即使有照票亦照私盐拿办。第三是针对由白石汛海滨至虎门者，范围属于东莞县界，则由缺口司"巡检稽查"。而且无票照放行的运盐额为五百斤以内。但到乾隆二十五年，梁国治发现必须对东莞县内居民买食熟盐也进行限制，因为东莞石隆等处"私盐充斥"，"盈千累万，公然摆卖。有力之家，趸积兴贩，充赚邻邑。种种滋弊，难以枚举"，需对奸民贩卖立法稽查，云：

1　民国《东莞县志》卷23，《广东历代方志集成·广州府部》第24册，第266右上页。
2　民国《东莞县志》卷23，《广东历代方志集成·广州府部》第24册，第266上页。

嗣后莞邑居民，凡买熟盐在百斤以下，及附近场灶小民零星买食者，听从其便。若百斤以上，饬令场员发给印照，填注姓名、盐斤数目、地方远近、开行日期，以杜私增删改之弊。仍饬水陆各塘汛，严加盘诘，并饬巡捕各官，实力稽查。如无票照，及虽有票照并不相符者，许令拿解治罪。其自一百斤以上至二百斤以下者，俯念莞邑熟引饷银派入民粮，照不应重律究惩，盐船归官；若至二百斤以上者，即照凡犯私，本律问拟杖徒，所获盐船，饬变充赏。[1]

原本对于莞邑居民，只要是五百斤以下的一律"免其给照"，但梁国治认为应该将五百斤的额度降低到一百斤，一百斤以上必须"令场员发给印照"，没有照票或有照票而不相符的，"拿解治罪"。拿获无照票而数额在二百斤以下的，仍宽宏处理，"照不应重律究惩，盐船归官"，二百斤以上，则照"凡犯私，本律问拟杖徒"。这一限制，补充了乾隆十一年只限制、查拿出境盐斤的规定，对东莞县内的食盐买食进行进一步的管理，旨在遏制东莞县内出现的私盐充斥情况。如此，即可达到"奸民知所儆戒，而私盐不致越境兴贩"。梁国治的建议被当时两广总督李侍尧采纳，并"令文武各员督率兵役，实力稽查"。[2]

这样一来，东莞县内原来通过"饷归丁粮"形成的场盐自由买食的局面实际上被打破，演变成了有限制的买食，而且每次贩运的最高盐额也从乾隆十一年的五百斤变成了乾隆二十五年的一百斤。这对于从事食盐大宗贸易的商人来说，已经没有太大的吸引力。清

1　民国《东莞县志》卷23，《广东历代方志集成·广州府部》第24册，第266左上页。
2　民国《东莞县志》卷23，《广东历代方志集成·广州府部》第24册，第266页。

第五章 "场商养灶"及其变体：18世纪的发帑收盐与盐场秩序　●　359　●

末的东莞人陈伯陶因而有"买食场盐，当时诚见其利，至是而限买百斤，则渐见其害"的感叹。[1]

乾隆二十三年（1758），李侍尧在两广盐务章程一折中奏行"余盐改引"，称："今查粤省盐法，除额引之外，所运之盐并不按引行销，另设各项名色。如正盐之外又有正额，余盐之外又有余额，子盐、耗盐、花红余盐等项，正饷之外又有正盐场羡、余盐场羡、埠羡、额外余盐场羡、七折埠羡、三封挂一盐价子盐、京羡花红额溢羡余等项，名目纷杂"，请将"每年行销各色余盐斤数并所纳羡余银数，通盘核计，应改设额引一十七万六千六百九十五道，并入现行六十万四千一百三十二道额引之内"。[2] 那么，增加的17万多道盐引该如何行销？该奏折称，"仍照各州县分销引数、应征课银，造具清册，送部查核，其所领余引，尽销尽报，倘有存剩，解部查销"。官商各埠因此被要求认领运销额外余盐，并汇疏题报。[3] 在东莞县，民国《东莞县志》记载："乾隆二十三年余盐改引，除拨出永兴埠代销外，尚引二千一百七十一道零五厘五毫，该饷银一千零五十八两五钱八分六厘六毫三丝二忽六微七金六沙九尘八埃零三漠三末七逡四巡。东莞埠额加改引九千七百零三道五分零九毫，内民引四千九百二十五道七分七厘一毫六丝，饷银派入民粮征解，并无盐包运销，商引四千七百七十七道七分三厘七毫四丝。"[4] 相较于之前，变化主要在于：盐引增加了约4777.7引；出现民引、商引的区分。

1　民国《东莞县志》卷23，《广东历代方志集成·广州府部》第24册，第266右下页。
2　乾隆《两广盐法志》卷3，于浩编《稀见明清经济史料丛刊》第1辑第35册，第296页。
3　李侍尧：《题报两粤乾隆二十三年份官商各埠领销额外余盐征存场埠二羡银两数目事》（乾隆二十五年五月初四日），内阁户科题本，中国第一历史档案馆藏，档案号：02-01-04-15275-017。
4　民国《东莞县志》卷23，《广东历代方志集成·广州府部》第24册，第266左下~267右上页。

这样一来，如何销引再次成了东莞知县面临的难题。乾隆初期以来，对私盐的不断打压，也使东莞境内的盐运变得困难。乾隆二十五年（1760）广东盐运司的新政策更是极大地限制了东莞运盐的灵活性。这对东莞境内的食盐运销造成了冲击，盐商正在设法谋划出路。李侍尧奏行的"余盐改引"以及随之而来的盐法志编修，为当地盐商提供了机会。

商人沈德成等趁着"余盐改引"的机会，于东莞县请加生盐盐引，配腌青榄，借机获取东莞配引行盐、设船查验的权力，以谋求垄断生意，进而又联合地方官篡改盐法志，为东莞设埠埋下伏笔。据嘉庆《东莞县志》："乾隆二十三年，商人沈德成见引饷加重，因该县京山地方，产有青榄，须盐腌制，每榄一百斤，配给渔盐四斤。恐榄贩走漏，乾隆二十四年于峡口设立巡船，榄贩买盐给票，查验。二十五、六、七等年，叠行加增至六斤、八斤不等。"[1] 东莞盐斤的用途，供应民食的一直只占少部分，供应腌制鱼菜的盐斤才是大宗。如雍正八年（1730），翟张极指出："莞邑产盐，为价贱而为用繁。制腌鱼菜，穷民赖以资生。若仰给官配，于势不便，于用不敷。"[2] 东莞县北部石龙和番禺县南部一带渔业、榄业发达，需盐甚多，催生了盐的市场。可以猜想，沈德成可能是在东莞县内运销盐斤，售卖民户配腌鱼榄。但东莞本未设埠行盐，沈德成缘何可以设立巡船查验呢？该志又称："查核从前奏改引目案内原咨，并无移埠设船配盐腌榄之事。"乾隆五十一年（1786），广州知府给出的解释是："渔引、民引截然两途，渔引应向渔户配销，民引听民赴场买食，不容稍有牵混。乃埠商沈德成弊嵌新志，私设勒派，于民引输

---

1 嘉庆《东莞县志》卷12，《广东历代方志集成·广州府部》第23册，第465页。
2 雍正《东莞县志》卷5，《广东历代方志集成·广州府部》第23册，第75左下页。

饷之外，复向榄户核销渔引。"[1]

所谓"弊嵌新志"，陈伯陶在民国《东莞县志》中提出了自己的见解，认为这实际上是埠商沈德成等为新设盐埠销盐而暗度陈仓，篡改盐法。他指称：

> 《两广盐法志》系埠商沈德成辑，其事载至乾隆二十七年止，其言引饷数比周志有增加。增加在二十三年，详后彭志。其所称东莞埠系在石龙，据乾隆二十五年梁国治详文，时尚未有。当即于二十六年设立，其前称熟引、生引，后称民引、商引，数目相符而称谓歧异。细核之，盖即周志之省引、场引所以改称者。以邑令于梓详文言，熟引熟饷请摊丁粮，故沈德成舞弊，改省引为民引、熟引，改场引为商引、生引，又增嵌"不销民食，配腌水母鱼榄豆酱等项"字样，此皆为设东莞埠于石龙张本。[2]

按照陈伯陶的说法，东莞石龙埠于乾隆二十六年（1761）设立，设立的理由是销售生引。在此之前，东莞盐引只分省引、场引，而埠商沈德成利用编辑《两广盐法志》的机会，在文字上动了手脚。将原来派入民粮的约4925道盐引，改称"民引"，只运熟盐，只销民食；另外请增的约4777道盐引，则称为"商引"，运销生盐，并添"不销民食，配腌水母鱼榄豆酱等项"字样。此举为设立石龙埠行盐做了重要铺垫。石龙设埠行盐之后，由于东莞县附近的归德、靖康二场皆产熟盐，因而东莞的生盐便不能由归、靖二场供应，而由商

1　民国《东莞县志》卷23，《广东历代方志集成·广州府部》第24册，第267页。
2　民国《东莞县志》卷23，《广东历代方志集成·广州府部》第24册，第263页。

人往新安县内的东莞盐场购买,"由新安之伶仃洋,渡合澜海,进虎门,入斜西口内河抵埠"。[1] 这一变化,不仅体现在食盐来源地的改变上,更重要的是沈德成等因此获得了东莞一县的行盐权力,排挤了其他商人。这样的结果,表面上是区分了"饷入丁粮"的民引和"不销民食,配腌水母鱼榄豆酱等项"的商引,但实际上,东莞商人为牟利而致力于生盐的运销,至乾隆中期生引盐额几与熟引盐额相等,严重挤压了熟引在东莞县境内的市场。沈德成的垄断,也招致了其他人的不满,从乾隆二十八年(1763)到乾隆五十二年(1787),东莞县民陈缉新等一直上书控告沈德成垄断盐斤、勒派榄盐。[2]

由熟饷派入田亩征收而听民买食场盐,到广东盐运司出台种种稽查、限制的制度,而东莞埠商趋利舞弊,篡改原来的省引、场引为熟引、生引,以致东莞又有生引之饷,原来出自靖康场的盐斤被埠商购运来的东莞场的生盐冲击,市场几去一半。加之清初以来,由于冶铁、制陶、制糖等行业对柴薪的大量消耗,熟盐的生产成本增加,生产也受到了限制,不少盐场如电茂、博茂、茂晖、双恩等场,渐次改晒生盐。[3] 较归德场更靠近外海的东莞场到清初时也已经改晒生盐,但归德、靖康二场由于受到海洋环境的制约,并不能如其他盐场一般改晒生盐,所以在这种情况下,靖康场的食盐生产必然再次受到冲击。乾隆三年(1738),遂将归德、靖康二场归并归德场大使兼理,改名归靖场大使。又于乾隆二十一年(1756),将归靖场大使裁汰,改为委员,并将归德场灶课归东莞场大使征解,靖康场灶课归东莞县征解。[4] 盐场在康乾年间发生的

---

1 乾隆《两广盐法志》卷16,于浩编《稀见明清经济史料丛刊》第1辑第37册,第219页。
2 民国《东莞县志》卷23,《广东历代方志集成·广州府部》第24册,第267上页。
3 冼剑民:《清代广东的制盐业》,《盐业史研究》1990年第3期。
4 乾隆《两广盐法志》卷17,于浩编《稀见明清经济史料丛刊》第1辑第37册,第389页。

变化便是与东莞食盐市场的变化密不可分的。东莞食盐市场从熟盐向生盐的转变，使产熟盐的归德、靖康盐场失去销路，才导致盐场的最终衰落。

三　发帑收盐危机下的"盐田改筑"

广东发帑收盐一度暂时缓解了东莞等盐场的赋役压力，但不久之后，因管理不善而造成的"盐田改筑"，反而导致盐场陷入更深的困境。

发帑收盐之后，盐场的产量短期内的确得到很大的提升。一开始，官府也试图通过增加帑本的方式来收买灶户余盐。雍正二年（1724），两广总督奏准"动支羡余银四万两收买灶户余盐"。乾隆八年（1743）五月，又"在盐羡项内扣留银十万一千余两，连原发帑本，共足二十万两，以为发给灶晒收盐之用"。乾隆九年（1744），两广总督策楞以"各场产盐日多，必须帑本宽裕"，又"于积存场羡银内拨给十三万两"。[1] 但是增加的帑本仍然远远不能尽买灶户所产余盐。不断增加的盐斤，使朝廷没有足够的帑本能够吸纳。此外，由于盐斤堆贮省仓，盐多价贱，销售不前，商人畏途，加之官、商对帑本的侵袭、私吞，发帑收盐陷入了有盐无帑的困境。

这种情况下，灶户要么铤而走险，售卖私盐，要么放弃盐田，任其荒废。事实上，盐田抛荒在乾隆十九年（1754）前后已经相当严重。该年正月，两广总督班第奏请盐田设法开垦，称："沿海斥卤之地，不能种植五谷，尽可垦筑塍埂引潮，煎晒成盐。惟是穷民工

1　《清盐法志》卷216《两广三·场产门》，第11b~12a页。

本无出，场官又漫不清查，遂多废弃。当此盐斤缺产之际，所当多开盐田，以冀广产。"[1] 盐田荒废导致的盐斤缺产已经影响到盐课征收，才促使朝廷改变原来力行禁止的做法，转而开始劝垦盐田。经过整顿，盐产虽稍有起色，乾隆二十二年（1757）"除行销外，尚多备贮之盐"，但当两广总督陈弘谋于乾隆二十三年（1758）试图再借帑本收买余盐时，却遭到朝廷的拒绝。[2] 此时，广东盐政中借出的帑本已经积欠累累，地方并无足够的资金积累。[3] 朝廷的这个决定，无疑是对广东发帑收盐的打击。

发帑收盐原本试图通过借助官府资本控制食盐的生产与运销，但是官府和盐场对于盐民的改田行为无法有效控制，灶户产盐的收益由有利变成亏损，盐田也开始大量荒废，灶户再度受害于灶课，开始多方寻求摆脱灶课负担。陷入困境的还有州县与盐场的官员。清廷规定，场大使任内额盐缺征，需题报参处。[4] 乾隆三十五年（1770），隆井场等十场大使"额内少收各员相应一并开报，听候部议"。[5] 同时，原本盐场场官只负责收盐，没有劝惩条例，但乾隆十九年（1754）经两广总督班第奏准，对其加以考成，[6] 因此收盐之多寡亦与场官关系密切。这既表明朝廷对整顿盐田荒弃、灶课缺征

1　《清盐法志》卷 215《两广二·场产门》，第 2a 页。
2　《清盐法志》卷 216《两广三·场产门》，第 16a~17b 页。
3　这种亏欠一直延续了整个乾隆朝，乾隆三十九年李侍尧的"捉拿殷户充商填饷"、乾隆五十四年孙士毅的"改埠归纲"，均是为了填补欠课亏空。参见黄国信《清代乾隆年间两广盐法改埠归纲考论》，《中国社会经济史研究》1997 年第 3 期。
4　《大清会典（雍正朝）》卷 51，台北：文海出版社，1995，第 3013 页。
5　德保：《题为咨参粤东上年缺收额盐隆井场大使张震等员因缺收系因阴雨所致事》（乾隆三十六年三月十四日），内阁户科题本，中国第一历史档案馆藏，档案号：02-01-04-16247-019。
6　班第：《题为恭陈广东盐价高昂各事宜事》（乾隆十九年四月二十九日），内阁户科题本，中国第一历史档案馆藏，档案号：02-01-04-14798-011。

第五章 "场商养灶"及其变体：18世纪的发帑收盐与盐场秩序　　● 365 ●

的重视，也促使场官必须认真对待盐场上的种种弊端。这些熟谙地方盐务情形的场官，自然明白处理荒弃而无法垦复的盐田，改筑稻田是最好的办法。尤其在乾隆二十三年（1758）朝廷决定不再增加帑本、地方官员发现发帑养灶无望之后，更默许了盐田改筑稻田的做法。

乾隆二十三年，陆丰县小靖场业户宋衷矩将荒塥九十二口改筑稻田的申请得到批准。负责处理此事的广东盐运使范时纪和广东布政使宋邦绥援引乾隆七年（1742）庆复条奏勺引增饷案的指示："各场盐塥有改稻田之处，候各场陆续确勘明白，随到随办"，又覆查盐田改筑"委系该业户自置引业，因咸淡交冲不堪耙晒，并无影占情弊"，决定"应如所请，准其改筑稻田"。盐田改筑之后，"其塥税俟稻田成熟，照民田一例升科"。[1] 即是说，盐田改筑稻田之后，豁除灶课，税归入民户内征收。如隆井场神山栅钟子瑶"所改盐埕一十二塥"，"照依额内减则例"征银，"于乾隆二十六年起征"，"所有盐课银五钱一分"，"在于灶排王良实户内钟子瑶名下豁除塥课"。[2] 又乾隆三十四年（1769），新宁县海矬场灶户赵同宏将盐田退与民户冯大成等用工改筑稻田，税归新宁县海晏都一图七甲冯万德等户内输纳。[3]

虽然尚未发现直接表明珠江口盐场进行盐田改筑的案例，但并不能说明当地盐场就没有发生盐田改筑。在这个过程中，结合前面讨论的珠江口盐场所面临的盐业市场危机和灶课完纳问题，其实

---

[1] 李元亮、蒋溥：《题为遵议广东省陆丰等县盐塥改筑稻田分数及应征应豁钱粮事》（乾隆二十三年十一月初三日），内阁户科题本，中国第一历史档案馆藏，档案号：02-01-04-15132-021。
[2] 苏昌：《题报粤东勘明盐塥改筑稻田应征银两数目并于上年起科及割除盐课事》（乾隆二十七年二月二十一日），内阁户科题本，中国第一历史档案馆藏，档案号：02-01-04-15446-022。
[3] 李侍尧：《题报广东新宁县海矬场灶盐塥宜改稻田项亩及征银数目事》（乾隆三十四年九月二十八日），内阁户科题本，中国第一历史档案馆藏，档案号：02-01-04-16058-014。

改变盐田形态确应为当地盐场的迫切需要，而盐田改筑恰是一个绝好的机遇。而且，在发帑收盐和盐田改筑过程中所最终确立的丁课和田课的分离，最终也体现在珠江口盐场的制度变化上。为了应对盐场盐田改筑而导致的丁田混淆问题，乾隆后期，广东某些盐场已经开始以田税抵补丁课，而未进行田税抵补丁课的盐场，则多将丁课归县征收。珠江口盐场的制度变化属于后者。乾隆二十一年（1756），总督杨应琚以香山、归靖等场收盐无多，"委员尽堪经理，无容专设场员"，请求将"香山场原额丁课仍归香山县征解，归德场原额丁课仍归新安县暨东莞场大使征收，靖康场丁课归东莞县征解"。[1] 而将盐场大使裁汰，改设委员，委员则不具有征收灶课的权力。[2]

盐田改筑是发帑收盐政策陷入危机在盐场的最直接体现，也意味着官府通过发帑改变盐场运行秩序的尝试已经逐渐失效。珠江口盐场将再次回到发帑收盐实施前的制度困境。面对盐场内外交困的局面，无论是盐场人群还是各级官员，都迫切需要一场改革。

四 "改埠归纲"的真相与盐场裁撤

乾隆五十四年（1789），两广总督福康安向皇帝上了一道奏折，请求将丹兜、东莞、香山、归靖四场裁撤，据《清盐法志》：

> 乾隆五十四年，议准：裁撤丹兜、东莞、香山、归靖四场。户部议覆两广总督福康安筹办省河盐务事宜折，言：各场

---

[1] 乾隆《广州府志》卷15，《广东历代方志集成·广州府部》第5册，第336页。
[2] 道光《两广盐法志》卷30，于浩编《稀见明清经济史料丛刊》第1辑第43册，第293页。

第五章 "场商养灶"及其变体：18世纪的发帑收盐与盐场秩序

收盐旧有定额，而场产情形今昔不同，其在歉收场栅不过虚报充数，而旺产之场栅遂至私盐泛滥。所有查明歉收之丹兜、东莞、香山、归靖四场，即行裁撤。其裁撤盐额摊入旺产场分运配督收，将池堰改为稻田，准令场丁照例承垦升科等语，应如所奏办理。[1]

根据福康安的解释，裁场是由于"场产情形今昔不同"，"歉收场栅不过虚报充数"，可见"歉收"是裁场的主要理由。但对于歉收的原因，笔者翻阅相关文献，却始终不见福康安对此做出详细的解释，这就使得裁场变成一个疑团。对于"歉收"，可以从民国《东莞县志》中找到一些解释，据记载：

（乾隆五十四年）议准广东省歉收之东莞、香山、归靖等场即行裁撤。《大清会典》按：东莞、归靖场在新安，香山场在香山，后俱于五十六年奉裁。按光绪间《会典》：广东盐运使所辖盐场凡二十一……其在广州者只有新宁之海矬一场而已。莞地自汉以来为产盐之区，迨宋割香山、明割新安，于是盐场多在香、新。及乾隆间以歉收故，并裁香、新诸场，莞之旧地盐产遂绝。此其故。由于河流日远，沙滩日积，滨海之地悉成稻田，因是咸卤日稀，收成日薄。盖海桑之变，阅数千年已非昔比矣，斯亦考前事不可不知也。又按《会典》：香山场，雍正三年改税田，明以前无之。据此，是自汉迄明，盐场皆在今东莞、新安两县境，其时惠、潮二府非不出盐，然转运不若莞地之便，自明而后，海亦日富。莞场之撤，此

---

1 《清盐法志》卷214《两广一·场产门》，第2a页。

亦其一因也。[1]

这里认为,"乾隆间以歉收故,并裁香、新诸场"的原因是"河河日远,沙滩日积,滨海之地悉成稻田",即盐场歉收是环境变迁导致的。嘉庆《新安县志》对这次裁场也有较为详细的记载:

> 乾隆五十四年奉行改埠为纲,其归靖、东莞场俱奉裁撤。饬将盐田池坜拆毁,净尽养淡,改作稻田。升科起征银两以补灶课,如不敷,归于纲局羡余缴足。经前县胡会同东莞县史查勘,东莞、归靖二场盐田无几,本系沙石之区,咸水泡浸已久,难以养淡改筑稻田。况照斥卤升科,每亩征银四厘六毫四丝,统计征银有限。若以此些微田税割补丁课,多寡悬殊,有名无实,不若全在局羡完纳等由。禀奉各宪饬佛山同知陈亲临确勘情形,实难养淡升科,仍照县议,请将额征灶课银两全归局羡完纳在案。[2]

这段文字提供了歉收的另一种解释,即"东莞、归靖二场盐田无几"。同时还指出了很重要的一点,东莞、归靖二场"本系沙石之区,咸水泡浸已久,难以养淡改筑稻田",这与前文提到的珠江三角洲成陆,滨海之地悉成稻田显然是矛盾的。嘉庆《新安县志》接着解释道:

> 国朝自康熙五十五年归隶制府,嗣后因埠贾势所不能行

---

1 民国《东莞县志》卷33,《广东历代方志集成·广州府部》第24册,第359下页。
2 嘉庆《新安县志》卷8,《广东历代方志集成·广州府部》第26册,第321左下~322右上页。

第五章 "场商养灶"及其变体：18世纪的发帑收盐与盐场秩序

者，济以官运，场灶力所不能偿者，贷以帑金，变通裁酌，莫此为良。复于乾隆五十四年饬将课饷归纲局羡余完缴，其优恤盐民，惠为更厚焉。[1]

这里全然不提盐场歉收，而强调是康熙五十五年（1716）以后"埠贾势所不能行"，"场灶力所不能偿"解决的结果，是一种"优恤盐民，惠为更厚焉"的做法。

而且，在裁场之后，局商请求在东莞设埠销引。乾隆五十七年（1792），县民冯元福等就"复请吁停止设埠"，理由是"滨海地方斥卤成盐，从前该县盐饷奏请摊入民粮征输，免销埠引，未必非顺从民便，今据呈莞邑无地非盐就便民食，相安已久"，"海滨斥卤无地非盐，其获自然之利者，已相安至百余年之久，一日驱之买盐，既于民情不甚称便"。乾隆五十九年（1794），东莞知县彭人杰一上任后就继续上书讨论此事，他认为"小民趋利若鹜，不肯弃随地无价之盐，反向官店售买，以致官引仍然壅滞"，他接着补充："本邑居民，百余年来未曾买食官引，谁肯向店买盐，必致坐亏成本，纵欲设店亦无人承开。况查裁场后历今数载，县民无淡食之虞，则额引难销更可概见。"[2] 不管是小民还是地方官员，都反复强调该地"无地非盐"，邑民不肯买食官盐。这让我们看到，裁场前后似乎没有多大变化。

由此可见，福康安所述的关于裁撤东莞等四场的原因似乎过于简单，而地方志上的解释又众说纷纭，再加上裁场前后种种奇怪之现象，使此次裁场的真相变得愈加复杂。

1　嘉庆《新安县志》卷8，《广东历代方志集成·广州府部》第26册，第322左上~322右下页。
2　民国《东莞县志》卷23，《广东历代方志集成·广州府部》第24册，第268右下页。

乾隆中后期，广东盐政已经陷入了困境，为此，地方官员一直尝试各种各样的解决办法。前文所述东莞县"饷归丁粮"就是一例。李士桢的"摊盐课入丁粮"其实是试图改变盐引囤积的困境，使应征盐课得到完纳。

乾隆三十九年（1774），两广总督李侍尧想出了"捉拿殷户充商填饷"的办法，他在《奏报筹办广东盐务事》折中称：

> 年来一切正余引饷奏销报拨，年清年款，并无遗误。惟是……资本不继者尚不无十之一二……当届限催情形拮据，或向殷户通那，或请总商假贷，在所不免。此种无力之商，通计虽止二十余人，若不及早设法厘别，窃恐将贻误国课，并累殷商，有碍盐政。臣查粤东地方素称富庶，各属士民，家拥厚资习于贸易者所在多有，与其姑容无力之流寓，何如另募土著之殷商……钦州县出示晓谕，两月以来陆续报充，人情欣跃，择其实在身家殷实者，已得李昌彩等二十余人。[1]

其中最重要的一点是改流商为土商。此前两广盐商多为"流商"，即江浙寄寓之人。李侍尧以"粤东地方素称富庶，各属士民，家拥厚资习于贸易者所在多有"为由，"另募土著之殷商"报充。据称，"粤商资本微薄，不特迥非两淮可比，即较之两浙、长芦亦属不及。商人备本数千金即可认充运盐，迨本银消乏又不久，旋即告退"。[2] 商力困乏，常有盐商倒革，盐埠无人承盐的现象。乾隆年间，

---

1 乾隆三十九年七月十九日李侍尧奏文，台北故宫博物院编印《宫中档乾隆朝奏折》第36辑，1982，第127页。
2 道光《两广盐法志》卷20，于浩编《稀见明清经济史料丛刊》第1辑第41册，第745页。

第五章 "场商养灶"及其变体：18世纪的发帑收盐与盐场秩序

"粤东已革疲商三十余埠"。[1] 资本微薄的广东商人被卷入销引之中，受到的伤害较前江浙寄寓之人必然尤甚。

乾隆五十四年（1789），两广总督孙士毅上了《筹办省河盐务令众商各出己资通力合办折》，云：

> 截至五十二年冬间奏销为止……实尚未完银六十九万八千六百九十余两……致支发场帑运脚动辄愆期，场丁船户人等在在俱形竭蹙。查粤省发帑收盐，俟运埠行销始完饷课。虽当日立法之初自必因地制宜，而行之日久积成亏帑大弊。其中不肖商人恃有官帑作本，不须自出己资，任意花用。迨负欠日重，势不得不将旧商革退，查产监比，另招殷民接办。骤膺埠务，长途远贾，处处生疏，商伙且视为弱肉可啖，资本更易耗费。充商未久，辄已负欠累累，是以竟视盐务为畏途，一闻招顶，百计逃避，非绳之以法不肯认办。即出身承认之人亦不过甘心亏累，于盐务毫无补救计。惟有令众商出己资，合成一局，俾其利则公众均沾，弊亦互相觉察，庶可力挽颓风，振兴盐务。[2]

这就是后来的"改埠归纲"改革。时人龙廷槐指出，"乾隆五十三年（1788），孙制军以军覆安南，自知卸任在迩，又素属和党，不谐于众，深虑盐库亏空百余万为累，欲照三十九年（1774）拿捉殷户充商填饷"，[3] 道出了孙士毅的阴谋。孙士毅试图仿照李侍尧的方法来解决欠课问题，地方士绅深知李侍尧"捉拿殷户充商填

---

[1] 乾隆五十二年正月二十八日孙士毅奏文，《宫中档乾隆朝奏折》第63辑，第194页。
[2] 道光《两广盐法志》卷20，于浩编《稀见明清经济史料丛刊》第1辑第41册，第609~611页。
[3] 龙廷槐：《初与邱滋畲书》，氏著《敬学轩文集》卷2，《清代诗文集汇编》第452册，上海古籍出版社，2010，第442页。

饷"的后果，自然不肯答应，亦正如龙廷槐所言："奈人已窥破诈局，抗不肯承。"[1] 但孙士毅的继任者福康安，经过一番努力，最终还是促成了"改埠归纲"的实施。

"改埠归纲"酝酿于乾隆五十三年，正式推行于乾隆五十五年（1790）。关于"改埠归纲"的来龙去脉，阮元在道光《广东通志》中有记述，云：

> 康熙三十七年裁去水客，设场商出资养灶，埠商出资收盐。嗣因场商无力，官发帑金收盐，谓之帑本……由盐运司给发场员，在于各场收买，并发给艚船水脚运至东关，配给各埠，所有运库发场之盐本水脚，即责令埠商于拆运引盐之时按包缴回，谓之盐价。递年帑本、盐价辗转转输。嗣因省河各埠商力疲乏，转输不全。乾隆五十[五]年奏准改行纲务，令众商捐集资本，在省河合成一局，公同经理。各场盐斤由公局商人自行赴场配运，停止发帑……（嘉庆）十七年清查盐务，因局商经理不善，奏准撤去局商，另择运商办理。[2]

"改埠归纲"是两广总督孙士毅为逃脱拖欠盐课及帑本的罪责而"派捐纲本"引致的一次盐政改革。这一改革并没有使两广食盐运销制度发生实质性变化，它只是一次官与吏甚至绅衿对广东老百姓的搜括，带来的也基本是孙士毅个人的私利、清政府略有可靠的盐课收入和广州府五县老百姓的灾难。[3]

1　龙廷槐：《初与邱滋畬书》，氏著《敬学轩文集》卷 2，《清代诗文集汇编》第 452 册，第 442 页。
2　道光《广东通志》卷 165，《广东历代方志集成·省部》第 18 册，第 2716 下页。
3　参见黄国信《清代乾隆年间两广盐法改埠归纲考论》，《中国社会经济史研究》1997 年第 3 期。

第五章 "场商养灶"及其变体：18世纪的发帑收盐与盐场秩序

盐场裁撤是孙士毅"改埠归纲"主要内容的一部分。乾隆五十四年（1789）十一月，福康安上《筹办省河盐务事宜折》，条议改埠归纲章程八款，获得户部的允准而推行。其中一款就是详议裁场事宜，现将该款全文内容抄录如下：

> 场产今昔情形不同，请将原额变通，核定场员考成也。查各场收盐旧有定额，而今昔情形实有不同。其在歉收场栅尚不过虚报充数，而旺产之场栅遂至私盐泛滥。所有查明歉收之白石东、西及茂晖三场，应请将年额量为核减，其丹兜、东莞、香山、归靖四场，即请裁撤。所有量减及裁撤之盐额，均摊入旺产场分运配督收，将池塥改为稻田，准令场丁照例承垦升科，并将裁撤之场员拨令于旺产处所分栅管理。现饬运司转饬各府，再加确查妥议，到日造册咨部查考。至场员向例按额督收，如额外多收一分至三分者，分别记功议叙，缺额三分以下至四分以上者，分别记过斥革。其实缺收一分之官盐即多留一分之私盐，私贩充斥未必不由此。今商攒盐本较之从前不啻加倍，则场产即使于足额之外犹有余盐，亦不患其收买之不速。而杜私之法与其严处分于沿途，不如专责成于本场。且同一责成，与其据本场月报之空文，不如核该商报运之实数。应于设立公局并将场额通盘核定为始，凡场栅额收盐斤俱已业经配运开行者，方准作为收数入于旬月报之内，每半年由运司会核一次。如实较定额多配盐若干，即予记功奖赏；实较定额少配盐若干，即查照分数参处。庶考成俱归确实，而各场员不敢仍前虚报，致留走私地步。[1]

---

[1] 道光《两广盐法志》卷20，于浩编《稀见明清经济史料丛刊》第1辑第41册，第638~640页。

福康安认为"各场收盐旧有定额，而今昔情形实有不同"，"其在歉收场栅尚不过虚报充数，而旺产之场栅遂至私盐泛滥"。他提出的解决办法是"所有查明歉收之白石东、西及茂晖三场，应请将年额量为核减，其丹兜、东莞、香山、归靖四场，即请裁撤"。在福康安看来，由于"场产今昔情形不同"，所以应该"将原额变通，核定场员考成"。他所强调的是"虚报充数"与"场员考成"，这与清代盐法有关。清代盐务官员和地方官的升迁与盐课考成有密切的关系。雍正六年（1728），广东东莞盐场大使胡文焕就因缺少盐额，被革职留任、限期半年内补足。[1]"乾隆四十九年六月，户部咨覆前任两广总督巴延三疏，言：广东各府州县场灶迁移，灶丁田塌共缺征银三千七百一十四两一钱五分三厘。"[2]乾隆五十年（1785），两广总督舒常又奏称，广东各府州县场灶迁移，灶丁田塌共缺征银三千六百九十三两六钱八厘。[3]而"东莞灶课银九百九十两八钱八分五厘，香山灶课银四百四两三分八厘，归靖灶课银一千九百四十两四钱四厘"，[4]其数目总和恰好与乾隆四十九年、五十年缺征银两数略等。但是否所缺征银两者就是东莞等三场，不得而知。

又《清盐法志》记载：

> 乾隆五十九年八月议准，海晏场垦复灶税，照例移抵缺征丁课，靖康、归德、东莞三场缺征银两毋庸招垦。……广州府属东莞县靖康场，新安县归德、东莞二场，业于乾隆五十五年

---

1 转引自容达贤《古代深圳的盐业生产》，郭祥焰主编《深圳文史》第4辑，海天出版社，2002，第217~225页。
2 道光《两广盐法志》卷22，于浩编《稀见明清经济史料丛刊》第1辑第42册，第189页。
3 道光《两广盐法志》卷22，于浩编《稀见明清经济史料丛刊》第1辑第42册，第193页。
4 《清盐法志》卷233《两广二十·征榷门》，第5a页。

第五章 "场商养灶"及其变体：18世纪的发帑收盐与盐场秩序　　• 375 •

奏准裁撤在案，所有缺征银两应毋庸饬令招垦。[1]

可知，裁场之后，三场所缺征银两"毋庸招垦"，这就刚好抵销了广东每年灶丁田塌缺征的欠额。但是，如果裁场仅仅是为了解决这三千多两银子的缺欠，似乎太小题大做了，毕竟这三千多两对于孙士毅所奏之两广欠课项六十九万余两来说，[2] 根本不值一提。

前引福康安的《筹办省河盐务事宜折》还反复提到另一个重要的信息，他先是说"旺产之场栅遂至私盐泛滥"，接着强调"缺收一分之官盐即多留一分之私盐，私贩充斥未必不由此"，最后指出此举"庶考成俱归确实，而各场员不敢仍前虚报，致留走私地步"。可知，裁场或多或少也与试图解决私盐问题有关。

在"改埠归纲"中，孙士毅于各州县派捐盐本，"独广府六大县分认几于百万，东莞绅士抗不肯承，止余五县，而南海、顺德分认至四十万，顺德苛派廿四万"。[3] "东莞绅士抗不肯承"与东莞场私严重、盐引难销不无关系。虽"绅士抗不肯承"，县官却是逃脱不掉的。"县官虽已分认"，却"劝捐无人，因循不行"，因而"孙制军飞札张广府、张司马及各县县令，内言边事犹缓，盐务为急，所有应捐纲本克日照数办缴，无挠新政"。[4] 为此，地方官员迫切希望能够解决此事。如何才能解决私盐尤其是场私的问题呢？阮元指出：

---

[1] 《清盐法志》卷233《两广二十·征榷门》，第5b~6a页。
[2] 参见孙士毅《筹办省河盐务令众商各出己资通力合办折》，道光《两广盐法志》卷20，于浩编《稀见明清经济史料丛刊》第1辑第41册，第609~611页。
[3] 龙廷槐：《初与邱滋畬书》，氏著《敬学轩文集》卷2，《清代诗文集汇编》第452册，第443~444页。
[4] 龙廷槐：《初与邱滋畬书》，氏著《敬学轩文集》卷2，《清代诗文集汇编》第452册，第444页。

> 夫产盐者场，办课者商，商盐不销，而饷课或绌者，私为之害也。私盐肆行而商埠受充者，场为之漏也。欲场之无漏，必先优恤灶丁，生计足而余盐收，场漏自息。[1]

要解决场私问题，就必须从盐场本身入手，这个道理大概地方官员都是懂得的。乾隆十九年（1754），两广总督班第就曾上奏，言："灶丁，滨海穷民，以煎晒为业。当春季夏初雨水过多，煎晒之功倍加劳瘁。应令各该府确查情形，详请酌核加价收买，轸恤穷丁。"[2] 抚恤灶户的类似措施确有不少，但几乎收不到成效，以致虽有严厉的处罚条例规定，灶丁仍不惜冒死走私，私盐屡禁不止。历史表明，通过优恤灶户来解决场私问题是不太可能实现的。

阮元的道光《两广盐法志》提供了一条相当重要的材料：

> 乾隆五十五年设立纲局，局商因东莞、香山、归靖三场逼近省河，防有私盐充斥，且所产盐包系附近之埠坐场配运所收，场价有亏场美，将此三场及高州府石城县境内之丹兜场一并裁汰，所有应完场课在于纲商局美缴完。[3]

可见，他们采取了裁撤盐场以杜绝场私的办法来解决这个难题。材料中，阮元明确指出裁场是"局商"的意见，而且原因是"东莞、香山、归靖三场逼近省河，防有私盐充斥"，这样一来，就解决了产盐之地卖盐难的问题，解除了地方官员和商人的担忧。《清盐法志》中也记载道："乾隆五十六年二月，覆准东莞、香山、

1　道光《两广盐法志》卷4，于浩编《稀见明清经济史料丛刊》第1辑第39册，第500页。
2　道光《两广盐法志》卷12，于浩编《稀见明清经济史料丛刊》第1辑第40册，第667页。
3　道光《两广盐法志》卷9，于浩编《稀见明清经济史料丛刊》第1辑第40册，第375~376页。

第五章 "场商养灶"及其变体：18世纪的发帑收盐与盐场秩序

归靖、丹兜四场裁撤，应征场课银两，俟养淡升科后计税抵补。……而应征前项场课，并据该局商陈元章等吁请，情愿归于局羡缴完以足原额，应请俟东莞等四场养淡升科之后，计税若干割为抵补，如有不敷，归局缴足等语，应如所咨办理。"[1] 这更加有力地说明了商人曾参与裁场策划并通过裁场保护自己的利益。东莞、归靖二场刚一裁撤，局商温永裕等就"禀请将东莞县熟引归局运销"，提出"运盐按都分派"，[2] 使得"东莞绅士抗不肯承"的局面终被打破。但实际上，东莞等地的官盐销售市场并没有就此打开，到乾隆五十七年（1792），县民冯元福等就"复请吁停止设埠"，理由是"小民趋利若鹜，不肯弃随地无价之盐，反向官店售买"，[3] 同时，省河的缉私也没有取得什么效果。[4] 由此可知，裁场并没有达到地方官员和商人所要的效果，官盐难销的问题没有得到解决，而在嘉庆十七年（1812）"改埠归纲"也最终宣告失败，仅仅推行了二十二年。[5]

---

1 《清盐法志》卷233《两广二十·征榷门》，第5页。
2 民国《东莞县志》卷23，《广东历代方志集成·广州府部》第24册，第268页。
3 民国《东莞县志》卷23，《广东历代方志集成·广州府部》第24册，第268右下页。
4 嘉庆朝该地区私盐问题仍然极其严重，参见黄启臣、黄国信《清代两广盐区私盐贩运方式及其特点》，《盐业史研究》1994年第1期。并参见两广总督松筠、广东巡抚韩崶《奏为拿获广东东莞县袁果等私自贩盐一案事》（嘉庆十六年八月初五日），军机处录副，中国第一历史档案馆藏，档案号：03-2308-020。
5 "改埠归纲"以后，两广盐法确实在食盐运销制度上发生了巨大变化，一改之前的官运官销或者官运商销，而更倚重商人进行经营。"至粤盐出场，初原发帑收买，用艚船装载回关，饬商配运。嗣因帑本停发，又以艚船废坏，遂改由运馆自备资本置船挽运，于是有上、下河之分。下河运馆置备船只请领旗号，分赴各场配盐，由场员定价配盐，配毕给文回关，一面申报舱口价值。及程船回至省河，经东关委员核对场报，验明舱口，复经广粮通判及缉私局员监掣，开舱配兑，按照河兑时价售与上河埠商，其埠商于程船开配时自相买卖，过秤成包。北柜每包准收净盐二百斤，西柜每包准收净盐一百九十五斤，中柜每包准收净盐一百九十斤。另雇驳运船只，报明领配数目请领运照，由西汇关批验大使按包验明后运赴埠地行销。但配运省河盐斤只中、西、北三柜为然。若东柜则坐配东场，南、平两柜则坐配高廉各场，不在此内。此省河运配之大凡也。"（见广东清理财政局编订《广东财政说明书》卷4，宣统二年铅印本，广东省立中山图书馆藏）

总之，因两广盐区欠课逾百万而可能面临重大处罚的孙士毅，想出了"改埠归纲"的法子来逃脱罪责，将其压力转给了省河沿岸的地方官和商人。清初以来，尤其是乾隆中后期，省河官盐滞销愈演愈烈的种种困境，使地方官员和商人已经对官盐深恶痛绝。面对朝廷的派征盐引，他们承也不是，不承也不是，痛苦至极。无奈之下，他们只能设法为销引铺平道路。销引最大的困难在于省河一带私盐猖獗，使得缉私屡屡徒劳无功。最终，他们选择了裁撤私盐泛滥最严重的省河沿岸的各个盐场，试图以此杜绝场私，再加上大力缉私[1]来禁止私盐，促销官盐，保全自己的利益。

第四节 裁场后的盐场生计与聚落变迁

前文已经指出，珠江三角洲地区作为元明时期华南最为重要的产盐区，在清代中期以后经历了重要的转折。盐场被裁撤，盐业也不再是当地的主要经济收入来源。那么，这些地区的人们的生活和生计模式又将是怎样一番景象呢？

"改埠归纲"在嘉庆十七年（1812）最终宣告失败，但是珠江

---

[1] "乾隆五十四年议准：粤省虎门、紫泥厂、桅甲栅、蕉门四处，令局商设立巡船，召募巡役，由守口员弁兼同昼夜巡缉。苦竹派、梅菉镇、平塘江口等三处，亦令局商自行设卡，责成地方官巡缉。至盐船入口到关及分运各柜，均由运司饬知沿途汛口地方催趱前进。倘有迟逾，分别追罚治罪，以杜稽延偷卖，并将无私可截之三水、韶州两关概行裁撤。"参见《清盐法志》卷236《两广二十三·缉私门》，第6b页。

第五章 "场商养灶"及其变体：18世纪的发帑收盐与盐场秩序 • 379 •

三角洲盐场的裁撤已成定局，清末民初东莞人陈伯陶提到盐场时说，"盐场既撤，事同陈迹"。[1] 不过，盐场沿海社会并没有因此发生重大的转变。实际上，盐场的生计模式和社会秩序在很大程度上仍然保留了下来，随着时间推移才开始慢慢发生新的变化。

一 盐场与盐田的处理

虽然盐场已裁，但地方官员和商人所冀望的裁场之后可以禁场私而兴埠盐，却最终很难实现。乾隆五十四年（1789）裁东莞、归靖二场后，"局商温永裕等禀请将东莞县熟引归局运销"。乾隆五十七年（1792），县民冯元福等则"复请吁停止设埠"，理由是"滨海地方斥卤成盐，从前该县盐饷奏请摊入民粮征输，免销埠引，未必非顺从民便，今据呈莞邑无地非盐就便民食，相安已久"，"海滨斥卤无地非盐，其获自然之利者，已相安至百余年之久，一旦驱之买盐，既于民情不甚称便"。[2] 乾隆五十九年（1794），东莞知县彭人杰继任后继续上书讨论此事，他认为"小民趋利若鹜，不肯弃随地无价之盐，反向官店售买，以致官引仍然壅滞"，他接着补充："本邑居民，百余年来未曾买食官引，谁肯向店买盐，必致坐亏成本，纵欲设店亦无人承开。况查裁场后历今数载，县民无淡食之虞，则额引难销更可概见。"[3] 最终设立埠引之事也就不了了之。

盐场裁撤以后，乾隆五十七年，广东巡抚郭世勋在奏折中指出，已将"歉收之丹兜、东莞、香山、归靖四场俱请裁撤"，并将"所撤四场旧署确核估变，造具册结"，"所有估变银三百一十两二

---

1 民国《东莞县志》卷23，《广东历代方志集成·广州府部》第24册，第261右上页。
2 民国《东莞县志》卷23，《广东历代方志集成·广州府部》第24册，第268左上页。
3 民国《东莞县志》卷23，《广东历代方志集成·广州府部》第24册，第268左下页。

钱零","解列入季册报部,拨充兵饷",此外还称,"至裁撤各场池塌,现据各地方官谕令晒丁实力上紧垦筑改为稻田,照例详报升科。此外并无裁改未尽事宜"。[1]

根据裁撤盐场时的规定,以及广东巡抚郭世勋的说法,对盐场盐田的处理办法是,令晒丁实力上紧垦筑改为稻田,照例升科。[2]但事实上,在归靖、东莞等盐场,并未照规定执行,嘉庆《新安县志》记载:

> 乾隆五十四年奉行改埠为纲,其归靖、东莞场俱奉裁撤。饬将盐田池塌拆毁,净尽养淡,改作稻田。升科起征银两以补场课,如不敷,归于纲局羡余缴足。经前县胡会同东莞县史查勘,东莞、归靖二场盐田无几,本系沙石之区,咸水泡浸已久,难以养淡改筑稻田。况照斥卤升科,每亩征银四厘六毫四丝,统计征银有限。若以此些微田税割补丁课,多寡悬殊,有名无实,不若全在局羡完纳等由。禀奉各宪饬佛山同知陈亲临确勘情形,实难养淡升科,仍照县议,请将额征场课银两全归局羡完纳在案。[3]

材料表明,制度上规定盐场裁撤之后,盐田改作稻田,将升科起征的银两抵补灶课,但经过查勘发现,东莞等盐场由于"咸水泡

---

1 署理两广总督印务、广东巡抚郭世勋:《奏为估变裁撤东莞等盐场旧署桨船事》(乾隆五十七年七月初三日),朱批奏折,中国第一历史档案馆藏,档案号:04-01-35-0478-004。

2 关于灶户户籍的问题,由于此时盐场管理已经演变成以盐田的登记和管理为主,而灶户更多的是表现为一种身份认同而非户籍划分,因而裁撤之后也并未见有对于灶户户籍的处理方法。参见李晓龙《盐政运作与户籍制度的演变——以清代广东盐场灶户为中心》,《广东社会科学》2013年第2期。

3 嘉庆《新安县志》卷8,《广东历代方志集成·广州府部》第26册,第321左下~322右上页。

第五章 "场商养灶"及其变体：18世纪的发帑收盐与盐场秩序 • 381 •

浸已久"，通过养淡改筑稻田并不现实，而且实际登记在额的盐田不多，即便改筑升科，所得银两也相当有限，因此最终将额征灶课银两全部在局羡完纳，盐田则不执行养淡的做法。盐田仍做盐田，灶课仍然继续征收。另外，《清盐法志》的一则材料可以做有力的补充：

> 乾隆五十九年八月……臣部查与该场盐田丁课则例核算应征总数，并核对林成业等报升灶税移抵丁课原案，均属相符，所有前项征复丁课银二两五钱二分二厘零，应准其自乾隆五十七年为始，按年照数征收造报。至五十七年应征课银，已据该督造入是年盐课奏销册内，应于彼案核议具咨。各场缺征银两，仍令该督查照。臣部原行如有垦复，照例题报至靖康、归德、东莞三场缺征银两。既经奏准裁撤，毋庸招垦，亦应如所题办理。[1]

裁场之后，盐田改稻田仍然要征得朝廷的同意，这也说明裁场之后，灶课依旧存在。对于靖康等盐场盐田，只是"毋庸招垦"。实际上，虽然东莞等盐场已经裁撤，但盐田依然存在。到嘉庆十六年（1811），仍有两广总督蒋攸铦奏准东莞场灶户姜京木"因盐埇咸淡交侵，不能晒煎，请改筑稻田"案。[2] 嘉庆十八年一户科题本载：

> 两广总督蒋攸铦疏，称东莞场灶民姜京木禀请将原奉裁撤东莞场西乡厂土名马屋槁树下园等处盐田十一埇，援例改为

---

1 《清盐法志》卷233《两广二十·征榷门》，第5b~6a页。
2 《清盐法志》卷233《两广二十·征榷门》，第6b页。

稻田，升科抵课。经行据广州府李威委员候补知县罗德球，会同新安县知县李维愉确勘，委系沙泥久积，咸淡交侵，不能煎晒，并无重承干碍等弊。兹查由单内载池堘盐课科则，以税玖亩伍厘计盐壹引，征银贰钱叁分。蚁原筑盐十一堘，原税柒拾壹亩陆分伍厘叁毫叁丝肆忽，以玖亩伍厘为壹引征银贰钱叁分核算，原该盐引柒引玖分壹丝零，共征盐课银壹两捌钱贰分壹厘。前请照依斥卤税例，每亩征银肆厘陆毫肆丝，科米肆合贰勺捌抄，未免税少课多，不敷移抵原盐课，若照升税银壹两捌钱贰分壹厘，仅足相抵。今蚁情愿查照新安水田下则例，每亩征粮银壹分柒厘叁毫，共征银壹两贰钱叁分玖厘陆毫，每亩科民米壹升贰合陆勺陆抄贰撮叁圭捌粟，共科米玖斗柒合叁勺贰撮，归于新安县属福永司二都二图五甲户长姜义户内户丁姜京木输纳等情。伏查东莞场原日由单内载盐课与该灶民禀开课则相符，准令灶民姜京木照税收筑稻田，照依水田例六年起征。所有升科田税应征粮银民米，俟嘉庆戊寅年入额征输，应除盐课银壹两捌钱贰分壹厘，亦于戊寅年照数扣除，理合造册详缴察核。[1]

该材料表明，虽然距离东莞盐场裁撤已有 20 多年，但仍然发生东莞场灶民姜京木奏请将名下盐田十一堘改为稻田的事情。结合上文可知，裁场之后，盐田依旧存在，而且需要供纳灶课。这次姜京木申请盐田改稻田，实际上是在上述"额征场课银两全归局羡完纳"下的变通。地方官员原本以盐田无法养淡且照斥卤升科所得银

---

[1] 文渊阁大学士庆桂等:《题为遵议广东东莞场盐田改为稻田升科抵课事》(嘉庆十八年五月二十三日)，内阁户科题本，中国第一历史档案馆藏，档案号: 02-01-04-19374-026。

两不足抵补灶课为由，反对盐田改筑，但姜京木的盐田"委系沙泥久积，咸淡交侵，不能煎晒"，并且他愿意按照"新安水田下则例，每亩征粮银壹分柒厘叁毫"来纳课。按照新安水田下则例，姜京木名下的盐田可纳银 1.2396 两，较按照"斥卤升科，每亩征银四厘六毫四丝"仅纳 0.3294 两为多，科米也从每亩肆合贰勺捌抄变为壹升贰合陆勺陆抄贰撮叁圭捌粟，较原定处理办法多纳不少税粮。这样一来，改田后的税粮，较原灶课的壹两捌钱贰分壹厘相差无几，因而也得到了批准。另外，盐田改稻田后，除豁灶课也要于当年"照数扣除，理合造册"表明，虽然盐场裁撤，但对灶课的管理还是非常严格的。

种种迹象表明，盐田并没有随着盐场的裁撤而尽数消失，反而保留下来，继续承担灶课，盐田的改筑，仍然需要得到朝廷的批准。这一点是否与乾隆朝以后东莞地区仍然盛行私盐的情况有关，我们不得而知。但相信盐田的存在，一定会使盐的流通在当地社会仍具有一定的合法性，且地方上极有可能会借机流通私盐。

二 盐民生计与盐场社区的变化

乾隆中期以来，虽然珠江口盐场食盐生产逐渐显示出衰落的景象，但这段时间也是清初以来沿海地区宗族活动最为频繁的时期。这也说明裁场之后，盐场的衰落并没有影响到地区的发展。在原归德场内，乾隆五十九年（1794），沙井陈氏始建陈氏宗祠，堂号义德，祭祀太始祖陈古灵、始祖陈朝举等。[1] 沙井其他家族，如步涌江氏大祠堂、新桥曾氏大宗祠也声称建成于乾隆年间。原靖康场内的

---

1 《宝安沙井义德堂陈氏族谱汇编》，2006，第 321 页。

凤冈陈氏，乾隆甲戌年（1754）陈作屏"倡修凤冈陈氏家谱"。[1]据说到清末为止，北栅全村陈氏（即凤冈陈氏）的祠堂共有96座，当时有"北栅祠堂当粪坑"之说，而这些祠堂大多数建成或重修于乾嘉道年间。这样的情况为何能够出现，下文将通过若干具体的例子，呈现乾隆裁撤盐场前后盐民的生计情况。

（一）南头黄氏的鱼埗经营

宝安南头黄氏，所居在东莞盐场叠福栅内。据称其先原系江西南昌府人，宋南渡以后"入粤宝安立籍"。[2]至乾隆三十一年（1766）编修族谱时始厘清六大房，"绘数图以九世分房起至二十世"。[3]

根据族谱记载，南头黄氏所在的外长洲一带，最早是乾隆十一年（1746）由新安县二都七图花户黄金进禀请承垦的。"土名外长洲荒地莆亩，原垦刘东文等见系洋海孤洲，荒熟无定，不愿垦耕"，因而"召附近贫民垦升管业"，黄金进"原系二都七图花户贫民，并无寸土耕锄，向在外长洲捕鱼度活，替人做农觅食"，见状报垦得允，"但此山系洋海孤洲，四围咸潮，坑陂流小"，"照斥卤例列册报升税五十亩"。[4]乾隆二十四年（1759），南头黄氏从黄金进处将外长洲买去，税五十五亩，在黄保户内，乾隆二十九年（1764）又垦报五十亩，合一百零五亩，在二都七图十甲黄保户的名黄庆祥、黄庆联二户内。[5]此后，南头黄氏通过不断的购买，逐渐扩展在周边的产业，其中包括东莞场叠福栅的盐田。据称：

1　《凤冈陈氏族谱》卷7，第106页。
2　《东粤宝安南头黄氏族谱序》（弘治八年），《东粤宝安南头黄氏族谱》卷上，同治甲戌刻本，第1a页，深圳市博物馆藏。
3　《东粤宝安南头黄氏族谱》卷上，第12b页。
4　《汪太爷给发黄金进承垦长洲执照》，《东粤宝安南头黄氏族谱》卷上，第10a页。
5　《高太爷给发黄礼金长洲税地执照》，《东粤宝安南头黄氏族谱》卷上，第8页。

第五章 "场商养灶"及其变体：18世纪的发帑收盐与盐场秩序

土名蕉冈头大蓢、大坡、茅沥尾、布巷、鹧鸪湾、坑尾六处税田共食种一石六斗七升，载上则民税一亩六分六厘，上则灶税五亩。乾隆三十年，凭中黄英杰买受蔡裕宗侄蔡伯光田，价银八十七两纹马，税在一都十图九甲户长蔡联的名蔡裔祥，场税叠福栅户长的名同，三十年四月内收割归黄堡户内办纳。[1]

在南头黄氏经营的产业中，占得最多的是鱼埗。如在买受外长洲的同时，"通洲鱼埗、牵湾尽归祠管"。[2]

乾隆十九年（1754）买回"赤储即赤柱、深浅水、小土名铁坑、汤波、孖冈、银洲、园眼湾、大树湾等处鱼埗及牵湾一带"。[3] 乾隆三十年（1765），从龙姓买回担杆洲、通洲山场鱼埗，课米载在黄保户内。[4] 又乾隆三十一年（1766）正月，从二都七图九甲户长姚祖户丁姚尚诏的名姚舜胤处买进土名海暗水石浮棚鱼埗七处。[5] 这里所列鱼埗仅为南头黄氏所拥有的小部分，经过乾隆一朝的买赎，南头黄氏基本拥有了南头北头乡、前海埗、长洲、赤柱埗、担杆洲等处的大部分鱼埗。

嘉庆《新安县志》记载："二都七图，鱼课原额课银六十五两三钱七分三厘，闰银七两七钱六分六厘。"[6] 南头黄氏的鱼埗产业即在二都七图，由此可知，南头黄氏从清乾隆中期开始，通过产业扩展，坐拥了新安南头沿海一带和长洲岛的鱼埗经营权。宗族占据渔利的

---

1 《东粤宝安南头黄氏族谱》卷上，第4b页。
2 《东粤宝安南头黄氏族谱》卷上，第6b页。
3 《东粤宝安南头黄氏族谱》卷上，第7b页。
4 《东粤宝安南头黄氏族谱》卷上，第7a页。
5 《东粤宝安南头黄氏族谱》卷上，第6b页。
6 嘉庆《新安县志》卷8，《广东历代方志集成·广州府部》第26册，第323左上页。

做法，由来已久，如康熙《新安县志》记载："如分流湖一海，乃新安诸水潴汇之区，秋杪邑民采捕黄花鱼，以为完课糊口之需，而异豪谋出海税，欲攘而有之。"[1]

（二）贸盐与私盐

鱼埗以外，沿海居民的贸易仍旧与盐不可分离。藏于葡萄牙东波塔国家档案馆的"清代澳门地方衙门档案（1693~1886）"中有从道光二十九年（1849）起连续三年两广盐运使司颁发给同一户渔民姜植兴的3件"渔户执照"。这份执照中称，渔户"姜植兴买到新安埠引盐二百斤，出海腌制咸鱼，准照本境海面采捕，毋得越境"。执照中的"新安埠"可能指的是前文讨论过的新安县的白石埠，是疍民渔户集中的地方，也是原来东莞盐场的所在。执照中的"固成鲜艇一只，载盐二十五担"字样也证明姜植兴应是这一带的渔户。发给执照原本是为了对渔户运盐出海进行限定，即执照中称"渔户买引填明盐数，以别官私，便于稽查"。之所以要"别官私"，是因为常有沿海渔户以出海捕鱼为名偷运食盐出海，其中不乏将食盐转售以做私盐流通者。盐场虽被裁撤，但产盐活动并未因此就完全消失，渔户贸盐仍然是地方的生计之一。

乾隆至道光年间，沿海的不少居民仍是以海洋江河为生，或从事水运，间或劫掠海上。据载，有谭华瑞等，"籍隶东莞县，驾船度活"，于乾隆四十九年（1784）造商船一只，船名"谭有利"，"领有东莞县牌照，向来受雇神安郴永乐各埠，赴场运盐"。如乾隆五十一年（1786），"郴永乐埠司事谈冼又雇该船往电茂场运盐"。不

---

[1] 康熙《新安县志》卷6，《广东历代方志集成·广州府部》第26册，第84左下页。南头黄氏的故事，除了涉及清中期以后盐场的生计，还包含海岛的开发管理以及沿海渔民的生计和出路问题，笔者将另文讨论。可参见杨培娜《生计与制度：明清闽粤滨海社会秩序》；王潞《清前期岛民管理研究》，博士学位论文，暨南大学，2012。

过在该次运盐过程中,"驶至老万山湾泊,米饭将尽。谭华瑞以运盐赚银有限,起意商同李祥吉等行劫过往货船,得赃分用,俱各应允",此后犯案得手数次。从该档案的记载推测,谭华瑞等应是原靖康场一带人氏。材料中称,谭华瑞等行劫获利后,"驾船仍由三门进口,回至太平墟沙角湾泊,将定钱交还谈冼,又诡言不愿运盐,何耀学等亦各散回家"。其后,谭华瑞等贼心又起,遂"前往虎门寨向熟识外委赵承恩捏称出海运盐防备盗贼,租买军器",再次出洋劫掠。[1] 太平墟、虎门寨,俱在盐场附近,且谭、何、陈、麦等姓也均是原盐场地区的主要家族。

有清一代,珠江口一带的私盐贸易相当严重,在盐场裁撤之后,这种情况并未随之改善。[2] 嘉庆十三年(1808)新安县缴获的一起私盐案,船户"吴美复贩卖私盐七千六百四十斤,温组发贩卖私盐六千六百四十斤"。[3] 又嘉庆十六年(1811),东莞地区有船户梁兴利一次出卖私盐五万斤;船户陈辉泰一次出卖私盐十二万斤。[4] 可见,盐场虽裁,制盐却并没有完全停止,以致州县的商人盐引依旧是无人买食,销售无路。

文献记载仍可反映原盐场地区私盐贸易的大致情形。嘉庆十六年,两广总督松筠、广东巡抚韩崶"奏为拿获广东东莞县袁果等私自贩盐一案事"称:

---

[1] 两广总督孙士毅、两广巡抚图萨布:《奏为严审外洋行劫盗犯谭华瑞等及租卖军火外委赵承恩兵丁吴有亮从重定拟等事》(乾隆五十一年闰七月二十八日),朱批奏折,中国第一历史档案馆藏,档案号:04-01-08-0072-005。

[2] 参见黄国信《乾嘉时期珠江三角洲的私盐问题——中国第一历史档案馆一则关于东莞盐务档案的解读》,《盐业史研究》2010年第4期。

[3] 朱檀:《粤东成案初编》卷30《杂澂》,第35页。

[4] 两广总督松筠、广东巡抚韩崶:《奏为拿获重载私盐人犯,先行审明议拟恭折》(嘉庆十六年八月初五日),朱批奏折,中国第一历史档案馆藏,转引自黄启臣、黄国信《清代两广盐区私盐贩运方式及其特点》,《盐业史研究》1994年第1期。

访闻东莞地方有私贩出没等情，当即檄饬严密查拿。随据东莞县知县钟祥禀报，会同署游击陈国宝督带兵役亲往麻涌地方查拿私盐。船户人等闻风逃散，当时拿获陈达行、袁复检、袁亚六、袁广载、莫亚波等五名，私盐三船共六百零四包，计重一十二万斤。[1]

陈达行等人，"籍隶东莞，贸易营生"，袁孚选则"向在麻涌地方开张杂货店生理"。陈达行等因与袁孚选熟识，"嘉庆十六年四月二十日，袁孚选至陈达行家探望陈达行。道及生理清苦，闻大奋村各处有船户带卖私盐，价钱甚贱，袁孚选店内易于销售，起意贩买私盐交袁孚选出卖，获利分用，袁孚选应允"。当时东莞地方，如大奋村，多有船户带卖私盐，可见私盐泛滥。广东场盐本来仍归海运，而"每有刁民收私贩私以致官盐钝销，有碍引饷"。[2] 究其私盐之来源，材料中称：一系"二十八日，陈达行前赴大奋村，用价银二百一十两，向船户黎兴利买得私盐五万斤，用原船运至麻涌，交袁孚选收贮售卖"；一系"六月初三日，陈达行又在广济墟用价银四百一十四两，向船户陈辉泰买得私盐十二万斤"。[3]

其中广济墟即在虎门附近，是靖康盐场内的主要河道广济河上的重要集市。乾隆年间，广济墟逐渐兴盛，成为该地区重要的商贸集市。嘉庆十六年（1811），靖康场内仍然是私盐盛行，陈达行能在广济墟一次性购买私盐十二万斤，也说明了当地私盐交易量之大。

---

1 两广总督松筠、广东巡抚韩崶：《奏为拿获广东东莞县袁果等私自贩盐一案事》（嘉庆十六年八月初五日），军机处录副，中国第一历史档案馆藏，档案号：03-238-020。

2 两广总督松筠、广东巡抚韩崶：《奏为拿获广东东莞县袁果等私自贩盐一案事》（嘉庆十六年八月初五日），军机处录副，中国第一历史档案馆藏，档案号：03-238-020。

3 两广总督松筠、广东巡抚韩崶：《奏为拿获广东东莞县袁果等私自贩盐一案事》（嘉庆十六年八月初五日），军机处录副，中国第一历史档案馆藏，档案号：03-238-020。

第五章　"场商养灶"及其变体：18世纪的发帑收盐与盐场秩序　　• 389 •

嘉庆年间，为了加强管理，缺口司署移建到广济墟处，道光二十五年（1845）又建虎门同知衙署于此。嘉庆时期的东莞县令仲振履便认为："东莞、番禺、顺德、香山、新安濒海之地，去县窎远，贫蜑奸民或搭寮于山凹，或驾艇于水次，形迹诡秘，迁徙无常。村中间有富监耆老，类多由盗劫起家，大者驾红单船装载酒米糖果赴各路贩卖，小者家置虾笱艇出洋采捕鱼虾。遇有客船载重者，一呼而集恒数十人，杀劫货物，驶至外洋偏僻之地，分携赃物而窜。官为查拿，闻生者出结保领，委系贸易良民，而实则以盗保盗也。"[1] 仲振履分析沿海状况的目的在于增设虎门同知，希望"凶匪畏惧不敢复炽，盐枭私贩必知所畏惧"。从后来设立虎门同知，并建衙署于广济墟，也可以明白当时虎门地区私盐之严重。

（三）其他经营——草织和养蚝

乾隆五十二年（1787）进士、顺德人龙廷槐在嘉庆年间所作的《初与邱滋畬书》中提到东莞、新安一带的生计时称："东莞县濒海而卤，故沙田不及香山之腴。而圈筑沙坦之工亦逊于香，故坦田较少。其环乡之围田、潮田、蔗地足称上饶而不能多"，又"新安县田亩腴瘠各半，不农则鱼盐为业，濒海行店颇饶"。[2] 龙廷槐道出了东、新沿海一带的生计特点。上述若干例子，也正是这一特点的体现。嘉道以后，由于外国商人的介入，以及盐场裁撤后盐的因素也逐渐减弱，东、新沿海逐渐加强其他产业的经营，包括此前已经存在的草织、养蚝等。

靖康场一带原本就是咸草生长的地方，据载元明时期该地草织业已经流行，但日益兴盛则是自清代以后。《广东新语》称："东莞

1　民国《东莞县志》卷33，《广东历代方志集成·广州府部》第24册，第365下页。
2　龙廷槐：《敬学轩文集》卷2，《清代诗文集汇编》第452册，第446~447页。

人多以作莞席为业。"[1] 又民国《东莞县志》记载:"莞席近销行外洋,靖康濒海诸乡种植愈夥,制作愈工,每一席庄用男妇百数十人,获利甚巨,实出产一大宗。"[2] 约成文于雍正年间的《复邑侯沈公书》提到盐场地区的生态变化时也称:"鱼游鹤立之地,变为新坦,种草种稻者不知凡几,安知靖康地方非昔日煮盐之场,今变为禾麻菽麦之区乎?"[3]

至清代后期,由于盐场的裁撤,沿海咸草的生产范围扩大,加之草织逐渐为洋商所重视,当地开始对咸草进行技术上的改良。当地从连滩引入人工水草种植,又对咸田加以改良,草织产量得到很大提高,虎门因而也成为东莞沿海重要的草织贸易地。据说广州、香港一带的洋商多开厂设庄于太平墟一带,当时太平墟附近作坊、店铺林立,往来贸易者众多。"咸丰年间太平墟已出现如'昌隆'等专事加工的大型草织作坊,连传教士也在镇口开设席庄收购出口……同治时期,商人资本扩大,太平的'源合'厂常住工人五六百人,还在郁南、连滩、莞城等地开办作坊和商行。"[4] 草织确实给虎门地区的人群带来了许多的利润。"据一份回忆材料显示,上世纪三十年代(20世纪30年代),当时草耕面积达3万多亩,每亩草田收入比稻田增收约30%,折合稻谷每亩增收150~200斤,按当时谷价每担为5~6元计,仅草田一项增收达40万元",又"据太平

1　屈大均:《广东新语》卷16,《清代史料笔记丛刊》,第455页。
2　民国《东莞县志》卷14,《广东历代方志集成·广州府部》第24册,第179左下页。
3　陈锡:《复邑侯沈公书》,《凤冈陈氏族谱》卷11,第56~57页。
4　邓慕尧:《虎门:自然资源的经济流通与社会人文发展》,《珠江三角洲盐业史料汇编——盐业、城市与地方社会发展》,第501~502页。邓慕尧为虎门怀德村人,东莞文联副主席,其任虎门公社文宣队长、虎门文化站副站长、站长期间,曾在虎门地区进行长期的访谈、记录,对虎门历史较为熟悉。在笔者2010年与其的几次访谈中,邓先生曾以此文相示,以介绍清代以来虎门地区的经济经营。

第五章　"场商养灶"及其变体：18世纪的发帑收盐与盐场秩序　　• 391 •

镇（即太平墟）草织厂人回忆，抗日战争前，草织工人2000多人，40%家庭加工绳、席作为辅助经济，加上草农种植、破草，连同各类产品厂外加工，虎门沿海的草织生产牵动了近半人口的饭碗，并连锁带旺了水运业。当时往来的花尾渡、长河渡、区间渡，货帆船达四五百艘"。[1]

　　草织业成了晚清虎门地区的支柱产业。当地的集市，也从前文提及的广济墟迁移到太平墟，当地有"有太平无广济"的说法。而这一变化，除与草织业的兴盛有关外，也与嘉庆以后朝廷对虎门地区的私盐贸易、海外活动管理加强有关。道光二十六年（1846）便增设虎门同知于广济墟。道光二十四年（1844），两广总督程矞采下令，在虎门一带进行屯田，开发沙田，原来盐场的人群也适时地参与到这次屯田之中，据载：

　　　　虎门等处炮台现经修复，必须重兵防守，而兵额未便请添，查出虎门附近及大角、沙角一带，多有淤出沙坦，可以围筑成田，令人承种。以本地之田养本地之民，即以种田之民为御海之兵……就所圈各坦分别上中下三则，相地亩之肥硗，定区分之多寡。每区自六亩至八九亩，或十亩不等，每屯兵一名，给田一区。每屯兵五十名，设屯长一名，给田二区。每一围酌留禾田数亩至二十余亩，以为晒禾及耕寮之地。择用"爱育黎首，臣服戎羌，遐迩一体，率宾归王"十六字挨次编号，统计屯田一十六图，共得田一百三十九顷余亩，可召募屯丁

---

[1] 邓慕尧:《虎门：自然资源的经济流通与社会人文发展》，《珠江三角洲盐业史料汇编——盐业、城市与地方社会发展》，第505页。

二千余名。当即示附近虎门一带年力精壮居民保结承充。[1]

清代后期，由于珠江口地区受到外国势力的侵扰，朝廷开始在该地区建设较多的军事据点，并同时为了配合军队的驻扎，开始开发沿海滩涂，也因而改变了盐场社会。虎门一带沿海围滩屯垦带来的直接后果是广济河的日渐淤塞，因而促使往来的船艇逐渐移泊到太平涌一带，这才带来太平墟的兴起。

晚清虎门草织业加工也影响到当地聚落形态的发展。现今虎门靠近太平墟一带的村落，有不少据称形成于清中后期。如小捷滘村，系康熙四十二年（1703）长安厦岗田螺岗的钟姓迁居来此，旧时村前为滩涂，村民出入需摆渡。[2] 宴岗一带，系虎门围垦屯田后逐渐形成的农耕村落。[3] 博美、官涌（今合称博涌村）一带，地近太平墟，历史上以水草种植为主要产业。[4] 郭武、金洲一带，历史上以盛产水草著称。[5] 今路东村一带，民国时期系十几个基围小村，杂居多姓，居民相传是道光、咸丰年间从中山、番禺一带迁入的疍民，在该地佃种水草。[6] 以上所举数例中几乎所有的村子都位于广济墟、太平墟附近，即靠近今天虎门镇的西部一带，而传统的盐场区域则多集中在虎门的中东部。当地民谚所传"先仁和后镇口，有广济无镇口，有太平无广济"在一定程度上反映了清代虎门一带经济中心的转移过程，同时也是清代盐场制度改革下的地方脉络映射——清初

---

[1] 署理两广总督程矞采：《奏为虎门一带屯田酌定章程将招募屯兵分守炮台事》（道光二十四年三月初八日），宫中档，中国第一历史档案馆藏，档案号：04-01-01-0816-045。

[2] 《东莞市虎门镇志》，第98~99页。

[3] 《东莞市虎门镇志》，第101页。

[4] 《东莞市虎门镇志》，第94页。

[5] 《东莞市虎门镇志》，第97页。

[6] 《东莞市虎门镇志》，第102页。

第五章 "场商养灶"及其变体：18世纪的发帑收盐与盐场秩序 • 393 •

盐场的重建伴随着北栅仁和墟的兴起；饷归丁粮以后镇口、白沙成为新的贸易中心；盐场裁撤之后，广济墟由于交通便利逐渐成为商贸和私盐交易的地点；道光围垦屯田、虎门同知的设立以及草织业的鼎盛，使太平墟取代广济墟成为东莞县西南的主要商贸中心。

在归德盐场，原来的"盐灶"在盐场裁撤之后，也逐渐演变成村落。[1]沿海村落的家族通过发展种蚝业等，依然保持着在当地社会中的重要地位，其中尤以沙井地区为著。嘉庆《新安县志》称："蚝出合澜海中及白鹤滩，土人分地种之，曰蚝田。"[2]晚清至民国，蚝田几乎占据了新安西部大部分沿海地区。据载："民国时期，沙井蚝区的划定范围是北起磨碟企人石，西至龙穴洲，南至福永海面，东至沙井草坦。从茅洲河口开始，东南西北中都立有界石，分为10个小蚝塘：沙口、德和、合澜、冠益、深水函、渝肥、东宝环、黑松林、纪合、大益。"[3]范围几乎包括了虎门以南至东宝河口一带海域，1932年时面积达到200余顷。[4]1951年《宝安县第四区沙井村蚝业调查》中记载，沙井的养蚝海区已经扩张到沙井、福永、黄田、固成、西乡、南头、后海等地。[5]从事养蚝的主要是沙井陈氏家族，其自称始祖为南宋淳熙进士陈朝举。沙井土改时分为一村、二村、三村、四村4个村子，并区分农民和蚝民，后来成立了四个农业初级社和四个蚝业初级社，并最终形成今天的沙一、沙二、沙三、沙四、蚝一、蚝二、蚝三、蚝四八个村子的格局。[6]据当地人讲，沙井

---

1 巡检司等成为管辖沿海村落的重要机构。参见嘉庆《新安县志》卷2，《广东历代方志集成·广州府部》第26册，第233~246页。
2 嘉庆《新安县志》卷3，《广东历代方志集成·广州府部》第26册，第256右上页。
3 《沙井镇志》，吉林摄影出版社，2002，第197页。
4 《沙井镇志》，第198页。
5 《沙井镇志》，第198页。
6 赖为杰主编《沙井记忆》，第9页。

陈氏原本是归德场的盐户，从事制盐业，清中期裁场以后大规模转向养蚝业。

沙井村内，现有南、北二祠。南祠为梦龙公祠，沙井陈氏始迁祖，北祠为朝举公祠。朝举公一说为古灵公从弟，[1]一说为古灵公次子。[2]沙井陈氏在建立朝举公祠之后，始倡重修族谱，但旧谱载"惟修自本祠隽俗公，舍远从亲，枝叶弗图蔓引"，以致"朝举公一本三支，长燕川，次荷坳，三沙井，地隔系繁，未及悉载"，遂"征文考献"，"幸成卷帙"。[3]隽俗祖即沙井陈氏的祖先。又因本族迁居渡岗之后，"与古灵公嫡裔绣错而居，互敦雍睦"，且"今始祖既悉我始祖从服弟兄，则谓北祠之家乘，聊以当南祠家乘也，其可交相维系，赖以不坠"。[4]沙井两大陈姓，即后来的南祠和北祠实际上也是乾隆末年才联合在一起的。

当地人称，嘉庆以后，原来因盐业兴起的茅洲义和墟逐渐失去优势，[5]沙井陈氏在村内新凿一条横贯沙井的人工河，称永平河。该河接自茅洲，到下涌入海。[6]下涌逐渐成为沙井一带蚝船停靠和出海的起点，并形成新的墟市，称沙井墟。[7]它与附近同属于沙井的云林墟互相呼应，成为蚝产的商贸地。蚝民也因此在下涌附近建立了一座洪圣庙，俗称"大王庙"。

1　《重修隽俗祖近支族谱序》（乾隆五十九年），《宝安沙井义德堂陈氏族谱汇编》，第63页。
2　《族谱序》（光绪十六年），《宝安沙井义德堂陈氏族谱汇编》，第64页。
3　《重修隽俗祖近支族谱序》（乾隆五十九年），《宝安沙井义德堂陈氏族谱汇编》，第63页。
4　《重修隽俗祖近支族谱序》（乾隆五十九年），《宝安沙井义德堂陈氏族谱汇编》，第63页。
5　清初的盐课司衙门和盐仓均设在此地，燕川陈氏和山门文氏在该处创建了义和墟。并参见《重建义和墟关圣大帝古庙碑》（嘉庆二十五年），碑原在宝安松岗墟武帝古庙，现存深圳市博物馆。
6　赖为杰主编《沙井记忆》，第76页。
7　当地相传该墟形成于嘉庆年间。康熙《新安县志》不见记载，而始出现于嘉庆《新安县志》卷2中，并标示为"新增"（《广东历代方志集成·广州府部》第26册，第233右上页）。

第五章 "场商养灶"及其变体：18世纪的发帑收盐与盐场秩序 • 395 •

与此同时，在地理位置上更有利的沙井新桥村旁，嘉庆中也创建了一个新的集市，即清平墟。嘉庆《新安县志》记载："清平墟，在新桥村侧，新增。"[1] 清平墟位于永兴桥侧，永兴桥"在新桥村之西，锁前溪而跨两岸，当往来要冲。东接黄松岗、乌石岩诸路，西连云林、茅洲诸墟。康熙年间监生曾桥川建，日久倾颓。乾隆五十年（1785），武生曾大雄，钦赐翰林曾联魁，贡生曾腾光、曾应中等倡捐重建，周围俱以白石砌之"。[2] 清平墟刚好位于新桥河和茅洲河两河汇入珠江的入口，东可连松岗、石岩等地，西接云林、茅洲新墟，上游的许多货物要运至该地进行交易、转运，清平墟也因而成为清中期以后松岗、公明、沙井、福永等地商品交易和集散之地。由上可见，盐场裁撤之后，归德场地区实际上逐渐改变当地的社会格局，原来依靠食盐转运形成的位于茅洲河中游的重要集市，如茅洲墟、义和墟等逐渐衰落，而位于茅洲河下游或支流出海口的云林墟、清平墟等，则因为蚝业的发展等逐渐成为新安县西南沿海地区重要的商贸点。清平墟系晚清新安县四大墟市之一。

总之，盐场裁撤以后，一方面是盐场社区生计的转变，从原来的以盐为生更多地拓展海洋贸易和海产品市场，其中草织和养蚝逐渐成为清后期乃至民国时期原盐场社区的主要生计来源。限于篇幅，本书不对清中期盐场裁撤以后，盐场社区聚落格局演变进行深层考察，但从前文简单的阐述中，或多或少可以感觉到，生计模式的转变，实际上已经引起当地权力结构的转变，尤其是沿海地区以海产品和海域控制为主导的新的家族的兴起和发展。谋生新手段的

---

[1] 嘉庆《新安县志》卷2，《广东历代方志集成·广州府部》第26册，第233右上页。
[2] 嘉庆《新安县志》卷7，《广东历代方志集成·广州府部》第26册，第308左下页。

出现和变化，也促使社区、宗族内部的结构发生改变。[1]

小　结

　　明代后期，盐法、盐政几于崩溃，盐场管理更是陷入紊乱无序之中。由于地方官府有效管理的缺位，清代广东盐政重建碰到的最大难题即是缺课。缺课问题是与商人资本和盐场管理密切联系在一起的，因此，如何有效管理盐场，一直困扰着清初广东历任督抚、盐政。灶课缺额，被认为是私盐横行所导致，或者说是盐场管理失效的结果。盐商资本不足，灶户产盐无人收买，即转向售卖私盐。因此，自平定三藩之乱后，广东盐政官员采取了多种办法来试图改变这种局面。李士桢试图采用传统的户口登记的办法控制灶丁人身，但在新盐业技术之下，这种控制显得苍白无力。新任盐政沙拜则选择设立场商，用商人接管盐场，养灶收盐，但终究因为场商的资本不足，灶户贸私频有发生，而且场商养灶，更方便官商勾结、商商勾结，从中贸私渔利。范时崇窥见这种制度的弊端，曾弃用场商，借官帑以收盐，但终究未能长久。直到在盐政昌保的促进下，

---

[1] 华琛（James L. Watson）和华若璧（Rubie S. Waton）关于香港新界新田文族和厦村邓族的研究，可以作为呈现盐场裁撤之后东莞地区地方社会社区结构变化的一个参考，这些地区在最早的时候也是盐场的重要聚落。参见 James L. Watson, "Agnates And Outsiders:Adoption in a Chinese Lineage," *Man* 10（1975）; Rubie S. Waton, *Inequality among Brothers:Class and Kinship in South China*,Cambridge Universiy Press,1985（中译本《兄弟并不平等：华南的阶级和亲族关系》，时丽娜译，上海译文出版社，2008）。

第五章 "场商养灶"及其变体：18世纪的发帑收盐与盐场秩序　　•397•

并由总督杨琳继承，实现发帑收盐的改革，裁场商，置盐仓，官收官运。

在"发帑收盐"这一制度下，盐场盐斤"颗粒皆官为收买"，官府必须在各地建立盐仓来收储盐斤；为确保盐斤颗粒归仓，在旧有基层管理失效之后，官府又亟须寻找另一种有效的基层管理方式。盐灶和盐埔，本是广东煎盐法和晒盐法中两种重要的生产场所，但随着发帑收盐的推行，逐渐显现出其在盐场基层中的作用。盐灶、盐埔是食盐生产的关键环节，与食盐生产直接相关，同时又便于官府对盐斤产量的掌控，符合官府禁绝私盐的需求，因而逐渐演变成估算盐场产量和实现盐场管理的基层单位。通过它们，官府能够较深入地实现对盐斤生产的掌控和对盐场的管理。虽然广东似乎从未对此进行制度上的规定，但在实际的运作过程中确实是以其为基础展开治理的。可以说，这既是盐业生产技术变革的结果，也是明后期以来尤其是清初广东一系列盐政改革和盐场制度调适使然。在盐政考成法的引导下，盐场管理的重心逐渐倾向于掌控食盐产量、控制食盐流通，所以必然促成这种以生产场所为管理基点的运作模式的最终确立。掌控盐场盐仓的收支也就成为清代盐场制度最核心的内容。

然而，发帑收盐也并没有完全改变场商养灶制度。尽管广东发帑收盐的目的是试图用官府代替场商的角色，但在基层运作中，实际上不过是地方官府另外寻找特定的代理人来代替场商。而在水客和场商经营的时期都起着重要作用的盐场家族成了最佳选择。发帑收盐并未触发盐场基层运作机制的改革，而是形成"官向盐场买盐"的运作模式，实际的运作和场商养灶并无二致。唯一不同的是在场商之上增加了官府的资本介入，通过官方资本给场商提供了更多的资金来源。在发帑官运之下，基层运作只是改变了场商的名目，灶户宗族进而替代场商成为官府在盐场的代理人。

商人进入盐场，在广东的历史上是比较早的，前文在讨论15世纪的盐场社会变化中，就已经说明了灶户是如何成为盐商的。之后的一些盐政改革试图改变这一形式，但政策都不可持续。课、盐分离的盐场事实加剧了盐场管理的难度和危机，地方由此形成了以生产场所为基本单位的盐场管理办法。从盐场税收的角度，控制生产场所成为关键，而实际所依赖的代理人则是称为"场商"的一群人。最后，乾隆末年珠江口盐场的裁撤，看似与主旋律不大一致，其实不然。裁场所反映的正是在官方资本出现问题之后，场商养灶难以为继，最终在地方人群的主动参与下，基于地方政治和经济等因素，结束当地盐场历史的博弈过程。

结语　制生事内：作为制度过程的社会变迁

尽管盐政常常被认为是传统中国的一种特殊制度，但却是与国家和社会的经济、人群的生计密切相关的，也由此更能体现人的"制度"的本质。在导论中，笔者指出了盐场是一个很难定义的单位。可以说，本书的目的之一就在于呈现何为盐场，以及如何重新理解盐场。什么是盐场，不应该是一个不言而喻的问题。元代的《熬波图》把盐场描述成一个"四向筑迭围墙，外向远匝濠堑"，"置关立锁"[1]的建筑空间。《盐政志》认为盐场是一个"有团有灶，有户有丁，数皆额设"[2]的聚民制盐的机构。从唐代柳永的"妇无蚕织夫无

1　陈椿:《熬波图》,《景印文渊阁四库全书》史部第420册，第315页。
2　朱廷立:《盐政志》卷4,《四库全书存目丛书》史部第273册，第548页。

耕"[1]到明代江振湉的《醝海谣》，类似的许多文献都在强调灶户从事制盐业的困苦。这些加在一起几乎构成了以往我们对盐场的想象。

但是也可以看到官府允许"赖私煎盐斤为生"的"沿海军民蛋户"，"于附近场分减半纳课以补无征之数"[2]的情况，更有"（盐场）中有煎煮而纳课者，有耕耘而纳课者，有挑担而纳课者"[3]之类的与前述印象格格不入的描述。更甚者，广东盐法佥事可以令沿海"每（民）田一顷额报（灶）丁三丁"，[4]靖康场大使发现下辖盐场欠课时，也首先想到的是写信给该盐场在外为官的陈似源，请他写信回家"劝谕"。[5]太多的事实显示，盐场并非一个只有"盐"和只处理"盐"的机构，而更可能是一个围绕着"盐"及其相关人群运作的社会。我们看到的"盐场"，也常常并非描述制度时所呈现的形态，而是制度在被不断重构过程中的某个节点或结果。我们需要在社会史的视角下，回到制度运作的区域，通过社会变迁去揭示"盐场"社会的运作机理。

为此，本书以财政、赋役和社会为线索，展开对盐场中的灶课、市场和秩序三个核心问题的讨论。本书的主体内容几乎都在讨论盐场如何重构制度。明清盐场的制度运行，是包括盐场人群的利益纷争、权力格局变迁、社会秩序再造在内的制度重构的过程。与大多数州县民户社区不同，它是在制度、市场与社会秩序之间的互动中实现的。盐场的制度主要是围绕着灶课，即盐或其折色的缴纳，市场则关涉到食盐的产运销各个环节。只有将滨海社会秩序放

---

[1] 冷卫国主编《中国历代海洋文学经典评注》上册，山东画报出版社，2021，第194页。
[2] 林希元：《陈民便以答明诏疏》，陈子龙等选辑《明经世文编》卷163，第1642页。
[3] 万历《儋州志》天集，《日本藏中国罕见地方志丛刊》，书目文献出版社，1991，第55页。
[4] 陈志敬：《请省赋敛以苏盐丁疏》，崇祯《东莞县志》卷6，《广东历代方志集成·广州府部》第22册，第260页。
[5] 陈似源：《复靖康场大使吴璧书》，《凤冈陈氏族谱》卷11，第53页。

到明清盐政的变迁及由此引发的产运销市场变动带来的地方生计模式和秩序再造的过程中,才能得以充分揭示。本书最终的目的在于从区域社会的视角厘清何为"盐场",进而揭示传统中国"制生事内"的制度重构机理。

一 财政中的盐场:开中到纲法下的盐务运行演变

在传统社会,盐的问题首先是盐政的问题。盐政是财政,盐首先是要解决国计问题。明清盐政从开中法到纲法的演变,关键在于朝廷治盐策略发生了从控制生产到管理运销的转变。控制生产要应对的是盐场,而管理运销则更多直接或间接应对市场。实施开中法的关键是稳定盐引价值,需要确保盐场产量的稳定,而纲法之下,朝廷更注重的是从盐商那里收取盐税,监控盐场产量只是作为管制盐商的一种手段。也就是说,在明清盐政变迁中,盐场不是朝廷治盐的核心对象,而更多的是因应朝廷策略而调整。这是理解盐场的重要前提之一。

《明史》的盐法开篇便称:"有明盐法莫善于开中。"明清的盐法中,开中法成为当时人和后之学者特别关注的内容。日本学者上田信在《海与帝国:明清时代》中认为,明前期的盐被视为财政运营的中枢,通过户制下的盐场制盐和利用商人将军事物资运到边境的开中法,"试图构建出一个不依靠白银的体制"。他一方面强调盐对于明朝的重要性,甚至认为盐成为"明朝帝国统治的根据";另一方面认为盐法通过行政手段促成物资缴纳,是一种不依赖货币经济开展交易的制度。[1]

---

[1] 上田信:《海与帝国:明清时代》,高莹莹译,广西师范大学出版社,2014,第166~180页。

但是在明前期，开中只是朝廷构建的财政体系的一部分，盐法的目的是"召商输粮而与之盐"，是以一定价值的盐引来驱动逐利的商人将粮饷等运送到边镇。为了保证边镇粮饷供应的稳定，反过来需要确保食盐供应量的大致稳定。由此，开中的顺利开展需要朝廷提供另外一套保障制度，即灶户和盐场制度。盐业制度包括食盐的生产、贩运和销售三个方面，其中生产被视为盐政运作的基础。朝廷通过在各产盐地区划定范围，设立盐场，以特定的人户（编为灶户）世代制盐，设置专员以管理日常运作，由此形成了一套保障食盐生产并保障朝廷顺利获得税收的管理制度。明清时期，东南沿海地区分布着近百个盐场，它们与朝廷设置的州县并行，维持着王朝的食盐供应。作为机构的盐场、生产或者组织生产食盐的灶户，以及食盐的生产活动，是盐业生产制度中几个重要的范畴。

以往讨论明代开中法演变的研究几乎都不太重视盐场的作用，主要还是从王朝的视角去总结出一个盐场的普遍性的变化过程，即从灶课折银、余盐开卖，到灶户贫富分化。但是不要忘记，明初朝廷主要是为了提供食盐而进行盐场控制，那么就不可能建立一种普遍性的适应全国的制度，因此是以控制食盐产品为目的而进行因地制宜的制度建设。这个控制食盐生产的机构（或场所）就是盐场。

盐场本身是因应国家制度而生。盐场的生产是为了服务于开中法下盐的运销。开中法之下的盐场，核心是控制生产，表现为向朝廷提供稳定产量即灶课。常股、存积盐的出现，允许场官、灶户将盐交付商人，甚至开放商人收购余盐，都是为了稳定盐场的食盐供应。从明初一开始，盐场灶课额就不是通过有多少灶户征收多少课额的方式确定，而是大致沿袭元代旧额来确定编审多少灶户。以产额定灶户的背后，是开中法主要利用商人逐利而开展，为保证盐业始终有利可图，就需要人为地造成食盐不是可以取之不竭的。

但是，明初的盐场不是现代工厂化的管理组织，朝廷用"役"的办法把管理成本转嫁给了地方名望之士。明初的制度也就留给了盐场灶户大量的操作空间。朝廷对定额灶课的追求，逐渐造成余盐大量出现。面对余盐，有人认为应该由朝廷收买，将其纳入正课以开中，然而这与明初实行开中法的初衷相悖，也有人认为余盐犹如"余粮"，应归灶户私有，允许其自行售卖。余盐问题成为有明一代盐法最大的难题，而最终余盐也成为打破明代控制生产的盐法原则、瓦解开中法基础的关键影响因素。天顺前后广东开中法的变化，从处理余盐泛滥到设置抽盐厂、余盐抽银，逐渐改变了盐场的运作模式。首先是商引的推行，允许盐商下场支盐。盐商要获得余盐就必须与灶户进行交易，由此也促使盐场先后进行盐册编造、灶课折银等改革，并最终确立场盐"听灶户自卖"等制度，改变了盐场灶户办课的性质，也最终改变了盐场作为基层行政机构的性质。

明王朝只是在制度上将余盐限制在盐场之内，而处理余盐的事务却交给了地方官府。尽管最初朝廷是希望由地方官府尽数收购余盐，但显然地方官府并没有财力完成对源源不断的余盐的收购。因此，对余盐的处理又引出了朝廷与地方如何划分盐的利润的问题。余盐被变成地方经费的补充并推动灶课折银，造成了朝廷与地方官府对盐利分成的博弈。两广的余盐抽银使源源不断的盐利从国家财政流入地方军饷。盐场纳课与余盐自卖是一对此消彼长的关系。正德年间，随着朝廷对盐业的政策收紧，不仅中央将余盐抽银的大部分收归户部，而且两淮盐也加入了对广盐市场的挤压。税收政策的改变促使地方不得不加强对余盐私卖的限制，从而导致盐场与州县的赋役矛盾白热化。盐法的背后，长期牵涉着朝廷和地方官府之间的财政博弈。

明中叶因为余盐问题出现了不同层级的衙门纷纷从盐中汲取利

润，从而导致开中法和朝廷盐税收入的危机，影响表现为盐场出现大量灶户逃亡、灶课无征的现象。为了解决这一问题，明王朝开始派出巡盐御史（广东设立盐法佥事）介入地方，尤其正德改革帮助朝廷夺回了被地方官府占据的盐利，逐渐将余盐之利收为国课，这不仅剥夺了灶户的利润，也使地方官府失去了发展盐业市场的动力。灶户选择逃离盐场，改入州县民籍，从而导致盐场灶课无征。纳课负担又促使地方盐官进行了一系列盐场赋役和催课组织的改革。正德以后不断强化用役法来管理盐业，但并未取得成效，盐课无征成为一种负担，最终将灶课的负担转嫁给州县，盐场负责供应食盐的职能从而被消除，甚至出现裁撤盐场的情况。开中法的败坏不是余盐开不开禁的问题，而是官府用一套非市场的制度来管控盐场，从而导致余盐的失控。

面对盐场的"失控"，朝廷选择了将市场交给商人。万历纲法是建立在盐课折银的基础之上，而盐课折银的本质是朝廷将应对市场的问题交予商人。纲法与开中法的最大不同之处也就在于用一帮固定的商人[1]来承办王朝的盐税，并使之获得永久的盐业经营权。朝廷盐政的主旨变成了治商收课，政策重心也从盐场转移到盐商上。万历纲法确立了"国恃商以办课"的盐政新原则，清代在此基础上，完善了纲法，将其从靠役法的管理模式转化为市场化的管理。与市场紧密联系的盐商在清代成为朝廷控制盐业的主要对象，清代的盐法建设也因此主要集中在流通领域。从明代开中法到清代纲法的演变，体现的是朝廷盐政思想从控制生产到管理运销的转变。朝廷管控运销也不是从应对市场的角度建立运销制度，而是从治商的

---

1 卜永坚将之称为"商业里甲制"，参见卜永坚《商业里甲制——探讨1617年两淮盐政之"纲法"》，《中国社会经济史研究》2002年第2期。

角度，运销制度的建立实际上是商人运用王朝制度以构建盐业市场体系的过程。

场商是这一过程中发生在生产领域的制度构建。清代实际是在"国恃商以办课"的盐政理念下，在"盐斤入垣"的前提下，逐渐将产盐、收盐等事务转移给商人，以商养灶的模式在乾嘉时期达到极盛。[1] 场商养灶或发帑收盐，是用制度的办法解决盐场的市场稳定性问题。盐在国计以外还关系着民生，全然将其交给逐利的商人可能会导致某地无盐可吃而引发地方动乱的问题。因而，清初以后的盐场主要通过建立一套可以管控商人的制度来参与市场调节。这与明前中期盐场的主要作用在于控制生产完全不同。

在明清盐政的历史变迁中，盐场从保障开中法顺利运转的基石变成了纲法之下盐商卖盐中的一个交易环节。这个过程显示，盐场制度实际上是朝廷盐法、地方官府政策和盐业市场机制之间不断博弈和互动的结果。

二 赋役中的盐场：从"盐场"到"州县"的完课责任主体变迁

以往研究常常用里甲制将民户和灶户两套制度统合在一起，叶锦花则以"一户多籍"来解释这种多栖性社会，[2] 但似乎都难以完全厘清明代赋役的内在制度原理。明初的民户和灶户、田赋和盐课，

---

1 李晓龙、徐靖捷：《清代盐政的"节源开流"与盐场管理制度演变》，《清史研究》2019年第4期。
2 叶锦花：《明代多籍宗族的形成与赋役承担——以福建晋江沿海地区为例》，《史学月刊》2014年第11期；叶锦花：《户籍制度与赋役需求及其规避——明初泉州盐场地区多重户籍现象研究》，《清华大学学报》2016年第6期；叶锦花：《户籍择改与赋役规避——明中期泉州盐场地区多籍策略研究》，《清华大学学报》2020年第6期。

从表面上看似乎统一于里甲、黄册制度之下，但实际上又存在一套并行于州县体制的盐管型[1]盐场体制。由此笔者不禁怀疑，田赋和盐课之间，是一套制度的两种形态，还是两套并行的、不同的制度呢？不回应这个问题，任何的讨论都难以取得实质性突破。

回答这个问题要从明中叶盐场体制所体现出来的赋役内在分化入手。明初的盐场灶户办盐体制是不同于州县民户赋役体制的另一套朝廷治理方式。这套体制在明清的历史演变中，逐渐将与州县赋役相近或相关的部分归入州县，并将更具市场化的管理体制独立出来，成就了清代盐政的主要运作模式。在这个过程中，盐场上的人运用或州县或盐场的政策来逐利，并影响着滨海社会制度重构的路径。

明王朝设立盐场的目的不在于统一一套划一的衙门建制，而为保障盐产品的供应建立一套管理办法。开中法的顺利进行与否直接受制于盐场的运行情况，后来的历史也证实了这一点。作为一个主要供应食盐的办役机构，盐场没有具体的辖区，而只建立在明初户帖制度下，通过控制特定编户来实现它的职能。因而，盐场不是类州县的有辖地的地方基层政区，盐场只辖人而不辖地，灶地实际上是作为灶户办盐的附加品而存在。盐场一开始是依赖黄册制度进行运作，明初户帖和黄册的作用即体现为配户当差。当黄册制度出现问题之时，盐场为了更好办役才不得不制作专门的赋役册籍，即盐册。但盐册必须与栅甲（或团总）制配合使用，以确立栅长包纳灶课的税收机制。

盐场又不仅仅是一个办役机构。盐场的人群同时生活在州县的土地上，盐场灶户的里甲编排和赋役承担也与州县有着千丝万缕

---

[1] 吴滔：《海外之变体：明清时期崇明盐场兴废与区域发展》，《学术研究》2012年第5期。

结语　制生事内：作为制度过程的社会变迁

的联系。藤井宏将其称为"灶户的两栖性"，这种两栖性造就了盐场社会的复杂性。盐场社会实际上是一个民、灶等多种身份人群聚居的社区。在珠江口盐场，从明初编户开始，民、灶户就几乎难以有明确的界限区分，即使天顺年间编造盐册、编排栅甲，也没有实际界定出明确的灶户群体。而到了明中期以后，民户甚至其他如渔民、疍民也和灶户聚集在一起，成为盐场产盐的人群。人群的多元化，不仅增加了盐场管理的难度，也使得盐场社会更加复杂化。在这样的环境里，盐场的运作必然具有更高的灵活性，以应对地方不时出现的种种状况。

黄仁宇认为明代盐政失败的根本原因中有一项是朝廷从来不向盐务官员提供必要的财力，盐务机构仅仅被看成国家的一种税收机构。[1] 而这恰恰是明代盐场的重要特点，完纳盐课是由朝廷找到一群代理人并施加于责任来完成的。面对复杂多元的盐场社会，不同的责任主体需要通过构建不同的秩序来组织社会以完成自己被摊派的任务。这个秩序的再造又不仅仅是完课责任人的诉求，滨海人群也需要一套与应对国家、地方的事务和实现自身逐利相适应的秩序。这构成了明清盐场逐渐从盐场体制向州县体制转变的动力。

明初地方盐场肇建之始，灶户就被设定为为盐场提供食盐的个体责任人，但当时的盐场并无法直接对个体责任人进行逐一的管制，因而沿袭地方传统而来的旧有地方势力——名望之士就成了盐场实际的责任人。盐场用"百夫长"之类"役"的方式，与地方名士一起建成了收盐派纳的秩序。但由此带来的后果是，地方名士控制了盐并逐渐以谋取私利，造成了盐场正规的盐供应不足。灶户声称正课不足，而私下将应交纳的盐当成余盐转卖给商人，最终导致

---

[1] 黄仁宇：《十六世纪明代中国之财政与税收》，第288~289页。

灶课大量无征，并在天顺前后达到顶峰。

为了维持开中和保证食盐的供应，朝廷改变了盐场场官只是地方灶户收盐的监督者的身份，将其变成了追责对象和第一责任人。在明中期盐商下场支不到盐的情况下，保证盐商支盐开始成为盐场官员的责任。为此，盐场场官开始编造盐册，以确定具体的纳盐的名单和数额。但盐册的目的也不在于把交盐落实到个体责任人，而是以此为基础建立一套栅长制度，通过栅长和灶甲赔贴制来实现盐场灶课完纳和盐役承担。栅甲制通过栅长役的形式将实际责任主体确定为栅长和灶甲等富户，从簿册上为场官追责提供了名单。

编纂盐册意味着要对盐场人群的户籍身份进行辨析，"区分民灶"成为重要的手段。但过于明确的户籍界限，也引发了盐场人群对于户籍漏洞的利用。灶户或设法脱籍，或利用灶户优免权圈占民田以逐利等行为，使"区分民灶"的过程直接造成州县赋役陷入困境。州县与盐场的博弈，最终导致了一种折中的秩序出现，即"民灶不分"。而"民灶不分"又再次引发了纳盐责任人不清的问题。

要解决盐场与州县的交叉所带来的赋役纠纷问题，最有效的办法是将灶户的赋役归于一处管理。由此，地方上在经过一系列尝试之后采取了富有技巧性的政治策略，适当地调整盐场与州县的关系。在灶课折银之后，灶课归并州县也便是解决这一问题的结果。灶课归并州县使州县长官变成了纳盐责任人。盐场灶课不明源于户籍复杂化导致的盐场人群的复杂化而不便管理。为了解决由户籍复杂化带来的种种难题，"以民田承灶户"被最终确立。实现灶课从以籍定役向以田定役的转变，也促成对盐的管理方式从属人管理向属地管理的变化。"以民田承灶户"是明代中叶盐场制度在具体运作中诱发的变体，但它又恰恰承载了明清两代盐场制度和社会变化的常态性过程。它是明代前中期盐场制度因人因事运作的产物，又是开启清代盐场新秩序的关键因素。灶课归并州县后，盐场机构甚至被裁撤。

经历明末清初的动乱以后，清初的官府试图重整广东盐政，一度重新推行较为严密的盐场管理制度，但在实际运作中同样未能如愿，反而促成了新的地方秩序的再造。从盐田加增、场商养灶到发帑收盐，是经历了地方官府和盐场人群之间互动和博弈，将地方富民重新确认为责任主体的过程。发帑收盐政策表面上是由官府直接介入盐场的盐斤收购，但在盐场的实际执行人仍然是地方宗族大户。需要指出的是，清代所指的盐场与明代并不相同，它的灶课已经归入州县，管辖的对象也不再是灶户，而是在盐场范围内的制盐人。盐场的责任不在于监控盐场的生产活动和产盐量，而是管束盐场内的食盐不被私下流出，以此来驱使盐商只能在朝廷的授权下开展纳税运盐。

明清灶课的州县化过程就是责任主体不断发生更替的过程，不同的责任主体通过再造秩序来完成自己的分内责任，而不同的秩序又会带动相应的制度重构。盐场社区不是单纯的以盐为生计的聚落，而是以盐为主，并辅以其他相关产业的发展。随着作为办役机构的盐场式微，制盐与户籍的相关性也越来越弱，尤其在外部市场的冲击下，盐场社会聚落发生了巨大的变化。这种变化的结果，也是珠江三角洲盐场最终被裁撤的原因之一。

三　社会中的盐场：市场导向型生计与滨海社会的秩序再造

在《煮海成聚：明清灶户与滨海社会建构》一书中，我们揭示了滨海地方自组织原则与明清王朝制度之间围绕朝廷课入等核心问题的对话、互动形塑了明清滨海社会，而与灶户人身自由相关的赋役制度的转变，以及环境的变迁，共同构成了明清盐场社会变迁的内在逻辑机制。[1] 本书则希望通过人的具体行动，进一步发掘更深层的利益动机，以说明滨海人群如何利用制度与市场的互动而获得更好的生存环境。我们希望走出"户籍"论，提出明代盐场最主要的特征是滨海生计的市场导向性，揭示滨海社会秩序的构建和变迁是滨海人群的市场导向型生计与以全国性资源调配为考量的王朝制度之间的互动，并因人的具体活动而不断重构制度的过程，从而说明传统中国社会"制生事内"的制度原理。

  明清时期的盐主要来自海盐。有海水的地方，大部分都可以进行食盐生产，但并不是所有的地方都会被设置成盐场。食盐基本上不存在产量不足的问题，但朝廷的制度干预却会导致盐的市场不均衡。比如朝廷可以因为某些需要而强制关闭一些盐场，这在西南尤为常见。与此同时，生产出来的盐天然地需要用于交易。与民田土地生产粮食可以自给自足不同，盐是一定要投入交易中去的，大多数盐户需要用盐换取生活资料以维持生计。这一特性使得食盐生产者从一开始就相较于其他人群更具有经济理性。他们依海而生，通过汲取海洋资源以获得生计，在逐利的驱动下而形成独特的社会秩序。

  盐场离不开市场，它只是盐业市场中的一环。生产出来的盐能不能卖（或交换）出去，卖到哪里去，是否有利可图，这些都直接受制于盐的市场。盐场设置在哪里也就不得不考虑市场的因素。但盐场的设置又不完全是国家的政治行为，沿海人群往往会基于经济理性而选择有利可图的地方进行制盐。在这个过程中，基于逐利的

---

[1] 黄国信、叶锦花、李晓龙、徐靖捷：《煮海成聚：明清灶户与滨海社会建构》，社会科学文献出版社，2023。

结语 制生事内：作为制度过程的社会变迁 · 411 ·

市场诉求，滨海人群自然而然会进行自我组织。这也就造成了在王朝盐场体制进入之前，滨海地方已经存在自己的一套组织和社会秩序。而对于王朝国家来说，设置盐场最直接的目的是实现赋役，也就是征收食盐。明代的灶课大多数时候反映的是盐场地区特定的役。如何确定灶课的缴纳者，并确保完成缴纳，是盐场的核心问题。明清盐场的制度变迁很大程度上就是围绕灶课的完纳情况和完纳方式展开的。在课、盐分离以前，盐场一直用役的办法来处理盐的问题。为了实现王朝对盐场役的管理，盐场经历了从编户（以籍定役）、编盐册到对生产工具进行管控的历史过程。

朝廷以税收为目的而设置盐场，滨海人群以市场逐利为核心而组织社会，二者之间的矛盾和互动构成明清盐场重构制度的主线。但与华南学者从解读赋役制度改革与珠三角地方社会结构过程的互动得出的认识不完全相同的是，珠三角滨海社会的秩序再造与王朝国家在地方的制度改革并不完全重合。盐场赋役改革往往不是社会结构改变的基础，而是滞后于滨海秩序的改变。也就是说，栅甲制的建立不是盐场地方社会变化的节点，而是国家与盐场关系变化的节点。对于滨海社会来说，社会变动的节点主要是经济利益（市场变迁），而国家调整盐场赋役的节点则是税收问题。二者的不同步和反复的构建过程推动了滨海社会的秩序再造与制度重构。

珠江口从明初盐场制度的建立到天顺年间确立栅甲制，再到灶课折银，及其后盐场赋役中盐与课的逐渐分离，最终改变盐场的行政性质和运作模式，甚至促成盐场的基层管理单位发生改变，都是地方政府在处理灶课完纳的问题。而清代盐场灶课已经归入州县征收，盐场变成生产监督机构，所以市场化的盐场得以运行。随着赋役的改变，盐场运行实际依赖清代崛起的盐场商人，或是由地方宗族转变而来的地方代理人。赋役制度的确立和演变是滨海人群自下而上寻求将新秩序纳入盐场制度框架的过程。

赋役改革哪怕不是被作为地方社会变迁的节点，也常常是被视为解释地方社会变迁的重要切入点，但以盐场为核心的滨海社会却不相同。笔者反复强调，盐场天然的特质是它必须通过交易活动来实现社会的运转，而且不是简单的交易活动，经常必须是远途的贸易，因为海边的人并不需要买盐。也就是说，沿海盐场社会不同于农业社会，它自始至终都是一个外向型社会，可以将之称为滨海人群的市场导向型生计模式。市场导向型生计往往需要一个提供市场或者是保障市场秩序的制度。这个制度主要包括产销之间的市场机制和盐场内部的市场秩序。它可以是国家提供的，也可以由地方社会秩序来提供，而主要取决于哪种更有利于滨海人群的逐利。

在官府的非市场化和民间的市场化之间存在一种相互拉力，这种拉力并非首先通过官府的制度改革来实现，而是民间以各种社会关系作为撬杆，以民间重构制度的办法，制造制度调整的动力。这个过程也就要求民间需要通过一定的自组织来形成重构制度的合力。明初滨海盐场的建立实际上是将元末地方割据下，各种被势力分割的市场重新整合起来，以类似国家收购的方式提供一个稳定的产品输出市场。滨海人群在当时选择成为灶户，除了顺应朝廷政策趋势之外，更主要的是因为开中法下的盐场体制能提供稳定的盐的流通机制。这契合当时滨海人群对市场的诉求。这个市场的开展也比我们想象的更加充分。嘉靖《香山县志》中"自洪武至正统初，法度大行，海隅不耸，每岁泊场与农谷互易，两得其利，故香山鱼盐为一郡冠"[1]的描述就是很好的例证。但明前期以后，国家通过盐场提供的相对定额化的市场，逐渐不能满足滨海人群在食盐产量日

1　嘉靖《香山县志》卷3，《广东历代方志集成·广州府部》第34册，第44左下页。

结语 制生事内：作为制度过程的社会变迁

益增长下的逐利需求。余盐在被称为"余盐"以前，就已经开始悄悄打破明初通过盐场设定的市场格局。余盐最初是"听其货卖"，但随着余盐量的增加，朝廷想要加以控制而实际力不从心，地方官府则在这一过程中见利思变，对余盐加以利用而打开地方筹饷之门。余盐开禁，实质上是从制度上承认滨海社会利用余盐所制造的新的市场秩序。

天顺以后两广盐法的种种变化表明，沿海制盐始终是为了供应销售市场的，但国家政策的滞后往往使市场供销变得并不容易。朝廷想要保障本色盐和灶课的完纳，就需要调整制度以一个交易成本更低的市场来笼络滨海人群。这就要求盐场建制必须不断适应盐业市场的变化，如此才能保证食盐生产及盐课征收。而面对朝廷应对市场变化的制度调整的滞后性，逐利的滨海人群必须通过具体的行动去重构盐场制度，从而将一个更加适合地方利益的盐业市场机制国家化。

市场和制度两个变量所带来的交易成本问题，促使滨海人群走向组织化，比如形成宗族或其他组织。传统地方社会的发展是各种社会组织以其自身能力操控各种地方资源（包括制度和礼仪）来构建地方社会权力关系的过程。滨海人群往往根据当下的滨海条件和自身利益，选择具体的盐业经营策略，寻求调整地方秩序以更好地因应市场逐利。重构制度与盐户经营之间具有互为使动的关系，地方自组织的力量始终影响着盐场运作和盐场社会变迁。在珠江口盐场，管理制度化直到天顺年间推行栅甲制度才建立起来。但栅甲主要是一种赋役征收工具，在地方上有如宗族、乡约等地方基层社会组织维系着盐场社会的运作。

盐场制度的变迁过程，是一个交织着盐场管理制度改革和灶户家族等因为逐利而寻求重构制度以因应新秩序的互动过程。通过王朝与地方家族之间的各种利益斗争以及适当的相互妥协，盐场始终保持一种相对稳定的运作模式，从而使得明清盐政在多变的社会中能够顺利进行。滨海人群的经营行为是和一定的社会结构和历史文化传统结合在一起的，但同时也与市场分不开。盐业市场似乎从明初或者更早时期就已经设定了一套行盐、产销分离的制度结构。这套结构决定了市场的初始状态和可能变化的方向。它也并非地方性的产物，而是在滨海地区普遍具有较高的一致性。如何在这套结构中寻求突破，因地因人有不同的路径，但在没有完全突破这套制度结构的前提下，重构制度的路径容易趋同。这也是我们可以通过珠江口盐场的历史讨论整个滨海社会的主要原因。

从这个意义上，"灶户"就不能被简单地视为明初编户齐民中的一种户籍类别，而是作为明清时期滨海人群的一种身份策略，是地方自组织与王朝国家发生关系的纽带。从明初洪武开始，"灶户"可能更多的是提供了滨海人群与国家做生意的一个合法身份，并且因沿海的复杂环境，滨海人群对"灶户"身份具有灵活的选择权。所以灶户并不构成社区制度，盐场中各种各样奇奇怪怪的赋役缴纳、生产的管理，甚至盐场内怎么样进行食盐的买卖，等等，才是"盐场制度"所包纳的内容。只有跳出户籍制度的研究框架，才能真正明白盐场是怎么回事。过去常常认为盐场就是官府管理着一群叫作"灶户"的人，像我们今天工厂管理着工人一样，实则不然，盐场"工人"的身份是非常复杂的。他们有自己的组织，有自己与盐场制度并不同步的社会秩序，有自己生产食盐以外的谋生手段，还有处理自己手上除了交给国家的定额的盐以外的盐的销售权利。也就是说，盐场的社会变迁就是盐场的制度重构过程。这个过程实质揭示了传统中国制度运作的核心机理，即"制生事内"。盐场在维持自身运作的时候，需要以特定盐场内实实在在的人的活动为中介

结语　制生事内：作为制度过程的社会变迁

予以展开；盐场人群开展具体活动时，必然需要被框定在某个制度之内，但又非简单地被制度束缚。盐场的人群活动一旦开始，它就始终既运作着制度又同时重构着制度。"制生事内"强调制度的运行和改变是一个因人因时因事的内在重构过程。一方面，制度的运行需要落实到具体的时空下人群的活动中，并与人的活动经过相互调适而呈现运行中的状态；另一方面，制度也会在具体时空下人群的活动中，经过人的动机和行动，在社会变迁中不断进行重构。制度唯有在实际应用中才能彰显作用，然而从开始应用与被人实践之时，制度往往也就进入了适应新的情境与需求的重构过程。这些才真正构成了"盐场"。

盐场不仅仅是生产单位，更是国家赋役、市场机制与地方自组织力量博弈的场域。通过灶课、市场与秩序的互动，明清盐场最终形成一种相对稳定的运作模式，既满足王朝财政需求，又为滨海人群的生存策略留下弹性空间。在实际运作中，地方上悄然形成了两条并行不悖的轨道：一条是官方以赋役征收为核心的"制度性市场"，另一条则是民间基于逐利需求的"生计性市场"。朝廷需要借助民间市场网络实现盐课征收，地方势力则通过"承包"官方职能获取逐利空间。

本书所揭示的滨海社会市场导向型生计下的制度重构模式是与州县民户社区完全不同的，它再造秩序的驱动力往往源自外部，或制度的或市场的，并通过盐的产销链关联起来。因此，要揭示这种市场型社会的运作和变迁机制，还需要深入食盐运销环节厘清制度实践和运行机制，尤其是对参与甚至主导其间的盐商及其流动型社会进行深入考察，在此之后也才可能彻底说明明清盐法的基本特质。这将是笔者的下一个研究课题。

参考书目

一 正史、政书

《明实录》，台北："中研院"历史语言研究所校印本，1962。
申时行：《明会典》，《续修四库全书》本。
陈子龙等选辑《明经世文编》，中华书局，1962。
《清实录》，中华书局影印本，1985。
伊桑阿等纂修《(康熙朝)大清会典》，台北：文海出版社，1991。
允禄等纂监修《(雍正朝)大清会典》，台北：文海出版社，1966。
托津等纂修《(嘉庆朝)钦定大清会典》，台北：文海出版社，1966。
昆冈等奉敕：《(光绪朝)钦定大清会典》，《续修四库全书》本。

《嘉庆大清会典事例》，台北：文海出版社，1966。

《清朝文献通考》，万有文库本，商务印书馆，1935。

《清朝续文献通考》，浙江古籍出版社影印本，1988。

贺长龄辑《皇朝经世文编》，台北：文海出版社，1972。

席裕福、沈师徐辑《皇朝政典类纂》，台北：成文出版社，1969。

黄恩彤《粤东省例初编》，广东省立中山图书馆藏。

刘尧诲:《苍梧总督军门志》，全国图书馆文献缩微复制中心，1991。

不著撰人:《盐法考》，中国国家图书馆藏，清初手抄本。

乾隆《两广盐法志》，于浩编《稀见明清经济史料丛刊》第1辑第35~39册，国家图书馆出版社，2012。

道光《两广盐法志》，于浩编《稀见明清经济史料丛刊》第1辑第39~43册，国家图书馆出版社，2012。

《广东财政说明书》，宣统二年铅印本，广东省立中山图书馆藏。

周庆云:《盐法通志》，鸿宝斋聚珍本，1918。

张茂炯等编《清盐法志》，盐务署铅印本，1918。

《乾隆广东赋役全书》，中国国家图书馆藏。

二 档案

《明清档案》，台北：联经出版事业公司，1994。

清代各朝宫中档朱批奏折，中国第一历史档案馆藏。

清代各朝户科题本，中国第一历史档案馆藏。

清代各朝军机处录副奏折，中国第一历史档案馆藏。

清代各朝刑科题本，中国第一历史档案馆藏。

台北故宫博物院编印《宫中档康熙朝奏折》，1976。

台北故宫博物院编印《宫中档雍正朝奏折》，1977。

台北故宫博物院编印《宫中档乾隆朝奏折》，1978。

中国第一历史档案馆编《康熙朝汉文朱批奏折汇编》，档案出版社，1985。

中国第一历史档案馆编《雍正朝汉文朱批奏折汇编》，江苏古籍出版社，1989。

中国第一历史档案馆编《雍正朝满文朱批奏折全译》，黄山书社，1998。

中国第一历史档案馆编《中国明朝档案总汇》，广西师范大学出版社，2001。

三 文集、笔记

陈琏:《琴轩集》，上海古籍出版社，2011。

陈履:《悬榻斋集》，广东教育出版社，2005。

陈铨衡:《粤醝蠡测篇》，光绪八年刻本。

杜臻:《粤闽巡视纪略》，上海古籍出版社，1987。

范端昂:《粤中见闻》，广东高等教育出版社，1988。

顾炎武:《天下郡国利病书》，《续修四库全书》第597册，上海古籍出版社，2002。

郭尚宾:《郭给谏疏稿》，《丛书集成初编》第908册，商务印书馆，1936。

华复蠡:《两广纪略》，《明清史料丛编》第2集第13册，台北:文海出版社，1967。

参考书目

李调元:《南越笔记》,《历代笔记小说集成》第76册,河北教育出版社,1996。

李士桢:《抚粤政略》,台北:文海出版社,1966。

林希元:《同安林次崖先生文集》,《四库全书存目丛书》集部第75册,齐鲁书社,1996。

龙廷槐:《敬学轩文集》,《清代诗文集汇编》第452册,上海古籍出版社,2010。

鹿善继:《鹿忠节公集》,《续修四库全书》第1373册,上海古籍出版社,1995。

罗亨信:《觉非集》,《四库全书存目丛书》集部第29~30册,齐鲁书社,1996。

丘濬:《盐法考略》,曹溶编《学海类编》第4册,广陵书社,2007。

屈大均:《广东新语》,《清代史料笔记丛刊》,中华书局,1985。

瞿其美:《粤游见闻》,《明清史料丛编》第2集第13册,台北:文海出版社,1967。

苏宇霖:《明苏爵辅事略》,东莞图书馆特藏部藏。

田生金:《按粤疏稿》,万历四十五年刊本影印本。

汪砢玉:《古今鹾略》,《北京图书馆古籍珍本丛刊》第58册,书目文献出版社,2000。

王来任:《抚粤条奏》,中国国家图书馆藏。

王临亨:《粤剑篇》,《元明史料笔记》,中华书局,1987。

王庆云:《石渠余记》,北京古籍出版社,1985。

王守基:《盐法议略》,中华书局据滂喜斋丛书本排印,1991。

王希文:《石屏遗集》,上海古籍出版社,2011。

王以宁:《东粤疏草》,《四库禁毁书丛刊》史部第69册,北京出版社，2000。

吴道镕:《广东文征》，香港中文大学出版部，1973。

吴震方:《岭南杂记》，《丛书集成初编》第3129册，商务印书馆，1936。

吴文华:《粤西疏稿》，《四库全书存目丛书》集部第131册，齐鲁书社，1996。

颜俊彦:《盟水斋存牍》，中国政法大学出版社，2002。

叶盛:《叶文庄公奏疏》，《四库全书存目丛书》史部第58册，齐鲁书社，1996。

张穆:《铁桥集》，东莞市南城图书馆特藏部藏。

朱弘祚:《清忠堂抚粤奏疏》，《四库全书存目丛书》史部第66~67册，齐鲁书社，1996。

邹琳:《粤盐纪要》，《近代中国史料丛刊》第890册，台北:文海出版社，1966。

左树珍:《盐法纲要》，铅印本，1913。

四 方志、碑刻

嘉靖《广东通志初稿》，《广东历代方志集成·省部》第1册，岭南美术出版社，2006。

嘉靖《广东通志》，《广东历代方志集成·省部》第2~4册，岭南美术出版社，2006。

万历《广东通志》，《广东历代方志集成·省部》第5~7册，岭南美术出版社，2006。

康熙《广东通志》，《广东历代方志集成·省部》第8~10册，岭南美术出版社，2006。

雍正《广东通志》,《广东历代方志集成·省部》第 11~13 册,岭南美术出版社,2006。

道光《广东通志》,《广东历代方志集成·省部》第 14~21 册,岭南美术出版社,2006。

万历《粤大记》,《广东历史方志集成·省部》第 26 册,岭南美术出版社,2006。

大德《南海志》,《广东历代方志集成·广州府部》第 1 册,岭南美术出版社,2007。

成化《广州志》,《广东历代方志集成·广州府部》第 1 册,岭南美术出版社,2007。

嘉靖《广州府志》,《广东历代方志集成·广州府部》第 1 册,岭南美术出版社,2007。

康熙《广州府志》,《广东历代方志集成·广州府部》第 2~3 册,岭南美术出版社,2007。

乾隆《广州府志》,《广东历代方志集成·广州府部》第 4~5 册,岭南美术出版社,2007。

光绪《广州府志》,《广东历代方志集成·广州府部》第 6~9 册,岭南美术出版社,2007。

康熙《南海县志》,《广东历代方志集成·广州府部》第 11 册,岭南美术出版社,2007。

天顺《东莞县志》,《广东历代方志集成·广州府部》第 22 册,岭南美术出版社,2007。

崇祯《东莞县志》,《广东历代方志集成·广州府部》第 22 册,岭南美术出版社,2007。

康熙《东莞县志》,《广东历代方志集成·广州府部》第 22 册,岭南美术出版社,2007。

雍正《东莞县志》,《广东历代方志集成·广州府部》第23册,岭南美术出版社,2007。

嘉庆《东莞县志》,《广东历代方志集成·广州府部》第23册,岭南美术出版社,2007。

民国《东莞县志》,《广东历代方志集成·广州府部》第24~25册,岭南美术出版社,2007。

康熙《新安县志》,《广东历代方志集成·广州府部》第26册,岭南美术出版社,2007。

嘉庆《新安县志》,《广东历代方志集成·广州府部》第26册,岭南美术出版社,2007。

嘉靖《新宁县志》,《广东历代方志集成·广州府部》第29册,岭南美术出版社,2007。

乾隆《新宁县志》,《广东历代方志集成·广州府部》第29册,岭南美术出版社,2007。

嘉靖《香山县志》,《广东历代方志集成·广州府部》第34册,岭南美术出版社,2007。

康熙《香山县志》,《广东历代方志集成·广州府部》第34册,岭南美术出版社,2007。

乾隆《香山县志》,《广东历代方志集成·广州府部》第35册,岭南美术出版社,2007。

道光《香山县志》,《广东历代方志集成·广州府部》第35册,岭南美术出版社,2007。

光绪《香山县志》,《广东历代方志集成·广州府部》第36册,岭南美术出版社,2007。

广东省地方史志办公室编《广东省志·盐业志》,广东人民出版社,2006。

《沙井镇志》，吉林摄影出版社，2002。

刘红瑛编《沙井历史资料汇编》，深圳宝安区沙井镇人民政府，2000。

赖为杰编《沙井记忆》，中国评论学术出版社，2004。

赖为杰编《怀德村志》，中国文史出版社，2007。

郭培源等编《福永镇志》，合肥工业出版社，2006。

《东莞市虎门镇志》，广东人民出版社，2010。

《东莞市长安镇志》，广东人民出版社，2010。

广东省东莞市地名委员会编《广东省东莞市地名志》，广东高等教育出版社，1987。

珠海市文物管理委员会编《珠海市文物志》，广东人民出版社，1994。

深圳文物管理委员会编《深圳文物志》，文物出版社，2005。

深圳市宝安区文化局编《深圳宝安文物图志》，中州古籍出版社，2007。

谭棣华、曹腾騑、冼剑民编《广东碑刻集》，广东高等教育出版社，2001。

萧国健《深圳碑刻集》，香港：显朝书室，2003。

《东莞市博物馆藏碑刻》，文物出版社，2009。

五　族谱及其他

《鳌台王氏族谱》，乾隆五十九年重修，香港大学图书馆藏。

《鳌台王氏族谱》，1915年重修，香港大学图书馆藏。

宝安《南阳邓氏谱系》，1933年修，香港大学图书馆藏。

《宝安龙堂怀德荥阳潘氏族谱》，咸丰四年重修本。

《宝安沙井义德堂陈氏族谱汇编》，2006年重修本。

宝安《文氏通谱》，光绪元年修，广东省立中山图书馆藏。

《宝安文氏族谱》，1810，香港大学图书馆藏。

《宝安文氏族谱》，1826，香港大学图书馆藏。

《宝安文氏族谱》，1875，香港大学图书馆藏。

宝安《燕川陈氏族谱》，民国重修本，深圳图书馆藏。

塱岗村《(陈氏)子吉房家谱》，光绪二十六年重修本。

陈创业：《(宝安松岗)陈氏族谱》，宝安区方志办藏。

大宁《宏阳郡谭氏族谱（补充资料)》，1999。

东莞《大宁谭氏族谱》，民国重修本。

东莞《凤冈陈氏族谱》，同治八年刻本。

东莞《庐江郡何氏家记》，《玄览堂丛书续集》本。

东莞虎门《王氏家谱》，1954年修，香港大学图书馆藏。

东莞南栅《南溪王氏族谱》，嘉庆七年重修本。

东莞沙头《沙头珠冈陈氏族谱》，2009年重修本。

东莞乌沙《陇西李氏家乘（卓祖派下)》，乾隆五年稿本。

东莞长安《上沙孙氏族谱》，2010年重修本。

《东莞大汾何萃涣堂族谱》，1937年重印本，东莞市莞城图书馆藏。

《东莞邓氏发祥祠世系不分卷》，时间不详，深圳宝安区档案馆藏。

《东莞梁氏崇桂堂族谱》，嘉庆二十年重修，广东省立中山图书馆藏。

《东莞张氏如见堂族谱》，1922年重刊本，东莞市莞城图书馆藏。

《东莞郑太崖祖房谱》，光绪三十一年重修，上海图书馆藏。

《东山、塘下曾氏族谱》，时间不详。

福永白石厦村《文氏族谱》，时间不详，深圳宝安区档案馆藏。

《广东南阳堂邓氏联修族谱》，时间不详，深圳宝安区档案馆藏。

《怀德乡邓氏族谱》，1935年重抄本。

《怀德荣阳潘氏族谱》，民国抄本。

《锦田邓其璠族谱》，康熙四十六年稿本，香港大学图书馆藏。

《梅林、沙头念恭堂黄氏族谱》，1998年重修本。

南头《郑氏南莆祖五大房族谱》，2000年重修本。

《南阳邓氏开宗族谱源流考》，时间不详，深圳宝安区档案馆藏。

彭全民主编《万丰村潘氏家族谱》，海天出版社，2004。

沙井《步涌江氏族谱》，时间不详。

沙井《归德雍睦堂陈氏家谱》，民国手抄本。

沙井《新桥曾氏族谱》，时间不详。

《深圳燕村陈氏族谱汇编》，时间不详，深圳宝安区档案馆藏。

深圳《上沙黄氏族谱》，2003年排印本。

《粤东宝安南头黄氏族谱》，同治甲戌年刻本，深圳市博物馆藏。

中山《郑太崖祖房谱》，1935年重修本。

中山《崖口谭氏族谱》，光绪三十三重修本。

珠海《香山徐氏宗谱》，光绪甲申年修，上海图书馆藏。

珠海《延陵吴氏族谱》，道光二十二年刊本。

珠海《山场吴氏族谱》，1938年刊本。

珠海《香山翠微韦氏族谱》，光绪戊申年刊本。

六 研究论著

专著类

鲍俊林：《15~20世纪江苏海岸盐作地理与人地关系变迁》，复旦大学出版社，2016。

常建华：《明代宗族研究》，上海人民出版社，2005。

陈春声：《市场机制与社会变迁——18世纪广东米价分析》，中国人民大学出版社，2010。

陈锋：《清代的盐政与盐税》，中州古籍出版社，1988。

戴裔煊：《宋代钞盐制度研究》，中华书局，1981。

东莞展览馆、中山大学历史系编《珠江三角洲盐业史料汇编——盐业、城市与地方社会发展》，广东人民出版社，2012。

关文斌：《文明初曙：近代天津盐商与社会》，张荣明译，天津人民出版社，1999。

郭正忠：《宋代盐业经济史》，人民出版社，1990。

郭正忠编《中国盐业史》（古代编），人民出版社，1997。

何炳棣：《明初以降人口及其相关问题（1368~1953）》，葛剑雄译，生活·读书·新知三联书店，2000。

华德英：《从人类学看香港社会——华德英教授论文集》，冯承聪编译，大学出版印务公司，1985。

黄国信：《国家与市场：明清食盐贸易研究》，中华书局，2019。

黄国信：《区与界：清代湘粤赣界邻地区食盐专卖研究》，生活·读书·新知三联书店，2006。

黄国信：《市场如何形成：从清代食盐走私的经验事实出发》，北京师范大学出版社，2018。

黄仁宇:《十六世纪明代中国之财政与税收》,阿风等译,生活·读书·新知三联书店,2001。

纪丽真:《明清山东盐业研究》,齐鲁书社,2009。

蒋宏达:《子母传沙:明清时期杭州湾南岸的盐场社会与地权格局》,上海社会科学院出版社,2021。

科大卫:《皇帝和祖宗——华南的国家与宗族》,卜永坚译,江苏人民出版社,2009。

科大卫:《明清社会和礼仪》,曾宪冠译,北京师范大学出版社,2016。

李龙潜:《明清广东社会经济研究》,上海古籍出版社,2006。

李三谋:《明清财经史新探》,山西经济出版社,1990。

梁庚尧:《南宋盐榷——食盐产销与政府控制》,台湾大学出版中心,2010。

林天蔚、萧国健:《香港前代史论集》,台北:台湾商务印书馆,1985。

刘淼:《明代盐业经济研究》,汕头大学出版社,1996。

刘淼:《明清沿海荡地开发研究》,汕头大学出版社,1996。

刘志伟主编《梁方仲文集》,中山大学出版社,2004。

刘志伟:《在国家与社会之间——明清广东地区里甲赋役制度与乡村社会》,中国人民大学出版社,2010。

刘志伟、孙歌:《在历史中寻找中国:关于区域史研究认识论的对话》,东方出版中心,2016。

刘志伟:《贡赋体制与市场:明清社会经济史论稿》,中华书局,2019。

栾成显:《明代黄册研究》,中国社会科学出版社,1998。

马立博:《虎、米、丝、泥:帝制晚期华南的环境与经济》,王玉茹、关永强译，江苏人民出版社，2011。

莫里斯·弗里德曼:《中国东南的宗族组织》，刘晓春译，王铭铭校，上海人民出版社，2000。

倪玉平:《博弈与均衡:清代两淮盐政改革》，福建人民出版社，2011。

施坚雅:《中国农村的市场和社会结构》，史建云等译，中国社会科学出版社，1998。

舒瑜:《微"盐"大义——云南诺邓盐业的历史人类学考察》，世界图书出版公司，2010。

寺田隆信:《山西商人研究》，张正明译，山西人民出版社，1986。

谭棣华:《清代珠江三角洲的沙田》，广东人民出版社，1993。

汪崇筼:《明清徽商经营淮盐考略》，巴蜀书社，2008。

王业键:《清代田赋刍论（1750~1911）》，高风等译，人民出版社，2008。

王毓铨:《王毓铨史论集》，中华书局，2005。

王振忠:《明清徽商与淮扬社会变迁》，生活·读书·新知三联书店，1996。

韦庆远:《明代黄册制度》，中华书局，1961。

温春来:《从"异域"到"旧疆":宋至清贵州西北部地区的制度、开发与认同》，生活·读书·新知三联书店，2008。

吴海波、曾凡英:《中国盐业史学术研究一百年》，巴蜀书社，2010。

吴海波:《两淮私盐与地方社会:1736~1861》，中华书局，2018。

萧国健:《清初迁海前后香港之社会变迁》，台北:台湾商务印书馆，1987。

萧国健：《香港新界家族发展》，香港：显朝书室，1991。

萧国健：《深圳地区之家族发展》，香港：显朝书室，1992。

徐泓：《清代两淮盐场的研究》，《嘉新水泥公司文化基金会研究论文》第 206 种，1972。

杨培娜：《生计与制度：明清闽粤滨海社会秩序》，社会科学文献出版社，2022。

于志嘉：《卫所、军户与军役——以明清江西地区为中心的研究》，北京大学出版社，2010。

张国旺：《元代榷盐与社会》，天津古籍出版社，2009。

张小也：《清代私盐问题研究》，社会科学文献出版社，2001。

周琍：《清代广东盐业与地方社会》，中国社会科学出版社，2008。

朱霞：《云南诺邓井盐生产民俗研究》，云南人民出版社，2009。

山根幸夫『明代徭役制度の展開』東京女子大学学会、1966。

岩見宏『明代徭役制度の研究』同朋舎、1986。

David Faure, *The Structure of Chinese Rural Society: Lineage and Village in the Eastern New Territories*, Hong Kong: Oxford University Press, 1986.

Wing-kin Puk, *The Rise and Fall of a Public Debt Market in 16th-Century China: The Story of the Ming Salt Certificate*, Brill, 2016.

论文类

鲍炜：《迁界与明清之际广东地方社会》，博士学位论文，中山大学，2005。

卜奇文：《论明清粤商与广西圩镇经济的发展》，《华南理工大学学报》2001年第1期。

卜永坚:《商业里甲制——探讨1617年两淮盐政之"纲法"》,《中国社会经济史研究》2002年第2期。

卜永坚:《盐引·公债·资本市场:以十五、十六世纪两淮盐政为中心》,《历史研究》2010年第4期。

陈春声:《从"倭乱"到"迁界"——明末清初潮州地方动乱与乡村社会变迁》,《明清论丛》第2辑,紫禁城出版社,2001。

陈春声:《明末东南沿海社会重建与乡绅之角色》,《中山大学学报》2002年第4期。

陈春声:《从地方史到区域史——关于潮学研究课题与方法的思考》,《潮学研究》第11辑,汕头大学出版社,2004。

陈春声:《历史的内在脉络与区域社会经济史研究》,《史学月刊》2004年第8期。

陈春声:《走向历史现场》,《读书》2006年第9期。

陈锋:《清代盐法考成述论——清代盐业管理研究之一》,《盐业史研究》1996年第1期。

陈锋:《清代户部的盐政职能——清代盐业管理研究之二》,《盐业史研究》1998年第2期。

陈高华:《元代盐政及其社会影响》,《元史研究论稿》,中华书局,1991。

陈诗启:《明代的灶户和盐的生产》,《厦门大学学报》1957年第1期。

陈永升:《从纳粮开中到课归地丁——明初至清中叶河东的盐政与盐商》,博士学位论文,中山大学,2002。

邓庆平:《卫所与州县——明清时期蔚州基层行政体系的变迁》,《"中央研究院"历史语言研究所集刊》第80本第2分,2009年。

参考书目

邓小南:《走向"活"的制度史——以宋代官僚政治制度史研究为例的点滴思考》,《浙江学刊》2003年第3期。

段雪玉:《盐、户籍与宗族——广东台山市海晏镇沙边村〈陈氏族谱〉介绍》,《盐业史研究》2008年第3期。

段雪玉:《〈十排考〉——清末香山盐场社会的文化记忆与权力表达》,《盐业史研究》2010年第3期。

段雪玉:《乡豪、盐官与地方政治:〈庐江郡何氏家记〉所见元末明初的广东社会》,《盐业史研究》2010年第4期。

段雪玉:《宋元以降华南盐场社会变迁初探——以香山盐场为例》,《中国社会经济史研究》2012年第1期。

段雪玉:《清代广东盐产地新探》,《盐业史研究》2014年第4期。

方印朝:《清代广东沿海大迁徙考》,《广东文献》1980年第3期。

方志远:《明代的户口食盐和户口盐钞》,《江西师范大学学报》1986年第3期。

方志远:《明清湘鄂赣地区食盐的输入与运销》,《中国社会经济史研究》2001年第4期。

冯志强:《明代广东的盐户》,明清广东省社会经济研究会编《明清广东社会经济研究》,广东人民出版社,1987。

顾诚:《清初的迁海》,《北京师范大学学报》1983年第3期。

广东省盐务局:《历代广东盐务管理机构概述》,《盐业史研究》1991年第4期。

何维凝:《明代之盐户》,《中国社会经济史集刊》第7卷第2期,1944年。

黄国信:《清代两广盐区私盐贸易研究》,硕士学位论文,中山大学,1992。

黄国信:《清代两广盐区私盐贩运方式及其特点》,《盐业史研究》1994年第1期。

黄国信:《清代两广盐区私盐盛行现象初探》,《盐业史研究》1995年第2期。

黄国信:《清代雍正到道光初年的盐枭走私》,《盐业史研究》1996年第1期。

黄国信:《清代乾隆年间两广盐法改埠归纲考论》,《中国社会经济史研究》1997年第3期。

黄国信:《藩王时期的两广盐商》,《盐业史研究》1999年第1期。

黄国信:《明清两广盐区的食盐专卖与盐商》,《盐业史研究》1999年第4期。

黄国信:《食盐专卖与盐枭略论》,《历史教学问题》2001年第5期。

黄国信:《盐法变迁与地方社会的盐政观念——康熙年间赣州盐法所见之市场、考成与盐政关系》,《清史研究》2004年第3期。

黄国信、温春来、吴滔:《历史人类学与近代区域社会史研究》,《近代史研究》2006年第5期。

黄国信、叶锦花:《食盐专卖与海域控制——以嘉万年间福州府沿海地区为例》,《厦门大学学报》2012年第3期。

黄国信、叶锦花、李晓龙、徐靖捷:《民间文献与盐场历史研究》,《盐业史研究》2013年第4期。

黄国信:《单一问题抑或要素之一:区域社会史视角的盐史研究》,《盐业史研究》2014年第3期。

黄国信:《清代食盐专卖制度的市场化倾向》,《史学月刊》2017年第4期。

黄国信:《清代盐政的市场化倾向——兼论数据史料的文本解读》,《中国经济史研究》2017年第4期。

黄健敏:《伶仃洋畔乡村的宗族、信仰与沿海滩涂——中山崖口村的个案研究》,硕士学位论文,中山大学,2010。

黄优:《清代广西食盐运销探析》,硕士学位论文,广西师范大学,2005。

加藤繁:《清代的盐法》,《中国经济史考证》,商务印书馆,1973。

姜道章:《中国沿海盐场晒盐法的起源与传播》,《中国地理学会会刊》1993年第21期。

蒋兆成:《明代两浙商盐的生产与流通》,《盐业史研究》1989年第3期。

科大卫:《国家与礼仪:宋至清中叶珠江三角洲地方社会的国家认同》,《中山大学学报》1999年第5期。

科大卫、刘志伟:《宗族与地方社会的国家认同——明清华南地区宗族发展的意识形态基础》,《历史研究》2000年第3期。

科大卫:《祠堂与家庙——从宋末到明中叶宗族礼仪的演变》,《历史人类学学刊》第1卷第2期,2003年。

科大卫、刘志伟:《"标准化"还是"正统化"——从民间信仰与礼仪看中国文化的大一统》,《历史人类学学刊》第6卷第1、2期合刊,2008年。

赖彩虹:《清代两广盐法改革探析》,硕士学位论文,华中师范大学,2008。

李东珠:《清初广东迁海的经过及其对社会经济的影响》,《中国社会经济史研究》1995年第1期。

李珂:《明代开中制下商灶购销关系脱节之探析——盐商守支与灶户的盐课负担》,《北京师范大学学报》1990年第5期。

李珂:《明代开中制下商灶购销关系脱节问题再探——盐商报中

不前与灶户的盐课折征》,《历史档案》1992年第4期。

李珂:《明代开中制下商灶购销关系脱节问题三探——从官盐流通的壅滞到灶盐的私煎私贩》,《历史档案》2004年第3期。

李龙潜:《明代东莞盐政钩沉》,《李龙潜文集》,齐鲁书社,2018。

李庆新:《民国之前广东盐业发展述略》,《羊城古今》1991年第4期。

李三谋:《清代灶户、场商及其相互关系》,《盐业史研究》2000年第2期。

李三谋:《明代后期的盐政变革》,《盐业史研究》2001年第4期。

林枫:《明代中后期的盐税》,《中国社会经济史研究》2000年第2期。

林永匡:《清初的两广运司盐政》,《华南师范大学学报》1984年第4期。

刘淼:《明代海盐制法考》,《盐业史研究》1988年第4期。

刘淼:《明代盐业土地关系研究》,《盐业史研究》1990年第2期。

刘淼:《明代灶课研究》,《盐业史研究》1991年第2期。

刘淼:《明朝灶户的户役》,《盐业史研究》1992年第2期。

刘淼:《明代官收盐制度考析》,《盐业史研究》1993年第2期。

刘淼:《明代食盐配给法研究》,《盐业史研究》1993年第4期。

刘淼:《明代的票盐行销》,《盐业史研究》1995年第1期。

刘淼:《明朝灶丁免田制考》,《文史》1996年第1期。

刘淼:《明代召商运盐的基本形态》,《盐业史研究》1996年第4期。

刘淼:《明代国家与民间资本的联系:开中盐粮的比价关系研究》,《盐业史研究》2005年第2期。

刘永华:《墟市、宗族与地方政治——以明代至民国时期闽西四保为中心》,《中国社会科学》2004年第6期。

刘志伟:《明清珠江三角洲地区里甲制中"户"的衍变》,《中山大学学报》1988年第3期。

刘志伟:《广东摊丁入地新论》,《中国经济史研究》1989年第1期。

刘志伟:《宗族与沙田开发——番禺沙湾何族的个案研究》,《中国农史》1992年第4期。

刘志伟:《祖先系谱的重构及其意义:珠江三角洲一个宗族的个案分析》,《中国社会经济史研究》1992年第4期。

刘志伟:《明代广东地区的"盗乱"与里甲制》,《中山大学史学集刊》第3辑,广东人民出版社,1995。

刘志伟:《地域空间中的国家秩序——珠江三角洲"沙田—民田"格局的形成》,《清史研究》1999年第2期。

刘志伟:《区域史研究的人文主义取向》,姜伯勤:《石濂大汕与澳门禅史:清初岭南禅学史研究初编》,学林出版社,1999。

刘志伟:《附会、传说与历史真实——珠江三角洲族谱中宗族历史的叙事结构及其意义》,上海图书馆编《中国谱牒研究——全国谱牒开发与利用学术研讨会论文集》,上海古籍出版社,1999。

刘志伟:《族谱与文化认同——广东族谱中的口述传统》,《中华谱牒研究》,上海科学技术文献出版社,2000。

刘志伟:《地域社会与文化的结构过程——珠江三角洲研究的历史学与人类学对话》,《历史研究》2003年第1期。

刘志伟:《边缘的中心——"沙田—民田"格局下的沙湾社区》,《中国乡村研究》第1辑,商务印书馆,2003。

刘志伟:《历史叙述与社会事实——珠江三角洲族谱的历史解

读》,《东吴历史学报》第 14 期, 2005 年。

刘志伟:《从乡豪的历史到士人的记忆——由黄佐〈自叙先世行状〉看明代地方势力的转变》,《历史研究》2006 年第 6 期。

吕小琴:《明清两淮盐场社会变迁研究》,博士学位论文,厦门大学,2010。

麦思杰:《大藤峡瑶乱与明代广西》,博士学位论文,中山大学,2005。

麦思杰:《"瑶乱"与明代广西销盐制度变迁》,《广西民族研究》2008 年第 2 期。

毛红芬:《明清之交滨海县政之一面——以新安县蛋户和灶户的管理为中心》,硕士学位论文,中山大学,2006。

施沛杉:《清代两浙盐业的生产与运销》,硕士学位论文,台北暨南国际大学,2006。

宋怡明:《宗族组织与里甲制度》,犹他家谱学会编《中国族谱与地方志研究》,上海科学技术文献出版社,2003。

汤开建:《宋代香港地区的盐业生产及盐的走私》,《暨南学报》1995 年第 2 期。

藤井宏:《新安商人的研究》,傅衣凌、黄焕宗译,《江淮论坛》编辑部编《徽商研究论文集》,安徽人民出版社,1985。

王方中:《清代前期的盐法、盐商与盐业生产》,陈然、谢奇筹、邱明达主编《中国盐业史论丛》,中国社会科学出版社,1987。

王矩科:《清代粤盐的生产与行销》,硕士学位论文,暨南大学,2006。

王小荷:《清代两广盐商及其特点》,《盐业史研究》1986 年第 1 辑。

韦庆远:《清初的禁海、迁界与澳门》,《澳门史论稿》,广东人民出版社，2005。

温春来：《清代广东盐场的灶户和灶丁》，《盐业史研究》1997年第3期。

温春来：《历史人类学实践中的一些问题》，《中国人类学评论》第12辑，世界图书出版公司，2009。

吴滔：《海外之变体：明清时期崇明盐场兴废与区域发展》，《学术研究》2012年第5期。

吴滔：《从计丁办课到丁田各半——〈剂和悃诚〉所见西路场之一条鞭法改革》，《史林》2015年第6期。

吴滔：《明代浦东荡地归属与盐场管理之争》，《经济社会史评论》2016年第4期。

吴滔、罗欧亚：《从迁界到展界：明清鼎革时期的温台盐政与滨海社会》，《苏州科技大学学报》2017年第1期。

萧凤霞、刘志伟：《宗族、市场、盗寇与蛋民——明以后珠江三角洲的族群与社会》，《中国社会经济史研究》2004年第3期。

谢国桢：《清初东南沿海迁界考》，《明清之际党社运动考》，上海书店出版社，2004。

徐泓：《明代的盐法》，博士学位论文，台湾大学，1972。

徐泓：《明代前期的食盐生产组织》，《台湾大学文史哲学报》第24期，1975年。

徐泓：《明代中期食盐运销制度的变迁》，《"国立"台湾大学历史学系学报》1975年第2期。

徐泓：《明代后期盐业生产组织与生产形态的变迁》，《沈刚伯先生八秩荣庆论文集》，台北：联经出版事业公司，1976。

徐泓：《明代的私盐》，《"国立"台湾大学历史学系学报》第7期，1980年。

徐泓:《明代的盐务行政机构》,《"国立"台湾大学历史学系学报》第 15 期,1990 年。

徐靖捷:《盐场与州县——明代中后期泰州灶户的赋役管理》,《历史人类学学刊》第 10 卷第 2 期,2012 年。

徐靖捷:《明清淮南中十场的制度与社会——以盐场与州县的关系为中心》,博士学位论文,中山大学,2013。

徐靖捷:《苏北平原的捍海堰与淮南盐场历史地理考》,《扬州大学学报》2015 年第 5 期。

薛宗正:《明代盐商的历史演变》,《中国史研究》1980 年第 5 期。

薛宗正:《清代前期的盐商》,《清史论丛》第 4 辑,中华书局,1982。

薛宗正:《明代灶户在盐业生产中的地位》,《中国历史博物馆馆刊》1983 年第 5 期。

杨久谊:《清代盐专卖制之特点——一个制度面的剖析》,《"中央研究院"近代史研究所集刊》第 47 期,2005 年。

叶锦花:《明清灶户制度的运作及其调适——以福建晋江浔美盐场为例》,博士学位论文,中山大学,2012。

叶锦花:《区域经济发展与食盐运销制度变革——以明代福建漳州府为例》,《中国社会经济史研究》2012 年第 2 期。

叶锦花:《迁界、复界与地方社会权力结构的变化——以福建晋江浔美盐场为例》,《福建论坛》2012 年第 5 期。

叶锦花:《明代多籍宗族的形成与赋役承担——以福建晋江沿海地区为例》,《史学月刊》2014 年第 11 期。

叶锦花:《户籍制度与赋役需求及其规避——明初泉州盐场地区多重户籍现象研究》,《清华大学学报》2016 年第 6 期。

叶锦花:《配户当差？明代福建泉州的户籍与户役研究》,《学术研究》2019年第9期。

余永哲:《明代广东盐业生产和盐课折银》,《中国社会经济史研究》1992年第1期。

曾小全:《清代嘉庆时期的海盗与广东沿海社会》,《史林》2004年第2期。

翟曦:《宋元时期的东莞社会——以地方官的施政为中心》,硕士学位论文,中山大学,2007。

张素容:《食盐贸易与明清南雄地方社会》,《盐业史研究》2007年第1期。

张毅:《明清天津盐业研究（1368~1840）》,博士学位论文,南开大学,2009。

赵毅:《明代盐业生产关系的变革》,《东北师大学报》1986年第4期。

周琍:《清代广东盐课收入在地方政务中的流向分析》,《赣南师范学院学报》2006年第5期。

周远廉、谢肇华:《明代灶户的分化》,《明史研究论丛》第2辑,江苏人民出版社,1983。

周祚绍:《略谈宋代盐户的身份问题》,《山东大学文科论文集刊》1980年第2期。

朱年志:《明代山东盐业生产和运销探析》,《兰州学刊》2009年第1期。

佐伯富:《盐和中国社会》,《日本学者研究中国史论著选译》第6卷,中华书局,1993。

佐伯富:《清代盐政之研究》,顾南、顾学稼译,《盐业史研究》1993年第2期。

岸本美緒「東アジア・東南アジア伝統社会の形成」『世界歴

史』第 13 巻、1998 年。

　　波多野善大「清代両淮製塩における生産組織」『東洋史研究』第 11 巻第 1 号、1950 年。

　　高中利恵「明代両淮の塩業形態の推移」『史学研究』第 8 集（第 46 号）、1951 年。

　　片山剛「華南地方社会と宗族」『明清時代史の基本問題』汲古書院、1997。

　　山村治郎「清代両淮の竈戸一班（上）」『史学雑誌』第 53 編第 7 号、1942 年。

　　山村治郎「清代両淮の竈戸一班（下）」『史学雑誌』第 53 編第 11 号、1942 年。

　　藤井宏「明代竈田考」、小野武夫博士還暦記念論文集刊行会編『土地制度史学』日本評論社、1948。

　　藤井宏「明代塩場の研究（上）」『北海道大学文学部紀要』第 1 号、1952 年。

　　藤井宏「明代塩場の研究（下）」『北海道大学文学部紀要』第 3 号、1954 年。

　　佐伯富「明代における竈戸について」『東洋史研究』第 43 巻第 4 号、1985 年。

　　Yang, Jeou Yi Aileen（杨久谊）, "The Muddle of Salt: The State and Merchants in Late Imperial China, 1644-1911," Ph. D. Dissertation, Harvrad University, 1996。

后　记

　　作为一个普通人，似乎从开始试图从事研究工作，我的初衷就是弄明白身边普通人的想法和做法是从何而来，何以形成伴我多年成长的普通人社会。身边那些看似不合理、没有理性的社会生活现象何以一演再演。机缘巧合，我回到了小时候"避难"短暂待过的盐场，田野中的诸多感触使我想了解的欲望更加强烈。这一冲动让我从当下的历史逐渐回溯到乾隆裁撤盐场再到盐场从设到撤的历史过程，普通人的历史变得不再普通，很多制度性问题触景而生。这本小书可以说是我的阶段性思考，尽管还不成熟，还有很多问题不甚清楚，但愿我的研究可以让我最初的思考得以实现一点点。

　　这本小书最初也是基于我受梁方仲先生《一条鞭法》和刘志伟老师关于赋役制度研究的启发，而试图进一步思考明清时期盐业的赋役与社会经济变迁的产物。也许后来我的关注点随着研究的开展逐渐发生了一些改变，但这一思考一直影响着我。这些年来，我的兴趣更多地转向了盐的运销，尤其是盐商如何经商致富，并由此不断再造盐法的制度过程。这个过程可能才是重建明清盐政解释体系的关键。对近代盐业与盐政的关注，也拓宽了我对盐史问题的整体思路。

本书是在我的博士学位论文《明清盐场制度的社会史研究——以广东归德、靖康盐场为例》的基础上修改充实而成。2014年，我又有幸获得国家社科基金项目支持，并写成《明清华南沿海盐场社会变迁研究》的结项稿。后者关注华南盐场并观照全国盐场的整体研究，影响和拓展了我对珠江口盐场研究的思路，并成为我修改博士学位论文成书的重要基础。

这些年来，我有幸受教于多位优秀的历史学家和良师。导师黄国信、温春来老师给予我长期且富于创造性的学术支持，他们是我从事研究的指路人和最坚强的后盾。本科毕业论文答辩委员景蜀慧教授、曹家启教授、吴滔教授，博士学位论文答辩主席赵世瑜教授，预答辩和答辩委员刘志伟教授、陈春声教授、刘淼教授、温春来教授、谢湜教授以及几位匿名外审专家，给予了我很多思路、建议和帮助。我竭尽所能回应他们提出的问题，所以今天这本书才能够问世。在我求学和工作期间，中山大学历史学系、中国社会科学院近代史研究所的诸位老师以及明清史、近代史学界的许许多多前辈学者，都曾在我探索学术的道路上给予直接或间接的指导和帮助，难以一一具名言谢。

在那一段年轻岁月里，我有幸结识了一群志同道合的学友。同门徐靖捷和叶锦花是我十几年来倾诉和"吵架"的对象，我们从对盐史的一无所知到略有所识，大多是在我们十几年来的读书和争论

后　记

中获益的。陈海立常常和我分享他的宏图和心得，使我受益匪浅。李镇、徐爽、黄文保、卢树鑫、任建敏、周肖、黄凯凯、屈斌、丁书云、张楠林、王洪等一众同门的深厚情谊和学术默契是我宝贵的财富。申斌、赵思渊、黄忠鑫、郭永钦、周健、刘诗古、黄阿明、周鑫、罗艳春、谢晓辉、段雪玉、杨培娜、侯娟、李义琼、王潞、陈博翼、陈冠华、欧俊勇、王彬、周曲洋等学友都曾在不同场合对我的研究提供过启发。这一长串的名字肯定还是挂一漏万，但我是真心感谢同好们在这孤独的学术探索生涯中的一路同行。

感谢我工作过五年多的中国社会科学院近代史研究所和所里的领导、老师，正是研究所为我修改书稿提供了良好的学术环境和思想启发。感谢中山大学历史学系（珠海）的领导、老师和同学，他们的学识、朝气和有趣的灵魂一直影响着我。感谢学术路上提供过帮助的一众档案馆、图书馆、学术机构和乡野访察中遇见的热情乡亲。感谢中山大学历史人类学研究中心为本书提供了出版经费。

感谢社会科学文献出版社汪延平编辑为本书付出的辛苦。感谢我的学生余鑫诚、杜薇参与本书的核对，感谢某博士对全书的通校和建议，同她在校对过程中的讨论，直接促成本书结论的修订。

关于明清盐史这个大问题，这本小书只是开了个头，很多有趣的问题还回响在脑海里，那就等下一本书吧，应该不会太久。

2018年秋草成于北京东厂胡同
2024年春改定于珠海唐家湾

图书在版编目（CIP）数据

重构制度：明清珠江口盐场的灶课、市场与秩序 / 李晓龙著 . -- 北京：社会科学文献出版社 , 2024.10（2025.9 重印）.（新经济史丛书）. -- ISBN 978-7-5228-4335-3

Ⅰ . F426.82

中国国家版本馆 CIP 数据核字第 2024JD2051 号

· 新经济史丛书 ·

重构制度：明清珠江口盐场的灶课、市场与秩序

著　　者 / 李晓龙

出 版 人 / 冀祥德
组稿编辑 / 郑庆寰
责任编辑 / 汪延平
责任印制 / 岳　阳

出　　版 / 社会科学文献出版社·历史学分社（010）59367256
　　　　　 地址：北京市北三环中路甲29号院华龙大厦　邮编：100029
　　　　　 网址：www.ssap.com.cn

发　　行 / 社会科学文献出版社（010）59367028
印　　装 / 北京联兴盛业印刷股份有限公司

规　　格 / 开本：787mm×1092mm　1/16
　　　　　 印张：28.75　字数：360千字
版　　次 / 2024年10月第1版　2025年9月第2次印刷
书　　号 / ISBN 978-7-5228-4335-3
定　　价 / 118.00元

读者服务电话：4008918866

版权所有 翻印必究